Ludwig Geißel
Unterhändler der Menschlichkeit

Erinnerungen

Mit einem Begleitwort von Manfred Stolpe

 Quell

ISBN 3-7918-1984-4

© Quell Verlag, Stuttgart 1991
Printed in Germany. Alle Rechte vorbehalten
1. Auflage 1991
Umschlaggestaltung: Klaus Dempel, Stuttgart
Fotos: Archiv Geißel
Satz: Quell Verlag, Stuttgart
Druck: Ebner Ulm

Meiner Frau Ursula und den Kindern Volker,
Gerlinde und Ulrich in großer Dankbarkeit

INHALT

13 Begleitwort von Manfred Stolpe
16 Vorwort

KINDHEIT UND JUGEND
19 Im Haus der Großeltern
22 Berufswünsche

IN DER HEERESNACHRICHTENSCHULE
27 Ausbildung in Jüterbog und Halle
30 »Heim ins Reich!« – Erste Einsätze in Österreich, im Sudetenland und in der Tschechoslowakei
34 Vor Kriegsbeginn

IM ZWEITEN WELTKRIEG
39 Der Polenfeldzug
41 Der »Blitzkrieg« gegen Frankreich
46 Italienische Abenteuer
52 Im russischen Winter
60 In der »Schwarzseher-Abteilung« in der Ukraine
66 Im Kessel von Demjansk und im Kurland-Kessel
70 Intermezzo in Wien
71 Wechselnde Einsätze vor Kriegsende
76 Im Kriegsgefangenengebiet »G«
80 Ich werde Zivilist
83 Unser erstes Heim

Im Hilfswerk der Evangelischen Kirche in Deutschland

- 86 Nachkriegselend
- 89 Spenden aus aller Welt
- 94 Auslandskontakte
- 99 Das Hilfswerk als Wirtschaftsfaktor
- 100 Nach der Währungsreform
- 103 Die Flüchtlingsstadt Espelkamp-Mittwald
- 105 Deutsches Flüchtlingselend und die Ökumene
- 110 Ein Ausflug in die Politik
- 114 Das »Wirtschaftswunder« und seine Schattenseiten
- 118 Ich werde Leiter der Außenstelle Hamburg
- 120 Eine »Hausaufgabe« von Adenauer
- 122 Die Neuordnung des Hilfswerks
- 126 Im Stuttgarter Zentralbüro
- 130 Der Beginn der Polenhilfe
- 131 Vom Evangelischen Hilfswerk zum Diakonischen Werk

Im Diakonischen Werk der Evangelischen Kirche in Deutschland

- 135 Das erste Jahr im neuen Werk
- 141 Neue Handlungsfelder in der Ökumene
- 143 Die Entstehung der Aktion »Brot für die Welt« und die Einstellung der Auslandshilfen
- 152 Flüchtlingsströme vor dem Mauerbau
- 154 Bewährungsproben für »Brot für die Welt«
- 158 Eine Zwischenbilanz meiner Tätigkeitsbereiche
- 159 Verstärkte Öffentlichkeitsarbeit
- 162 Zehn Jahre Diakonisches Werk
- 165 Besuche in Afrika und aus Polen
- 169 Im Lutherischen Weltbund

173	Die neue Grundordnung des Diakonischen Werks
175	Besuch in Tansania
177	Hilfe für Bangladesch
179	Grenzen des Wachstums
181	Noch einmal in Tansania
183	Der »Fall Käsemann«
184	Hiobsbotschaften
186	Hilfsprogramme in Somalia
187	Das letzte Dienstjahr
192	Verabschiedungen

KATASTROPHENHILFE

196	Der Anfang
198	Die Katastrophen
200	Die Hilfen
204	Erkenntnisse
211	Biafra/Nigeria

OSTARBEIT –
DIE GESCHÄFTE DER KIRCHEN MIT DER DDR

236	Die kirchliche Situation in Ostdeutschland
241	Erste Konflikte zwischen Staat und Kirche
246	Einführung und Durchsetzung der »Jugendweihe«
251	Der Militärseelsorgevertrag der EKD und seine Folgen
255	Mein Einstieg ins Ostgeschäft
272	Als Bevollmächtigter der westdeutschen Landeskirchen bei der Regierung der DDR
277	Die Abwicklung der Warengeschäfte mit der DDR
286	Schwierige Verhandlungen

292	Ende des innerdeutschen Handels?
297	Die Mauer
306	Entstalinisierung à la Ulbricht
308	Burgfrieden im Schatten der Mauer
311	Finanznöte
319	Geschäftsrisiko
323	Nebeneinander oder Miteinander von Staat und Kirche?
328	Die »Humanitären Maßnahmen« der Bundesregierung (Das B-Geschäft)
335	Reiseerleichterungen
339	Die Erfindung der Valutamark
341	Ein kirchenpolitisches Debakel
346	Erste Bekanntschaft mit Alexander Schalck-Golodkowski
347	Der »Leipziger Kreis«
351	Fertighäuser und Gesundheitsbauten
360	Neuer Streit um die kirchliche Einheit
363	Die Gründung des DDR-Kirchenbundes
368	Aufbauarbeit im Bereich Diakonie
370	Willy Brandt in Erfurt. Hintergründe des ersten deutsch-deutschen Gipfeltreffens
378	Tagesgeschäfte
380	»Kirche im Sozialismus«
383	Mehrwertsteuerprobleme
386	Spannungen zwischen Kirche und Diakonie
387	Wende in der Kirchenpolitik der DDR
392	Das Sonderbauprogramm und der Wiederaufbau des Berliner Doms
410	Medizinisch-technische Hilfe
415	Altersversorgung von Pfarrern und kirchlichen Mitarbeitern
419	Steigender Finanzbedarf für die Bauprogramme

422	Aufbau neuer Gemeindezentren
426	Konziliantere Töne im Verhältnis Staat – Kirche
432	Die Anfänge der Friedensbewegung in der DDR
435	Abschied und Rückblick

IM »RUHESTAND«

441	Neue und alte Aufgaben
444	Die CDAA (Dürrehilfe der Kirchen in Afrika)
450	Nicht nur »Sonstiges«
455	»Forum geht's denn?« Die Inter-Geschenkdienst GmbH
459	Die DDR am Ende

ANHANG

466	Hilfe in Zahlen (tabellarische Übersichten)
476	Lebensdaten
478	Bibliographie
479	Literaturhinweis

BEGLEITWORT

Es ist verdienstvoll, daß Ludwig Geißel seine Erinnerungen aufgeschrieben hat. Wer sie liest, erhält Aufschlüsse über Aspekte der deutsch-deutschen Nachkriegsgeschichte, die sonst kaum jemand geben kann.
Ludwig Geißel war ein Pfadfinder. Mehr als drei Jahrzehnte lang hat er unermüdlich immer neue Wege ausgekundschaftet, auf denen Menschen Hilfe gebracht werden konnte. Im politischen Dschungel des geteilten Deutschland gehörten dazu Phantasie und Planung, Mut und Vorsicht, Risikobereitschaft und politisches Kalkül, Beweglichkeit und Prinzipientreue, Offenheit und – dies besonders – Verschwiegenheit.
Geißel wußte, daß seine Wirkungsmöglichkeit nicht zuletzt von seiner Diskretion abhing. Deshalb blieb er im Verborgenen. Öffentliche Erklärungen und Reden zum Thema der kirchlichen wie der wirtschaftlichen und der politischen West-Ost-Beziehungen in Deutschland gibt es von ihm nicht. Und meist wußten auch die Leute in den Führungsebenen nicht, wer ihnen für kirchliches oder politisches Handeln den Boden bereitet, die Pfade aufgespürt, die Kontakte geknüpft hatte. Geißels Zielgruppe war die Arbeitsebene der Ministerien und politischen Entscheidungsinstanzen in Ost-Berlin und Bonn.
Er hat sich da lange in der Grauzone zwischen den beiden deutschen Staaten bewegen müssen, die ja bis zum Anfang der siebziger Jahre weder geordnete Beziehungen zueinander noch eingespielte informelle Kommunikationskanäle besaßen. Da trat die evangelische Kirche in den Blick. Sie war als Gemeinschaft von Menschen

gleichen Glaubens nicht in den ideologischen Antagonismus eingeflochten, konnte unbefangener mit Repräsentanten beider Seiten umgehen. Sie hielt an ihrer Gemeinschaft trotz staatlicher Zweiteilung fest und blieb dabei, auch als die rechtlich-organisatorische Aufgliederung nicht mehr zu vermeiden war.

Gleich nach dem Kriege hatte das Evangelische Hilfswerk sich besonders der Notstände in der damaligen Sowjetischen Besatzungszone angenommen. Ludwig Geißel war seit 1947 dabei. Dort und später im Diakonischen Werk der EKD, in dem er als Direktor und von 1972 bis zum Ruhestand 1981 als Vizepräsident tätig war, gehörte es zu seinen zentralen Aufgaben, Geld und Wege zur Hilfe für Notleidende zu finden. Die Schwerpunkte wechselten mit Katastrophen und Kriegen: Indien, Ungarn, Biafra/Nigeria, Türkei, Iran, Italien. Als Konstante aber blieb Deutschland, blieb die humanitäre und die Kirchenhilfe von West nach Ost, und damit verbunden die Bemühung um eine Humanisierung der Politik der deutschen Staaten.

Ich habe vor allem als Leiter des Sekretariats des 1969 gegründeten evangelischen Kirchenbundes in der DDR regelmäßig mit Ludwig Geißel zusammengearbeitet. Damals hatte er schon den von Kurt Scharf angeregten Freikauf von Häftlingen und die Familienzusammenführung im seit 1961 durch die Mauer zerschnittenen Deutschland in Gang gebracht. Politisch sonst eher gegensätzlich ausgerichtete Menschen arbeiteten hier zusammen: Kurt Scharf und Axel Springer, Prälat Johannes Zinke und Herbert Wehner, ihnen folgend ein kleiner Kreis von Spitzenleuten der Koalition und der Opposition in Bonn.

Es folgten die verschiedenen Programme, mit denen es

den Kirchen in der DDR finanziell ermöglicht wurde, unter den schwierigen Bedingungen des SED-geführten Staates ihren Aufgaben in Verkündigung und Diakonie nachzukommen: vom kirchlichen Wiederaufbau bis zu Neubauten von Kirchen in »sozialistischen« Vorstädten, von einem Valuta-finanzierten Programm zur Produktion von Fertighäusern für die Diakonie über die technische Ausrüstung von Krankenhäusern, Pflege- und Altenheimen bis zur Integration von Pfarrern in die staatliche Altersversicherung. Geißels feste Entschlossenheit, Menschen zu helfen, ließ ihn vor den sich immer neu auftürmenden politischen Widerständen nicht resignieren. Sie brachte ihm schließlich auch Vertrauen seiner Gesprächspartner von SED und Staatsapparat der DDR ein.

Beide Seiten, Bonn wie Ost-Berlin, haben Ludwig Geißel als politischen Pfadfinder in Anspruch genommen, als es darum ging, aus dem feindseligen Nicht-Verhältnis der beiden Staaten auf deutschem Boden herauszufinden. Die Reise des Bundeskanzlers Willy Brandt nach Erfurt zum Gespräch mit Willi Stoph hat Geißel vorbereitet. Sie brachte zwar kein unmittelbares Ergebnis, und doch fing damit alles an: die Bewegung der Deutschen aufeinander zu, die schließlich in die deutsche Einheit mündete.

Deshalb kann Ludwig Geißel jetzt aus dem jahrzehntelangen Schweigen heraustreten. Und deshalb können wir, kann auch ich ihm heute öffentlich danken.

Potsdam, im Juni 1991 *Manfred Stolpe*

Vorwort

Als ich im Sommer 1988 daranging, endlich einmal mein umfangreiches Archiv zu sichten und zu ordnen, tat ich das nicht mit der Absicht, ein Buch zu schreiben und zu veröffentlichen. Selbst wenn ich daran gedacht hätte – es wäre nicht möglich gewesen, denn ich hätte einen wichtigen, für die Öffentlichkeit sicher interessanten, weil politisch hoch sensiblen Bereich meiner Tätigkeit ausklammern müssen: meine jahrzehntelange Arbeit als Bevollmächtigter der westdeutschen Landeskirchen bei der Regierung der DDR. Zu ihr gehörte auch die Abwicklung der Warengeschäfte, die Jahr für Jahr von den westdeutschen evangelischen Kirchen für die Kirchen in der DDR und von der Bundesregierung für den Freikauf politischer Häftlinge getätigt wurden. Diese Geschäfte aber liefen 1988 noch und unterlagen strengster Diskretion; jede Publikation hätte schweren politischen Schaden angerichtet.
Kein Buch also. Ich wollte vielmehr meiner Familie einen umfassenden Lebensbericht geben; denn meine angespannte Arbeit im Evangelischen Hilfswerk und dann im Diakonischen Werk mit ihren vielen Reisen im In- und Ausland ließ mir kaum einmal Zeit zu ausführlicherem Erzählen; oft wußten meine Frau und meine Kinder nur in Umrissen, was ich gerade machte, ja es kam vor, daß sie noch nicht einmal wußten, in welchem Teil der Welt ich mich gerade aufhielt, wenn irgendeine besonders dringliche Katastrophenmeldung mich unverzüglich an den Ort des Geschehens befahl. Und war ich dann zu Hause oder machte ich Urlaub, wollte ich »ab-

schalten« und mich ganz der Familie widmen und ließ alles »Dienstliche« im Büro.
Dieses »Informationsdefizit« nun wollte ich wenigstens nachträglich beseitigen, und so entstand in den folgenden Monaten ein Lebens- und Tätigkeitsbericht, der viele hundert Seiten füllte. Ich stützte mich dabei auf meine seit der Jugendzeit geführten Tagebücher und ergänzte die Darstellung durch viele Dokumente aus meinem Archiv. Meine Frau half mir bei dieser mühsamen Beschäftigung sehr und tippte schließlich das ganze Manuskript. Jetzt konnte ich es vervielfältigen lassen und den wenigen in die Hand geben, für die es gedacht war.
Aber dann kam das Ende der DDR, und mit ihr fiel nicht nur das eingangs erwähnte Publikationshindernis, es erwachte auch in der Bundesrepublik ein ganz neues Interesse am Thema »DDR«. Also doch ein Buch, seufzte ich und machte mich noch einmal an die Arbeit. Ein Lebensbericht sollte es bleiben, aber erhebliche Kürzungen waren notwendig, eine völlige Überarbeitung und eine neue Auswahl von Bildern und Dokumenten; jetzt war es das Lektorat des Quell Verlags, das mich dabei tatkräftig unterstützte. Am wenigsten gekürzt wurde der DDR-Teil, enthält er doch viele Verhandlungsdetails und präzise Zahlen über die Kirchengeschäfte mit der DDR, die bisher nur ganz wenige Eingeweihte kannten, und manche Interna aus der Geschichte der deutschdeutschen Beziehungen, die vor allem die Rolle neu beleuchten können, die Kirche und Diakonie in ihr spielten. Sie spielten sie nicht, um Politik zu treiben, sondern um Menschen zu helfen – dieses Motiv hat auch mich immer geleitet.

Stuttgart, im Juni 1991 *Ludwig Geißel*

KINDHEIT UND JUGEND

Im Haus der Großeltern

Am 25. August 1916 erblickte ich als erstes von fünf Kindern in Alzey/Rheinhessen das Licht der Welt. Meine Mutter hatte sich schon bald nach Kriegsbeginn zu einem Umzug von Darmstadt zu meinen Großeltern nach Alzey entschlossen. Deren Stallungen und besonders der große Garten hinter dem Haus bildeten für drei Jahre meine Lebenswelt, in der es keinen Vater gab, da dieser erst an der West-, dann an der Ostfront für Deutschland kämpfen mußte. Erst 1919 kehrten wir Vier – inzwischen war mein Bruder Georg geboren und mein Vater aus Rußland zurückgekehrt – in unsere elterliche Wohnung in Darmstadt zurück. Obwohl die meisten Erinnerungen an diese Zeit nahezu verblaßt sind, bleibt der Schmerz über diesen Umzug unvergessen. Zu sehr hatte ich mich an die ländliche Umgebung mit ihren für ein kleines Kind so großen Vorzügen und Reizen gewöhnt. Vieh, Katzen und vor allem der von meinem Großvater mit viel Liebe gepflegte bunte Garten schienen für immer verloren.
1920 wurde mein Bruder Werner geboren, der zwei Jahre später schwer erkrankte. Die Versorgungslage hatte sich seit Kriegsende immer noch nicht verbessert; im Gegenteil, sie wurde mit zunehmender Dauer durch eine galoppierende Inflation eher noch katastrophaler. Täglich mußte ich meinem Bruder Werner das Essen ins Krankenhaus bringen, weil er dort sonst womöglich an

Unterernährung gestorben wäre. Zwar hatte unser Vater seinen Dienst in der Oberpostdirektion wieder aufgenommen und verfügte so über ein geregeltes Einkommen, aber damit war uns wenig geholfen, gab es doch nicht einmal die wichtigsten Grundnahrungsmittel in ausreichender Menge zu kaufen. So ging's täglich mit halbleerem Magen in die Schule. Eine Erinnerung an diese Hungerzeit ist noch sehr wach in mir: Da wir zu wenig Brot hatten, brachte mir meine Mutter in der großen Schulpause Bratkartoffeln!
Im Jahr 1925 wurde mir ein inniger Wunsch erfüllt. Eigentlich war es der Wunsch meiner Mutter. Wir hatten schon lange bemerkt, daß es sie zu ihren Eltern nach Alzey zog. Mir sollte es recht sein! Endlich wieder ins geliebte Alzey! Der große Garten, die Katzen und das Vieh würden mich erwarten. Auf welch vielversprechende Zukunft durfte ich hoffen!
Mein Vater ließ sich also von Darmstadt nach Alzey versetzen. Seine anfänglichen Bedenken wurden durch ein familiäres Großereignis zerstreut: Im August 1925 wurden meine Geschwister Johanna und Otto geboren. Nicht nur die Freude über die Zwillinge war riesengroß. Für Vater erfüllte sich noch ein besonderer Wunsch: Endlich hatte er eine Tochter!
Nachdem die erste Begeisterung über die neuen Geschwister bei mir verflogen und der Alltag wieder eingekehrt war, wollte ich nahtlos an jenen Punkt meines Lebens anknüpfen, an dem ich vor unserem Umzug nach Darmstadt gegen meinen Willen hatte aufhören müssen. Aber dazu kam es nicht. Die harte Lebenswirklichkeit des jetzt Neunjährigen wollte so gar nicht zu den Erinnerungen an die schöne Zeit vor 1919 passen, so spärlich diese auch waren. Wie anders sahen doch plötzlich die

Stallungen und der geliebte Garten der Großeltern aus, wenn man sie nicht mehr nur als Spielplatz nutzen durfte, sondern auch in ihnen arbeiten mußte. Aber das war nötig, wir mußten alle mit anpacken, denn die wirtschaftliche Lage war nicht eben rosig. Sie wurde zudem dadurch erschwert, daß Rheinhessen und die Pfalz noch immer besetztes Gebiet waren; erst 1930 – das ist heute kaum noch bekannt – verließen die Franzosen das Land. In die zwanziger Jahre fielen auch die Auseinandersetzungen mit der separatistischen Bewegung, die zur Gründung eines selbständigen Rheinbundes mit enger Anlehnung an Frankreich führen sollten. Die Unruhen, die damit verbunden waren, spürte man auch im idyllischen Alzey.

Hatte ich den mit dem Umzug verbundenen Wechsel an eine neue Schule noch mit einer gewissen Leichtigkeit meistern können, so bekam mir der Übergang auf die Oberrealschule von Alzey auf Dauer weniger gut. Zwar zählte ich in den ersten zwei, drei Jahren noch immer zu den Klassenbesten, aber dann rutschte ich auf Mittelmaß ab. Die Fremdsprachen! Manche »Fünf« in Englisch oder Französisch konnte ich nur durch gute Leistungen in Mathematik und Physik ausgleichen. Trotzdem machte mir die Schule Spaß. In unserer Klasse herrschte eine ausgezeichnete Kameradschaft, und wir heckten manche Streiche miteinander aus. Leider hat von meinen damaligen fünf guten Freunden nur einer den Krieg überlebt.

Da die sich zusehends verschärfende Wirtschaftslage der frühen dreißiger Jahre auch meine Mutter zur Mitarbeit im großelterlichen Betrieb nötigte, neben ihrem ohnehin schon anstrengenden Hausfrau- und Muttersein, oblag es mir als dem »Senior« der fünf Kinder, mich der Zwillinge anzunehmen. Für Spiel und den geliebten Sport blieb da kaum noch Zeit. Aber den meisten meiner Schulkameraden ging es kaum anders.

Berufswünsche

Von Hitlers Ernennung zum Reichskanzler im Januar 1933 erfuhren meine Schulkameraden und ich aus einem dieser unsäglich plärrenden Lautsprecher – wir liefen gerade Schlittschuh auf einem alten, nahegelegenen Weiher und brachen in begeisterten Jubel aus, als wir das hörten. Wie so viele damals, glaubten auch wir, jetzt werde unsere Not, wie wir sie jeder seit Jahren kannten, ein Ende haben. Hatte Hitler nicht immer wieder versprochen, er werde eine bessere Zukunft für das deutsche Volk heraufführen? Wir glaubten den verführerischen Tönen, und zunächst sah es ja auch wirklich so aus, als brächen nun bessere Zeiten an.
1934 wurden meine Freunde und ich, die wir schon seit der frühesten Schulzeit in der kirchlichen Jungschar aktiv waren, von der Hitlerjugend (HJ) übernommen. Wir empfanden diese in großem Stil organisierte Übernahme aller Jugendverbände in die HJ zwar als unrechtmäßige Gleichschaltung, aber zu einer kritischeren Einstellung gegenüber dem Nazi-Regime führte das noch nicht. Ich war sogar sehr beeindruckt, als im Frühjahr 1934 der Führer der NS-Standarte Alzey bei meinen Eltern auftauchte, um mich für die SS zu werben. Das wäre etwas! In meiner Begeisterung über diese Idee vergaß ich ganz, daß ich eine Entscheidung von dieser Tragweite nicht ohne die Einwilligung meiner Eltern treffen konnte. Ich war ja noch minderjährig. Während mein Vater von den Ausführungen des Werbers zumindest verunsichert

wurde, der ihm ausmalte, welche Zukunftschancen hier auf seinen Sohn warteten, sah meine Mutter das ganz anders und lehnte kategorisch ab. Ihr Argument: »Mein Sohn schließt seine Schulzeit mit dem Abitur ab und nicht mit der SS!«

Das war typisch für meine Mutter. Sie war eine tatkräftige und zielbewußte Frau, tüchtig und lebensfroh – eine große Persönlichkeit. Bis ins hohe Alter von 99 Jahren hat sie die Familie zusammengehalten, vor allem dann auch nach dem Tod meines Vaters, der mit 84 Jahren starb. Sie hat sich oft für mich eingesetzt, besonders wenn es Ärger in der Schule gab – und den gab es bei mir öfter. Hätte mich da ihre Entscheidung gegen die SS nicht wenigstens nachdenklich machen müssen? Aber ich war nur tief enttäuscht und habe sie damals nicht verstanden. Erst viele Jahre später begriff ich, daß ich ihr eigentlich äußerst dankbar sein konnte.

Mit der SS war es also nichts. Was aber sollte dann aus mir werden? Studieren wollte ich, möglichst ein technisches Fach, vielleicht Brückenbau; oder noch besser: meine alten Lieblingsfächer Mathematik und Physik! Diesmal war es Vater, der mir schnell meine Illusionen nahm. Ohne lange zu überlegen, nannte er mir eine Handvoll Leute aus unserem Bekanntenkreis, die in letzter Zeit ihr Studium beendet hatten. Alle standen sie auf der Straße: »Nicht einer von ihnen hat eine feste Anstellung. Mancher schlägt sich als Hilfsarbeiter gerade so durch.«

Also wieder nichts. Mir blieb keine andere Wahl, als meine Zukunftsträume erst einmal zu begraben und mich auf das Abitur im nächsten Jahr einzustellen. Englisch und Französisch würden unweigerlich dazugehören...

Aber dann verbreitete sich im Sommer 1934 an unserer Schule mit Windeseile ein Gerücht. Oberprimaner, hieß es da, könnten sich ab sofort bei der Reichswehr bewerben. Das 100 000-Mann-Heer sollte aufgerüstet werden. Ausbildungsbeginn gleich nach dem Abitur im nächsten Frühjahr. Das war's! Ich bewarb mich sofort bei der Nachrichtenabteilung in Bad Cannstatt. Da ich noch nicht achtzehn Jahre alt war, wurden meine Unterlagen an die Abteilung D der Artillerieschule in Jüterbog weitergeleitet.

Anfang September kam dann der spannende Augenblick. Als ich am frühen Nachmittag aus der Schule zurückkehrte, lag auf dem Küchentisch ein kleiner brauner Umschlag. In der Schule war gemunkelt worden, es seien zwei unterschiedliche Größen im Umlauf, eine für die Zusage, die andere für die Absage; aber welche Größe für welche Antwort stand, das wußte niemand so genau. »Einfach öffnen«, dachte ich mir, »dann weißt du, was los ist. Hoffentlich geht wenigstens dieser Wunsch in Erfüllung!« Mit großer Hast (vor lauter Aufregung vergaß ich ganz, daß meine Eltern neben mir standen) öffnete ich den Brief:

«... teilen wir Ihnen mit, daß Ihre Bewerbung angenommen wurde. Bitte finden Sie sich am 28. September 1934 in der Fuchsbergkaserne in Jüterbog ein.«

Überrascht blickte ich auf (und bemerkte erst jetzt meine Eltern): Am 28. September? Das war ja schon in gut drei Wochen! Wir hatten die Einberufung doch erst im kommenden Frühjahr erwartet! Mein Vater nahm mir den Brief aus der Hand. Er schien ihn mehrmals zu lesen und sah mich dann an. Ich fürchtete schon, er wolle erneut meinen Wunsch zunichte machen. Aber er wies mich nur auf eine Zusatzinformation hin, die ich in

der Eile übersehen hatte: Es handelte sich nicht schon um die endgültige Einberufung, sondern zunächst um die Einladung zu einem Auswahltest, der sich über drei Tage erstrecken sollte. Diese Einschränkung ließ meinen Vater wieder etwas zufriedener aussehen. Er sagte nichts, aber ich spürte doch deutlich, daß er mit meiner Entscheidung, zur Reichswehr zu gehen, nicht einverstanden war. Auch in den folgenden Tagen äußerte er sich nicht dazu, während ich immer wieder betonte, daß ja noch nichts entschieden sei. Erst mußte schließlich der Test bestanden werden, bei dem von hundert Bewerbern nur fünfundvierzig angenommen werden sollten.
Am frühen Morgen des 28. September herrschte rege Geschäftigkeit im großelterlichen Haus. Die ganze Familie wollte mich zum Bahnhof begleiten. Ich ging noch einmal in den Stall und in den Garten und sah mir alles an, als gelte es, für immer Abschied zu nehmen; dabei konnte ich, wenn es schiefging, schon in vier Tagen wieder hier sein! Schließlich brachten mich nur meine Eltern zum Zug. Beim Abschied gab mir meine Mutter noch manchen gutgemeinten Rat für die bevorstehende Prüfung mit auf den Weg und überspielte damit Aufregung und Abschiedsschmerz. Mein Vater dagegen sagte noch immer nichts. Keine guten Wünsche, kein Rat kam über seine Lippen. Ich spürte immer noch seinen inneren Widerstand gegen die Entscheidung seines Ältesten, unbedingt noch vor dem Abitur Soldat werden zu wollen. Meine Mutter bestätigte später meine Vermutung. Bis zuletzt hatte mein Vater gehofft, daß ich den Aufnahmetest nicht bestehen würde.
Am Abend erreichte der Zug das preußische Jüterbog. Daß ich ein Zimmer mit mehreren zu teilen hatte, war ich gewohnt. Hier in der Fuchsbergkaserne wurden wir

ich gewohnt. Hier in der Fuchsbergkaserne wurden wir zu zwölft in einem Raum untergebracht, jeweils drei Betten übereinander. Meine neuen Kameraden waren alle älter als ich - das dämpfte meine hochgesteckten Erwartungen ziemlich.

Am nächsten Tag begann dann pünktlich um 7 Uhr morgens die erste schriftliche Prüfung. Alles erinnerte an die Schule: die Sitzordnung, das strenge Gehabe des Aufsichtspersonals, die Methode, von der hinteren Reihe aus die Prüfungsbögen einzusammeln. Der zweite Tag stand ganz im Zeichen von Leichtathletik und Turnen. Da war ich in meinem Element, denn ich war ein guter Sportler. Am dritten Tag die mündliche Prüfung, in Gruppen von jeweils zehn Leuten. Und dann kam der entscheidende Moment: Abends um 20 Uhr - es war der 1. Oktober 1934 - wurden alle Kandidaten in die Kantine bestellt. Laut verlas ein Offizier die Namen derer, die den Test erfolgreich absolviert hatten. Mein Name war darunter! Damit konnte mein Militärdienst beginnen.

IN DER HEERESNACHRICHTENSCHULE

Ausbildung in Jüterbog und Halle

Am 2. Oktober wurde ich der Abteilung D der Artillerieschule Jüterbog zugeteilt. Obwohl sie in den Gebäuden der Fuchsbergkaserne untergebracht war, handelte es sich nicht um eine militärische Ausbildungsstätte wie jede andere. Vielmehr stand das Kürzel »D« für die geheimgehaltene, sich noch im Aufbau befindende Heeresnachrichtenschule.

Schon nach vierzehn Tagen wurde ich, nunmehr Mitglied der Nachrichtenkompanie, zusammen mit etwa hundert weiteren Rekruten vereidigt – eine feierliche, uns junge Soldaten sehr beeindruckende Zeremonie. Daß wir dabei unseren Eid auf den Führer ablegten und nicht auf die Fahne, wurde uns dabei nicht bewußt. Und ehrlich gesagt, selbst wenn wir den Unterschied bemerkt hätten, hätte er uns damals wohl kaum interessiert.

Was dann folgte, war freilich alles andere als feierlich: die harte Grundausbildung auf dem Kasernenhof. Bei wenig zimperlichen Unteroffizieren lernten wir vor allem das weitgefächerte Bedeutungsspektrum des Wortes »Dienst« kennen. Exerzier-, Reinigungs- und Stalldienst sollten zwar die Disziplinierung von uns »Schuljungen« vorantreiben, förderten aber in erster Linie das Solidaritätsgefühl in der Mannschaft. Wir waren als Freiwillige zum Militär gegangen, und das machte uns potentiellen »Schleifern« überlegen.

Im Frühjahr 1935 fand dieser harte Drill ein Ende, wurde aber gleich durch einen anderen, nicht weniger harten abgelöst: die technische Ausbildung. Wir wurden praktisch und theoretisch in alle Bereiche des Nachrichtendienstes eingeführt. Unsere sehr versierten Ausbilder kamen zum Teil aus der Industrie oder von der Post. Sie verlangten außerordentlich viel von uns, aber wir lernten dafür auch sehr viel in sehr kurzer Zeit. Ein halbes Jahr lang konnte von Freizeit irgendwelcher Art nicht die Rede sein, so daß ich mich manchmal doch fragte, ob ich nicht besser auf der Schulbank geblieben wäre.

Im Mai 1935 inspizierte zum ersten Mal ein Vertreter der Berliner Reichswehrführung den militärischen Nachwuchs. Er überbrachte uns die Grüße des Führers, was uns sehr imponierte, zumal sie ausdrücklich als »persönlich« deklariert wurden. Ebenso gern hörten wir es, daß uns der General aus Berlin als »zukünftigen Führungskader der im Aufbau befindlichen Wehrmacht« bezeichnete; diese heiße zwar immer noch Reichswehr, zähle aber mittlerweile schon 300 000 Mann. Wir erfuhren auch, daß der Führer mit dieser Aufrüstung die Bestimmungen des »Versailler Vertrages« faktisch für ungültig erklärt habe, und daß das Rheinland bald wieder von deutschen Truppen besetzt werde. Über diese Nachricht – die im übrigen streng geheim war – brach die ganze Truppe spontan in Jubel aus. Endlich wurde das wahrgemacht, was mein Geschichtslehrer schon vor Jahren prophezeit hatte: »Die Stunde der Abrechnung mit dem Schanddiktat wird kommen!« Der General vertraute uns allerdings auch ein weniger erfreuliches Geheimnis an: In Deutschland sollte wieder die allgemeine Wehrpflicht eingeführt werden. Von wegen »Führungskader« und »Elite« der Reichswehr! Damit sollte jetzt Schluß sein? Das nahmen wir mit recht gemischten Gefühlen auf.

Die geheimen Informationen wurden bald offene Realität. Noch 1935 wurde die allgemeine Wehrpflicht eingeführt, und am 7. März 1936 überquerten deutsche Truppen den Rhein.

Im August 1935 durchwehte unsere an abwechslungsreichen Ereignissen arme Fuchsbergkaserne ein Hauch von Internationalität. Wir bekamen Besuch: chinesische Offiziere, die wir mit neuestem technischen Gerät vertraut machen durften. Noch während ihres Aufenthaltes wurde unserer Kompanie eröffnet, daß sie im September in die neu erbaute Heeresnachrichtenschule in Halle an der Saale verlegt werde. Dieser Umzug war für uns mehr als nur ein Standortwechsel. Viele Spekulationen über Größe und Qualität dieser in Windeseile errichteten Ausbildungsstätte kursierten in Jüterbog, aber sie wurden weit übertroffen von der Wirklichkeit. Was wir in Halle an technischer Ausstattung, Hörsälen und Unterkünften vorfanden, hielt spielend dem Vergleich mit den besten Technischen Hochschulen im damaligen Deutschen Reich stand. Daß zudem angehende Offiziere und Unteroffiziere aus aller Herren Ländern hierher kamen, verstärkte diesen positiven Eindruck. Das hier war doch etwas ganz anderes als unsere Fuchsbergkaserne im verschlafenen Jüterbog. Dazu die pulsierende Großstadt Halle und die herrliche Lage der nagelneuen Heeresnachrichtenschule gleich am Wald am Rande der Stadt. Hier konnten wir uns als echte »Studenten« fühlen und uns unserem Wunschfach ganz hingeben. So hatte der

Beinahe-Abiturient aus Alzey doch noch eines seiner Traumziele erreicht!

Obwohl wir als Soldaten nach Halle gekommen waren und in der Öffentlichkeit auch als solche auftraten, erinnerte das Leben hier nur in wenigen Bereichen an eine militärische Ausbildung im üblichen Sinn. Vieles glich tatsächlich dem Alltag einer Universität. In der Nachrichten-Lehrabteilung wurden angehende Offiziere und Unteroffiziere in den theoretischen Fächern ausgebildet, in der Nachrichten-Versuchsabteilung wurden – in enger Zusammenarbeit mit der Industrie – neue nachrichtentechnische Geräte entwickelt. Diese wurden dann im Rahmen sogenannter »Exkursionen« erprobt. Dabei ging es wenig militärisch zu, im Gegenteil: die Versuchsübungen mit neuen Mikrofonen und anderem Gerät fanden an sommerlichen Nord- und Ostseestränden oder in grünen Höhenlagen des bayerischen Voralpenlandes statt und waren deshalb bei uns sehr beliebt. Unterbrochen wurde unser »Studium« nur dann und wann von spektakulären Großeinsätzen. Dazu gehörten etwa die Olympischen Spiele von 1936 in Berlin, die Treffen Hitlers mit Franco und mit Mussolini, aber auch der Reichsparteitag in Nürnberg.

»Heim ins Reich!« – Erste Einsätze in Österreich, im Sudetenland und in der Tschechoslowakei

Anfang 1938 erhielt unsere Abteilung den Auftrag, die Nachrichtenstaffel für das Führerhauptquartier aufzustellen, zu unterhalten und stets zum Einsatz bereitzustehen. Trotz manchen Gerangels mit der SS behielt unsere Abteilung (und später dann das Regiment) diesen Auftrag bis 1945. Schon einige Wochen später, im Februar 1938, beorderte der 1. Kommandeur im Führerhauptquartier, Oberst Erwin Rommel, die neugebildete Staffel nach Berlin zur ersten Einsatzübung. Diese »Jungfernfahrt« führte uns nach Saarbrücken. Hier erlebte ich zum ersten Mal jenen Mann aus unmittelbarer Nähe, auf den ich meinen Eid abgelegt hatte: Adolf Hitler. Ich war sehr beeindruckt von seiner starken Ausstrahlung.

Und dann, am 12. März 1938, überschritten wir die Grenze zu Österreich. Auch ich zählte zu den stürmisch bejubelten »Befreiern«, die Österreich »heim ins Reich« holten. Fürwahr, ein erhebendes Gefühl, ein Land »angeschlossen« zu haben, ohne daß auch nur ein Schuß gefallen war! Doch der Prater blieb für mich nur ein dreimonatiges Intermezzo. In Halle erwartete uns wieder der vormals geliebte Alltag der Heeresnachrichtenschule mit seinen inzwischen gewohnten Experimenten und Erprobungsphasen...

Die Palette internationaler Gäste, die wir an unserer »Hochschule« nach wie vor sehr schätzten, wurde im Frühsommer 1938 um einen neuen Farbtupfer bereichert: Die freundlichen und kooperativen Chinesen wurden abgezogen und durch die weitaus weniger umgänglichen Japaner ersetzt. Dieser Wechsel war wohl eine Nebenwirkung der inzwischen bestehenden »Achse Berlin-Rom-Tokio«.

Am 30. September 1938 wurde in den späten Abendstunden wieder einmal Alarm gegeben: Abmarsch zur Teilnahme an der Besetzung des Sudetenlandes am nächsten Morgen in aller Frühe. Erst tags zuvor, am 29. September, war das berühmte Münchener Abkommen getroffen worden; es sollte den Bestand und die Sicherheit der Tschechoslowakei sichern – um den Preis, daß Hitler von Mussolini, Daladier und Chamberlain freie Hand für die Annexion des Sudetenlandes erhielt. Und er handelte sofort! Vorbereitet war ja alles bis ins Detail, und so vollzog sich der Einmarsch genau nach Plan. Wieder, wie schon in Österreich, fiel kein einziger Schuß, die Besetzung des fast 310 Kilometer langen Gebirgszuges zwischen Elbe und Oder verlief völlig friedlich. Und wie in Österreich schlug auch hier den Befreiern ein Sturm der Begeisterung entgegen.

Unsere Abteilung – übrigens mit tatkräftiger Unterstützung der tschechischen Postbeamten – stellte von Brix und Dux aus die Nachrichtenverbindungen in das besetzte Gebiet, ins Reich und ins Ausland her. Damit hatte es sich dann auch schon. Nach vier Wochen war alles vorbei. Die Besetzung des Sudetenlandes hatte für uns nahezu den Charakter eines Betriebsausflugs. Noch immer erinnerte nichts an eine kriegerische Auseinandersetzung. Nun stand Halle wieder auf dem Programm und damit die übliche Routine. Sie wurde nur unterbrochen durch mehrere Manöver und Mikrofonversuche, diesmal in Unterammergau. Für mich allerdings auch durch meine Freundin Uschi Schwenke, die mir die dienstfreie Zeit angenehm verkürzte. Vor zwei Jahren hatte ich die damals Siebzehnjährige beim Sport kennengelernt; sie spielte Handball, Hockey und war eine gute Leichtathletin, während ich es als Turnierreiter zu einigen Ehren gebracht hatte und auch in Leichtathletik und Schießen teilweise Spitzenleistungen erzielte.

Am 15. März 1939 erreichte uns eine Depesche aus dem Führerhauptquartier. Oberst Erwin Rommel beorderte die Nachrichtenstaffel nach Berlin, um ihr »neue Instruktionen von außerordentlicher Wichtigkeit« zu geben. Es war soweit: Hitler hatte die Entscheidung getroffen, gegen die Tschechoslowakei militärisch vorzugehen. Mit eben der Schnelligkeit und Präzision, die ich bereits von zwei »Heimholungsaktionen« her kannte, erfolgte auch diesmal die Invasion. Ohne Zwischenfälle – wieder war kein Schuß gefallen – erreichten wir Prag. Im Hradschin schlug Hitler das deutsche Hauptquartier auf und verkündete die Errichtung des Protektorates Böhmen und Mähren. Spät in der Nacht – ich machte eine kurze Pause neben meinem Fernsprechvermittlungswagen – stand Adolf Hitler plötzlich neben mir. Mit Blick auf die Stadt meinte er: »Sehen Sie genau hin, dies ist eine deutsche Stadt mit der ältesten deutschen Universität!« Ich antwortete: »Jawohl, mein Führer, dies ist eine alte deutsche Universität.«

Eines allerdings war anders. In der »Ostmark«, wie Österreich jetzt offiziell genannt wurde, hatten die Menschen auf der Straße gejubelt, als die deutschen Truppen an ihnen vorbeidefilierten. Im Sudetenland dasselbe Bild. Massen enthusiasmierter Männer und Frauen warteten sehnsüchtig darauf, einen kurzen Blick des Führers erhaschen zu können, und sei es nur für den Bruchteil einer Sekunde. Aber hier in Prag? Keine Hand erhob sich zum Hitlergruß, niemand streckte uns bunte Begrüßungssträuße entgegen, keine einzige Freudenträne wurde beim Anblick der deutschen Soldaten vergossen. Im Gegenteil: Trotzige Ablehnung stand in vieler Augen, manchmal auch eine Träne des Schmerzes und der ohnmächtigen Wut. Die deutschen Panzer, die in Prag einrollten, hatten diese Stadt nicht befreit, sie hatten sie gegen den Willen ihrer Bewohner besetzt.

Vor Kriegsbeginn

Nach kurzem Pragaufenthalt kehrte ich nach Halle zurück. Vieles hatte sich in der Zwischenzeit verändert. Die entspannte, für manchen auch ermüdende Atmosphäre an der Heeresnachrichtenschule wich einer sich ständig steigernden Betriebsamkeit, die wir uns nicht recht erklären konnten; es kamen immer mehr Reserveoffiziere zu uns, gleichzeitig wurde der Schwerpunkt der Ausbildung von der technischen Seite auf Schulung in Truppenführung verlagert. Und dann wurde uns im Sommer der Heimaturlaub gestrichen, man vertröstete uns auf den Winter. Was hatte das alles zu bedeuten? Im Nachhinein kann man darin leicht Symptome des konsequenten Aufrüstungskurses Hitlers erkennen, mit dessen Erfolg die außenpolitischen Rücksichten des Deutschen Reiches und seiner Machthaber weitgehend entfallen würden. Hitler hatte ja schon mit der militärischen Zerschlagung der Tschechoslowakei gezeigt, daß er seine letzten Bedenken gegen eine außenpolitische Eskalation aufgegeben hatte. Aber solche Überlegungen stellte ich damals nicht an. Daß hier ein Krieg vorbereitet, zumindest mit ihm gedroht wurde, erkannte ich nicht und hätte ich auch nie für möglich gehalten.

An dieser Fehleinschätzung änderte sich auch im August 1939 nichts, als ich erneut nach Berlin ins Führerhauptquartier beordert wurde. Von Obergruppenführer Brückner, dem persönlichen Adjutanten des Führers, erfuhr ich, daß ein politisches Abkommen mit der Sowjetunion kurz vor dem Abschluß stehe. Das war sensationell. Das durfte nicht wahr sein! Hitler schließt einen Pakt mit der UdSSR! Hatte uns nicht Reichspropagandaminister Joseph Goebbels in nicht endenwollenden

Haßtiraden versichert, der Bolschewismus sei der Todfeind des nationalsozialistischen deutschen Volkes? Und jetzt sollten wir Verbündete sein? Ich konnte das alles nicht verstehen - und nicht nur ich hatte mit gewaltigen Irritationen zu kämpfen.

Obwohl die englisch-französisch-sowjetischen Verhandlungen dem Scheitern nahe waren und das von den beiden Außenministern Ribbentrop und Molotow ausgearbeitete Abkommen zwischen Deutschland und der UdSSR zur Unterschrift vorlag, ergriff Hitler selbst am 20. August überraschend die Initiative. In einem Telegramm wandte er sich persönlich an Stalin. Die Verzögerung, mit der diese Botschaft übermittelt wurde, zeugt augenfällig von ihrer das Schicksal Polens besiegelnden Bedeutung. Das Telegramm, das den Berghof gegen 16.35 Uhr verließ, sollte von uns in Berlin weitergeleitet werden. Dadurch erhielt ich Kenntnis von seinem Inhalt. Es wurde aber erst gegen 18.45 Uhr nach Moskau weitergeleitet - eine bewußte Verzögerung durch das Auswärtige Amt. Auch Hitler wußte von den Verhandlungen zwischen England, Frankreich und der Sowjetunion. Mit seinem Telegramm versuchte er fieberhaft, die letzten Möglichkeiten für eine politische Isolierung Polens aufzuspüren. Denn er wußte: Falls Stalin einlenkte, stünde einer Besetzung Polens nichts mehr im Wege. Bei einem Scheitern seines Vorstoßes hingegen hätte Polen auf die Hilfe mächtiger Verbündeter zählen können.

Nach weiteren drei Tagen hektischer Diplomatie war es dann soweit: Im Morgengrauen des 24. August kam es zur Übereinkunft zwischen Moskau und Berlin. Sechs Tage später wurde der unter dem Namen »Hitler-Stalin-Pakt« in die Geschichte eingegangene Vertrag im Kreml unterzeichnet. Er enthielt auch zusätzliche Klauseln über

eine Aufteilung Polens zwischen Deutschland und der Sowjetunion - Polens Schicksal war damit besiegelt, Hitler hatte freie Hand. Noch am 25. August beteuerte er, mit der Herausgabe Danzigs und des »Korridors«, einer Landverbindung zwischen Ostpreußen und dem Reich, seien seine Forderungen an Polen erfüllt. Daß Hitler jedoch keine Bedenken hatte, einen Vertrag rücksichtslos zu brechen, hatten die Engländer und die Franzosen sechs Monate nach München erleben können. Doch würde er auch das Risiko einer britisch-französischen Intervention eingehen?
Hitler schien eine schnelle Antwort gefunden zu haben: Unsere Einheit wurde »wegen drohender Kriegsgefahr« eilig nach Zossen bei Berlin verlegt, wo wir bereits das Hauptquartier des Oberkommandos Heer (OKH) unter dem Oberbefehlshaber Walther von Brauchitsch eingerichtet vorfanden. Daß es sich hier nicht um eine der vielen »Exkursionen« in beschaulicher Atmosphäre handelte, die ich in meiner Zeit in Halle so geschätzt hatte, wurde mir sofort nach der Ankunft in Zossen klar. Wir fanden weiträumige Bunkeranlagen unter der Erde vor, von denen oberirdisch absolut nichts zu ahnen war. Perfekte Tarnung also. Ein langes, von künstlichem Licht durchflutetes Labyrinth verunsicherte die Neuankömmlinge. Alles war vollgestopft mit neuester Nachrichtentechnik. Halbmeterdicke Mauern deuteten darauf hin, daß man hier auf das Schlimmste vorbereitet sein wollte. Und ich saß mitten drin. In der Hektik der Verlegung von Halle nach Zossen war der letzte Befehl des Kommandeurs völlig untergegangen. Jetzt erinnerte ich mich wieder: »Stuben leer hinterlassen und alle persönlichen Sachen nach Hause schicken!« Mir fiel es wie Schuppen von den Augen! Vor den Einsätzen in Österreich, im

Sudetenland und in der restlichen Tschechoslowakei hatte man uns das nicht befohlen. Wozu auch, alle Aktionen würden ja nach kurzer Zeit beendet sein, und zwar erfolgreich. Aber jetzt schien das nicht mehr so sicher zu sein.»... alle persönlichen Sachen nach Hause schicken!« Das hörte sich bedrohlich an, so, als ob jeder von uns schon jetzt seine paar Habseligkeiten als Erinnerungsstücke für Eltern und Verwandte zurücklassen sollte...
Es zeichnete sich ab, daß Polen den deutschen Forderungen nicht nachkommen würde. Auf diesen Moment hatte Hitler schon lange gewartet. Der Führer sei weder bereit, von seinen Forderungen im allgemeinen abzugehen, noch kleine Zugeständnisse im besonderen zu machen - so gab uns von Brauchitsch am Abend des 30. August in einer kleinen Gesprächsrunde die kompromißlose Haltung Hitlers wieder. Die Eskalation hatte ihren vorläufigen Höhepunkt erreicht, ein Krieg mit Polen schien unausweichlich.
Am Morgen des 31. August überraschte Hitler uns und die Welt mit seinem Verhandlungsangebot an Polen. Was war passiert? Woher dieser plötzliche Sinneswandel? Mussolini hatte eilig eine internationale Konferenz vorgeschlagen, auf der alle zwischenstaatlichen Konflikte politisch gelöst werden sollten. Hitler schien diesen Vorschlag aufzugreifen und einzulenken. Über den Rundfunk ließ er verlauten, er wolle mit einem Bevollmächtigten der polnischen Regierung über das gespannte Verhältnis zwischen den beiden Staaten reden. Europa konnte aufatmen. Auch ich schlief in dieser Nacht ruhiger als vorher. Ich war davon überzeugt, daß der Friede noch einmal gesichert sei.
Aber die Polen lehnten es ab, einen Bevollmächtigten zu

entsenden; sie rechneten fest mit der Erfüllung ihres Garantiepaktes mit England und Frankreich. Hitler und Stalin konnte das nur recht sein, sie hatten andere Ziele. Noch am selben Abend erging der Befehl »Angriffstag: 1. September 1939; Angriffszeit: 4 Uhr 45«. Dies war der Beginn des Zweiten Weltkrieges.

Der Obergruppenführer von Schlesien leistete wertvolle Hilfe: Er hatte, so hörten wir später gerüchtweise, in der Nacht einen Grenzzwischenfall inszeniert, bei dem einige SA-Leute in polnischen Uniformen den Sender im oberschlesischen Gleiwitz angriffen. Zur perfekten Durchführung dieser Aktion gehörte die Erschießung eines mitgeführten Häftlings, der als toter »Pole« am Ort des Überfalls zurückgelassen wurde. Dieser »Grenzzwischenfall« wurde – natürlich nicht dem wahren Ablauf entsprechend – am nächsten Tag vom Rundfunk im ganzen Reich gemeldet. Laut tönte es aus den Volksempfängern, deutsches Gebiet sei verletzt worden und die deutsche Minderheit in Polen werde niedergemetzelt. Dies erfordere das sofortige Eingreifen der deutschen Wehrmacht.

Die war schon dabei: Kurz vor 6 Uhr rollten deutsche Panzer über die Grenze; deutsche Bomber flogen bereits eine Stunde zuvor erste Angriffe gegen Polen.

Im Zweiten Weltkrieg

Der Polenfeldzug

Wir waren von dieser Entwicklung alles andere als begeistert, ich war sogar ausgesprochen unglücklich, denn ich dachte, jetzt sei alles aus und vorbei. Wie sollten wir diesen Krieg gewinnen, wenn Franzosen und Engländer den Westwall angreifen würden, der nur mit Reserveeinheiten besetzt war? Zu unser aller Überraschung taten sie das jedoch nicht. Zwar stellte Großbritannien am 3. September ein Ultimatum: Wenn die britische Regierung nicht bis 11 Uhr eine verbindliche Zusicherung für den Rückzug der deutschen Truppen erhalte, bestehe zwischen England und dem Deutschen Reich der Kriegszustand, und Frankreich schloß sich dem an – aber Hitler ignorierte das einfach, und nichts geschah an der Westfront! Damit hatte Hitler freie Hand in Polen – der Beginn des Zweiten Weltkriegs war endgültig besiegelt.
Als uns diese Meldung in Zossen erreichte, dachte ich unwillkürlich an meinen Vater. Auch er hatte den Ausbruch eines Weltkrieges erlebt und uns Kindern hin und wieder von diesem Ereignis erzählt. »Wir waren begeistert, als Deutschland am 1. August 1914 erst Rußland und zwei Tage später dann auch Frankreich den Krieg erklärte«, erinnerte er sich. »Die Menschen stürmten jubelnd auf die Straße, und die Kirchenglocken läuteten.« Nichts davon jetzt. Die Stimmung in Zossen war gedrückt, weder die Bevölkerung noch wir Soldaten ließen uns zu irgendwelchem Jubel hinreißen. Tiefe Sorge

machte sich in unseren Reihen breit. Über den Nachrichtendienst erfuhren wir von der massiven Mobilmachung in Frankreich zwischen dem Kanal und der Schweiz. Schätzungen bezifferten allein die französische Armee auf achtzig Divisionen, denen nur lächerliche elf auf deutscher Seite gegenüberstanden. Aus Freiburg und anderen grenznahen Städten kamen Meldungen, denen zufolge französische Truppen bereits den Rhein überschritten haben sollten. Daran war allerdings nichts. Trotz ihrer militärischen Überlegenheit zeigten die Franzosen zu unserer Überraschung nur wenig Initiative. Es war von einer stufenweise vorgetragenen Operation im Saargebiet die Rede, die am 7. September beginnen sollte. Aber erst vierzehn Tage später drohten die Franzosen mit dem vollen Einsatz ihrer Streitkräfte, falls die deutsche Invasion Polens nicht beendet werde. Aber da war sie schon fast zu Ende, nur anders, als die Franzosen gemeint hatten. Polen wurde das Opfer eines Frontalangriffs, der zum ersten Mal in der Militärgeschichte als Kombination von Panzer- und Luftstreitkräften vorgetragen wurde. Schon am 7. September brach der polnische Widerstand zusammen, am 19. September wurden die letzten Kampfhandlungen eingestellt. Der »Blitzkrieg« war beendet.
Ich erlebte den Polenfeldzug größtenteils in Zossen. Obwohl meine »persönlichen Sachen« schon lange nicht mehr in der Heeresnachrichtenschule waren, gehörte ich zu jenen, für die es schon bald nach dem Ende des Polenfeldzugs den ersten Urlaub gab. Ich verbrachte ihn in Halle und verlobte mich am 28. September mit meiner Freundin Ursula Schwenke.

Der »Blitzkrieg« gegen Frankreich

Als ich ein paar Tage später nach Zossen zurückkehrte, war ich Mitglied des Führungsnachrichtenregiments 601, das gerade neu gebildet worden war. Dieses Regiment hatte den gesamten Nachrichtenverkehr für Führerhauptquartier, OKW und OKH sicherzustellen, und zwar im Fernsprech- und Funkverkehr, im Fernschreibdienst, für den Horchdienst und für das Ver- und Entschlüsseln geheimer Nachrichten. So waren wir über alle militärischen Ereignisse immer bestens informiert.

Es war ein seltsamer Krieg, den Deutschland und Frankreich da miteinander führten. Auf der einen Seite des Rheins bauten sich langsam die deutschen Truppen auf, während ihnen auf der anderen die französischen tatenlos zusahen. Kein Schuß fiel. Man versuchte sich gegenseitig mit Hilfe von Propagandalautsprechern auf die Nerven zu fallen. Dutzende von schwerbewaffneten Divisionen standen unbeweglich diesseits und jenseits des Rheins. Ihre Tagesberichte, die durch unsere Telegraphen tickerten, endeten immer gleich: »Keine Verluste durch Feindeinwirkung. Verluste durch Unfälle in eigenen Divisionen!« Die »Front« im Westen befand sich in einem Zustand prekärer Ruhe. Es war nur eine Frage der Zeit, wann das Pulverfaß explodieren würde.

Ähnlich ereignislos verlief das Leben in Zossen. Betriebsamkeit regte sich in unserem Hauptquartier vor allem dann, wenn es mit der Organisation von Besuchen in den Berliner Theatern betraut wurde. Sonst tat sich nichts. Vom Herbst 1939 bis zum Frühjahr 1940 schien Zossen in einen trägen Winterschlaf verfallen zu sein.

Gekämpft wurde unterdessen woanders. Die Rote Armee hatte sich mit dem schwierigen Gegner Finnland

auseinanderzusetzen, der seinerseits von den Engländern im Stich gelassen worden war. Aber auch in Berlin war man nicht untätig geblieben. Schon vor dem Jahreswechsel 1939/1940 erfuhren wir von Hitlers Plänen, Dänemark und Norwegen vom Süden her zu erobern. Am 9. April 1940 sollten sie in die Tat umgesetzt werden. Zunächst wurde Dänemark, dann das südliche Norwegen überrannt. Da Großbritannien den Deutschen zuvorkommen wollte und Truppen nach Nordnorwegen gesandt hatte, kam es am Polarkreis zu schweren Kampfhandlungen, die mit dem Abzug der britischen Truppen aus Narvik am 8. Juni endeten.
Ende April 1940 wurde Zossen aus seinem Winterschlaf geweckt. Sowohl das Führerhauptquartier als auch die Gefechtsstände von OKW und OKH zogen in die Eifel in die Nähe der belgischen Grenze um. Unser Führungsnachrichtenregiment hatte mit seinem Troß bereits Stellung bezogen. Hitlers seit langem gehegter Wunsch, Frankreich eine Lektion zu erteilen, sollte sich bald erfüllen. Am 9. Mai verließ Adolf Hitler in einem Sonderzug Berlin-Finkenburg in Richtung Münstereifel, wo einer von zwei Befehlsständen der Heeresleitung eingerichtet war. Von dort befehligte er in den Morgenstunden des 10. Mai die Operation »Fall Gelb«. Erst Holland, dann Belgien mußten sich binnen kurzer Zeit der in Polen bewährten Kombination deutscher Panzer-, Bomber- und Luftlandeeinheiten beugen. Damit war die französische Rheinfront umgangen, der Weg nach Frankreich war frei. Der weitere Verlauf dieses erneuten »Blitzkrieges« ist bekannt. Nach nur 43 Tagen, am 22. Juni 1940, unterzeichneten der Leiter der französischen Verhandlungsdelegation General Huntziger und Generaloberst Keitel in Compiègne den Waffenstillstand an

einem Ort von besonderer historischer Bedeutung. Hitler hatte eigens zu diesem Anlaß den Eisenbahnwagen General Fochs aus dem Museum von Compiègne holen und genau an jenen Platz stellen lassen, an dem am 11. November 1918 die deutsche Delegation die französischen Waffenstillstandsbedingungen vertraglich hatte akzeptieren müssen. (Diesen Waggontransport hatte ich mit zu organisieren; das war nicht weiter schwierig.) Jetzt, knapp zweiundzwanzig Jahre später, nahm Hitler demonstrativ den Platz ein, auf dem damals Foch gesessen hatte. Das war eine perfekt inszenierte Demütigung Frankreichs, die von der zahlreich angereisten internationalen Presse wirkungsvoll dokumentiert wurde. Hitler und seine Generalität triumphierten, als er danach das Denkmal, das mit der Inschrift »Hier wurde der Hochmut des deutschen Kaiserreiches gebrochen...« an die Niederlage von 1918 erinnerte, schleifen ließ.

Am Rande dieses Ereignisses von weltpolitischem Rang spielte sich eine jener Episoden ab, die kein Nachschlagewerk zur Geschichte je verzeichnen wird, die aber in meinem Tagebuch, das ich auch in diesen Zeiten so regelmäßig wie möglich führte, einen breiteren Platz einnahmen. Wenige Minuten nach Unterzeichnung des Waffenstillstandes, also ziemlich genau um 18.35 Uhr des 22. Juni, hatte ich meinen ersten direkten »Feindkontakt« in diesem Krieg. Der »Feind« - was er für mich persönlich überhaupt nicht war - hieß General Charles Huntziger, war also der Chefunterhändler des geschlagenen Frankreich. Soeben noch hatte er vergeblich versucht, eine Milderung der harten Waffenstillstandsbedingungen zu erreichen, war aber von Keitel barsch zurückgewiesen worden. Darauf hatte er unterzeichnet, noch eine letzte Erklärung abgegeben und dann mit erhobenem Haupt den Waggon verlassen. Jetzt kam er zu mir und bat mich, eine Nachrichtenverbindung zur Präfektur von Gironde herzustellen. Ich nahm an, er wolle die französische Führung, die sich dort zusammengefunden hatte, über den Stand der Dinge informieren. Diese Bitte wollte ich ihm natürlich nicht abschlagen, aber alle meine Versuche blieben ohne Erfolg, es kam keine Verbindung zustande. Das machte Huntziger zusehends nervös, und auch auf mich übertrug sich seine wachsende Unruhe. Ich entschuldigte mich und sprach mein Verständnis dafür aus, daß er doch unbedingt die Verhandlungsergebnisse weitergeben müsse. Huntziger war überrascht: Darum gehe es gar nicht! Er mache sich Sorgen um seinen kranken Sohn und hoffe, in der Präfektur Näheres zu erfahren, dort sei gewiß eine Nachricht für ihn hinterlegt worden. Eine direkte Verbindung zu seiner Frau wäre natürlich noch viel besser. »Aber die herzustellen, ist Ihnen doch sicher streng verboten?« fragte er leise. Natürlich war es das. Es hätte mich mindestens meine Stellung gekostet, wenn bekannt geworden wäre, daß ich diese Verbindung trotzdem herstellte. Das Gespräch zwischen den beiden dauerte nicht einmal eine Minute. Nachdem Huntziger den Telefonhörer auf die Gabel zurückgelegt hatte, drehte er sich langsam zu mir um. Er sagte nichts. Mit beiden Händen umfaßte er die meinen und sah mich an. Ein bewegender Moment, wohl für uns beide.

Mit der Unterzeichnung des Waffenstillstands war der Frankreichfeldzug für mich eigentlich beendet. Es folgte noch ein Kurzaufenthalt in Vichy, dem Regierungssitz der unbesetzten Zone Frankreichs, und dann wurde ich nach Wiesbaden zu den Friedensverhandlungen abgeordnet. Die Beteiligung der Italiener sorgte aber dafür, daß ein erfolgreicher Abschluß dieser Verhandlungen nicht erreicht werden konnte. Frankreich hatte Friedensverhandlungen mit Deutschland an die Bedingung geknüpft, daß vergleichbare Verhandlungen auch mit Italien geführt würden, und das erwies sich jetzt als Hemmschuh, denn Italiens Forderungen an Frankreich waren, gemessen an seinem ziemlich bescheidenen Anteil an dem militärischen Erfolg, reichlich hoch, um nicht zu sagen: unverschämt und für Frankreich schlechterdings unannehmbar. Die Verhandlungen in Wiesbaden scheiterten denn auch und sollten in München fortgeführt werden. Mir brachte die Uneinigkeit der Verhandlungspartner einen angenehmen Aufenthalt in Wiesbaden für mehrere Wochen; ich konnte hier meinen Onkel besuchen und im nahegelegenen Alzey meine Eltern.

Mit dem Scheitern dieser Verhandlungen war das erste große Kapitel des Zweiten Weltkrieges abgeschlossen. Die Großmacht Frankreich existierte nicht mehr. Hitlers Macht reichte nun von der Weichsel bis zum Atlantik. Diesen Frankreichfeldzug, den Kampf an der sogenannten »Champagnerfront«, erlebte ich als einen weiteren »Blitzkrieg«, der nur einen strahlenden Sieger kannte: Adolf Hitler. Fünfundvierzig Tage – was für ein Erfolg! Der Führer krönte ihn mit einem von ihm selbst inszenierten Finale in Paris. Die Welt geriet in Erstaunen. Über die 160 000 Menschen, die diesen Erfolg mit ihrem Leben hatten bezahlen müssen, erfuhr sie noch nichts.

Mit Abschluß des Frankreichfeldzuges – das Hauptquartier befand sich nach der Einnahme von Paris im Schloß Fontainebleau – wurde unsere Einheit in ihrer alten Form aufgelöst. Ein Teil kehrte an die Heeresnachrichtenschule in Halle zurück, ein anderer nach

Zossen. Mich schickte man als Ausbilder nach Gießen an die dortige Führungsschule für Nachrichtenhelferinnen. Ich sollte die jungen Damen aber nicht etwa in die Grundbegriffe der Nachrichtentechnik einführen oder mit der praktischen Anwendung neuer Übermittlungsapparaturen vertraut machen. Nein: »Einführung in die Mentalität fremder Länder und Verhalten im Ausland« hieß das Unterrichtsfach! Nun, machen wir halt das Beste daraus, dachte ich mir; und da es ein herrlicher Spätsommer war, verlegte ich den Unterricht kurzerhand ins Gießener Freibad, auch wenn mein Kommandeur das mit Stirnrunzeln quittierte. (Dieser Kommandeur übrigens, Hauptmann Engelmann, war Pfarrer und wurde später mein Kollege im Diakonischen Werk.)

Italienische Abenteuer

Im Spätherbst 1940 wurde ich nach Rom abkommandiert, zum »Comando Supremo Italiano«. Meine Aufgabe bestand darin, unsere Kollegen im italienischen Oberkommando mit den Grundsätzen von Nachrichtenverbindungen der höchsten Führung vertraut zu machen. Mit dem Nachtzug fuhr ich nach Rom. Bei der Ankunft in der »Stazione Centrale Roma Termini«, die der großen Zahl an- und abreisender Menschen kaum gewachsen war, sah ich mich vergeblich nach jemandem um, der mich abholen würde. Aber meine italienischen Kollegen schienen nicht mit mir gerechnet zu haben. Ich wartete etwa eine halbe Stunde, ehe ich den Bahnhof in Richtung Santa Maria Maggiore verließ. Hier rief, besser gestikulierte ich ein Taxi herbei und zeigte dem Fahrer einen kleinen Zettel mit dem gewünschten Fahrziel. Natürlich wußte er, wo sich das »Comando Supremo« befand. Die schnelle, zuweilen riskante Fahrt führte mich offenbar an bedeutenden Sehenswürdigkeiten vorbei, denn der Fahrer deutete, übrigens unter souveräner Mißachtung des gesamten Verkehrsgeschehens, immer wieder mit der Hand auf dieses und jenes Gebäude. Seine ausladende Gestik begleitete er mit wortreichen Kommentaren, von denen ich zwar kein Wort verstand, die mich aber schon durch den Wohlklang der reich modulierten Sprache nachhaltig beeindruckten.

Im »Comando« hörte ich, daß man den genauen Zeitpunkt meiner Ankunft nicht rechtzeitig erfahren habe, da die Nachrichtenübermittlung nur fehlerhaft oder überhaupt nicht funktioniere. Aber ich sei ja auch so in Rom gut angekommen und habe den Weg ins »Comando« allein gefunden. Ein etwas reservierter Empfang! Auch sonst merkte ich bald, daß man mich nicht eben mit Enthusiasmus erwartet hatte. Bei einigen Offizieren war deutlich zu spüren, daß sie sich nur ungern etwas von ihrem Verbündeten beibringen ließen. Diese Deutschen, schienen sie zu denken, wollen doch immer nur alles besser wissen! Dabei lagen die Mängel ihrer Nachrichtenübermittlung offen zutage, immer wieder gab es Verzögerungen und Fehlleitungen. Gravierender als dieses Mißtrauen war aber wohl die Sprachbarriere. Nur einer der Offiziere sprach leidlich Deutsch, und mein Italienisch beschränkte sich auf wenige Brocken. Mit einem Dolmetscher zu arbeiten, wäre recht lästig und vor allem zeitraubend gewesen. So rief ich schon nach wenigen Tagen resigniert den für mich zuständigen Oberst Negendank in Zossen an und informierte ihn über den Stand der deutsch-italienischen Zusammenarbeit. Ich sprach es nicht direkt aus, aber Negendank hörte doch aus meinem Bericht heraus, daß ich es für besser hielt, wieder abzureisen. Er hatte nichts dagegen. Ich verfaßte noch ein Papier, in dem ich meine wichtigsten »Lehrinhalte« zusammenfaßte, ließ es ins Italienische übersetzen und übergab es dem »Comando«. Damit war mein Kurzaufenthalt in Rom beendet. Immerhin – ich hatte den Vatikan gesehen und die Sixtinische Kapelle besichtigt.

In Zossen drohte diesmal keine Langeweile. Der Stab war gerade zurückgekehrt und hatte sich noch nicht vollständig von den Strapazen in Frankreich erholt, da überraschte uns unser Alliierter Benito Mussolini einmal mehr mit einem Anfall militärischer Selbstüberschätzung. Am 28. Oktober erklärte er Griechenland der Krieg und ließ seine Truppen von Albanien aus über die Grenze marschieren. Als Hitler von dieser Aktion erfuhr, geriet er außer sich vor Wut. Den Abgesandten der Attaché-Abteilung in Rom kostete es alle Überredungskunst dieser Welt, Hitler davon zu überzeugen, daß die deutsche Vertretung nichts, aber auch rein gar nichts von den italienischen Plänen gewußt habe. Hitler mochte einfach nicht glauben, daß so etwas möglich sein könnte. Ich hätte ihm glaubhaft versichern können, daß das in Rom durchaus möglich sei... Der hintergangene Hitler erregte sich aber vor allem deshalb so über diesen Vorfall, weil Mussolini mit seiner Invasion ausgerechnet gegen den ehemaligen Zögling der Potsdamer Militärakademie Metaxas vorging, der nunmehr als Diktator Griechenlands ein potentieller Verbündeter Deutschlands war und die südosteuropäische Flanke freihalten konnte. Auch der Chef des Generalstabes des Heeres Franz Halder erfuhr erst am 28. Oktober in Zossen von Mussolinis Alleingang; er kommentierte ihn trocken nur mit einem Satz: »Hoffentlich verbrennen die sich fein die

Nase!« Das taten sie denn auch; schon nach zwei Wochen kam die italienische Armee keinen Meter mehr voran.

In der Adventszeit wurde es in Zossen wieder einmal hektisch, ohne daß zunächst ein Grund dafür zu erkennen war. Befragt nach den möglichen Ursachen, reagierten einige Offizierskollegen nur mit Achselzucken oder gaben wenig zufriedenstellende Antworten. Mein Dienstplan sorgte dafür, daß ich relativ weit weg vom Zentrum dieser Geheimnistuerei arbeiten mußte. Durch eine Indiskretion erfuhr ich aber doch, was ich unbedingt wissen wollte: Ein kleiner Kreis von Offizieren widmete sich einem Vorhaben Hitlers, das weltgeschichtliche Bedeutung gewinnen sollte. Es lief unter dem Namen »Barbarossa«; dieser Beiname des Stauferkaisers Friedrich I. stand für den geplanten Feldzug gegen Rußland; und dieser Plan sorgte für die erwähnte Aufregung. Wie schon frühere Pläne Hitlers, fand auch dieser nicht die ungeteilte Zustimmung aller maßgeblichen Militärs. Aus unmittelbarer Nähe erlebte ich, wie sich offener Widerstand gegen das »Unternehmen Barbarossa« formierte. Eine Gruppe um Admiral Raeder sprach sich ebenso gegen einen Krieg mit Rußland aus wie Generaloberst Halder und der Chef des Wehrmachtsnachrichtenwesens im OKW, General Erich Fellgiebel. Ihre Initiative scheiterte aber, da sich General Jodl und Hitlers devoter Liebling, der Chef des OKW Wilhelm Keitel (Beiname: »Lakeitel«), durchsetzten. Die »Führerweisung Nr. 21«, genannt »Barbarossa«, wurde am 18. Dezember 1940 beschlossen. Hitler wollte einen kurzen Krieg, der mit der Einkreisung großer feindlicher Truppen, der Verhinderung eines russischen Rückzuges in das Hinterland und der Bombardierung der im Ural gelegenen Industrien zu einem Endsieg geführt werden sollte. Die Vorbereitungen hierzu sollten am 15. Mai 1941 abgeschlossen werden. Aber das wurden sie nicht, weil folgendes passierte: Anfang Februar 1941 wurde ich Ohrenzeuge eines Gesprächs, das für den Verlauf des Krieges von mitentscheidender Bedeutung sein sollte. Ich mußte eine Telefonverbindung zwischen Hitler und Mussolini herstellen. Weil Hitler etwas schlecht hörte, wurde bei solchen Telefonaten der Verstärker angestellt, so daß der jeweilige Vermittler immer alles mithören konnte. Im Verlauf des Gesprächs gestand Mussolini ein, daß er sich mit seiner Operation in Griechenland militärisch übernommen habe. Von der Einnahme Athens und Salonikis könne keine Rede mehr sein, es gehe nur noch darum, Albanien zu halten. Auch in Afrika stünden seine Verbände kurz vor der Zerschlagung durch englische und australische Truppen sowie durch Verbände des Freien Frankreich. Hitler möge ihm doch noch die Panzerhilfe bewilligen, die er ihm erst vor wenigen Tagen bei ihrem Treffen in Salzburg verweigert habe. Der Duce war offensichtlich am Ende. Obwohl Mussolini alle Schwierigkeiten der letzten Monate zu verantworten hatte, übte Hitler großzügig Nachsicht mit ihm. Er sagte unverzügliche Hilfe zu, stellte aber harte Bedingungen: Mussolini müsse seine veraltete Taktik einer statischen Kriegsführung aufgeben. Ebenso müsse er einsehen, daß eine passive Verteidigung von Tripolis zum Scheitern verurteilt sei. Drittens müßten auch italienische Panzer nach Afrika, und zu guter Letzt: Eine gemeinsame Aktion dort sei dem Oberbefehl eines deutschen Generals zu unterstellen. Nach diesen Forderungen Hitlers blieb es am anderen Ende der

Leitung erst einmal still. Dann endlich kam die Antwort: »Ich akzeptiere. Doch das große römische Imperium muß seine Selbstachtung wahren.« Mit einem kurzen »Ich werde das beachten« beendete Hitler das Gespräch. Wer sollte das Mussolini zugesagte Afrikakorps übernehmen? Hitlers Wahl fiel zunächst auf General von Funck, der gerade von einer Aufklärungsfahrt aus Nordafrika zurückgekehrt war. Doch von Funck wirkte so desillusioniert, daß Hitler sich alsbald nach jemand anderem umsah. Von Brauchitsch schlug Erwin Rommel vor. Hitler war sofort einverstanden. Ich erhielt den Auftrag, Rommel, der sich zur Kur in Bad Kissingen aufhielt, telefonisch ins Hauptquartier zu bitten. Als ich in seinem Hotel anrief, war er gerade spazieren gegangen. Er rief dann in Zossen zurück und nahm die Nachricht nicht sehr gnädig auf, weil er seine Kur abbrechen mußte. Natürlich kam er sofort nach Berlin. Am 6. Februar traf er ein, und Hitler unterbreitete ihm seine Pläne. Schon am nächsten Tag reiste der neue Oberkommandierende des Deutschen Afrikakorps (DAK) nach Rom, um sich mit dem »Comando Supremo Italiano« zu treffen.

Bereits am 2. März überschritten deutsche Truppen die Donau auf Brücken, die innerhalb weniger Tage gebaut worden waren. Die Mannschaft aus Zossen zog fast geschlossen nach Wiener Neustadt, um von dort aus die Balkanaktion zu planen und zu überwachen. Wir hatten uns in der dortigen Militärakademie noch gar nicht ganz eingerichtet, als Jugoslawien und Griechenland schon kapitulieren mußten. Am 20. Mai endeten die letzten Kämpfe, nachdem deutsche Fallschirmjäger Kreta besetzt hatten und die britischen Einheiten die Insel verlassen mußten. Hitler hatte seinem italienischen Freund mit Erfolg unter die Arme gegriffen, und das so schnell und wirkungsvoll, daß wir über diesem Erfolg ganz übersahen, daß er äußerst fatale Konsequenzen nach sich ziehen mußte. Denn die Terminplanung für das »Unternehmen Barbarossa« war durcheinandergeraten. Bis zum 15. Mai hätte sie abgeschlossen sein müssen, aber mittlerweile hatten wir schon Juni. Wir waren aber von den Erfolgen der deutschen Wehrmacht so geblendet, daß wir die Bedeutung dieser Verzögerung nicht erkannten. Was sind schon vier Wochen, dachten wir. Aber hatte nicht Hitler selbst in seiner »Führerweisung Nr. 21« als Voraussetzung für einen erfolgreichen Krieg gegen Rußland festgesetzt, daß dieser so früh wie möglich am Beginn der milden Jahreszeit anfangen müsse, damit die Rote Armee in den vier Sommermonaten vernichtet werden könne? Doch jetzt hatte er, der »Größte Feldherr aller Zeiten«, seine eigenen Grundsätze mißachtet.

Im russischen Winter

Mitte Juni 1941 wurde die 1. Staffel Hauptquartier nach Ostpreußen verlegt, in den Mauerwald. Der Ort, in dessen Nähe OKH und OKL untergebracht wurden, hieß Angerburg und lag etwa 40 Kilometer von Rastenburg entfernt, wo Hitler und das OKW ab 23. Juni in der berühmten »Wolfsschanze« Quartier bezogen. Meine Einheit blieb noch bis zum 24. Juni in Berlin, so daß ich gerne die Gelegenheit nutzte, am 22. Juni im Olympiastadion das Endspiel um die deutsche Fußballmeisterschaft zwischen Rapid Wien und meinem Lieblingsklub Schalke 04 anzuschauen. Leider verlor Schalke 3:4, Rapid wurde deutscher Meister. Plötzlich dröhnte eine

Stimme aus den Lautsprechern durch das Stadion: »Deutschland hat Rußland den Krieg erklärt!«
Für mich begann das »Unternehmen Barbarossa« am 24. Juni. Meine Einheit hatte im ostpreußischen Gumbinnen vorbereitende Maßnahmen für den Aufbau eines Hauptquartiers in der Ukraine zu treffen. Bezeichnenderweise gab man uns keinen Zeitplan, der strikt einzuhalten wäre. Eine mögliche Verlegung in die Ukraine hing offensichtlich von dem ungewissen Fortgang der Kampfhandlungen ab.
Der 9. Juli 1941 bildete den bis dahin tiefsten Einschnitt in mein Leben. An diesem Tag begriff ich, daß Krieg mehr war als der ungehinderte Vormarsch in mediterranen Gefilden, daß er nichts zu tun hatte mit der umjubelten Parade in der Operettenstadt Wien oder gar mit einer vergnüglich-riskanten Taxifahrt in Rom. Krieg - das bedeutet vor allem Tod: Am 9. Juli 1941 erhielt ich die Nachricht, daß mein Bruder Georg schon am dritten Tag des »Unternehmens Barbarossa«, am 24. Juni, meinem ersten Einsatztag im Osten, im litauischen Liebau als Offizier der Marine gefallen war. Der Kreuzer »Nürnberg«, zu dessen Besatzung er gehörte, mußte nach Feindbeschuß durch die Engländer beim Minenlegen im Kanal ins Dock. Mein Bruder wollte während der längeren Reparatur nicht untätig sein und meldete sich zur Marine-Stoßtruppabteilung, der einzigen Einheit dieser Art bei der Marine. Diese Abteilung wurde zu Beginn des Rußlandfeldzuges für die Besetzung von Liebau eingesetzt und bei den heftigen Kampfhandlungen fast vollständig aufgerieben. Keiner der Offiziere überlebte.
Dies alles erfuhr ich beim OKM (Oberkommando Marine), mit dem ich sofort nach Eintreffen der Todesnach-

richt Verbindung aufgenommen hatte, ebenso den genauen Ort der Kampfhandlungen.
Am 13. Juli fuhr mich mein Fahrer nach Liebau, wo ich in einer Unterführung den letzten Gefechtsstand meines Bruders fand. Ein alter litauischer Bauer, der gut Deutsch sprach, konnte mir einiges über die Ereignisse am 24. Juni berichten. Anschließend suchte ich die Grabstätte meines Bruders auf. Sie befand sich in einer Nebenstraße: zwei einfache Holzkreuze mit seinem Namen und dem seines Burschen, der mit ihm gefallen war.
In diesem Augenblick wurde mir die ganze Grausamkeit des Krieges bewußt, und eine große Wut gegen Hitler stieg in mir auf, der diesen Krieg angezettelt hatte. Gestern noch hatte der Wehrmachtsbericht die Gefangennahme von mehr als 320 000 russischen Soldaten gemeldet. Ein glänzender Erfolg? Ein weiterer Sieg? Die beiden Kreuze hier sagten etwas anderes.

In den Monaten August und September unternahm ich mit meiner Einheit einige Einsätze in den Räumen Minsk, Bobruisk und Gomel. Wir hatten gestörte Fernmeldeverbindungen vom Hauptquartier im Mauerwald zu den Heeresgruppen Nord und Mitte zu ergänzen und zu verbessern. Der zügige Vormarsch der deutschen Truppen stellte an die Nachrichtenverbände hohe Anforderungen. Sie hatten ein Drahtnetz auszubauen und zu unterhalten von einem Ausmaß, das man auf militärischem Gebiet bisher nicht kannte. Die Funkverbindungen überbrückten die Seestrecken, das Nachrichtennetz zog sich über weite Teile Europas und Nordafrikas vom Nordkap bis in die Sahara und von den Pyrenäen bis nach Rußland.

Mitte Oktober wurde ich nach Bryansk befohlen mit dem Auftrag, die während der dortigen schweren Kampfhandlungen gestörten Stationsnachrichtenfernleitungen zu reparieren. Das war in etwa einer Woche getan, und ich wartete auf neue Befehle, die aber ausblieben. Ich hatte wenig Lust, nach Ostpreußen zurückzukehren und dort womöglich wieder nur »Feuerwehr« spielen zu müssen. Deshalb meldete ich mich bei einem Oberst Braun von der 2. Panzerarmee (die von Guderian befehligt wurde) und machte ihm deutlich, daß ich mit meiner Einheit gerade ohne Befehl und deshalb »frei« sei. Daraufhin gab er mir den Auftrag, mich umgehend nach Orel in Marsch zu setzen und mich dort beim Panzerkommando 2, bei Oberstleutnant Kautner, zu melden. Von ihm erhielten wir am nächsten Tag den Auftrag, mit den vorrückenden Panzerverbänden mitzumarschieren und stationäre Telefonleitungen an der Eisenbahnstrecke Orel - Tula - Moskau instandzusetzen. Eine fast unlösbare Aufgabe, denn die anhaltenden Regenfälle der letzten Zeit hatten die unbefestigten Straßen in Schlammfelder verwandelt, die nur noch mit Kettenfahrzeugen zu befahren waren, und selbst die blieben häufig im Morast stecken. Außerdem funktionierte der Nachschub nicht mehr, der Kraftstoff mußte rationiert werden. Dennoch erreichte ich mit meiner Einheit, unter ständigen Angriffen russischer Resteinheiten, die erste Verluste forderten, am 10. November die Panzerspitzen vor Tula und übergab dem Kommandeur die Nachrichtenverbindung zur 2. Panzerarmee.
Beim Weitermarsch Richtung Moskau wurde ich am 17. November bei erneuter Feindberührung bei Julinka verwundet; einige Granatsplitter trafen Hand, Fuß und Kopf. Eine Überführung ins Feldlazarett lehnte ich aber

ab und übernahm nach zwei Tagen wieder meine Einheit. Wir marschierten weiter und erreichten am 5. Dezember Uslowaja – es sollte die letzte Station dieses Marsches auf Moskau sein. Denn inzwischen war der russische Winter in seiner ganzen Härte eingebrochen, mit Eisregen und Schnee und klirrender Kälte. In einer Nacht erlebten wir einen Temperatursturz von über 30 Grad, unsere Thermometer, deren Skala bis 50 Grad unter Null reichten, zeigten nichts mehr an! Auf diese Kälte waren wir nicht vorbereitet. An ein Weiterkommen war nicht zu denken. Kein Fahrzeug sprang mehr an, trotz Ölfeuerung unter dem Motor. Am 7. Dezember erreichte uns der Befehl zum Rückmarsch nach Orel. »Alles sprengen!« hieß es und: »Zu Fuß zurück!«
Was nun kam, übertraf die Schrecken der Schlammperiode bei weitem. Der Nachschub an Lebensmitteln und Treibstoff war nahezu unterbrochen. Die Soldaten erhielten keine warme Mahlzeit mehr, und viele trugen noch immer ihre Sommeruniform. Für manchen von uns waren die Leichen russischer Soldaten lebensrettend, denn sie trugen dicke, wattierte Oberbekleidung und warme Filzstiefel. Um ihnen die Kleidung ausziehen zu können, tauten wir die gefrorenen Körper am Feuer auf. Wir konnten uns nicht mehr verteidigen, da die Geschützverschlüsse sich nicht mehr öffnen ließen und das Fett der automatischen Waffen hart geworden war. Das wenige Brot mußte mit dem Beil zerkleinert werden. Mit sauberem Wasser gefüllte Tanks barsten auf den liegengebliebenen Nachschubzügen. Schon kleine Verwundungen konnten tödlich sein, da die Verbandskästen vereist waren; ohne erste Hilfe erfroren die Verwundeten in wenigen Minuten im Schnee. Nur mit Gewalt und Drohungen war es möglich, die Soldaten zum Weitermar-

schieren zu bringen; selbst kurze Pausen am Straßenrand ohne Bewegung hätten den sicheren Tod durch Erfrieren zur Folge gehabt. Nackter Überlebenswille trieb uns dazu, diese fast 260 Kilometer in nur fünf Tagen zurückzulegen; Tag für Tag über fünfzig Kilometer Fußmarsch - es war die Hölle. Aber wir kamen an in Orel, mit schweren Erfrierungen an Händen, Füßen, Ohren und Nasen. Es war für uns wie ein Wunder, als wir in beheizte Quartiere eingewiesen wurden. Aber die Wärme ließ auch die Erfrierungen erst voll durchbrechen. Fast die Hälfte meiner Einheit kam mit Erfrierungen ersten bis dritten Grades ins Lazarett. - Das, was Napoleon 1812 vorgemacht hatte, schien Adolf Hitler 1941 und 1942 nachahmen zu wollen: Beide verheizten ihre Armeen im russischen Winter.

Es ging das Gerücht um, daß wir in Kürze nach Deutschland könnten. Aber da gab es einen Oberst Usinger mit dem Spitznamen »Heldenklau«, der anderes mit uns vorhatte. Er ließ alle Einheiten, die sich nicht im Divisionsverband befanden, erfassen und neue Kampftruppen bilden. Ich wurde mit meiner Einheit - sie war inzwischen durch Ersatz wieder aufgefüllt - am 17. Dezember der 45. Division unterstellt. Auf dem Marsch dorthin wurden wir schon wenige Tage später vor Jelez in Kampfhandlungen verwickelt, die bis zum Jahresende anhielten. Die Rote Armee schien über unerschöpfliches Menschen»material« zu verfügen. Während man in Deutschland »Stille Nacht, heilige Nacht« unter dem Weihnachtsbaum sang, wurden wir immer wieder neuen, ausgeruhten Divisionen ausgesetzt. Die meisten kamen aus Sibirien und waren in jeder Hinsicht auf einen Winterkrieg eingestellt. Die russischen Soldaten trugen lange, weiße Mäntel aus dickem, festem Stoff, Filzstiefel und warme Pelzmützen. Außerdem hatten sie ein Schmierfett entwickelt, das selbst bei arktischen Temperaturen geschmeidig blieb. Diese Erfindung bekamen wir erstmals zwischen Weihnachten und Neujahr zu spüren. Ihre Salven - Raketengeschütze, aus denen nacheinander jeweils 32 Geschosse abgefeuert wurden - funktionierten mit der Präzision eines Schweizer Uhrwerks. Wegen ihres heulenden Tons, der nach etwa 25 Sekunden in einen Explosionsknall überging, nannten wir sie »Stalinorgeln«. Gegen diese Übermacht hatten wir keine Chance. Es gab hohe Ausfälle an Toten und Verwundeten, weitere Opfer forderten auch die schweren Schneestürme. Meine Einheit wurde stark dezimiert, an Ersatz war nicht zu denken. Die Verpflegung brach zusammen, wir ernährten uns auf Anordnung des Stabsarztes von Birkenrinde, die in Schneewasser gekocht wurde. Nur voll Bitterkeit konnten wir daran denken, daß Adolf Hitler am 3. Oktober im Reichstag getönt hatte: »Die sowjetische Militärmacht ist gebrochen!«

Nicht vergessen habe ich, daß an einem dieser schrecklichen Tage mein Bursche Willy Beck - ein Ölhändler aus Hirschbach bei Nürnberg; ich hatte ihn wegen seiner schlechten Augen beim Troß zurückgelassen - plötzlich neben mir im Graben stand. Er brachte mir, in eine Wolldecke eingeschlagen, im Kochgeschirr eine Erbsensuppe! Für ihn war das ein lebensgefährliches Unternehmen! Ich verhehle nicht, daß mir Tränen in den Augen standen. Mit der Bitte, meiner Braut zu schreiben, daß es mir gut gehe, entließ ich ihn. Ich habe ihm später nicht erzählt, was die Erbsensuppe, die ich heißhungrig verschlang, bei mir anrichtete, der ich tagelang nur Birkenrindensuppe gegessen hatte!

Durch einen Armeebefehl erfuhren wir, daß Adolf Hitler am 16. Dezember 1941 den Oberbefehl über das deutsche Heer übernommen hatte und Brauchitsch damit abgelöst war. Das löste bei uns tiefe Betroffenheit und Besorgnis aus. Am 2. Januar 1942 zog sich die Division auf eine vorbereitete Winterstellung zurück. Meine Einheit bestand noch aus vier Unteroffizieren und 21 Mann; alle Offiziere außer mir und vier Fünftel der Unteroffiziere und Mannschaften waren durch Tod, Verwundungen und Erfrierungen ausgefallen.

Am 4. Januar 1942 wurden wir auf Befehl der Heeresgruppe überraschend aus dem Frontabschnitt herausgezogen und nach Orel in Marsch gesetzt. Dort konnten wir uns endlich etwas erholen – und wie nötig hatten wir das nach den übergroßen Anstrengungen! »Ihr braucht eine Aufbauphase!« meinte der Arzt. Am 28. Januar brachen meine alten, nicht vollständig verheilten Wunden wieder auf – ich war vier Wochen zuvor ein zweites Mal durch Granatsplitter verletzt worden –, der Stabsarzt stellte fest: Prellung der Schädeldecke, Loslösung der Kopfhaut, nicht ausgeheilte Gehirnerschütterung. Das hieß Lazarett, und das bedeutete Abschied von meiner Einheit. Traurigen Herzens ließ ich die Kameraden zurück, mit denen mich die schweren Erlebnisse der vergangenen Monate eng verbunden hatten.

Es folgte eine abenteuerliche Fahrt mit dem Lazarettzug durch Rußland, Polen und Norddeutschland, bis ich schließlich am 3. Februar abends im Ersatzlazarett III in Hamburg-Wandsbek ankam. Nach vier Wochen wurde ich als »frontverwendungsfähig« wieder entlassen, man gewährte mir aber noch eine weitere Woche Genesungsurlaub, den ich mit meiner Braut in den Radstätter Tauern verbrachte. Obwohl vor allem mein Körper nach

Ruhe verlangte, waren meine Gedanken immer wieder bei den zurückgelassenen Kameraden meiner Einheit. Ich erholte mich gut in diesen Tagen und fuhr anschließend nach Zossen. Noch im Feldlazarett hatte mich der Befehl erreicht, mich dort nach Wiedergenesung umgehend zu melden.

Mein Chef empfing mich nicht eben freundlich wegen meines ungenehmigten »Ausflugs« an die Front. Zwar sah er ein, daß ich mich dem Befehl von Oberst Braun, mich mit meiner Einheit der 2. Panzerarmee anzuschließen, schlecht hätte widersetzen können. Aber daß ich versäumt hatte, mich deswegen telefonisch mit dem Hauptquartier in Verbindung zu setzen, das konnte er nur mißbilligen. Dennoch erhielt ich eine neue Aufgabe, die zu den angenehmsten Stabsaufgaben zählte, die damals zu vergeben waren. Ich wurde der Attaché-Abteilung des Hauptquartiers unter Oberst von Mellenthin zugeteilt und hatte die Militär-Attachés der mit uns verbündeten Regierungen zu beraten und zu betreuen. Auch wohl zu überwachen, wie sich später herausstellte. Sie erhielten von uns täglich Informationen über das aktuelle Kampfgeschehen, die sie über unsere Nachrichtenabteilung an ihre heimischen Regierungen weitergaben.

In der »Schwarzseher-Abteilung« in der Ukraine

Ende April machte ich mich auf den Weg. Mit einem Vorkommando verließ ich Zossen in Richtung Ukraine, wo soeben wegen der geplanten Frühjahrsoffensive das neue Hauptquartier in Winniza eingerichtet wurde. Hitler beabsichtigte, übrigens gegen das Votum seiner Generäle, das nachzuholen, was der deutschen Wehrmacht im Winter 1941/1942 nicht gelungen war: die Vernichtung der Roten Armee. Seine Grundidee war, zunächst die Mißerfolge des Winters wiedergutzumachen. Zuerst waren die rohstoffreichen Gebiete in Südrußland, vor allem die kriegswichtigen Erdölfelder im Kaukasus zu erobern. In einem zweiten Schritt sollte eine gewaltige Front, die von Stalingrad bis zum über tausend Kilometer entfernten Woronesch reichte, mit dem Ziel aufgebaut werden, den Kaukasus zu isolieren und vor allem die Transporte von US-Lieferungen über den Persischen Golf zu unterbinden. Geplanter Beginn der Offensive: 8. Mai.

Ich war in Winniza zunächst als Leiter des Nachrichtendienstes beschäftigt; Anfang Juni wurde ich dann auf Anforderung des Chefs der Attaché-Abteilung dieser zugeordnet und knüpfte damit an die Tätigkeit an, die ich zuletzt in Zossen wahrgenommen hatte. Bei Frontreisen begleitete ich General Homlok beim Besuch der ungarischen Armee westlich von Stalingrad und Oberst Georgi bei einer Informationsfahrt zur rumänischen Armee am unteren Don.

Trotz Urlaubssperre erhielt ich an meinem sechsundzwanzigsten Geburtstag die Genehmigung für einen Sonderurlaub. Ich hatte auch einen besonderen Grund: Meine Braut und ich wollten heiraten. Auf meiner Heimreise dachte ich daran, wie ich nur wenige Monate zuvor schwerverletzt und halberfroren nach Deutschland zurückgekehrt war. Jetzt aber war alles anders, körperlich ging es mir gut, ich hatte mein Normalgewicht wieder erreicht und fühlte mich wohl. Und vor allem: Diesmal mußte ich nicht versorgt werden, ich konnte vielmehr selbst etwas mitbringen. Die ausländischen Freunde in Winniza hatten mich reich beschenkt, so daß

ich bei meiner Ankunft in Alzey am 27. August mit internationalen Spezialitäten aufwarten konnte.
Am Morgen des 29. August fand die standesamtliche, am Nachmittag dann die kirchliche Trauung statt. Ich war sehr glücklich an diesem Tag. Endlich verheiratet mit der Frau, die ich liebte und die ich schon so viele Jahre kannte! Aber die Feierlichkeiten spielten in einer Welt, die nicht mehr meine Wirklichkeit war. Das hier war wie ein Traum, in den mich der Krieg für zehn Tage entlassen hatte. Trotzdem genoß ich diesen Tag und die sich daran anschließende Hochzeitsreise in den Schwarzwald. Am Morgen des 6. September nahm ich Abschied von meiner Frau. Wir wußten in diesem Moment beide nicht, ob wir uns wiedersehen würden.

Schon bei meiner Ankunft in Winniza merkte ich, daß die Stimmung umgeschlagen war. Der Vormarsch im Kaukasus und am Kaspischen Meer hatte sich verzögert und war durch die sowjetischen Truppen zum Teil sogar gestoppt worden. Auch gab es Probleme mit dem Nachschub - doch ein anderes Problem gab es auch noch, wie mir Oberst van Hooven mitteilte, mit dem ich eng befreundet war: Hitler schien die sich vermehrenden unliebsamen Informationen nicht mehr zur Kenntnis nehmen zu wollen. Auf Skepsis in seiner Umgebung reagierte er mit der Behauptung, die russischen Armeen seien am Ende; jedes kleinste Anzeichen jedoch, das auf eine tatsächliche Destabilisierung des Gegners hinwies, nahm er mit übertriebenem Enthusiasmus auf. Wir in der Attaché-Abteilung verfügten über Informationen, mit denen wir Hitler auf das Mißverhältnis zwischen seinen strategischen Absichten und seinen tatsächlichen Mitteln hinweisen konnten; doch Hitler wollte sie nicht hören, offenbar konnte er zwischen Wunsch und Wirklichkeit nicht mehr unterscheiden; anders ließ sich sein Verhalten schwer deuten: Er wollte keinen Bericht mehr von uns annehmen. Wutentbrannt, so erzählte mir van Hooven, habe er gegen unsere Abteilung polemisiert, ihren Angehörigen Unfähigkeit, ja Arglist unterstellt und uns als »Schwarzseher-Abteilung« tituliert. In der Folge wurde mein Chef, Oberst von Mellenthin, vom Führer persönlich »kaltgestellt«, er erhielt keinen Zugang mehr zur »Lage«, dem inneren Führungsstab um Hitler. Damit war unsere Arbeit in der Attaché-Abteilung eigentlich überflüssig geworden.

Daß uns das nicht gerade beflügelte, läßt sich denken. Natürlich erfüllten wir unsere Aufgaben wie bisher, betreuten die Militär-Attachés, deren Berichte an ihre Heimatregierungen in Helsinki, Rom, Tokio, Budapest, Bukarest und wo auch immer ja weiterhin wichtig waren, schrieben wie bisher unsere Wochenberichte und schickten sie an OKW, OKH, OKM und OKL – aber wozu? Nur die Kombination mehrerer Zufälle hätte einen davon dem Führer zugänglich machen können, und auch dann hätte er ihn wohl als »Schwarzseherei« abgetan. Unsere Arbeit war für den Papierkorb. Dafür wurden unsere Abende im Casino immer länger. Bei manchem Schluck Rotspon wurde heftig diskutiert, auch fabuliert und phantasiert. Einige sinnierten über den Ausstieg, andere redeten sich einfach ihre Wut vom Herzen, während wieder andere nur stumm ins Glas schauten. Viele hatten die Schnauze gestrichen voll, aber ein Rezept zur Lösung unserer Probleme hatte keiner.

Nach einem dieser Abende nahm mich van Hooven mit auf sein Zimmer. Nachdem wir noch einige Flaschen »geköpft« hatten, meinte er: »Geißel, wir hauen ab!« –

»Abhauen« konnte mehreres bedeuten. Es konnte heißen: in den Widerstand gehen. Einige meiner Kameraden hatten das unter Beibehaltung ihrer Stabsstellungen schon getan. Ich hatte Respekt vor ihnen und vor ihrer Entscheidung, konnte mich ihnen aber nicht anschließen, da ich mir von ihren Aktivitäten nicht viel versprach. Zudem fühlte ich mich immer noch an den Eid gebunden, den ich auf Hitler geleistet hatte; keiner konnte mich von ihm entbinden. Van Hooven und ich entschieden uns für eine andere, für die wohl irrwitzigste aller Möglichkeiten: Wir stellten einen Antrag auf Versetzung in ein Frontkommando.
Im Hauptquartier wurden Gesuche dieser Art nicht eben gern gesehen. Für solche Fälle ließ man sich immer etwas Besonderes einfallen, darauf war Verlaß. Man teilte uns Einheiten zu, die wegen ihrer hohen Verluste »Himmelfahrtskommandos« genannt wurden. Van Hooven wurde in der 6. Armee eingesetzt, die sich im Kessel von Stalingrad in einem aussichtslosen Todeskampf mit der Roten Armee befand. Er gehörte später zu den Überlebenden dieser Schlacht, geriet in russische Gefangenschaft und schloß sich dem »Nationalkomitee Freies Deutschland« an, dem auch Graf Einsiedel und General von Seydlitz beigetreten waren und das ab Juli 1943 die deutschen Soldaten zur Niederlegung der Waffen aufforderte; er wurde dann dessen Stabschef. Mich brachte einen Tag später, es war der 28. Oktober 1942, eine alte »Tante Ju« in den Kessel von Demjansk. Ich übernahm die Fernsprechkompanie in der 290. Infanteriedivision.

Im Kessel von Demjansk und im Kurland-Kessel

Anders als in Stalingrad konnte das Desaster in Demjansk noch abgewendet werden. Doch zunächst schien alles gegen uns zu laufen. Viele Monate lang wurden die sechs hier eingeschlossenen Divisionen aus der Luft versorgt, mit bis zu 150 »Ju 52«-Landungen täglich. Das war die erste Luftbrücke in der Geschichte! Die in allen Belangen haushoch überlegene Rote Armee gönnte uns für lange Zeit keine Verschnaufpause, aber der Kessel hielt stand gegen die vielfache Übermacht der feindlichen Kräfte. Erst am 24. Dezember unterbrachen die »Roten« ihre Kampfaktivitäten für zwei Tage. Man erinnerte sich: Es war Weihnachten, das Fest der Liebe. So wenigstens verstanden wir es, und der Feind offenbar auch. Das ganze Jahr über töteten wir einander. Jetzt, für zwei oder drei oder vielleicht auch für zehn Tage, unterbrachen wir das Töten und aßen Zunge in Burgundersoße, süße Kartoffeln (sie waren gefroren) und Polapudding. Und dann die Silvesternacht! Wir hatten seit Wochen Munition gespart und veranstalteten jetzt ein einmaliges Feuerwerk. Und die Russen taten das gleiche! Wir schossen und sie schossen, aber nicht aufeinander, sondern in die Luft.
Ohne Wissen Hitlers begannen Ende Januar 1943 die Planungen und Vorbereitungen für eine Räumung des Kessels. Die Lage war unhaltbar geworden, die Verluste an Menschen und Material konnten nur noch zum Teil ersetzt werden, die Verpflegung wurde immer schwieriger. Einer Einheit der Waffen-SS unter Obergruppenführer Paul Hausser war es gelungen, die russische Belagerung in einer Länge von 45 Kilometern bei einer Breite von drei bis sechs Kilometern zu brechen. Das war der »Schlauch«, durch den wir hinaus konnten.

Durch diesen »Schlauch« wurde ich wegen einer heftigen Gallenkolik am 14. Februar mit einem Verwundetentransport ins Feldlazarett Dno eingeliefert. Dort erfuhr ich von der planmäßigen Räumung des Kessels (Hitler war doch noch informiert worden und hatte zugestimmt) in der Zeit vom 18. bis 26. Februar – eine Aktion, die die Russen völlig überraschte. Nach Planung und Durchführung war sie eine Meisterleistung, die in die Militärgeschichte eingegangen ist. Annähernd 100 000 deutsche Soldaten entgingen so dem Schicksal ihrer Kameraden in Stalingrad. Aber auch mehr als 10 000 Gräber blieben zurück.
Die Befreiten befanden sich in einem körperlich und moralisch desolaten Zustand. Wie sehr uns die Belagerung zugesetzt hatte, läßt sich an meinem Körpergewicht beispielhaft illustrieren: Es hatte sich von 85 auf 57 Kilogramm reduziert.
Anfang April 1943 erhielt ich zwei Wochen Genesungsurlaub. Ich verbrachte ihn zusammen mit meiner Frau in Baden-Baden. Wieder kam mir alles so unwirklich vor, die Schatten der schrecklichen Erlebnisse waren so leicht nicht zu vertreiben.

Dann ging es wieder zurück an die Ostfront zu meiner Division, die durch schwere Kämpfe um ein Drittel dezimiert worden war. Ersatz gab es nicht. Die Stimmung unter den Soldaten verschlechterte sich von Tag zu Tag. Viele von ihnen kamen aus Norddeutschland. Sie hatten bei den verheerenden Bombardements auf Lübeck und Hamburg Verwandte und Freunde verloren und fragten immer lauter: Was verteidigen wir hier im Osten eigentlich noch, wenn in der Heimat die Städte in Schutt und Asche sinken?

In den folgenden Monaten wurden wir immer wieder in schwere Kämpfe mit der vorrückenden Roten Armee verwickelt, unsere Abwehr wurde schwächer und schwächer. Lediglich im Frühjahr 1944 gab es eine kurze Verschnaufpause – die Russen bereiteten eine neue Großoffensive vor, die dann im Juni begann. Nach verlustreichen Kämpfen erhielten wir den Befehl zum Rückzug. Aber es wurde mehr eine Flucht als eine geordnete Absetzbewegung. Schließlich erreichten wir im Juli die lettische Grenze. Aber in welcher Verfassung! Das steht in keinem Wehrmachtsbericht: Die Soldaten waren ausgemergelt, grau die Gesichter, von Staub und Schweiß so verklebt, daß einer den anderen kaum noch wiedererkannte, Uniformen und Hemden starrten vor Dreck. Seit Tagen nicht geschlafen, seit Tagen kaum etwas gegessen, und dann der Durst in dieser sommerlichen Hitze! Die Versorgung war völlig zusammengebrochen, die Einheiten kämpften versprengt, ohne Verbindung untereinander, es gab keine Divisionsführung mehr, der General war verschwunden. Mit meinem Freund Günter von Jagow versuchte ich, eine neue Kampflinie aufzubauen. – In diesem Juli wurde ich innerhalb einer Woche zweimal von Granatsplittern verwundet. Am 1. August erreichten wir den Raum Birsen nahe der litauischen Grenze. Aber die Russen waren uns zuvorgekommen und standen bereits an der ostpreußischen Grenze – wir waren abgeschnitten! Wieder waren wir in einem Kessel eingeschlossen, dem »Kurland-Kessel«. Es gab nur noch die Seeverbindung über Liebau und einige kleinere Häfen.

Am 25. August, meinem 28. Geburtstag, erhielt ich vom OKH den Befehl, mich auf schnellstem Weg nach Wien zu begeben. Es mußte sich um eine besonders wichtige Aufgabe handeln, denn gemäß »Führerbefehl« durfte sonst kein gesunder Soldat und Offizier die »Festung Kurland« verlassen. Ich verabschiedete mich am Abend von meiner Einheit und kam mir dabei vor wie ein Vater, der seine Kinder im Stich läßt. In der Nacht besuchte ich noch meinen Bruder Werner, der einer Nachbar-Division angehörte. Es war unser letztes Treffen; am 24. November wurde er als vermißt gemeldet: Der zweite Bruder, den ich in diesem Krieg verlor, der zweite Sohn, den meine Eltern hergeben mußten.

Am nächsten Tag brachte mich mein Fahrer nach Liebau, ich sollte mir ein Schiff suchen. Im Hafen lag die »Donau«, ein 14 000-Tonnen-Frachtdampfer, der noch in der Nacht auslaufen sollte. Der Kapitän zur See stellte mir die Bordpapiere aus, und dann konnte ich sehen, wo ich blieb. »Mitfahren können Sie«, meinte der 1. Offizier, »aber einen Platz müssen Sie sich schon selber suchen!« Der Pott war restlos überfüllt, alles Flüchtlinge. Ich hockte mich erst einmal auf meine Kiste und überließ mich meiner tiefen Traurigkeit: Da war ich monatelang mit meinen Soldaten zusammen gewesen, die schweren Kämpfe hatten uns zu einer engen Gemeinschaft zusammengeschmiedet, und jeder von ihnen war mir ans Herz gewachsen, zu allen hatte ich ein gutes Verhältnis - was sollte jetzt aus ihnen werden, hier in diesem Kessel? Und ich fuhr nach Wien...

Ein verwundeter Hauptmann riß mich aus meinen Gedanken. Gemeinsam suchten wir nach einem Platz für die Nacht. Mir kam eine Idee: Das Rettungsboot! Wir knöpften das Segeltuch auf und stiegen hinein, und nach einer Flasche Cognac schliefen wir beide tief und lange. Erst die Schiffsglocke weckte uns am nächsten Morgen. Wir waren in Danzig! Wir warteten noch, bis die Flüchtlinge von Bord waren, und bedankten uns dann beim Kapitän für das gute Nachtquartier. Er lachte nur, obwohl wir ein strenges Seemannsgebot übertreten hatten!

Intermezzo in Wien

Mit dem Nachtzug verließ ich Danzig. Aber ich fuhr nicht gleich nach Wien, sondern erlaubte mir einen Abstecher nach Halle, um meine Frau zu besuchen. Seit September 1943 hatten wir Pläne für einen Urlaub geschmiedet, aber es war nichts daraus geworden. Jetzt stand ich plötzlich vor ihrer Tür - unser beider Freude war so überwältigend, daß wir kaum Worte fanden. Die beiden Tage dieses selbstgenehmigten Urlaubs vergingen wie im Flug.
Am 29. August, unserem Hochzeitstag, fuhr ich dann mit dem Nachtzug weiter nach Wien und meldete mich am frühen Morgen beim Wehrbezirkskommando. Ein gut genährter älterer Major empfing mich recht unwirsch: »Warum kommen Sie erst jetzt? Das Kommando nach Bukarest ist seit zwei Tagen unterwegs!« Das ärgerte mich: »Sie wissen wohl nicht, woher ich komme! Aus dem Kessel von Kurland!« Er entschuldigte sich sofort und wurde sehr zugänglich, als er mir meinen Auftrag erläuterte. König Michael von Rumänien hatte seinen Regierungschef Antonescu verhaften lassen; es sollte eine deutsche Militärregierung eingesetzt werden. Ich, so der Major, solle dabei den Nachrichtendienst übernehmen. Für den nächsten Tag sei die Abfahrt eines Nachkommandos vorgesehen, das mich mitnehmen werde.
Am nächsten Morgen fand ich mich wieder bei meinem Major ein. Wir unterhielten uns lange über das Kurland, er war im Weltkrieg 1914/1918 als junger Leutnant in

Riga gewesen. Das Nachkommando fand sich ein, zwei weitere Offiziere, aber abfahren konnten wir nicht; es hieß, in Rumänien gehe alles drunter und drüber, wir sollten auf neue Befehle des OKH warten, die man uns ins Hotel übermitteln werde.

Wir bummelten nun zu Dritt durch Wien, es war ein schöner Sommertag, und besuchten am Nachmittag den Prater. Im Hotel fanden wir keine Nachricht vor, und so fuhren wir nach Gumpoldskirchen zum Heurigen. Es wurde schon hell, als wir zurückkamen, aber wir waren ja »Nachtkämpfe« gewohnt. Am Mittag, wir saßen gerade beim Essen, kam der Geschäftsführer des Hotels aufgeregt an unseren Tisch: »Das Wehrkommando hat eben angerufen, Sie sollen sofort kommen!« Wir aßen erst einmal in Ruhe zu Ende und begaben uns dann zu unserem Major. Der hatte inzwischen erfahren, daß die Russen von Norden in Rumänien einmarschiert seien; die rumänische Armee habe gemeutert. Unser Nachkommando sei damit hinfällig geworden. - Später erfuhr ich, daß bei diesem Aufstand alle Soldaten und Beamten, die für die Bildung der Militärregierung vorgesehen waren, umgekommen sind. Mein zweitägiger Aufenthalt in Halle hatte mir das Leben gerettet!

Wechselnde Einsätze vor Kriegsende

Das OKH hatte einen neuen Einsatzort für mich: die Armeewaffenschule der 16. Armee in Niepolimtze bei Krakau. Nach einer sehr umständlichen Bahnfahrt kam ich am 1. September 1944 in Krakau an und meldete mich am nächsten Tag beim Kommandeur der Waffenschule, General Weber. Ich sollte die Nachrichtenausbildung leiten und Fahnenjunker für den Einsatz an der

Front ausbilden. Nach einigen Tagen wurde mir von General Weber auch noch die Kommandantur übertragen. Dort fand ich einen kleinen Stab unter Oberleutnant Max Kolmitz vor, der im Zivilberuf Versicherungsdirektor war. Der machte seine Sache so gut, daß ich mich nur bei besonderen Anlässen und zur Unterschriftsleistung einzufinden brauchte.

Viel zu schaffen machten uns hier die Partisanen. Es hieß, der katholische Pfarrer sei ihr führender Kopf. Nach Absprache mit meinen Kameraden Hauptmann Hermann Reuschle, Hauptmann Erich Corell und Max Kolmitz luden wir uns zu viert bei ihm zum Abendessen ein. Es gab ein gutes Menü mit vielen Gängen und reichlich Wodka. Wir kamen bald auf die Partisanen zu sprechen. Das war dem Pfarrer sichtlich unangenehm, vor allem, als ich ihn - von Christ zu Christ - auf das internationale Kriegsrecht hinwies. Der Abend endete damit, daß ich mich mit unserem Gastgeber für den nächsten Vormittag in seinem Amtszimmer verabredete. Zu diesem Gespräch lud der Pfarrer auch den Tierarzt, einen Fabrikanten und einen Gutsbesitzer ein. Wir unterhielten uns über die Situation der Polen, die Übergriffe der Deutschen, vor allem der SS, und über mögliche künftige Entwicklungen. Es war nach anfänglicher Zurückhaltung ein sehr offenes Gespräch, das sich bis in den Abend hinzog. Vorgebrachte Wünsche waren bei einigem guten Willen unsererseits zum Teil zu erfüllen. Wir verabredeten, daß ich die polnischen Landräte und Bürgermeister zur Kommandantur bitte, um sie über das Ergebnis unseres Gesprächs zu unterrichten, daß ich dabei aber auch eine ernste Warnung in bezug auf die Partisanentätigkeit ausspreche. Ich gab ihnen drei Tage Zeit, damit sie ihre Landsleute informieren konnten. Die

Zusammenkunft mit den Landräten und Bürgermeistern kam dann auch zustande, und von diesem Tag an gab es im Bereich meiner Kommandantur keine Partisanentätigkeit mehr.

Leider war meines Bleibens hier nicht lange, ich mußte schon Anfang Oktober wieder an die Front und die Nachrichtenabteilung der 545. Volksgrenadier-Division übernehmen. Volksgrenadiere – das waren meist blutjunge Menschen, Hitlerjungen; der älteste in meiner Abteilung, mein Adjutant, war gerade 21! Sie waren ihrer Aufgabe überhaupt nicht gewachsen und völlig überfordert. Zum ersten Mal in diesem Krieg habe ich Soldaten weinen gesehen.

Mitte November wurde ich erneut verwundet (Oberschenkeldurchschuß) und kam nach Krakau ins Feldlazarett. Vier Wochen später wieder entlassen, kehrte ich zur Armeewaffenschule zurück. Wir feierten miteinander ein ruhiges Weihnachtsfest, aber Freude oder Fröhlichkeit wollte bei keinem von uns aufkommen. Die Lage an den Fronten in Rußland, in Italien, auf dem Balkan und im Westen belastete uns hier in der Etappe mehr, als es vielleicht vorn im Graben der Fall gewesen wäre. Wir hatten Zeit zum Nachdenken. Vor allem gingen unsere Gedanken immer wieder zu unseren Angehörigen, zu den Frauen, Kindern und Alten, die den Bombenangriffen der Alliierten ausgesetzt waren.

Ende Dezember wurde ich zu Lehrgängen an die Infanterieschule in Güstrow/Mecklenburg und zur Heeresnachrichtenschule in Halle – meiner Friedenseinheit – abkommandiert. Am 29. kam ich in Halle an. Meine Frau hatte ich zuvor telefonisch unterrichtet, wir freuten uns, endlich wieder beieinander zu sein. Im November war eine Sprengbombe vor unserem Haus niedergegangen und hatte die Wohnungen im Haus und gegenüber teilweise oder ganz zerstört. Meine Schwiegereltern hatten sich aber geweigert, ihre Wohnung zu verlassen, und sich mit notdürftigen Reparaturen beholfen. Es war ihnen sogar gelungen, für meine Frau und mich eine kleine Wohnung zu finden – in dieser Zeit eine besondere Leistung! Wir verlebten Silvester und Neujahr 1944/1945 ruhig und dankbar, daß wir beieinander sein durften.

Die vier Wochen in Güstrow waren ziemlich langweilig, und der anschließende Fortsetzungskurs in Halle konnte mein Interesse auch nicht fesseln. Das Schöne hier war allerdings: Ich durfte mich nachts außerhalb der Kaserne aufhalten und konnte so täglich mit meiner Frau in unserer Wohnung zusammen sein – ein ganz neues Lebensgefühl für uns beide! Schlimm waren die Luftangriffe und die Aufenthalte in den Luftschutzkellern. Ein erbärmliches Gefühl, wenn man sich nicht wehren kann und dem Geschehen passiv ausgeliefert ist.

Nach Abschluß des Lehrgangs wurde ich Quartiermeister einer Alarmdivision, die die Heeresnachrichtenschule aufstellen sollte. Die amerikanischen Truppen rückten näher. Ich hatte für die Ausrüstung der Division mit Waffen und Gerät zu sorgen. Anfang April 1945 kam dann der Einsatzbefehl, die Division setzte sich nach Thüringen in Marsch und wurde vierzehn Tage später von amerikanischen Panzereinheiten aufgerieben. Das war das Ende der stolzen Heeresnachrichtenschule.

Zehn Tage später wurde ich zum Panzerkorps Südjütland als Nachrichtenführer und Kommandeur der Korps-Nachrichtenabteilung versetzt. Am 12. April verließ ich Halle und erreichte nach einer ziemlich aufregenden Fahrt die »Schlagsahnefront« im dänischen Haderslev, wo fünf deutsche Divisionen laut Führerbefehl die »Siegfriedstellung« - eine Kampflinie an der Grenze zwischen Schleswig-Holstein und Dänemark - »bis zum letzten Mann halten« sollten.

In General Feldt, dem Chef des Panzerkorps, lernte ich einen energischen, selbstbewußten Offizier kennen, der von Hitler Ende 1944 vorübergehend von seinem Kommando entbunden worden war, weil er es abgelehnt hatte, unsinnige Befehle auszuführen. Am Abend des 2. Mai saßen wir - Feldt, Korpsadjutant Brion und ich - bei einem Glas Rotspon in ziemlich düsterer Stimmung zusammen. Plötzlich fragte Feldt: »Geißel, was halten Sie von der Lage und dem Führerbefehl?« Ohne zu überlegen, antwortete ich: »Deutschland ist verloren, es ist ein Wahnsinn, jetzt noch auch nur einen einzigen deutschen oder englischen Soldaten zu opfern. Hitler ist tot, ich fühle mich an meinen Eid nicht mehr gebunden.« Feldt und Brion waren derselben Meinung, und ich bekam den Auftrag, Funkverbindung mit den Briten aufzunehmen.

Am nächsten Morgen schickte ich folgende Depesche an das 8. britische Corps: »Panzerkorps Südjütland stellt heute, 3. Mai 1945, 24 Uhr, die Kampfhandlungen ein: Siegfriedlinie wird bei Näherrücken britischer Truppen nicht mehr verteidigt. Erbitten Waffenstillstandsverhandlungen zu einer von Ihnen zu bestimmenden Zeit an einem von Ihnen festzulegenden Ort. gez. Feldt, General der Kavallerie.« Die Antwort (in englischer Sprache) erreichte uns am 5. Mai: »Waffenruhe ist strengstens (strongly) einzuhalten. Divisionen verbleiben in ihren derzeitigen Stellungsräumen, alle Bewegungen sind untersagt. Funkverkehr ist einzustellen, Gerät unter

Empfang zu halten. Weitere Anordnungen (orders) sind abzuwarten. 8. Corps, Carrier, Major.«
Am 8. Mai erfuhren wir, daß die deutsche Wehrmacht kapituliert und Generaloberst Jodl in Reims am 7. Mai die Urkunde unterzeichnet hatte. Am 8. Mai unterschrieb sie auch Keitel in Berlin.

Im Kriegsgefangenengebiet »G«

Da Korpsadjutant Major Brion erkrankte, übernahm ich auf Wunsch von Feldt zusätzlich dessen Aufgaben und wurde dadurch auch für alle Offiziersangelegenheiten zuständig – in dieser Situation eine recht schwierige Aufgabe. Keiner wußte, wie es jetzt nach der Kapitulation weitergehen sollte. Ratlosigkeit und Angst waren so groß, daß sich einige Offiziere das Leben nahmen. Ich entwarf für General Feldt einen Korpsbefehl, der alle Offiziere an ihre im Krieg erwiesene Tapferkeit erinnerte und sie aufforderte, jetzt nicht feige zu werden und ihre Soldaten allein zu lassen.

Wir nahmen Verbindung mit den dänischen Behörden auf, um ein friedliches Nebeneinander bis zu unserem Abzug zu erreichen. Alle Stacheldrahtverhaue vor den Kommandogebäuden und den Unterkünften der deutschen Soldaten ließen wir abbauen – eine Geste des Vertrauens, die von den Dänen akzeptiert wurde. Wie leicht hätte es zu Racheakten der Bevölkerung kommen können! Wie erschraken wir, als während der Siegesfeier der Dänen am 10. Mai ein törichter Leutnant eine Übungshandgranate in die Reihen des Demonstrationszuges warf! Nur dank des vernünftigen Verhaltens der Dänen und der Besonnenheit des Bürgermeisters kam es zu keiner Katastrophe. Der Leutnant wurde natürlich

bestraft und bis zu unserem Abzug arretiert; Feldt hätte am liebsten noch schärfere Maßnahmen ergriffen.
Am 13. Mai erreichte uns die Nachricht, daß Vertreter des 8. Corps uns am nächsten Tag um 10 Uhr in Flensburg zu Verhandlungen erwarteten. General Feldt erteilte mir eine Verhandlungsvollmacht, und zusammen mit einem Hauptmann, der sehr gut Englisch sprach, begab ich mich dorthin. Die Gespräche mit den Briten, die am 15. Mai fortgesetzt wurden, waren kühl, aber korrekt und führten zu folgendem Ergebnis: Das Panzerkorps wird mit allen Divisionen in das Kriegsgefangenengebiet Eiderstedt und Norderdithmarschen verlegt, alle Waffen und Geräte dürfen mitgeführt werden, die Nachrichtenabteilung erhält eine Sonderanweisung. Die Verlegung erfolgt in eigener Verantwortung und soll bis zum 25. Mai beendet sein. Der Abschluß ist dem 8. britischen Corps zu melden.
Er wurde gemeldet, wir hatten unsere neuen Standorte ohne Zwischenfälle bezogen. In den folgenden Wochen mußten wir ständig neue Soldaten aufnehmen, meist solche, die von der Marine noch aus Kurland, Westpreußen, Danzig und Pommern herausgebracht worden waren. Schließlich befanden sich im Gebiet »G« - so hieß das Kriegsgefangenengebiet zwischen Eider und Kanal - etwa eine Million deutsche Soldaten.

Vom 8. britischen Corps kamen neue Anweisungen »für die deutschen Einheiten, die durch die britische Armee verwendet werden«. Sie betrafen im wesentlichen unsere Unterstellung unter das in Hamburg neugebildete »Deutsche Hauptquartier Nord«. An dessen Spitze sollte der General der Panzertruppen Kramer stehen, den die Engländer in Afrika gefangengenommen und nach

Hamburg gebracht hatten. Alle Offiziere seien weiterhin für die Disziplin der Truppe nach deutschem Wehrmachtsrecht verantwortlich. Waffen und Gerät seien weiter zu pflegen und in gutem Zustand zu halten. Wehrmachtsuniformen und Ehrenzeichen dürften weiterhin getragen werden, allerdings keine nationalsozialistischen Abzeichen.

Von Major Carrier erfuhr ich bei einer Dienstbesprechung den Hintergrund dieser überraschenden Anweisungen - wir hatten ja schon längst mit unserer vollständigen Entwaffnung gerechnet: Churchill hatte Montgomery den Befehl erteilt, die deutschen Truppen in diesem Gebiet unter Waffen zu halten für eine eventuelle Auseinandersetzung mit der UdSSR! Churchill - man kann es in seinen Erinnerungen nachlesen - hätte wohl tatsächlich den Krieg gegen Rußland aufgenommen, wenn er von den USA unterstützt worden wäre. Ende Juli 1945 verlor er allerdings überraschend die Unterhauswahlen, und sein Nachfolger Attlee hatte andere Pläne. Immerhin dauerte es noch bis Ende August und bedurfte es eines nachhaltigen russischen Protestes, bis er die Entwaffnung der deutschen Truppen der sogenannten »Geisterarmee« anordnete.

Diese vollzog sich dann in wenigen Tagen ohne Zwischenfälle, Waffen und Munition wurden auf britische Schiffe verladen und in der Nordsee versenkt. Die Offiziere durften ihre Pistolen behalten - auf ausdrückliche Anordnung von Montgomery. Das Korpskommando, das nach Räumung der Kreisleitung der NSDAP in Meldorf untergebracht war, wurde in eine Kreiskommandantur umgewandelt. Die Aufgaben blieben dieselben, außerdem hatten wir die Entlassung der deutschen Soldaten durchzuführen, die nun nicht mehr als »eingefrorenes

Nº 241417

8 CORPS DISTRICT

EXEMPTION FROM AREAS "F" AND "G" FOR DISARMED WEHRMACHT PERSONNEL

Surname: GEISSEL   Christian Names: LUDWIG
(in Block Capitals)

Personal Number: 46   Rank: CAPT. (English Equivalent)

Service: ARMY
(i.e. Navy, Army or Air Force)

Civilian Occupation: OFFICER

Home Address: Alzey, Rh., Wartbergstr.17

Reason for Exemption:

(a) Frozen Personnel   (b) Medical Grounds

(c) If not (a) or (b) State reason:

Signature of Holder: [signature]

Signature of German Issuing Authority: [signature] Obstlt. u. Kommandant

German Formation or Unit: Kreiskommandantur Meldorf

British Issuing Authority Stamp Here
HEADQUARTERS
29 NOV 1945
7th ARMOURED DIVISION

Original To Be Filled in by H.Q. 8 Corps District
GENERAL STAFF
30 NOV 45
8 CORPS DISTRICT

---

8. Britisches Besatzungs-Korps

Freistellung von der Unterbringung in den Bereichen G und F für entwaffnete Wehrmachtsangehörige

Familienname: GEISSEL   Vorname: LUDWIG
(in Druckschrift)

Soldbuchnummer: 46   Alter: 29   Dienstgrad: HAUPTMANN

Waffengattung: Heer
(d. h. Marine, Heer oder Luftwaffe)

Zivilberuf: akt.Offizier

Heimatadresse: Alzey/Rhh., Wartbergstr.17

Gründe für die Freistellung:

a) Eingefrorenes Personal   b) Ärztliche Gründe

c) Wenn Ziff. a und b nicht zutreffen, welche Gründe:
BEI KREISKOMMANDANTUR MELDORF EINGESETZT

Unterschrift des Ausweisinhabers: [signature]

Unterschrift der deutschen Dienststelle, die den Ausweis ausgestellt hat:
[signature] Obstlt. u. Kommandant

Einheit: Kreiskommandantur Meldorf

Personal« galten. Zuerst sollten Landwirte und Bergarbeiter entlassen werden. Ich hatte bis dahin nicht gewußt, daß es so viele davon in Deutschland gab! Auch Carrier fiel das auf, aber wir schmunzelten beide nur.
Ende Oktober 1945 wurden entgegen allen britischen Zusagen alle Generäle und aktiven Stabsoffiziere abgeholt und in ein belgisches Kriegsgefangenenlager gebracht. Der Abschied von General Feldt wurde mir schwer, wir verstanden einander sehr gut und hatten auch menschlich zueinander gefunden. Beim Abschied zog er ein Blatt Papier aus der Tasche, auf das er mir eine Offiziersbeurteilung geschrieben hatte: »Falls Sie es einmal gebrauchen können!« Daß mir Belgien erspart blieb, hatte ich einer »Eingebung« zu verdanken: Am 20. April 1945 wäre meine Beförderung zum Major fällig gewesen; ich hatte Feldt aber gebeten, davon abzusehen. Warum, das kann ich heute nicht mehr sagen.

Ich werde Zivilist

Am 30. November 1945 überraschte mich ein Anruf meines Kriegskameraden aus der 290. Division Karl Schiller (des späteren Wirtschaftsministers), der mir sagte, meine Frau sei in Hamburg im Haus seiner Schwiegereltern. Ich fuhr sofort los, in einem rot gepolsterten BMW, und dann gab es ein glückliches Wiedersehen. Meine Frau staunte nicht schlecht, mich in voller Uniform in einem schicken Auto ankommen zu sehen, und erzählte mir von ihrer abenteuerlichen Reise. Ich hatte ihr – die Postverbindungen waren noch immer sehr gestört – durch einen Kameraden, der nach Dresden entlassen wurde, ausrichten lassen, daß ich in Hamburg studieren wolle; daraufhin machte sie sich – gegen den Willen ihrer Eltern; sie war ihr einziges Kind – sofort auf den Weg, um mich zu finden. »Gott war mit mir; soviel Glück trotz aller Schwierigkeiten!« Ein Wolkenbruch rettete sie vor den Russen, als sie in einem Güterwagen versteckt über die »Grüne Grenze« fuhr, sie traf einen Kriegskameraden von mir, der sie auf nächtlichen Märschen über aufgebrochene zerbombte Eisenbahngleise begleitete; in Uelzen fand sie dann einen Kohlewagen, der sie nach Hamburg brachte, wo sie mit halberfrorenen Zehen schließlich ankam. In der Mensa der Universität stärkte sie sich erst einmal mit einem »Muckefuck«. Die Leute an ihrem Tisch diskutierten gerade eine Frage, die sie aufhorchen ließ: Ob ein Hauptmann es wagen könne, zu seiner Frau in die russisch besetzte Zone nach Halle zu fahren. Sie fragte die neben ihr sitzende Studentin: »Sprechen Sie etwa von Hauptmann Geißel?« – »Ja, aber wie kommen Sie darauf?« – »Ich bin Frau Geißel!« Es gab ein großes Hallo, und die Studentin stellte sich ebenfalls vor: Sie war die Schwägerin von Karl Schiller und nahm meine Frau mit sich nach Hause. Vier Tage hatte ihre Reise von Halle an der Saale nach Hamburg gedauert!

Ich konnte für meine Frau ein Zimmer in Meldorf finden, aber das war nur eine Übergangslösung; wir wollten ja endlich einen »richtigen« Hausstand gründen. Spätestens jetzt war es an der Zeit, mich vom Militär zu verabschieden, um mir eine berufliche Existenz aufzubauen. Schon in der Kommandantur hatte ich an die Aufnahme eines Studiums gedacht (das Zeugnis der Reife hatte man mir nach meiner Beförderung zum Leutnant zuerkannt) und mich bei der Universität Hamburg um einen Studienplatz beworben. Den erhielt ich auch am 9. November, was einen angenehmen Nebeneffekt hatte: Es verschonte mich vor eventuellen Arbeitseinsätzen. Leider stellte sich bald heraus, daß damit der Weg auf die Hochschulbank noch keinesfalls geebnet war: Zwar hatte ich die Zulassung zum Studium, aber keine Genehmigung für den Aufenthalt in der Hansestadt. Sie zu besorgen, war mein größtes Problem im Dezember 1945.

Von Captain Hartog, dem britischen Verbindungsoffizier zum Deutschen Hauptquartier Nord in Hamburg, hörte ich, daß die Briten im Hamburger Stadtpark ein großes Flüchtlingsdurchgangslager aufbauen wollten. Da man als Leitungspersonal junge deutsche Offiziere suchte, meldete ich mich umgehend für diese Tätigkeit. Und ich hatte wieder einmal Glück: Am 30. Dezember wurde ich von den Briten nach Hamburg versetzt; von dort aus konnte ich - ausgestattet mit einem »Certificate« und einem Wehrmachtsfahrzeug - meine Frau in Meldorf besuchen. Offizieller Grund für solche Abstecher war der Auftrag, Personal für das Lager aus dem Kriegsgefangenengebiet zu rekrutieren, was keine großen Probleme machte. Bis zum 20. Januar 1946 sollte das Durchgangslager personell so ausgestattet sein, daß täglich 9 000 Menschen registriert, versorgt, verpflegt und in die Züge, die sie in ihre Heimatorte in der sowjetischen Zone brachten, begleitet werden konnten.

Als ich hörte, daß das Lager in absehbarer Zeit an den Senat der Stadt Hamburg übergeben werden sollte, berieten wir drei Lagerleiter unsere berufliche Zukunft. Wir entschlossen uns, den Militärdienst so schnell wie möglich zu quittieren - ein Schritt, für den unsere britischen Vorgesetzten Verständnis zeigten. Zahlreiche Fragebögen waren noch auszufüllen und lange Verhöre zu überstehen, aber dann erhielten wir die erforderlichen

Papiere. Im Februar 1946 wurde ich aus dem Militärdienst entlassen, jetzt war ich Zivilist.

Unser erstes Heim

Das Übergangslager wurde tatsächlich im März der Stadt Hamburg übergeben. Wie alle Mitarbeiter, wurde auch ich als städtischer Angestellter übernommen. Nach meiner Versetzung zum Sozialsenat war ich ab 1. Juli 1946 im Biberhaus tätig. Obwohl ich mich mit den Herren aus der Verwaltung schwer tat, brachte die neue Beschäftigung einen erheblichen Vorteil mit sich: Ich mußte mich nicht mehr mit dem vergleichsweise spärlichen Wehrsold begnügen, sondern wurde als Angestellter nach Tarif bezahlt. Das ermöglichte meiner Frau und mir ein bescheidenes Auskommen, und endlich konnten wir auch unser erstes Heim gründen.
In einer Villa in Aumühle bei Hamburg wurde uns ein leeres Zimmer zugewiesen, ich kaufte aus Wehrmachtsbeständen ein paar Möbel, Decken und Geschirr, zimmerte zwei Bettgestelle und trieb für meine Frau sogar eine Matratze auf. Es wurde richtig gemütlich. Nur mit dem Kochen gab es Probleme. Wir konnten die im Keller gelegene Küche benutzen, aber der riesige Herd dort, den meine Frau mit im Wald gesammeltem Holz heizte, erwärmte nicht das Essen, sondern die Warmwasserleitungen im ganzen Haus zur Freude aller Bewohner. Also besorgte ich einen »Kanonenofen«, den wir in unserem Zimmer aufstellten und auf dem wir auch kochen konnten. Eine Dauerlösung war dieses Ein-Zimmer-Apartment allerdings nicht, zumal wir Familienzuwachs erwarteten. Deshalb kaufte ich mit Unterstützung meiner Schwiegereltern die große Garage, die gegenüber unse-

rer Villa lag, und baute sie zu einer »richtigen« Wohnung aus.

Am 16. November 1946 »stürzte« sich im wahrsten Sinne dieses Wortes unser erster Sohn Volker in diese Welt; ich hing am Telefon, um die Ärztin und die Hebamme herbeizurufen, was lange nicht gelang. Als beide dann endlich kamen, saß meine Frau schon wieder erholt in ihrem Bett, und beide konnten nur noch staunen über diese schnelle und glücklich verlaufene Geburt.

Von unserem Zimmer aus konnte mir meine Frau dann zusehen, wie ich weiter mit Hochdruck an unserer Garage bastelte. Ein Eisenbahner, ein gelernter Maurer, half mir dabei. Oft fuhr ich schon morgens um 4 Uhr zum Steineklopfen! Aber alle Mühen waren vergessen, als wir dann nach Weihnachten mit Baby und Christbaum, eine Lamettaspur hinter uns lassend, unser neues Heim bezogen. Das Schlafzimmer war so klein, daß jeder eine Tür brauchte, um in sein Bett zu gelangen, aber was machte das schon! Wir hatten unsere eigenen vier Wände, und daß dazu auch ein Garten gehörte, freute uns besonders. - Als dann am 4. Februar 1948 (ich war gerade in Berlin) unser zweites Kind geboren worden war, unsere Tochter Gerlinde, machte ich mich daran, unsere »Garage« durch einen Anbau zu vergrößern; auch konnten wir ein weiteres Stück Garten dazukaufen.

Im Biberhaus wurde ich als Abschnittsleiter für »Bau und Beschaffung« eingesetzt. Die Briten hatten die Absicht, die Verwaltung der britischen Zone von Bad Oeynhausen nach Hamburg zu verlegen, dafür sollten drei Hochhäuser an der Grindelallee errichtet werden. Meine Aufgabe war es, 3 000 Bauarbeiter aus der britischen Zone, die für diese Arbeit verpflichtet werden sollten, unterzubringen und zu versorgen. Dieses Ziel wurde nie erreicht, denn die Zwangsverpflichteten taten alles, um möglichst schnell wieder nach Hause zu kommen. Ihre Ausrüstung verschwand auf dem Schwarzen Markt, vor allem aber verschwanden die britischen Decken, die wegen ihrer hohen Qualität sehr begehrt waren und zu Mänteln umgearbeitet wurden.

Abgesehen davon, daß die Bauarbeiten unter diesen Bedingungen nur verhaltene Fortschritte machten, war die Tätigkeit im Senat für mich mehr eine notwendige Pflicht denn eine wirkliche Herausforderung. Zudem verschlechterte sich das Arbeitsklima unter dem neuen Senator Nevermann, der aus seiner Aversion gegen ehemalige Offiziere keinen Hehl machte. Deshalb war ich froh, als ich Ende November 1946 Baron von Welck traf, den ich noch aus unserer gemeinsamen Tätigkeit in Wiesbaden kannte. Er erzählte mir von Eugen Gerstenmaier und davon, daß er von diesem den Auftrag erhalten habe, in Hamburg eine Außenstelle des Hilfswerks der Evangelischen Kirche einzurichten, und bot mir an, dabei mitzuarbeiten. Ich sagte sogleich und mit Freude zu, und am 16. Januar 1947 begann meine Arbeit in der Hamburger Außenstelle des Hilfswerks der Evangelischen Kirche in Deutschland.

Im Hilfswerk der Evangelischen Kirche in Deutschland

Nachkriegselend

Mit der bedingungslosen Kapitulation am 8. Mai 1945 wurde das militärische und politische Ende der nationalsozialistischen Herrschaft besiegelt. Ihre Bilanz ist schrecklich. Allein in der Sowjetunion fielen dem »Unternehmen Barbarossa« zwanzig Millionen Menschen zum Opfer. Auf weit über sechs Millionen wird die Zahl der in den Konzentrations- und Vernichtungslagern Umgekommenen und Ermordeten geschätzt. Doch auch die deutsche Bevölkerung mußte die Folgen des »Dritten Reiches« tragen. Einen oder sogar mehrere Angehörige hatte fast jede Familie verloren. Ca. 4,2 Millionen Gefallene und Luftkriegsopfer sowie 1,5 Millionen Versehrte waren das Ergebnis eines sechs Jahre langen Krieges.

Und was geschah mit den Davongekommenen? Für sie bedeutete das Ende des Krieges noch keineswegs das Ende der Gefahren für Leib und Leben. Das Elend, das nun auf viele Deutsche wartete, präsentierte sich lediglich in neuen Formen und Dimensionen. Die Frage des physischen, aber auch die des psychischen Überlebens bestimmte nach wie vor die deutsche Lebenswirklichkeit. Das Land war zerstört, 40 Prozent der großstädtischen Wohnungen waren ausgebombt, weitere 25 Prozent schwer beschädigt. Die Ernährungslage der Bevölkerung verschlechterte sich gegenüber den letzten Kriegsmonaten zusehends, obwohl 1947 immer noch Millionen deutscher Männer in den Gefangenenlagern der Siegermächte festgehalten und ernährt wurden. Was die Versorgungsnöte so drastisch verschärfte, war der wachsende Strom von Verschleppten, Flüchtlingen und Vertriebenen, die ohne persönlichen Besitz und ohne gesicherte Existenzgrundlage in die Westzonen drängten.

Vor allem der Abhilfe dieses Massenelends sollte das »Hilfswerk der Evangelischen Kirche in Deutschland« dienen, das von den deutschen Kirchenführern bei ihrem Zusammentreffen in Treysa im August 1945 gegründet worden war. Sie konnten dies bereits deshalb zu einem so frühen Zeitpunkt tun, da die Kirche als einzige Institution noch über funktionstüchtige Organisationsstrukturen bis in die einzelnen Ortsgemeinden hinein verfügte und auf ihre internationalen ökumenischen Verbindungen baute. Der Realisierung des Hilfswerk-Projekts lag ein Plan des damaligen Oberkonsistorialrates Dr. Eugen Gerstenmaier zugrunde. Gerstenmaier, der auch die kontrovers geführte Diskussion um die Organisationsstruktur der evangelischen Kirche im Nachkriegsdeutschland nachhaltig mitbeeinflußte, hatte bereits vor Kriegsende – er war im Zusammenhang des 20. Juli 1944 in einem Bayreuther Zuchthaus inhaftiert – ein Konzept für ein leistungsstarkes Hilfsunternehmen entwickelt.

Am 16. Januar 1947 nahm ich, wie schon gesagt, meine Arbeit im Hilfswerk auf, dessen »Zentralbüro« unter Leitung von Eugen Gerstenmaier sich in Stuttgart befand. Die Vierzonenverwaltung machte die Einrichtung von drei Außenstellen in Berlin, Baden-Baden und Hamburg notwendig, denen wiederum regionale Geschäftsstellen angegliedert wurden. Das Stuttgarter »Zentralbüro« übernahm neben der Gesamtleitung seine Aufgaben in der amerikanisch besetzten Zone.

Das zerbombte Hamburg war meine erste Station; noch immer sah es hier kaum anders aus als 1945; vorbei an Räumkommandos, die mit der Beseitigung von Schuttbergen und der Herrichtung von Wohnungen beauftragt waren, bahnte ich mir den Weg zu unserer »Außenstelle« in der Ferdinandstraße. Die Räumlichkeiten, die wir dort bezogen hatten, verdienten nicht annähernd die Bezeichnung »Büro«. In den dunklen Halbkellerräumen der HAPAG - wenigstens hatten wir ein Dach über dem Kopf - begrüßte mich mein Chef Baron von Welck, der sich für die spartanischen Verhältnisse entschuldigte, als ob er persönlich für sie verantwortlich gewesen wäre. Immerhin leisteten wir uns den Luxus eines Holzspäneofens, der zwar ständig qualmend für schlechte Luft sorgte, aber - und dies war der Luxus - konstant mäßige Wärme garantierte. Als Lichtquelle dienten schwedische Kerzen.

Das Elend, das ich in Hamburg zu sehen bekam, unterschied sich kaum von dem in anderen deutschen Städten. Krankheiten, Wohnungsnot, Hunger, die Suche nach vermißten Familienangehörigen waren das Schicksal fast aller Menschen. Ich erlebte täglich, wie die physisch und psychisch erschöpfte Bevölkerung in ihrer Sorge um die nackte Existenz ihre spärlichen Energien verbrauchte. Tausende vegetierten ohne Obdach oder in Lagern. Ausgebombte, Evakuierte und Flüchtlinge suchten verzweifelt nach einer schützenden Bleibe.

Wie konnten wir diesen Menschen helfen? Den in

Treysa versammelten Kirchenmännern schwebte noch das von Johann Hinrich Wichern entwickelte Konzept einer fürsorglich-karitativen Diakonie als Modell für unser Hilfswerk vor. Für das soziale Chaos, das sich uns in Hamburg und anderswo präsentierte, war dieses Modell aber absolut überholt, ja geradezu untauglich. Notgedrungen eröffneten sich in der Folgezeit neue und unkonventionelle Methoden der Hilfe, mit denen wir - situationsbedingt und flexibel - experimentieren mußten. So waren die humanitären Hilfsaktionen, die von uns über ein internationales ökumenisches Netz organisiert und durchgeführt wurden, etwas ganz Neues in der Geschichte der Diakonie. Dabei waren Grad und Dringlichkeit der Not die einzigen Kriterien für die Verteilung internationaler Hilfeleistungen, Unterschiede der Rasse, der Religion oder der politischen Gesinnung spielten keine Rolle.

Spenden aus aller Welt

Es überrascht nicht, daß anfänglich jene Länder den Hauptanteil an Sach- und Geldspenden aufbrachten, die weniger oder gar nicht unter dem Zweiten Weltkrieg und seinen Folgen zu leiden hatten. Allen voran sind hier Schweden, die USA, Südamerika, Kanada, Australien und Neuseeland, aber auch Südafrika und die Schweiz zu nennen. Dank seiner internationalen Verbindungen konnte das Hilfswerk potentielle Spender unmittelbar und anschaulich über die Notsituation Millionen Deutscher informieren.

Es ist unmöglich, hier alle Namen derer zu nennen, die bereit waren, unserem am Boden liegenden Volk zu helfen. Einige seien hier stellvertretend genannt: die schwedische Gräfin Lili Hamilton, die schon während des Krieges das »Hjälpkommitén for Tyxklans Bern« (Hilfskomitee für deutsche Kinder) ins Leben gerufen hatte; Dr. Silvester Michelfelder von der amerikanischen Sektion des Lutherischen Weltbundes; der Norweger Arne Torgersen, Mitbegründer der norwegischen Kirchenhilfe »Kirkens Notjelp«; D. Heinrich Hellstern, der Leiter des »Hilfswerks der ev. Kirchen der Schweiz«; Dr. Stahmer, der mit Freunden in Südafrika den »Deutschen Hülfsausschuß« gründete; nicht zu vergessen auch Lordbischof Bell von Chichester, der sich schon im Krieg um die seelsorgerische Betreuung deutscher Kriegsgefangener gekümmert hatte und sich später im Ökumenischen Rat nachdrücklich für die gleichberechtigte Behandlung der Deutschen einsetzte.

Die Spenden aus aller Welt waren großzügig. In den ersten fünf Jahren seit seiner Gründung verteilte allein das Hilfswerk 62 Millionen Kilogramm Lebensmittel und Kleidung an die Bevölkerung. Doch an der desolaten ökonomischen Situation in den ersten Nachkriegsjahren änderten auch diese Spenden vergleichsweise wenig; sie waren nicht mehr als eine Überlebenshilfe. Täglich las ich Anzeigen wie: »Wollmütze und braune Herrenschuhe, Gr. 43, gegen einen Zentner Brennstoff zu tauschen gesucht«; oder: »Biete warmen Wintermantel (Größe 50), suche Heizofen.« Tausende und Abertausende solcher oder ähnlicher Angebote klebten an Mauern, Bäumen und Zäunen. Die Geldwirtschaft war zusammengebrochen, Formen einfacher Naturalwirtschaft traten an ihre Stelle, der Tauschhandel blühte. Die ungenügende Befriedigung elementarster Lebensbedürfnisse zeigte uns, wie wichtig weitere Hilfeleistung und unsere Arbeit waren.

Dem Überlebenskampf am ohnmächtigsten ausgesetzt waren die Kinder. Und er wurde grausam geführt: »Mein schönster Tag war der 17. Februar 1947. Da ist mein Bruder Georg gestorben, und ich kriegte seinen Mantel und seine Schuhe und seine gestrickte Weste«, schrieb eine neunjährige Kölner Schülerin in einem Aufsatz zum Thema »Mein schönster Tag«. Kinder standen deshalb bei unserer Fürsorge an erster Stelle. Wir organisierten eine zusätzliche Kinderspeisung, in Schulen und Kindergärten wurden täglich 3,5 Millionen Kinder mit durchschnittlich 400 Kalorien versorgt. Rasch kam der Name »Schwedenspeisungen« dafür auf, denn ermöglicht wurde diese Aktion durch schwedische Sonderspenden der Gräfin Hamilton und ihres Kinderhilfswerks.

Große Probleme stellten sich bei der Lagerung und dem Transport der Hilfsgüter. Hier war eine präzise Logistik erforderlich, damit keine Güter verdarben oder an falsche Orte gebracht wurden. Man stelle sich vor: Insulin, Sulfonamide, Diphtherie- und Typhusmedikamente, alles schnell verderbliche und heiß begehrte Arzneimittel, erreichten uns tonnenweise in Deutschland, in dem es keine Infrastruktur gab und das von einem strengen Winter heimgesucht wurde, der die ohnehin nicht ausreichenden Transportkapazitäten schnell an ihre Grenzen stoßen ließ. Was sollte ein Berliner mit einer Dosis Insulin anfangen, die im Hamburger Hafen lagerte? Ohne Lkw war sie für ihn wertlos. Ein antibakterielles Mittel verlor schnell seine Wirkung, wenn es bei Schnee und Regen im Freien stand. Und ein 200 Kilogramm schweres Faß Lebertran aus Kanada half einem kleinen Mädchen in Kiel ebensowenig wie ein mit Schuhen aller Größen gefüllter Container einer Frau in Bremen.

Dazu kam die Schwierigkeit, die Spenden in unterschiedliche Besatzungszonen verteilen zu müssen. Grenzformalitäten bauschten bereits vorhandene Probleme unnötig auf. Als besonders virtuos im Verhindern und Behindern unserer Verteilungsarbeit taten sich die sowjetischen Besatzer hervor. So mußten die Nahrungstransporte für Städte wie Leipzig und Magdeburg über Berlin organisiert und durchgeführt werden; unterwegs wurden sie oft vorsätzlich lange aufgehalten, was schnell zum Verderben der Lebensmittel führen konnte. Aus diesem Grund schlug ich Eugen Gerstenmaier vor, Zwischenlager auszusuchen und mit Personal auszustatten; ein schwieriges Unterfangen, denn sie sollten in der sowjetischen Besatzungszone liegen. Gerne gab mir Gerstenmaier telefonisch sein Plazet und wünschte mir viel Erfolg bei meinen Bemühungen.

Geeignete Lagerhallen zu finden und Leute dafür anzuwerben, war kein großes Problem. Aber es fehlte noch die Genehmigung der russischen Administration. Um diese zu erhalten, bat ich Oberst Sergej Tjulpanow, der als Leiter der politischen Abteilung in Berlin-Pankow residierte, um eine Unterredung. Ich war auf dieses Gespräch sehr gespannt. Wie würde sich Tjulpanow verhalten? Er überraschte mich nicht nur durch sein vorzügliches Deutsch, sondern auch durch umfassende Kenntnisse in der deutschen Literatur; er hatte, so stellte sich heraus, noch bei Max Weber studiert. Tief beeindruckte mich auch sein persönliches Entgegenkommen, dem nichts von irgendwelchem Siegergehabe beigemischt war; wir verstanden uns auf Anhieb und verhandelten in einer sehr angenehmen Atmosphäre. Seine Genehmigung für die geplanten Zwischenlager gab er ohne Zögern. – So erfreulich diese positive Entscheidung auch war – die Kosten der Transporte in die sowjetische Besatzungszone in Höhe von fast 500 000 Mark rissen ein großes Loch in die Kasse des Hilfswerks. Dafür entlastete später der Marshallplan-Gegenwertfonds mit seiner großzügigen Übernahme der Hilfsgütertransportkosten in den Westzonen das Hilfswerk in erheblichem Ausmaß.

Trotz der aus aller Welt eingehenden Spenden blieb die Versorgung in allen Teilen Deutschlands katastrophal. Einheimische und Flüchtlinge, deren Zustrom in die Westzonen ständig anschwoll, hungerten Seite an Seite. Ihre unzureichende Ernährung in der amerikanischen Besatzungszone mit 1 200 Kalorien täglich wurde noch von der in der französischen um 400 Kalorien unterboten. Gegen Ende des Jahres 1947 setzte erst langsam, dann steigend die Flucht aus der sowjetischen Besatzungszone über die »Grüne Grenze« in den Westen ein. Fast alle diese Flüchtlinge und Vertriebenen lebten unter uns ohne Betätigung, nur notdürftig untergebracht und ernährt. Unvergessen sind mir die Bilder aus meinen Lagerbesuchen in der britischen Zone, in den Flüchtlingsunterkünften in den »Nissenhütten«: abgemagerte Gestalten, über ihre bei der Flucht umgekommenen Verwandten Trauernde, Kinder, die nicht mehr lachen und nicht mehr weinen konnten, oder die Bauern aus Pommern, die in den Dünen auf Sylt den Sand durch ihre Hände rieseln ließen. Es gehörte viel Kraft dazu, mit diesen Menschen zu sprechen und zu versuchen, ihnen Mut für die Zukunft zu machen.

Auslandskontakte

Eine besonders wichtige Aufgabe war es, die vielen ausländischen Besucher zu informieren, die unsere Dienststelle aufsuchten. Es waren Vertreter ausländischer Bruderkirchen, Leiter nationaler und internationaler Hilfsorganisationen, Parlamentarier, Regierungsangehörige und viele Privatpersonen von Rang. Alle wollten über die Lage in Deutschland unterrichtet werden, was über ihre Heimatpresse nicht oder nur unzureichend möglich war, da dort das deutsche Problem weitgehend verschwiegen wurde. Gespräche über unsere notvolle Vergangenheit blieben nicht aus, vor allem mit Angehörigen von Völkern, mit denen wir Krieg geführt oder deren Länder unsere Armeen besetzt hatten. So bildeten sich über die Grenzen hinweg erst zögernde, dann immer intensivere Beziehungen zum Ausland, längst bevor auch nur der geringste Kontakt zwischen Politikern und Staatsmännern hergestellt war. Dabei mußten wir sehr behutsam zu Werke gehen, denn die Alliierten beobachteten uns recht argwöhnisch und wollten ständig genau unterrichtet sein. Aber es gelang uns, diesen Argwohn im Lauf der Zeit abzubauen und auch ihre Unterstützung zu gewinnen. Im Zusammenhang mit den Besuchern entwickelte sich ein ausgedehnter Briefwechsel in die Länder Europas und nach Übersee. Dabei half uns sehr, daß es in unserer Dienststelle Mitarbeiter gab – Baron von Welck hatte viele Angehörige des früheren Auswärtigen Amtes für das Hilfswerk gewinnen können –, die Fremdsprachen beherrschten. Mit diesen Besuchen und Briefen hat das Evangelische Hilfswerk – ebenso wie auf katholischer Seite der Deutsche Caritasverband – versucht, die »Mauer des Schweigens«, von der Gerstenmaier oft sprach, zu durchbrechen. Die Welt mußte erfahren, wieviel Elend noch 1947 in diesem Land herrschte.

Solcher Information dienten auch die Reisen von Hilfswerkrepräsentanten ins Ausland. Während Propst Heinrich Grüber, der Bevollmächtigte für das Hilfswerk in Berlin-Brandenburg, in Kopenhagen beim dänischen König um Unterstützung warb, begleitete ich im Juli 1947 Eugen Gerstenmaier (er war gerade aus den USA zurückgekehrt und hatte dort mit Präsident Truman sprechen können) ins schwedische Lund. Dort tagte der Lutherische Weltbund, vor dem Gerstenmaier in einer groß angelegten Rede auf das deutsche Flüchtlingselend hinwies. Bei dieser Gelegenheit konnte ich erste Kontakte zu Vertretern des Weltluthertums knüpfen; außerdem lernte ich hier Sven Hedin kennen, den großen, hochbetagten Forschungsreisenden. In Stockholm trafen wir Gräfin Hamilton, Präsident Nordenswan und den Hauptpastor der deutschen Gemeinde Schiebe. Am Rande eines offiziellen Treffens heckten die Gräfin, Nordenswan und ich einen Plan aus, der der Arbeit des Hilfswerks neue Impulse geben sollte. Dieser Plan entstand aufgrund folgender Situation: Mehrere Länder hatten für bestimmte Waren ein striktes Exportverbot erteilt. So untersagten zum Beispiel Chile, Argentinien und Südafrika die Ausfuhr von Spenden nach Deutschland. Dieses Verbot wollten wir mit einem einfachen Trick umgehen, der zwei Varianten hatte. Die erste: Die Spenden sollten direkt an das unabhängige Schweden geliefert und von dort nach Deutschland weitergeleitet werden. Die zweite: Statt Sachspenden sollten Geldmittel in entsprechender Höhe nach Stockholm transferiert werden; für die konnten dann in Schweden Lebensmittel

gekauft und - als Sachspenden deklariert - nach Deutschland gebracht werden. Gräfin Hamilton sagte mir verbindlich zu, sich nicht nur für diesen Plan bei den betreffenden schwedischen Botschaftern zu verwenden, sondern darüber hinaus auch noch alle Transportkosten zu übernehmen. Der »Coup« gelang. Stockholm wurde zum großen Umschlagplatz internationaler Spenden.

Natürlich mußte ein »Dreiecksgeschäft« dieser Qualität und Dimension zu heftigem Widerstand von mancher kirchlichen Seite herausfordern. Man bezichtigte uns einer »profanisierten Diakonie«. Der Vorwurf, im Hilfswerk nehme der »merkantilisierte Zweig« überhand, begleitete unsere Arbeit auch in der Folgezeit noch lange. Der Grundtenor der Kritik lautete: »Den Leuten fehlt der kirchliche Hintergrund« - schon Wolfgang von Welck, mein Chef in Hamburg, hatte sich das anhören müssen. Für mich zielten solche Vorwürfe ins Leere. »Nur Theologen können so unpragmatisch denken«, schrieb ich meinen schwedischen Freunden. Für sie wie für mich gab es nur eine verpflichtende Maxime des Handelns: Es galt, die Notsituation der Menschen in Deutschland zu verbessern. Das schloß meines Erachtens Effektivität und Rentabilität sowie auch unkonventionelle Methoden nicht nur nicht aus, sondern forderte sie geradezu. Dabei war es für mich unerheblich, ob die Hilfe von einer kirchlichen oder einer anderen Organisation kam.

Daß wir so massiver Kritik ausgesetzt waren, lag aber auch an dem Führungs- und Informationsstil des Stuttgarter Büros. Über unsere schon seit dem Sommer 1946 bestehende Außenstelle in Stockholm, das deutsche Kirchenbüro unter Heinz von Bodelschwingh, hatte Eugen

Gerstenmaier den Wiederaufbauausschuß der EKD erst im Juni 1947 in Kenntnis gesetzt, wobei er darauf hinwies, daß es das erste Mal sei, »daß eine Außenstelle einer deutschen Stelle außerhalb der deutschen Grenze geschaffen wurde«. In der Tat war dies kein Musterbeispiel für eine gute Informationspolitik. Wir konnten allen Angriffen aber ein unwiderlegbares Argument entgegensetzen: Die wirtschaftliche Situation im Nachkriegsdeutschland erforderte oft schnelles und unkonventionelles Handeln, das ebenso schnelle Entscheidungsfreude und -fähigkeit voraussetzte. Die Einberufung eines Gremiums hätte unweigerlich zu langwierigen Verhandlungen geführt, bis es zu einer Entscheidung gekommen wäre. Das stand zu unserem Handlungsprinzip in einem natürlichen Gegensatz, der ebenso natürlich Reibereien hervorrufen mußte.

Im September 1947 wandte sich die Besatzungsmacht in der sowjetischen Zone über die »Volkssolidarität« erstmals an das Evangelische Hilfswerk und die Caritas mit der Bitte, bei der Versorgung der zurückkehrenden Kriegsgefangenen in Frankfurt/Oder zu helfen. Die Lage war kritisch, Nahrungsmittel standen dort kaum zur Verfügung. Natürlich halfen wir. Wir schickten aber nicht nur von Hamburg aus ausländische Nahrungs- und Kleidungsspenden; wir riefen auch die ostdeutschen Gemeinden dazu auf, ihre Mitglieder zu bitten, statt der üblichen Geld-Kollekte im Gottesdienst eine Kartoffel und etwas Gemüse mitzubringen. Und sie taten es! Die örtlichen Kirchen stellten auch das für die Heimkehrerbetreuung nötige Personal, die dafür erforderlichen Finanzmittel brachten Hilfswerk und Caritas auf. Nach einigen Anfangsschwierigkeiten war es dann möglich, mehr als 100 000 Heimkehrer, die in rund tausend Transporten nach Frankfurt/Oder kamen, mit dem Nötigsten zu versorgen.

Das Hilfswerk als Wirtschaftsfaktor

Mit zunehmender Tätigkeit wurde das Hilfswerk zu einer beachtlichen politischen und wirtschaftlichen Größe. In einem seiner Jahresberichte wird seine »lange Serie von geschäftlichen Transaktionen« beschrieben, »die der deutschen Industrie namhafte Aufträge, der deutschen Arbeiterschaft Arbeit und dem deutschen Volk dringend benötigte Gebrauchsgüter verschafften« und durch die es so »für eine Zeitlang ... eines der größten Geschäftsunternehmen in Deutschland« wurde.

Bei unserer Arbeit bemühten wir uns darum, Auslands- und Selbsthilfe so miteinander zu verbinden, daß sie den größtmöglichen Effekt erzielen konnten. Kurzfristig sollte auf diese Weise der Wert der ausländischen Spenden erhöht werden, um sie dann längerfristig überflüssig zu machen. Nicht mehr die Einfuhr fertiger Gebrauchsgüter stand bei dieser Methode im Mittelpunkt, sondern die von Rohstoffen, die dann in Deutschland selbst zu Bedarfsartikeln verarbeitet wurden.

Die Wirkung dieser »Veredelungswirtschaft« war bestechend. Der Wert sämtlicher Auslandsspenden erhöhte sich durchschnittlich um das Zehnfache. So verwandelten sich Tonnen südafrikanischer Baumwolle in einer Neumünsteraner Weberei in Decken, Kleider- und Lodenstoffe. In Bremen wurden Sojabohnen aus den USA zu dem beliebten Sojamehl verarbeitet. Aus verdorbener Margarine ließen wir in Hamburg Seife herstellen. Für finnische und schwedische Zellulose lieferte uns eine

Fabrik im Harz wertvolles Druckpapier. Das Prinzip hinter dieser Kombination von Selbst- und Auslandshilfe war so einfach wie erfolgreich: Das Hilfswerk stellte seinen Vertragspartnern die Rohstoffe, diese verarbeiteten sie zu Fertigprodukten, und die erhielten wir dann zurück zur Verteilung.

Es wird deutlich, warum das Hilfswerk mit dieser Methode bald zu einer wichtigen Größe in den internationalen Wirtschaftsbeziehungen der Westzonen wurde. Schnell wuchsen die von uns beauftragten Produktionsstätten zu gesunden Unternehmen heran, die zahlreichen Menschen sichere Arbeitsplätze geben konnten. Auch das Hilfswerk selbst wurde zu einem Arbeitgeber von beachtlicher Größe. Fünf Jahre nach seiner Gründung beschäftigte es 5 000 hauptamtliche und 50 000 nebenamtliche Mitarbeiter.

Nach der Währungsreform

Zwei wichtige politische Ereignisse bestimmten das Jahr 1948. Nach Meinung der Sowjetunion war mit dem Ende der gemeinsamen Vier-Mächte-Kontrolle über Deutschland auch die Vier-Sektoren-Verwaltung Berlins inmitten der sowjetischen Besatzungszone überflüssig geworden. Aus diesem Grund versuchte die UdSSR schrittweise, den westalliierten Interzonenverkehr von und nach Berlin zu kontrollieren beziehungsweise abzusperren. So verlangten sie zum Beispiel für unsere Transporte in die Ostzone zusätzliche Genehmigungen, ohne uns aber zu verraten, wer diese ausstellen sollte. Diese Situation brachte mir die zweite Begegnung mit Oberst Tjulpanow in Berlin-Pankow im Februar 1948. Ich konnte mit ihm ein für uns positives Ergebnis erzie-

len, was in den kommenden politischen Ereignissen wichtig werden sollte.
Am 10. Mai 1948 sperrten die Sowjets erst den deutschen Interzonen-Verkehr und dann auch den Berlin-Verkehr auf Straßen, Kanälen und Schienen. Der Ausgang dieser Berlinblockade ist bekannt. Auch sie konnte uns nicht daran hindern, weiterhin durchschnittlich 40 Prozent aller aus dem Ausland eingegangenen Spenden in die Ostzone zu bringen, auf Lkws über die Lager in Magdeburg und Dresden oder mit den »Rosinenbombern« über die von General Clay geschaffene Luftbrücke. Auch aus den beiden Lagern konnten wir manches auf »Schleichwegen« in das abgeschlossene Berlin bringen.

Das zweite politische Großereignis des Jahres 1948, die Währungsreform, war für die Arbeit des Hilfswerks von weitaus größerer Bedeutung. Diese Reform stürzte das Hilfswerk in eine tiefe Krise. Wie sollten Gehälter, Transport- und Verwaltungskosten, Lagermieten und die vielen anderen Verbindlichkeiten in der neuen Währung bezahlt werden? Das Zentralbüro reagierte mit drastischen Sparmaßnahmen. Ein Drittel der Angestellten wurde entlassen, die verbleibenden mußten Gehaltskürzungen um maximal 30 Prozent hinnehmen. Mir gelang es, die Hamburger Vereinsbank zu einem Kredit von DM 450 000 zu bewegen, ohne daß ich ihr Sicherheiten bieten konnte; davon erhielt das Zentralbüro DM 300 000. Auch unsere Freunde im Ausland – allen voran Schweden, Norwegen und die USA – überwiesen sehr schnell Dollarbeträge, mit denen damals bei geschickten Verhandlungen gute Wechselkurse zu erzielen waren.

Not macht bekanntlich erfinderisch. Dafür zwei Beispiele: Bei einem Treffen mit amerikanischen Spendern plauderten wir zunächst wie üblich über dieses und jenes, ehe dann die eigentlich wichtigen Dinge angeschnitten wurden. So erkundigte sich einer meiner Gesprächspartner angelegentlich nach meinem Geburtsort und seiner Umgebung, wobei ich mit der Nibelungenstadt Alzey und der ehemaligen Reichstagsstadt Speyer einiges bieten konnte. Dann erzählte er von seiner Heimat, von den maschinell bewirtschafteten Monokulturen, den großen Viehherden, und davon, wie gläubig die Menschen dort seien. Im weiteren Verlauf unseres Gesprächs plauderten wir auch über unser beider Zuhause und entdeckten manches Verwandte. Schließlich schwärmte er mir von dem großen Gemüsegarten vor, der sich weit hinter dem Haus seiner Eltern erstreckte, und besonders von einer Spezialität darin, der schon die besondere Liebe seiner Großmutter gegolten habe: Spargel! Aber auch heute noch seien Spargelspitzen eine besondere Delikatesse in den USA. »Wie bitte?« hakte ich erstaunt nach: »Spargelspitzen?« – »Yes, but eßt ihr Deutschen keine Asparagusspitzen? Sie schmecken ausgezeichnet!« Natürlich wußte ich das: »Doch, aber für uns ist auch der Rest eine Spezialität!« Jetzt staunte mein Gegenüber: »Auch der Rest?« Offenbar aßen die Amerikaner nur die Spitzen dieses delikaten Gemüses und warfen den Rest einfach weg. Das brachte mich auf die Idee: Ich ließ den amerikanischen Spargel»abfall« in den USA für wenig Geld eindosen und nach Hamburg verschiffen. Dort konnte ich ihn mit hervorragendem Gewinn weiterverkaufen. Ein glänzendes Geschäft! Noch heute findet man Dosen mit Spargelabschnitten in jedem Supermarkt.

Einen weiteren Erfolg erzielte ich mit Heringen aus Norwegen, die mir Arne Torgersen preisgünstig vermittelte. Ich ließ sie aus ihren 7-kg-Büchsen umfüllen in Dosen zu 150 Gramm, sie erhielten noch eine schmackhafte Soße, und unter dem verkaufsfördernden Namen »Bierhappen« fanden sie reißenden Absatz.
Mit diesen und anderen Aktionen gelang es mir, zu Geld für das Hilfswerk zu kommen, und bald konnten auch unsere Mitarbeiter wieder die alten Gehälter beziehen. So zahlten sich unkonventionelle Methoden, Improvisationsgabe und Experimentierfreude bei der Bewältigung der Krise aus.

Die Flüchtlingsstadt Espelkamp-Mittwald

Die bisher genannten Beispiele umreißen den Aktionsradius des Hilfswerks freilich nur unvollständig. Stand zunächst die Befriedigung von Grundbedürfnissen wie Ernährung und Bekleidung der notleidenden Bevölkerung im Mittelpunkt unserer diakonischen Arbeit, so wurde nun – vor allem mit Blick auf die ständig steigende Zahl der Flüchtlinge und Vertriebenen – die Unterbringung von Millionen Neubürgern zu einem ihrer Schwerpunkte. Dabei ging es uns nicht nur um improvisierte Notlösungen in Gestalt von Übergangslagern. Vielmehr schwebte uns eine feste Ansiedlung in menschenwürdigen Unterkünften vor. Das bedeutete: Wir brauchten ein Wohnungsbauprogramm, das auch die entsprechende Infrastruktur einschloß. Aber in welchen Dimensionen! Allein in den drei Westzonen stieg der Bedarf an neuen Wohnungen im Verlauf des Jahres 1950 auf über fünf Millionen an. Die dafür erforderlichen 16,5 Milliarden DM waren natürlich auch mit noch so erfolgreichen Spargel- und Heringsgeschäften allein nicht zu beschaffen. Hier mußte einmal mehr das Grundprinzip unserer diakonischen Arbeit, die Hilfe zur Selbsthilfe, zum Tragen kommen. Das Ergebnis dieser Überlegungen war die schon im Sommer 1947 entwickelte Idee einer »Gemeinnützigen Siedlungsgesellschaft des Hilfswerks der Evangelischen Kirche in Deutschland mbH« (GSG), die schon bald realisiert wurde. 1948 nahm die GSG ihre Arbeit in der britischen Zone auf, ich wurde Siedlungsreferent für diesen Bereich.

Das wohl größte Projekt in diesem Zusammenhang war die Flüchtlingsstadt Espelkamp-Mittwald. Hier befand sich während des Zweiten Weltkrieges auf einem Areal von etwa 300 Hektar Größe eine Munitionsanstalt, in der unter anderem mit Giftgas gefüllte Granaten hergestellt und gelagert wurden. Sie unterlag jetzt dem Demontagebeschluß des Alliierten Kontrollrats, der die Vernichtung aller bedeutenden militärischen Anlagen vorsah. Schon seit Sommer 1946 bemühte sich das Hilfswerk der westfälischen Landeskirche, die Engländer – Mittwald lag in der britischen Zone – von diesem Demontagevorhaben abzubringen, und begründete das damit, daß die außerhalb der Waffenproduktionsstätten liegenden Wohnanlagen ein idealer Ort für erholungsbedürftige Flüchtlingskinder seien. Die Briten stimmten nach langen Verhandlungen schließlich dieser karitativen Nutzung zu, stellten 1947 ihre Spreng- und Demontagearbeiten ein und genehmigten auch das Projekt einer Flüchtlingsstadt. Zu seiner Realisierung wurde 1949 die »Aufbaugemeinschaft Espelkamp Gemeinnützige GmbH« gegründet, an der sich das Hilfswerk und das Land Nordrhein-Westfalen je zur Hälfte beteiligten. Ich wurde später Mitglied des Aufsichtsrates und konnte die Entwicklung dieser Stadt aktiv begleiten. Sie wuchs schnell: Bis 1954 sicherten 29 Industriebetriebe, 50 Einzelhandelsgeschäfte, Banken und andere Niederlassungen 3 100 Menschen einen Arbeitsplatz. Diese lebten in 1 400 neu erstellten Wohnungen. Bis zum Ende der sechziger Jahre stieg die Einwohnerzahl auf fast 13 000 an, etwa zwei Drittel von ihnen waren Flüchtlinge und Vertriebene. – Dieses Beispiel machte Schule, weitere Städte entstanden auf ehemaligen Muna-Geländen und Fliegerhorsten in Hessen, Bayern und Schleswig-Holstein. So wurden aus Kriegsinstrumenten Stätten des Friedens und der Hoffnung für Tausende heimatlos gewordener Menschen.

Deutsches Flüchtlingselend und die Ökumene

Aber selbst solche Großprojekte reichten bei weitem nicht aus, die Flüchtlingsnot zu beseitigen. Die Deutschen allein konnten das nicht schaffen, sie brauchten Hilfe von außen. Doch die großen Flüchtlingshilfeorganisationen der Vereinten Nationen fühlten sich bisher für das deutsche Flüchtlingselend nicht verantwortlich, und auch die ökumenischen Gremien zeigten wenig Neigung, sich mit diesem Thema zu beschäftigen. Es bedurfte großer Anstrengungen des Hilfswerks, die Weltöffentlichkeit und die Ökumene zu wirkungsvoller Hilfe zu bewegen. Es war vor allem Eugen Gerstenmaier, der sich als Anwalt des deutschen Elends verstand und sich gegen das Schweigen der Weltpresse und -öffentlichkeit wehrte.

Mit besonderem Nachdruck tat er das auf der Gründungsversammlung des Ökumenischen Rates der Kirchen, die vom 22. August bis zum 4. September 1948 in Amsterdam stattfand. Kräftige Unterstützung erhielt er dabei von Bischof Dibelius aus Berlin, Bischof Meiser aus München und Reverend Carter aus London. Es gab spannungsreiche Diskussionen, in denen man sich aber nicht zu einem offiziellen Hilfeaufruf für Deutschland entschließen konnte. Mir fiel dabei die Zurückhaltung des Generalsekretärs Visser't Hooft auf; er hat auch später seine Einstellung gegenüber Deutschland nur wenig geändert. Die Flüchtlingskommission des »Weltrates der Kirchen« beschloß lediglich, eine besondere internationale Konferenz zur Untersuchung des deutschen Flüchtlingsproblems einzuberufen. Sie sollte im Februar 1949 in Hamburg stattfinden und von unserer Außenstelle des Hilfswerks organisiert werden. Ich konnte noch in Amsterdam mit dem Vorsitzenden dieser Kommission, Elfan Rees, erste Gespräche darüber führen.

Am Ende des Jahres 1948 war zwar eine leichte Verbesserung der allgemeinen Lage festzustellen, aber es blieb noch viel zu tun, Elend und Not zu lindern und Menschen neue Hoffnung zu geben. Das versuchten wir nicht nur mit Programmen und Großprojekten, so wichtig sie für den Beginn des Wiederaufbaus auch waren; immer blieb dabei auch Zeit für den einzelnen Hilfesuchenden, sei es für die Mutter, die in Erwartung ihres sechsten Kindes dringend Penicillin brauchte, oder für den Vater, dem es zur Gründung eines Handwerkbetriebes am nötigen Werkzeug fehlte, oder für den jungen Flüchtling, der ohne Angehörige dastand und in einem Heim untergebracht werden mußte. Auch dem Maler und Graphiker A. Paul Weber, den ich in Ratzeburg kennenlernte, konnte geholfen werden, nicht allein mit einem Care-

Paket, sondern auch mit Papier, Farben und anderen Malutensilien, die ich in Schweden besorgte. Zum Dank schuf er für das Hilfswerk das berühmt gewordene Bild »Mädchen mit dem Suppentopf«.

Als ich in Amsterdam den Auftrag annahm, die internationale Flüchtlingskonferenz in Hamburg vorzubereiten, ahnte ich nicht, was da an Arbeit auf mich zukommen würde. Ohne die kräftige Mithilfe des Hamburger Hauptbüros - hier muß ich vor allem Wilhelm Schmidt und Heinz Aßmann und ihre Mitarbeiter erwähnen - wäre das gar nicht zu schaffen gewesen. Auch der Hamburger Senat unterstützte uns nachhaltig, besonders Karl Schiller, der nach kurzer Lehrtätigkeit als Professor in Kiel und Hamburg 1948 Wirtschaftssenator der Hansestadt geworden war, und Bürgermeister Brauer. Wir hatten Berichte und Dokumentationen vorzubereiten, Redner und Berichterstatter zu gewinnen und - besonders schwierig - die Frage der Unterbringung und Versorgung der Gäste zu klären. Dabei wußten wir auch nicht annähernd, wie viele das sein würden. Die Einladungen gingen von der Flüchtlingskommission des ÖRK aus, die sich mit dem britischen Außenministerium absprechen mußte, was die Dinge natürlich nicht gerade vereinfachte.

Vom 21. bis 25. Februar fand dann die Tagung in den vom Krieg verschont gebliebenen repräsentativen Räumen des Hamburger Rathauses statt. 70 Delegierte aus 49 internationalen kirchlichen und humanitären Organisationen waren gekommen, außerdem Vertreter des Alliierten Kontrollrates, der Landesregierungen aus den drei Westzonen, der Landeskirchen (West und Ost) und rund 150 Gäste aus dem In- und Ausland. Im Eröffnungsgottesdienst in der Michaeliskirche (dem »Michel«), den Bischof Schöffel und Kirchenpräsident Niemöller leiteten, las Reverend Robertson, der Leiter der Kirchenabteilung bei der britischen Militärregierung, den Bibeltext in deutscher und englischer Sprache – ein bedeutungsvoller Auftakt.

Wieder war es Eugen Gerstenmaier, der dann bei der ersten Vollsitzung in einem großen Referat die Situation der Flüchtlinge schilderte und nationale wie internationale produktive Maßnahmen zur Lösung dieses großen Problems forderte. Diesmal fand er mehr Gehör als in Amsterdam. Nach eingehenden Beratungen in den Ausschüssen und im Plenum – ich war dabei Berichterstatter für den Bildungsausschuß – wurde ein Aufruf beschlossen, der sich als Botschaft an die Weltöffentlichkeit, die Alliierten, die deutschen Landesregierungen und die Kirchen wandte. Sie wies eindringlich auf die internationale Bedeutung und Verflechtung des deutschen Flüchtlingsproblems hin und forderte dazu auf, Westdeutschland in den Rahmen des Europäischen Wiederaufbauprogramms einzubeziehen. Die Konferenz beließ es aber nicht bei solchen Appellen, sondern arbeitete auch viele praktische Vorschläge aus für die Bereiche der Wirtschaft und der Bildung, die in ein allgemeines und umfassendes Hilfsprogramm eingebracht werden sollten.

Die Konferenz fand in der Weltöffentlichkeit große Aufmerksamkeit, nicht zuletzt dank des regen Interesses der internationalen Presse, die ausführlich berichtete. Die »Mauer des Schweigens« war durchbrochen, und bald erhielten wir auch Mittel aus dem Marshall-Plan.

Aber nicht nur die Weltöffentlichkeit wurde für die Situation in Deutschland sensibilisiert. Immer wieder waren es auch einzelne, die ihre Mittel und Möglichkeiten einsetzten, um zu helfen.

Besonders gern erinnere ich mich an einen Besucher aus England, der im Juni 1949 zu uns kam. Es war der jüdische Philanthrop Victor Gollancz, der die Aktion »Save Europe Now« (Rettet Europa jetzt) gegründet hatte und sie leitete. Unvergessen bleibt mir eine Nachtfahrt mit der Bahn nach Nürnberg. Wir reisten in einem Behelfsschlafwagen, aber an Schlaf war nicht zu denken. Immer wieder beugte sich Gollancz aus seinem Bett über mir herunter und entwickelte mir mit geradezu messianischer Begeisterung seine Zukunftsvisionen, in denen es vor allem um die europäische Jugend ging. In Nürnberg gelang es ihm, den zuständigen Stadtrat für die Idee zu gewinnen, einen Teil der Burg zu einem internationalen Jugendzentrum auszubauen. Für die Finanzierung wollten er und »Kirkens Notjelp« Oslo sorgen. Gollancz hatte große Erfolge mit seiner Werbung in dem sonst nicht so spendenfreudigen England. Schon 1948 hatte er mehrere Millionen Pfund Sterling zusammengebracht, sein Aufruf in Deutschland - ich hatte ihm Sendezeit im Norddeutschen Rundfunk vermittelt - erhöhte unseren Spendenkontostand innerhalb von vier Wochen um DM 130 000,--. Leider konnte ich seiner Einladung nach England aus Zeitmangel damals nicht folgen, aber wir wurden Freunde und blieben in Verbindung bis zu seinem Tod.

Wenigstens einen weiteren Mann möchte ich hier noch erwähnen: Odd Nansen. Auch er kam im Juni 1949, Arne Torgersen brachte ihn mit, und wollte sich über die Arbeit unseres Hilfswerks informieren. Nansen war maßgebend an der Gründung der Norwegischen Europahilfe beteiligt. Ihm lag besonders daran, die Arbeit seines Vaters Fritjof Nansen fortzusetzen, des großen Polarforschers und Diplomaten, der sich nach dem Ersten Weltkrieg um die Rückführung der Kriegsgefangenen aus der Sowjetunion große Verdienste erworben hatte, auch als Erfinder des »Nansenpasses« für staatenlose Flüchtlinge. Sein Sohn Odd Nansen, ein großgewachsener Mann mit sonorer Stimme, hatte vier Jahre in deutschen Konzentrationslagern verbracht – und jetzt bot er dem ehemaligen »Feind« seine Hand und seine Hilfe.

Ein Ausflug in die Politik

1949 war das Jahr, in dem zunächst die Bundesrepublik Deutschland und wenig später auch die Deutsche Demokratische Republik gegründet wurden. In der Retrospektive ist es meines Erachtens müßig, darüber zu spekulieren, ob die Teilung in zwei deutsche Staaten die einzig mögliche unter vielen anderen politischen Lösungen der »deutschen Frage« war. Mit der Verkündigung des »Grundgesetzes der Bundesrepublik Deutschland« am 23. Mai 1949 und der eine Woche darauf angenommenen »Verfassung der Deutschen Demokratischen Republik« durch den »Deutschen Volksrat« waren Fakten geschaffen, mit denen sich Hilfswerk und andere karitative Organisationen im Zusammenhang ihrer Arbeit auseinandersetzen mußten (mehr dazu im Kapitel »Ostarbeit«).

Was uns im Augenblick beschäftigte, war die Wahl zum ersten deutschen Bundestag. Sie sollte schon im August stattfinden. Frauen und Männer jeder politischen Couleur stürzten sich in einen kurzen und heftig geführten

Wahlkampf. Meine Unterstützung galt der CDU, besser dem von Konrad Adenauer unterzeichneten Aufruf und Parteiprogramm des Zonenausschusses der britischen Besatzungszone vom 1. März 1946, in dem die CDU »alle neubauwilligen Kräfte« zur Mitarbeit aufruft, »in dem unerschütterlichen Vertrauen auf die guten Eigenschaften des deutschen Volkes und in der unbeugsamen Entschlossenheit, den christlichen Gedanken und das hohe Ideal wahrhafter Demokratie zur Grundlage der Erneuerung zu machen«. Dieses Programm entsprach voll meiner damaligen politischen Einstellung. Es beeindruckte mich nicht nur, es machte mir auch Mut. Schon kurz nach der Entlassung aus dem Militärdienst war ich der CDU beigetreten. Unbefangen und voller Energie warb ich in dem schleswig-holsteinischen Lauenburg um Stimmen für meine Partei. Während dieser Zeit - genauer gesagt: auf dem CDU-Landesparteitag in Rendsburg - lernte ich den damaligen Vorsitzenden der Jungen Union von Schleswig-Holstein Gerhard Stoltenberg kennen. Wir hatten Mühe, den ehrgeizigen jungen Mann (er wollte unbedingt in den Bundestag) davon zu überzeugen, daß der erfahrene Kai-Uwe von Hassel der Geeignetere für den Bundestag sei.

Ähnlich ambitioniert zeigte sich der frühere Reichskanzler Brüning, der in die deutsche Politik zurückkehren wollte. Noch vor der Wahl traf ich ihn zweimal. Im Vorfeld dieser Treffen überlegten einige CDU-Spitzen von Schleswig-Holstein, für welches politische Amt er in Frage kommen könnte. Auch ehemalige Ministerkollegen aus der Weimarer Republik und der spätere Innenminister Gustav Heinemann wurden zu Rate gezogen. Doch alle Mühe war vergebens: Konrad Adenauer war strikt dagegen. Mit brüskem Ton lehnte er selbst ein un-

verbindliches Gespräch mit Brüning ab. Brüning seinerseits reagierte auf diese harsche Zurückweisung mit großer Verbitterung und Enttäuschung. Tief gekränkt kehrte er in die USA zurück und ließ sich auch nicht durch meine späteren wiederholten Einladungen dazu bewegen, jemals wieder nach Deutschland zu kommen.
In diesem Wahlkampf lernte ich auch Herbert Wehner kennen. Obwohl wir politisch an verschiedenen Fronten kämpften, fanden wir doch ein gutes menschliches Verhältnis zueinander. Es wurde noch vertieft durch ein privates Ereignis Jahre später: Wehners Bruder war gestorben. Er war aus der Kirche ausgetreten, der Familie lag aber sehr an einem kirchlichen Begräbnis – in dem streng lutherischen Hamburg beinahe ein Ding der Unmöglichkeit! Wehner wandte sich an mich, und ich versprach zu helfen. Zunächst fragte ich meinen Freund Wilhelm Schmidt in unserem Hauptbüro, er war ja Pfarrer, ob er bereit sei, den Trauergottesdienst zu halten. Er war es, aber: »Ohne ausdrückliche Zustimmung des Bischofs darf ich das nicht!« Ich rief den Bischof an, mit dem ich ebenfalls befreundet war: »Können Sie Ihre Zustimmung geben?« Er konnte, aber: »Haben Sie denn einen Pfarrer, der das macht?« Den hatte ich, und ich konnte Herbert Wehner mitteilen, daß das Problem gelöst sei. Er hat mir das nie vergessen, und ich fand später immer sein offenes Ohr und selbstverständliche Hilfe in schwierigen Situationen.

Am Abend des 14. August war es soweit. Fast 80 Prozent der Wahlberechtigten hatten den ersten Deutschen Bundestag gewählt. Mit dem Ergebnis konnten wir zufrieden sein, obwohl es denkbar knapp ausfiel: Während CDU und CSU zusammen auf 139 Mandate kamen, er-

reichten die Sozialdemokraten immerhin 131 Sitze. Konrad Adenauer bildete mit Unterstützung von CSU, FDP und DP das erste Nachkriegskabinett.
Auch für mich - ich gehörte ja zu den Geburtshelfern der CDU in der britischen Zone - stellte sich nunmehr die Grundsatzfrage, ob ich ein Amt in der Regierungsarbeit übernehmen sollte. Möglichkeiten boten sich genug. So hätte mich Minister Ernst Lemmer gern als seinen Persönlichen Referenten in Bonn gesehen. Doch kann ein Mann ein Arbeitsverhältnis eingehen, das eine enge Bindung an den Vorgesetzten zwingend voraussetzt, wenn er weiß, daß er dies schon bald als Behinderung seiner Entfaltungsmöglichkeiten empfinden würde? Die Gutachterkommission der Hansestadt Hamburg hatte mich, als sie mir wegen der Übernahme in ein Parteiamt ein Zeugnis ausstellte, so charakterisiert: »... ist einer jener Menschen, der die Kraft besitzt, sich seine persönliche Selbständigkeit zu bewahren, und sich jederzeit unsinnigen militärischen Befehlen zu widersetzen verstand...« Nun, der Krieg war zwar vorbei, doch auch ein Minister fällt gelegentlich unsinnige Entscheidungen... Ich lehnte ab. Meine Selbständigkeit war mir wichtiger als eine politische Karriere. Schon immer war für mich die persönliche Freiheit das höchste Gut, das Gott uns gegeben hat; alles andere ist ihr unterzuordnen. Ich habe aber auch diese Freiheit immer als begrenzt verstanden durch gesunde Ordnungsprinzipien, wie ich sie in der Ethik Kants und bei Clausewitz fand, und durch den Auftrag zum Dienst an den Menschen, den uns das Neue Testament gibt.
An dieser Haltung änderte sich auch Jahre später nichts, als mich Konrad Adenauer 1958 (und der Familienminister noch einmal 1961) als Staatssekretär in sein Kabi-

nett holen wollte. Ich hatte längst begriffen, daß sich Parlament und Regierungsbank aus Interessenvertretern der unterschiedlichsten Gesellschaftsgruppen zusammensetzten, zu denen natürlich auch die Kirchen gehörten. Es wäre also nur selbstverständlich gewesen, wenn ich mich als einer ihrer Repräsentanten in die Schaltzentrale politischer Macht begeben hätte. Dieser Meinung waren auch Bischof Dibelius und Prälat Kunst, die mir sehr zuredeten, Adenauers Angebot anzunehmen. Gerade als Christ, meinten sie, müsse man auch direkte politische Verantwortung übernehmen. Meine Entscheidung fiel aber anders aus. Neben persönlichen und auch politischen Gründen war es vor allem mein Beruf, den ich als den mir gegebenen Auftrag verstand. Ich fuhr nach Bonn und sprach noch einmal mit Kunst. Er konnte meine Gründe verstehen und akzeptierte sie. Mit Adenauer sprach ich ebenfalls und führte als Argument für meine negative Entscheidung auch an, daß ich gerade Beauftragter der westdeutschen Landeskirchen bei der Regierung der DDR geworden war, was sich mit einem offiziellen Regierungsamt nicht vertrug. – Aus gesundheitlichen Gründen und wegen Arbeitsüberlastung legte ich sämtliche Ämter nieder, die ich in der CDU innehatte. Zugegeben, der Rückzug aus der Parteiarbeit fiel mir nicht besonders schwer, denn ich hatte mich innerlich, wie gesagt, schon vor diesen Ereignissen für die Diakonie und nicht für die Politik entschieden.

Das »Wirtschaftswunder« und seine Schattenseiten

Aber zurück zur Arbeit des Hilfswerks. Mitte 1949 erreichte uns ein Appell der Bischöfe in der DDR und der Bevollmächtigten des Hilfswerks, in dem auf die besonderen Nöte in der Ostzone hingewiesen wurde. Anders als in der Bundesrepublik stehe hier die unmittelbare Nothilfe für die ganze Bevölkerung nach wie vor an erster Stelle. Wir mußten überlegen, was über die Bereitstellung von ausländischen Hilfsgütern hinaus für die Menschen in der Ostzone getan werden konnte. Christian Berg - inzwischen Leiter der Berliner Außenstelle des Hilfswerks - und ich entwickelten gemeinsam einen Plan für ein Patenschaftswerk West - Ost, den wir der Hauptgeschäftsführerkonferenz vorlegten, die vom 29. bis 31. August 1949 in Schloß Wolfsbrunn tagte, wenige Kilometer von der Zonengrenze entfernt. Der Plan wurde einstimmig angenommen. Er sah unmittelbare Patenschaften sowohl zwischen Landeskirchen als auch zwischen einzelnen Gemeinden vor. Bald wurde die Aktion unter dem Namen »Friedensbrücke« bekannt.

In der Bundesrepublik kamen neue Aufgaben auf uns zu. Zwar hatte sich seit der Währungsreform und dann vor allem nach der kühnen Abschaffung des Lebensmittelkartensystems und der Einführung der Freien Marktwirtschaft durch Ludwig Erhard am 1. Oktober 1949 die wirtschaftliche Lage in vielem und für viele verbessert. Aber mit diesen wirtschaftspolitischen Neuerungen, die im übrigen auf massiven innen- und außenpolitischen Widerstand stießen, tauchten auch große Probleme auf. Gewiß, plötzlich strotzten die Schaufenster vor vergleichsweise üppigen Auslagen, es gab wieder Dinge zu kaufen, die die Bevölkerung jahrelang nicht mehr gesehen hatte, der Schwarzmarkt fand ein rasches Ende - all das ein staunenswertes Novum nach den Hungerjahren, und ein Großteil der Menschen profitierte davon. Was aber war mit den vielen Flüchtlingen und Vertriebenen,

deren Strom ja nicht abriß, sondern ständig anschwoll? Und wie sollten jene ihr Leben meistern, die von Krieg und Geldentwertung um Arbeitskraft und Gesundheit, Hab und Gut und Ersparnisse gebracht worden waren? Ihre wirtschaftliche Situation blieb auch im Jahr 1949 so desolat wie vorher; ihnen fehlten die finanziellen Mittel zum Zugriff auf das bunte Angebot des »Märchenlandes«. Bei ihnen verfing das Grundprinzip des neuen Wirtschaftssystems nicht. Im Gegenteil, das Wechselspiel von Angebot und Nachfrage schuf eine Zweiklassengesellschaft, in der den Arbeitslosen, Rentnern, Flüchtlingen und Vertriebenen der Platz an den Fleischtöpfen verwehrt blieb. Und das Heer dieser Menschen wuchs und wuchs. Ihre Zahl überschritt 1949 die Drei-Millionen-Grenze, das waren etwa sieben Prozent der westdeutschen Bevölkerung.
Genau an diesem Punkt mußte die Arbeit des Hilfswerks fortgesetzt werden. Erstmalig erreichten uns in diesem Jahr sogenannte »Surplus Commodities«, das waren überschüssige Eipulver-, Butter- und Käsebestände aus den USA, deren Transport wir über Bremen abwickelten. Darüber hinaus erreichten rund 145 000 Care-Pakete im Wert von 1,4 Millionen Dollar ihre bedürftigen Empfänger. Dadurch, daß die Gruppen der Notleidenden immer genauer bestimmt werden konnten, wurde es uns möglich, mit gezielten Hilfsprogrammen zu arbeiten. Die rund 1 Million heimatvertriebenen Jugendlichen, die 1950 in der Bundesrepublik vornehmlich auf dem Land, also abgeschnitten von den Berufsmöglichkeiten der städtischen Industriebetriebe lebten, waren in besonders hohem Maß von Arbeitslosigkeit betroffen. Mit mehreren Selbsthilfeprojekten, zum Beispiel der Einrichtung von Lehrwerkstätten, versuchte das Hilfswerk dem ent-

gegenzuwirken. Neben der Jugendhilfe konzentrierte sich unsere Arbeit auf Tbc-Kranke, die Müttergenesungshilfe, auf alte Menschen und Kleinkinder.
Die Notlage dieser Bevölkerungsteile stand außer Frage. Um ihre Lebenswirklichkeit entscheidend verbessern zu können, mußten wir bei den internationalen Spendern unermüdlich auf ihre Situation hinweisen. Denn sie drohte in Vergessenheit zu geraten angesichts des Bildes, das die Bundesrepublik als ganze der staunenden Weltöffentlichkeit bot. Zeitungen im In- und Ausland berichteten selbstverständlich vorwiegend über das aufblühende deutsche »Wirtschaftswunder«, das sich offenbar an den reichen Auslagen der Geschäfte ablesen ließ. An dieser oberflächlichen Beobachtung wurde die Erholung der westdeutschen Wirtschaft und der daran gekoppelte relative Wohlstand der Bevölkerung festgemacht. Für die Notleidenden hingegen hatte man keinen Blick mehr. Es war deutlich, daß diese einseitige Berichterstattung unsere Bemühungen um internationale Hilfe konterkarieren mußte.
Natürlich konnten wir nicht leugnen, daß es einem großen Teil der Bevölkerung tatsächlich wieder gut und besser ging. Denn durchschnittlich standen einem Notleidenden zwölf Menschen gegenüber, deren Existenzgrundlage gesichert war und die keine Hilfe mehr brauchten. Die Bundesrepublik mußte sich durchaus die Frage gefallen lassen, ob sie ihre Möglichkeit, der notleidenden Minderheit aus eigener Kraft zu helfen, ausgeschöpft habe oder nicht. Nach eingehender Analyse der wirtschaftlichen Verhältnisse in Westdeutschland bezog das Hilfswerk in seinen Mitteilungen direkt zu diesem brisanten Thema Stellung: »Nehmen die Deutschen in den drei Westzonen durch Gesetzgebung, private und

öffentliche Sparsamkeit, Heranziehung des Besitzes und großer Einkommen die eigenen Hilfsmittel überhaupt in Anspruch? Leider muß diese Frage vom unvoreingenommenen Beobachter verneint werden.« Das war eindeutig. Unsere Arbeit wurde durch diese Erkenntnis natürlich nicht erleichtert. So konnte es nicht überraschen, daß »Mr. Spender«, das waren vor allem amerikanische Christen, die einen Teil ihres Einkommens, ihrer Ernte oder ihres Geschäftsgewinns für Notleidende in Übersee spendeten, bald die Frage stellten: »Wie lange noch soll dieses Nachkriegselend andauern? Wir glauben ein Recht darauf zu haben, zu erfahren, warum die Not nun immer noch so groß sein soll und bleibt.«
Diese Frage wurde nicht nur im Ausland viel diskutiert, sondern auch in Deutschland. In einem Merkblatt, daß ich im Juli 1950 der Öffentlichkeit zugänglich machte, bejahte ich die Frage, ob es in Deutschland noch Hilfsbedürftigkeit gebe, zwar eindeutig, wies aber gleichzeitig auf die Internationalität der Bedürftigkeit hin. Denn nicht nur Deutsche, sondern auch andere Völker brauchten dringend Hilfe. Endgültig beantwortet wurde die Frage dann zehn Jahre später, 1960, als wir die Auslandshilfen einstellten.

Ich werde Leiter der Außenstelle Hamburg

Im Jahr 1950 geriet das Hilfswerk in eine Krise. Eine große Landeskirche gliederte das Hauptbüro als eine Abteilung in die Innere Mission ein. Das führte zu einer heftigen Auseinandersetzung. In einem Artikel »Bleibende Aufgaben und neue Wege des Hilfswerks« nahm der Präses der rheinischen Kirche D. Joachim Held ausführlich zu dem Verhältnis von Innerer Mission und

Evangelischem Hilfswerk Stellung. Oberkirchenrat Volker Herntrich schrieb, zugleich im Namen von Held, an Eugen Gerstenmaier und forderte eine neue Ordnung für das Hilfswerk, da eine bloße Verbesserung des bestehenden Hilfswerkgesetzes nicht ausreiche. Es würde zu weit führen, hier den Verlauf der Debatte nachzuzeichnen, ich werde im folgenden nur einige Zwischenstationen festhalten. Sie dauerte sieben Jahre und führte schließlich zur Fusion von Innerer Mission und Hilfswerk im Diakonischen Werk.

Nachdem uns Baron von Welck im Juni 1950 verlassen hatte, um ins Auswärtige Amt zurückzukehren, trat Fritz von Twardowski seine Nachfolge als Leiter der Außenstelle Hamburg an. Doch es hielt ihn nicht einmal ein halbes Jahr auf diesem Posten, er folgte einem Angebot Adenauers und wurde Leiter der Auslands-Abteilung des Bundespresseamtes. So übertrug Eugen Gerstenmaier mir die Leitung der Hamburger Stelle mit der Bemerkung: »Sie sind noch jung, ich traue Ihnen die Aufgabe zu. Aber ein Zurück gibt es nicht, nach einem Jahr bleiben Sie entweder endgültig, oder Sie scheiden aus dem Hilfswerk aus.« Ich nahm das Amt natürlich an, ich hatte ja durchaus nicht vor, das Hilfswerk zu verlassen.

Schnell arbeitete ich mich in die neuen Aufgaben ein. Dazu gehörte vor allem die Arbeit in der DDR. Ihre Versorgungslage war immer noch angespannt, so daß wir 1950 bereits mehr als die Hälfte des Spendenaufkommens - eiweißreiche Lebensmittel, Textilien und hochwertige Medikamente wie Penicillin, Streptomycin und Insulin - an die Hauptbüros in der DDR verteilten. Von der Berliner Stelle wurden alle Medikamente per Kurier oder von Mitarbeitern der Hauptbüros in die DDR gebracht. Lange Verhöre und Verhaftungen blockierten den Transportfluß oft erheblich.

Mitte 1950 meldete sich Georg Wenk von unserer Berliner Stelle bei mir in Hamburg, da er mit seinem Versuch, in Schleswig-Holstein Kühe für die leergefegten Kirchengüter in Mecklenburg und Vorpommern einzukaufen, wenig Erfolg gehabt hatte, denn die schleswigschen Bauern trauten der neuen Deutschen Mark noch nicht so recht und wollten nicht verkaufen. Aber ich wußte Abhilfe: Bei anderen Gelegenheiten hatte ich die »Währung« kennengelernt, mit der man nördlich von Hamburg bezahlte: Bohnenkaffee aus Rio. Es funktionierte, und zwar so gut, daß Wenk mehrere Male nach Hamburg kommen mußte, um seinen Pkw mit »Kaffee-Geld« vollzuladen.

Eine »Hausaufgabe« von Adenauer

Für Anfang Oktober hatte Bundeskanzler Adenauer einen kleinen Kreis von etwa 30 Personen zu einem vertraulichen Gespräch eingeladen, um - wie es in der Einladung hieß - ein für die Zukunft Deutschlands und auch Europas wichtiges Problem zu besprechen. Im Zug nach Bonn traf ich meinen Freund Aßmann. Keiner rückte so richtig mit der Sprache heraus, was er denn eigentlich in Bonn wolle, bis es schließlich Aßmann zu dumm wurde und er mich fragte, ob ich etwa auch zu Adenauer eingeladen sei.

Der Bundeskanzler ließ uns warten, die Besprechung begann mit eineinhalb Stunden Verspätung. Dann kam er herein mit den Worten: »Behalten Sie Platz, meine Herren, wir haben nicht viel Zeit.« Ob das einen doppel-

ten Sinn hatte? Er begann sein Referat mit einer politischen und wirtschaftlichen Standortbestimmung der Bundesrepublik. Das Erreichte habe man den USA zu verdanken. Im Anschluß daran versuchte er uns deutlich zu machen, welch große Gefahr von den »Sowjets« ausgehe, die, sollten sie sich militärisch gegen den Westen wenden, zuerst die Bundesrepublik treffen würden. Damit kam er zu seinem eigentlichen Thema: der Frage nach einem deutschen Verteidigungsbeitrag. Die Lage sei die, »daß die Amerikaner damit drohen, ihre Unterstützung für die europäische Verteidigung einzustellen oder mindestens ihre Truppen jenseits des Rheins zu stationieren, wenn die deutsche Regierung und die deutsche Bevölkerung auf der jetzt eingenommenen Haltung ›ohne mich‹ beharren«. Diese Drohung sei nicht ernst genug zu nehmen. Es sei auch durchaus verständlich, daß die Stimmung bei den Amerikanern dahin gehe, denn: »Was sollen wir unsere Söhne für Deutschland ins Feuer schicken, wenn die Deutschen nicht einmal bereit sind, ihre eigene Heimat zu verteidigen?« Der Bundeskanzler zeichnete ein düsteres Bild in der von ihm bekannten Manier. »Wir denken an einen deutschen Beitrag von etwa zehn Kampfgruppen in Divisionsstärke, also circa 250 000 Mann, die wohl, wenigstens kadermäßig, bis zum Sommer aufgestellt sein müssen.«
Wir schauten betroffen in die Runde. »Geht es jetzt also doch wieder los?« dachte ich. Während Adenauers Ausführungen hatten sich alle reichlich Notizen gemacht in der Hoffnung, hinterher Fragen stellen zu dürfen. Aber da hatten wir die Rechnung ohne den Wirt gemacht. »Für eine Aussprache sind die Dinge noch zu frisch. Außerdem muß ich mich erst einmal selbst informieren.« Und dann verteilte er »Hausaufgaben« an uns, die er

sich auf einem kleinen Zettel notiert hatte. So kannte ich den »Alten« von mehreren Parteitagen. Auf Heinz Aßmann und mich entfiel das Thema »Die ethischen und sozialen Grundlagen einer neuen deutschen Wehrmacht«.

Unverzüglich machten wir beide uns an die Arbeit. Viele Abende und Nächte diskutierten wir, suchten nach Formulierungen und verwarfen sie wieder. Hilfreich war die Kritik unseres Freundes Wilhelm Schmidt, an dessen Urteil uns besonders viel gelegen war, da er als Sozialdemokrat die Position der »Gegenseite« vertreten konnte. Zwischen Weihnachten und Neujahr 1951 stellten wir den letzten, ich weiß nicht mehr wievielten Entwurf fertig, gaben ihm die Überschrift »Zusammenfassung der Erörterungen über die ethischen und sozialen Grundlagen einer neuen deutschen Wehrmacht« und schickten ihn am 2. Januar an den Bundeskanzler. Außer einer Empfangsbestätigung erhielten wir keine weitere Reaktion aus Bonn. Das ließ Heinz Aßmann keine Ruhe. Während ich den »Vorgang« schon längst zu den Akten gelegt hatte, bohrte er weiter und erhielt schließlich von Globke die Auskunft, daß Adenauer unser Papier, mit zahlreichen Randbemerkungen versehen, an Graf Baudissin weitergeleitet habe.

Die Neuordnung des Hilfswerks

Im April 1951 hatte die Synode der EKD unter anderem die Neuordnung des Hilfswerks beraten. Der als »Kirchengesetz zur Ordnung des Hilfswerks der Evangelischen Kirche in Deutschland« bezeichnete Beschluß sollte das Hilfswerk enger an die EKD binden. Faktisch bedeutete das eine Entmachtung des Zentralbüros in

Stuttgart, denn dieses verlor seine Weisungsbefugnis gegenüber den Hauptbüros in den Landeskirchen. Das traf vor allem Eugen Gerstenmaier, denn er war ja der Präsident des Gesamthilfswerks. Er fühlte sich in seiner Entscheidungskompetenz beschnitten und wehrte sich heftig gegen diesen Beschluß, der nichts weiter sei als ein Versuch, die Mitarbeiter des Hilfswerks zu einem »initiativelosen Häufchen von Verwaltungsangestellten« zu degradieren. Am 1. Oktober 1951, also mit Inkrafttreten des Beschlusses, der bezeichnenderweise das Amt eines Präsidenten des Gesamthilfswerks für West und Ost gar nicht mehr vorsah (»Chef« des Gesamtwerks war jetzt der Ratsvorsitzende der EKD), schied Eugen Gerstenmaier aus dem Hilfswerk aus. Die ständigen Auseinandersetzungen mit Vertretern der verfaßten Kirchen, Neid, Mißgunst und manchmal sogar Hinterhältigkeit hatten ihn müde gemacht. - Sein Nachfolger als Leiter des Stuttgarter Zentralbüros wurde sein bisheriger Stellvertreter, Professor Dr. Herbert Krimm.

Eugen Gerstenmaiers Eintritt in die Politik - er gehörte schon seit 1949 zum Bundestag - war die notwendige Konsequenz seiner schon lange gewonnenen Einsicht, daß die Kirche seine Vorstellung von sozialpolitischer Arbeit nicht nachvollziehen wollte und das Hilfswerk allein die angestrebten Ziele besonders in der Flüchtlingsfrage nicht erreichen konnte. Er widmete sich künftig in Bonn und beim Europarat in Straßburg hauptsächlich der Sozial- und Außenpolitik. Mit dem Hilfswerk blieb er eng verbunden und stand uns auch nach seinem Ausscheiden stets helfend zur Seite.

Zur Neuordnung des Hilfswerks gehörte auch die Bildung eines Diakonischen Beirates, der unter anderem eine Fusion von Hilfswerk und Innerer Mission einleiten sollte. Die spannungsreichen Jahre zwischen 1951 und 1957 sollten zeigen, daß dies eine äußerst schwierige Geburt werden würde. Unter der Zielsetzung, die das »Kirchengesetz« der April-Synode dem Beirat gegeben hatte, verstand man im Zentralbüro etwas ganz anderes als eine Fusion. Schon im Mai 1951 kommentierte Paul Collmer das Gesetz dahingehend, daß es nur »um eine mögliche Koordination und Kooperation, aber nicht um eine Fusion« gehen könne. Ich war da anderer Meinung, denn in meiner Sicht konnte sich die Kirche auf Dauer nicht zwei Institutionen dieser Größenordnung leisten. Aber auch der Chef des Hilfswerks Otto Dibelius und der Präsident des Centralausschusses der Inneren Mission Hanns Lilje konnten sich mit dem Gedanken an eine Zusammenlegung beider Werke nicht anfreunden, wie eine Verhandlungsinitiative in dieser Richtung von Volkmar Herntrich ergab. Herntrich, der Leiter des Hamburger Hauptbüros Wilhelm Schmidt, der Leiter der Rechts- und Wirtschaftsabteilung der Geschäftsstelle Bethel Wolfgang Güldenpfennig und ich beschlossen daher, in der Fusionsfrage vorsichtig zu operieren, dieses Ziel aber nicht aus den Augen zu verlieren.

Wieder setzte uns ein Flüchtlingsproblem besonderer Art zu. 1951 hatten wir erfahren, daß in einem Lager in Triest etwa 1 000 Volksdeutsche aus Jugoslawien unter menschenunwürdigen Verhältnissen lebten. Nach überaus schwierigen Verhandlungen mit den Alliierten und den Italienern gelang es uns, die Freigabe dieser Menschen zu erwirken. In mehreren Transporten kamen sie dann 1952 ins Berchtesgadener Land. Aber in jenem Lager vegetierten noch weitere rund 5 000 Menschen dahin, Flüchtlinge aus Ost- und Südosteuropa, aus Rumänien, Ungarn und Jugoslawien. Mein Freund Arne Torgersen und ich fuhren Ende 1952 nach Triest, um ein Hilfsprogramm auch für diese Menschen auszuarbeiten, das dann mit Unterstützung der Norwegischen Europa-Hilfe und der Caritas Internationalis eine spürbare Entlastung brachte und den Menschen dort wieder Hoffnung gab. – Ich kam noch rechtzeitig nach Hause zurück, um mich (welch ein Kontrastprogramm!) an der Geburt unseres dritten Kindes, des Sohnes Ulrich, zu freuen. Die Freude der Eltern teilten auch die beiden Geschwister, die »ihrem Christkindchen« am 1. Weihnachtstag voller Stolz die Schätze aus ihrem Kaufladen brachten.

Das Jahr 1953 war noch keine zwanzig Tage alt, als mich ein Anruf von Gerhard Gent erreichte, dem Geschäftsführer des Hauptbüros Berlin-Brandenburg: Es sei ein Kurier aus Dresden eingetroffen mit der Nachricht, eine große Textilsendung aus Hamburg sei beschlagnahmt und das Lager Dresden geschlossen worden; die Gründe seien nicht klar, angeblich handle es sich bei der Sendung aus Norwegen um SS-Uniformen! Ich fuhr sofort nach Dresden und stellte fest, daß es um eine Geschenksendung ging, die tatsächlich SS-Uniformen enthielt mit Rangabzeichen und Hakenkreuzen. Was war da schiefgelaufen? Die Nachforschungen ergaben, daß unsere norwegischen Freunde die Sachen aus ehemaligen Wehrmachtsbeständen zusammengestellt hatten in der Hoffnung, wir (im Westen!) würden sie zu den in der DDR dringend benötigten Anzügen umarbeiten lassen und diese dann nach Dresden schicken. Das ging aber aus den Lieferpapieren nicht hervor, und bei dem großen Umfang des Warenumschlags in Hamburg war eine Kontrolle jeder einzelnen Sendung nicht möglich. Jetzt war guter Rat teuer: Wie bekamen wir unser Dresdener Lager wieder frei? Die Volkspolizei erklärte sich für nicht zuständig, die Militärkommandantur ließ sich nicht sprechen; also blieb mir nur der Weg nach Pankow. Die dortigen Verhandlungen mit den sowjetischen Militärs hatten Erfolg, ich erreichte die Freigabe der »Verbrecher-Uniformen« und versprach, daß sie zu Straßenanzügen umgearbeitet und selbstverständlich alle NS-Abzeichen vernichtet würden. Das geschah dann auch in den Werkstätten der Herrnhuter Brüdergemeine.

Im Stuttgarter Zentralbüro

Im Oktober 1953 bat mich Herbert Krimm zu einem Gespräch in die Bahnhofsgaststätte in Hannover, da er nicht die Zeit finde, extra nach Hamburg zu kommen. Ich fand die Zeit, nach Hannover zu kommen, und Krimm teilte mir mit, daß der Hauptabteilungsleiter I beim Zentralbüro Oberkirchenrat Preuß aus gesundheitlichen Gründen sein Amt nicht mehr ausüben könne; er sei mit Otto Dibelius übereingekommen, mir dieses Amt anzutragen und mich um meine Übersiedlung nach Stuttgart zu bitten. Ich zögerte; nur ungern wollte ich meine Arbeit in Hamburg aufgeben (und meine Unabhängigkeit, dachte ich), doch Krimm drängte auf eine schnelle Entscheidung, die Nachfolge müsse dringend geregelt werden; eine Woche Bedenkzeit könne er mir geben. Und schon verabschiedete er sich: »Ich muß jetzt los, mein Zug wartet nicht auf mich!«
So ist das bei »Kirchens« und den Theologen: Für die Klärung »theologischer Grundsatzfragen« hat man viel Zeit für stunden-, ja tagelange Diskussionen. Wenn es

aber um das berufliche und private Schicksal eines Menschen geht, muß die Wartezeit zwischen zwei Zügen reichen. Hier in Hannover machte ich eine Erfahrung, die in meiner fünfunddreißigjährigen Tätigkeit in Kirche und Diakonie leider kein Einzelfall blieb.

Dibelius und Herntrich redeten mir zu, das Angebot aus Stuttgart anzunehmen, schließlich konnte ich dort besser auf die beabsichtigte Fusion hinarbeiten. Ich sagte zu - aber unter der Bedingung, daß ich meinen Wohnsitz und die Leitung der Hamburger Außenstelle behalten und meiner Arbeit in Stuttgart in Teilzeit, von Dienstag bis Donnerstag, nachkommen könne. Noch hoffte ich, daß Krimm das nicht akzeptieren werde, aber er tat es. Damit war ich ab Januar 1954 »Wochenendmann und -vater« einer Frau mit drei kleinen Kindern. Mein Arbeitsrhythmus in den folgenden drei Jahren sah (abgesehen von Unterbrechungen durch Reisen) ungefähr so aus: Montag Arbeit im Hamburger Büro - am Abend mit dem Schlafwagen oder am sehr frühen Morgen mit dem Pkw nach Stuttgart - dort Arbeit bis Donnerstag - am Abend zurück nach Hamburg - dort wieder Arbeit am Freitag und Sonnabend. Was das für mich und meine Familie hieß, mag die Tagebucheintragung vom 31. Dezember 1954, also nach Abschluß meines ersten Jahres in Stuttgart, andeuten: »1. Werktage: in Hamburg 104 Tage, in Stuttgart 92 Tage, auf Reisen 100 Tage; 2. Sonn- und Feiertage: in Hamburg 32 Tage, in Stuttgart 8 Tage, auf Reisen 16 Tage; 3. Urlaub: 13 Tage = 365 Tage.«

Schon wenige Tage nach meinem Amtsantritt in Stuttgart stellte ich erhebliche Mängel im finanziellen und organisatorischen Bereich des Zentralbüros fest. Aus dem Schriftverkehr konnte ich zudem erkennen, daß die Kommunikation sowohl mit den Aufsichtsgremien als auch mit den Hauptbüros mangelhaft war. Plötzlich verstand ich zum Teil die Kritik, die man in den letzten Jahren an der Arbeit des Zentralbüros geübt hatte. Vorerst hielt ich mich jedoch zurück, bis mich Paul Collmer ermunterte, eine Konzeption auszuarbeiten, die ich auf meinem Schreibtisch leider nicht vorgefunden hatte und schmerzlich vermißte. »Sie dürfen den Laden hier nicht mit Hamburg vergleichen. Das hier ist wie ein großes Warenhaus mit vielen Abteilungen, und jede versucht, ihre Waren an den Mann zu bringen«, beschrieb Collmer mir die Verhältnisse im Zentralbüro; meiner Absicht, diesen Zustand zu ändern, sagte er volle Unterstützung zu.

Bei meinen vorsichtigen Versuchen, arbeitstechnische und organisatorische Verbesserungen vorzunehmen, stieß ich aber nicht nur bei einigen Mitarbeitern, sondern auch im Leitungsgremium auf erheblichen Widerstand. Auch ein Gespräch mit Professor Dr. Krimm, den ich auf die Defizite in der Arbeit des Zentralbüros und des Verwaltungsrates hinwies, führte nicht viel weiter, obwohl er meinen Darlegungen zustimmte. Ich gewann den Eindruck, daß die Diskussion über die Zusammenführung von Innerer Mission und Hilfswerk die Arbeit in Stuttgart sehr belastete. Auf meinem Schreibtisch fand ich immer wieder Papiere und Stellungnahmen vor, in denen die Unmöglichkeit einer Fusion bekräftigt wurde. Auch mein Freund Herntrich sah sich im Diakonischen Beirat zahlreichen Widerständen vor allem aus Stuttgart, Bethel und Berlin ausgesetzt, für die er zwar Verständnis aufbrachte, denn man könne es niemandem vorwerfen, wenn er »zu einem Voranschreiten auf dem vom Diakonischen Beirat vorgezeichneten Weg einfach noch nicht frei sei«, doch - und diese Position vertrat ich auch in Stuttgart - sei »auch dem Warten eine Grenze gesetzt«. Es war nicht meine Absicht, im Zentralbüro noch länger »auf leisen Sohlen« zu treten; wenn ich das Geschäft dort in den Griff bekommen wollte, mußte ich mir die »Marschstiefel« anziehen. Herntrich in Hamburg erwartete konstruktive Arbeit von mir. So erarbeitete ich mit hilfreicher Unterstützung von Collmer zusammen mit meinen engsten Mitarbeitern Lisel Urbig, Percy Lüders und Helmut Reitzenstein Richtlinien für zukünftige Planung und kooperative Zusammenarbeit, die auch als Arbeitsgrundlage für die anderen Hauptabteilungen angewandt werden konnten.

Eine meiner Reisen im Jahr 1954 führte mich nach Oslo. Die Norwegische Europahilfe hatte mich eingeladen, an einer gemeinsamen Tagung mit der Schweizer Europahilfe teilzunehmen. Ich berichtete über die wirtschaftliche und soziale Lage in Deutschland und betonte, daß die erfreulichen ökonomischen Fortschritte im allgemeinen nicht darüber hinwegtäuschen dürften, daß es noch immer viel Not unter den Vertriebenen, Flüchtlingen, Alten, Kranken und berufslosen Jugendlichen gebe und Tausende von Waisenkindern untergebracht werden müßten. Ich schloß mit der Bitte: »Wenn es möglich ist, helfen Sie weiter!« Unvergessen der Abend im Haus von Odd Nansen, der uns mit seiner Tochter norwegische Volkslieder sang. Unvergessen auch das Zusammentreffen mit Max Tau. Der kleine, geistreiche jüdische Schriftsteller hatte zweimal fliehen müssen: aus Deutschland nach Norwegen und, beim Einmarsch der Deutschen in Norwegen, von dort nach Schweden. Dennoch hatte er schon bald nach dem Krieg viel für Deutschland getan; unter anderem hatte er deutsche Literatur ins Norwegische übersetzt. 1951 erhielt er als erster den gerade gestifteten Friedenspreis des Deutschen Buchhandels.

Als ich aus Norwegen zurückgekehrt war, erhielt ich die Nachricht, daß mein Bruder Otto bei einem Verkehrsunfall ums Leben gekommen war. Er kam sehr spät erst aus russischer Kriegsgefangenschaft zurück, körperlich und seelisch angeschlagen. Mit ihm hatte ich meinen letzten Bruder verloren und meine Eltern nunmehr drei ihrer Söhne - ein schwerer Schlag für die ganze Familie.

Der Beginn der Polenhilfe

Im Dezember 1954 bat mich Präses Zygmund Michelis dringend, nach Warschau zu kommen. Die Trinitatiskirche, die einzige evangelische Kirche in Warschau, war im Krieg zerstört worden und sollte jetzt wieder aufgebaut werden, aber nicht zu kirchlicher Verwendung, sondern als Musikhalle. Dagegen wehrte sich die kleine evangelische Gemeinde heftig und suchte die Unterstützung des Hilfswerks. Bei meinen Gesprächen ließ die polnische Regierung eine gewisse Bereitschaft erkennen, von ihrem Vorhaben Abstand zu nehmen, falls die Gemeinde den Wiederaufbau finanziere. Natürlich wußte sie, daß das völlig unmöglich war. Mein Part bestand also darin, die Frage zu beantworten, ob es möglich sei, ein internationales Konsortium auf die Beine zu stellen, das Finanzmittel aus dem Ausland aufbringt, um die erhaltenswerte Kirche zu restaurieren. Zur Überraschung der Regierungsvertreter beantwortete ich diese Frage mit einem entschiedenen Ja und erbat eine Kostenschätzung. Natürlich wußte ich, was ich damit zusagte, aber ich wollte diese treue kleine evangelische Gemeinde nicht enttäuschen. Mit Unterstützung von Bischof Lilje konnte die Finanzierung dann auch abgesichert werden, das Geld kam aus schwedischen, amerikanischen, Schweizer und deutschen Kirchen. – Noch heute erinnert mein Name auf einer Marmortafel in der Trinitatiskirche an meine damaligen Bemühungen. Der Wiederaufbau dieser Kirche und ihre Rückgabe an die evangelische Gemeinde war die Voraussetzung für alle späteren Hilfen für die deutschen Gemeinden in Polen.

Vom Evangelischen Hilfswerk zum Diakonischen Werk

Mittlerweile war der Streit über das Thema »Innere Mission und Hilfswerk« zu einer heftig geführten Grundsatzdiskussion entbrannt, die die Spalten theologischer Zeitschriften und die Säle bei öffentlichen Veranstaltungen füllte und an der sich natürlich auch unser Chef beteiligte. Dabei fußten alle ins Feld geführten Argumente, ob für oder gegen eine Fusion, auf dem Neuen Testament. Zumindest glaubten dies die Diskutanten. Für unsere Arbeit brachten diese theoretischen Erörterungen nichts. Ich war daran interessiert, die Zusammenarbeit mit der Inneren Mission zu verstärken und ihr dort Hilfe zukommen zu lassen, wo sie notwendig war. Krimm reagierte auf meine Initiative recht gereizt und bekräftigte in den folgenden Jahren immer wieder seine Position: »Ich fühle mich gebunden an die Überzeugung, daß wir nicht nur das Recht, sondern auch die Pflicht haben, vor einem Zusammengehen mit der Inneren Mission die theologischen Grundsatzfragen zu klären.« Diese Klärung zog sich noch in quälender Langsamkeit über weitere drei Jahre hin. Daß die Fusionsbefürworter und -gegner sich zum Beispiel nicht nur über das »synthetische Modewort ›diakonisch-missionarisch‹«, sondern auch noch über den Bindestrich zwischen den beiden Wörtern zerstritten, mag verdeutlichen, warum ich mich an der theoretischen Klärung der Grundsatzfragen nicht beteiligte. Mein Beitrag zur Klärung war praktischer Art. Ich gehörte zu jenen, die die Fusion als eine pragmatisch zu lösende Aufgabe betrachteten, bei der es um eine engere Verbindung von Innerer Mission und verfaßter Kirche ging und um die Beseitigung der unrentablen »Zweigleisigkeit«. Trotz aller unterschiedlichen Profile, Interessen und Traditionen kam die Fusion dann 1957 endlich zustande.

Am 11. Juli 1955 besuchte uns der Generalsekretär des Ökumenischen Rates Dr. Willem A. Vissert't Hooft in Stuttgart, um mit uns über die zwischenkirchliche Hilfe, die Katastrophenhilfe und die Hilfen zur Linderung akuter Notstände in der Welt zu sprechen. Er erinnerte an den Beginn der Hilfen für Deutschland vor zehn Jahren und das erfolgreiche Zusammenwirken von Hilfe und Selbsthilfe im durch den Krieg getroffenen Mitteleuropa. Sein eigentliches Anliegen war aber ein anderes: Auch Vissert't Hooft war die wiedererstarkte wirtschaftliche Potenz der westdeutschen evangelischen Kirchen und des Hilfswerks nicht entgangen. Deshalb fragte er, ob beide Institutionen sich nicht an der internationalen Hilfe für Asien und Afrika beteiligen könnten, zumal die deutsche Bevölkerung sich bereits durch eine beachtliche Spendenfreudigkeit ausgezeichnet habe. Wir versprachen dem Generalsekretär, nicht nur mehr bei Katastrophenfällen, sondern auch bei den laufenden Programmen des Ökumenischen Rates mitzuwirken. Schon im Oktober 1955 beschloß die Geschäftsführerkonferenz des Hilfswerks, Geldmittel in Höhe von DM 25 000 für zweitausend in der Türkei in Not geratene christliche Familien bereitzustellen. Das war der Beginn des ökumenischen Nothilfeprogramms des Evangelischen Hilfswerks.

Der Strom der ausländischen Sach- und Geldspenden floß auch 1956 und 1957 unvermindert in die Bundesrepublik. In diesen beiden Jahren gingen in den Häfen von Hamburg und Bremen über 36 600 000 kg Lieferungen im Wert von etwa 65 Millionen DM ein, dazu kamen, Geldspenden in Höhe von rund 2,2 Millionen DM. Der Löwenanteil dieser großzügigen Hilfen kam der Arbeit für Flüchtlinge und, soweit dies organisatorisch möglich war, notleidende Menschen in der DDR zugute. 1956 stand vor allem Ungarn im Zentrum der allgemeinen Aufmerksamkeit, wo ein großer Volksaufstand das Land erschütterte. Im Rahmen der im Aufbau begriffenen Katastrophenhilfe trug hier das Hilfswerk Sach- und Geldspenden aus den westdeutschen Gemeinden im Wert von 5,5 Millionen DM zusammen. Nachdem Paul Collmer und ich von einer Besichtigung von Massenlagern im Raum Triest - Rijeka zurückgekehrt waren, wo wir uns von der erbarmungswürdigen Lage der Ungarnflüchtlinge überzeugen konnten, kauften wir Lebensmittel, hochwertige Babynahrung, Medikamente, Kleidung und eine komplette Friseurausstattung. Die Ungarnhilfe brachte den Durchbruch für ökumenische Hilfen außerhalb der Bundesrepublik. 1957 erbat das Hilfswerk für ökumenische Notprogramme DM 250 000 von den bundesdeutschen Gemeinden - sie spendeten mehr als das

Vierfache! Damit waren das Hilfswerk und die deutschen Kirchen 1957 beim Ökumenischen Rat und beim Lutherischen Weltbund vom Hilfeempfänger zum Spendengeber geworden.

Vom 3. bis 8. März 1957 tagte in Berlin-Spandau die Synode der Evangelischen Kirche in Deutschland, die als »Diakonie-Synode« in die Nachkriegs-Kirchengeschichte einging. Nach gründlicher, mit großem sachlichen Ernst geführter Diskussion beschlossen die Synodalen mit großer Mehrheit das »Kirchengesetz über den Zusammenschluß von Innerer Mission und Hilfswerk der Ev. Kirche in Deutschland«. Als oberstes Organ wurde die »Diakonische Konferenz« vorgesehen, als Aufsichtsgremium der »Diakonische Rat«. Erster Präsident wurde Pastor Friedrich Münchmeyer aus Bethel, Vizepräsident Dr. Paul Collmer. Sitz des Werkes sollte Stuttgart sein.
Ein Abschnitt ging zu Ende, auch in meinem Leben, in dem Liebe und Fürsorge für notleidende Menschen den Vorrang hatten. »Wer richtig liebt«, hat Albert Camus einmal gesagt, »hängt keinen Träumen nach.« Solchen Realismus brauchen wir, der sich von Liebe leiten läßt und deshalb nie der Resignation verfällt; denn gerade in der Diakonie haben wir es oft mit Realitäten zu tun, die geeignet sein können, uns zur Verzweiflung zu bringen und alle Freude in und an dieser Welt zu verderben. Johann Hinrich Wichern, der Vater der Diakonie, hat geschrieben: »Die Liebe muß in der Kirche als die helle Gottesfackel flammen, die kundmacht, daß Christus eine Gestalt in seinem Volk gewonnen hat.«

Im Diakonischen Werk der Evangelischen Kirche in Deutschland

Das erste Jahr im neuen Werk

Die Zusammenführung des Centralausschusses der Inneren Mission und des Zentralbüros des Evangelischen Hilfswerks zu einem vereinigten Werk erforderte den Aufbau einer gemeinsamen Hauptgeschäftsstelle in Stuttgart. Vorgesehen waren sieben Abteilungen sowie Geschäftsstellen in Berlin, Hamburg und Bremen. Die »Theologische Abteilung« mußte noch besetzt werden, die »Ökumenische Abteilung« übernahm Dr. Berg kommissarisch, und die Leitung der »Sozialpolitischen Abteilung« blieb wie bisher bei Dr. Collmer, der zugleich Vizepräsident war. Die Abteilung »Allgemeine Fürsorge« unter der Leitung von Pastor Engelmann mußte von Bethel nach Stuttgart umziehen, ebenso die Abteilung »Gesundheitsfürsorge« unter Dr. Kayser. Meiner Abteilung »Notstandshilfe« unterstanden weiterhin die Außenstellen in Hamburg unter Albert Lotze und in Bremen unter Kurt Grote. Zugleich wurde ich Vertreter von Ministerialrat Güldenpfennig, dem Leiter der Abteilung »Recht und Wirtschaft«, und übernahm das in dieser Abteilung angesiedelte Referat »Finanzen und Vermögen«. Mit solchen organisatorischen Maßnahmen allein war es jedoch nicht getan; die weitere Aufgabe der Zusammenführung war der innere Aufbau des neuen

Werks, damit eine leistungsfähige Dienststelle entstehen konnte. Zugleich war uns klar, daß die gegenwärtige Lage in Ost und West uns vor allem in Berlin neue Aufgaben stellen würde.

Denn dort wuchs der Flüchtlingsstrom aus der DDR wieder an. Mitte des Jahres 1957 waren es täglich schon bis zu 500, und viele Tausende lebten hier bereits in 48 Massenlagern, was Politiker von einem »nationalen Notstand« sprechen ließ. Helfer aus den Gemeinden in Westdeutschland sowie Holländer, Norweger, Schweden, Schweizer, Amerikaner und Franzosen meldeten sich zum Dienst in den Lagern und Einrichtungen der Diakonie. Mit Spenden aus dem In- und Ausland konnten wir wenigstens die äußere Not lindern und das Leben der Flüchtlinge erträglicher gestalten.

Von den seit 1955 jährlich stattfindenden Nothilfetagungen ist mir die dritte vom Mai 1957 in Königstein im Taunus noch in besonderer Erinnerung. Es war die letzte, an der die Fachreferenten der Landesverbände und Freikirchen aus Ost und West noch gemeinsam teilnehmen konnten. Die Zusammenkunft ergab die einhellige Bereitschaft der westdeutschen Teilnehmer, in der Hilfe für die Menschen, die Gemeinden und die Kirchen in der DDR nicht nachzulassen.

Auf der konstituierenden Sitzung des »Diakonischen Rates« in Stuttgart am 28. Mai wurden Bischof Herntrich zum Vorsitzenden und Pastor D. Ohl zum Stellvertreter gewählt und die Mitglieder des geschäftsführenden Ausschusses bestimmt. Da die Zusammenarbeit mit den Freikirchen im diakonischen Bereich fortgesetzt werden sollte, wurde dafür eine besondere Arbeitsgemeinschaft vorgesehen, die dann am 30. November gegründet wurde. An ihr waren neben dem Diakonischen Werk alle Freikirchen und die Heilsarmee beteiligt. Den Vorsitz führte in jährlichem Wechsel der Präsident des Werkes und ein Vertreter der Freikirchen, die Geschäftsführung lag bei mir.

Als ich in Frankfurt am Main mit der Bank Deutscher Länder und der Außenhandelsstelle des Bundeswirtschaftsministeriums Verhandlungen über kommerzielle Einfuhren in der Abwicklung amerikanischer Spenden zu führen hatte, traf ich auch Bundeswirtschaftsminister Professor Ludwig Erhard. Er äußerte den Wunsch, unsere neue Hauptgeschäftsstelle und die leitenden Mitarbeiter kennenzulernen. Am 5. September kam er dann auch nach Stuttgart und zeigte sich an unserer Arbeit sehr interessiert, nicht nur an den seine eigenen Aufgaben betreffenden Bereichen, sondern auch an Jugend- und Fürsorgefragen, an Sozialpolitik, Anstaltsdiakonie und vor allem an unserer Hilfe für die DDR. Er wollte viele Einzelheiten wissen und sparte nicht mit Anerkennung für die Zielsetzung unserer Arbeit. Uns beeindruckten seine Vorstellungen von »sozialer Marktwirtschaft« und deren Bedeutung für die Entwicklung in der Bundesrepublik und in Europa.

Im September dieses Jahres erfüllte sich ein lang gehegter privater Wunsch: Ich konnte endlich meine Familie zu mir holen. Nachdem Stuttgart als Sitz der Hauptgeschäftsstelle feststand, schmiedeten wir Umzugspläne. Mehr als zwei Jahre »Zigeunerleben« reichten mir, und ein »Wochenend-Vater« wollte ich auch nicht mehr sein. Meiner Frau fiel der Abschied von Hamburg-Aumühle freilich nicht leicht; wir hatten dort in schwerer Zeit gute

Freunde gefunden, und unsere drei Kinder waren dort geboren.

Auf Bitten des »American Minister for Economic Affairs« Mr. Tasca traf ich am 15. Oktober in Bad Godesberg Mrs. Eleanor Dulles, die Schwester des amerikanischen Außenministers. Sie, eine lebhafte, weltoffene und gebildete Dame, wollte sich auf einer Europareise über die politischen und sozialen Verhältnisse informieren, die für ihre eigene Arbeit im »Social Welfare« in den USA von Bedeutung waren. Ich fand in ihr eine gut zuhörende Gesprächspartnerin, der ich genau von meiner Arbeit, vor allem über die Situation der Deutschen in der DDR und in den ehemaligen deutschen Ostgebieten berichtete. Besonders interessierten sie meine Erfahrungen und Begegnungen anläßlich meiner Reisen in der DDR und in Polen, und sie wollte wissen, wie ich mir die zukünftige Entwicklung in Osteuropa vorstellte; immer wieder bat sie dabei ihre Sekretärin, Notizen zu machen, wenn sie eine Aussage für »very important« hielt. Als wir unser Gespräch nach drei Stunden beendeten, meinte Mrs. Dulles, wir sollten es unbedingt einmal fortsetzen, und lud mich nach Washington ein.

Aber zunächst reiste ich nach Polen. Nach Vorgesprächen mit Bundesminister Lemmer, Staatssekretär Thedieck, Bischof Herntrich und Prälat Kunst – ich mußte mir für meine Verhandlungen politische und finanzielle »Rückendeckung« verschaffen – flog ich mit D. Heinrich Hellstern vom Hilfswerk der evangelischen Kirchen in der Schweiz (HEKS Zürich) nach Warschau. Präses Michelis, der Präsident des Ökumenischen Rates von Polen, begleitete uns durch die verschiedenen Verhandlungen. Vor allem eine Frage bewegte unsere polnischen Partner in besonderer Weise: Würde es zu Spannungen mit der starken katholischen Kirche in Polen führen, wenn wir auch solche evangelischen Kirchen zurückfordern, die nach 1945 von der katholischen Kirche rechtswidrig übernommen worden waren? Michelis war mit mir einer Meinung: Dort, wo es einen Bedarf für evangelische Gemeinden gab, sollte auf der Rückgabe von Kirchen und Pfarrhäusern bestanden werden. Am 21. November 1957 fanden ganztägige Besprechungen im polnischen Innenministerium statt. Direktor Lesch, der Verhandlungsführer, sprach diesmal in gutem Deutsch zu uns (bei früheren Gesprächen hatte er sich ausschließlich der polnischen Sprache bedient), und mit dem, was er uns zu sagen hatte, konnten wir zufrieden sein! Die Trinitatiskirche in Warschau war den Protestanten inzwischen zurückgegeben, die Wiederaufbaumaßnahmen wurden fortgesetzt, die Freigabe der Gertrudkirche in Stettin, der Christophoruskirche in Breslau und weiterer zwölf Kirchen in verschiedenen Städten Westpolens war genehmigt.

Im Januar 1959 war ich wieder in Warschau, von Michelis freudig begrüßt. Unsere Verhandlungen mit dem Ökumenischen Rat und im Innenministerium verliefen gut, und auch die mehr als acht Stunden dauernde Bahnfahrt von Warschau nach Stettin überstanden wir mit freundschaftlichen Gesprächen. Auf dem Programm standen Besuche in deutschen Gemeinden, Besichtigungen der Renovierungsarbeiten an den verschiedenen freigegebenen Kirchen und Gottesdienste. Michelis predigte dabei in deutscher Sprache, was mich sehr beeindruckte. Überall wurde ich gut aufgenommen. Die Kon-

trollen auf der Rückfahrt passierte ich als »Staatsgast« ohne Probleme.
Anläßlich meiner Polenreisen bin ich immer wieder nach meinen Erfahrungen gefragt worden, nicht nur von Mrs. Dulles, und häufig fiel dabei auch das Stichwort »Deutschfeindlichkeit« oder gar »Deutschenhaß«. Für mich kann ich sagen: Ich habe bei keinem meiner polnischen Gesprächspartner eine unversöhnliche deutschfeindliche Haltung angetroffen. Zwar waren die Wunden des Zweiten Weltkriegs noch nicht verheilt, aber trotzdem fand ich große Bereitschaft zu einer friedlichen Zusammenarbeit und Versöhnung. Die Polen hatten Angst vor einer starken Bindung der Bundesrepublik an den Westen, weil diese zwangsläufig eine stärkere Bindung Polens an den Osten zur Folge hatte - bei dem betonten Nationalbewußtsein des polnischen Volkes ein für sie beunruhigender Vorgang.

Am Ende dieses Jahres 1957 konnte ich dankbar zurückblicken. Wieder war es uns möglich gewesen, dank der großartigen Spenden aus aller Welt in vielen Notlagen zu helfen. Warenlieferungen im Wert von 25 Millionen DM, Geldspenden von rund einer halben Million, Überschüsse bei kommerziellen Einfuhren von etwa 1,28 Millionen, Darlehensmittel des Ökumenischen Rates und des Lutherischen Weltbundes in Höhe von ca. 363 000,-- DM - damit konnten wir vor allem in Berlin und in der DDR helfen, nicht zuletzt auch den vielen Flüchtlingen: 421 000 Menschen waren in diesem Jahr nach Westberlin und in die Bundesrepublik gekommen.

Neue Handlungsfelder in der Ökumene

Das Jahr 1958 brachte im wesentlichen eine Fortsetzung der bisherigen Arbeiten. Es zeichnete sich aber ab, daß wir bald auch andere Handlungsfelder zu betreten hatten und unsere Hilfen nicht mehr so stark wie bisher auf die innerdeutschen Nöte konzentrieren konnten. Zwar riß der Flüchtlingsstrom aus der DDR nicht ab (204 000 wurden es bis zum Jahresende), die Lager waren überfüllt, und in der DDR selbst fehlte es überall an Mitteln für den kirchlichen Wiederaufbau, so daß der Diakonische Rat die ausländischen Spenderkirchen bat, ihre Hilfe für Deutschland fortzusetzen, was diese auch taten – aber er sprach diese Bitte nicht leichten Herzens aus, gab es doch in vielen Teilen der Welt Not und Elend. Mußten nicht gerade wir, die wir selbst so viel Hilfe erfahren hatten, uns hier stärker als bisher engagieren?

Die ökumenische Abteilung des Diakonischen Werkes und der Deutsche Hauptausschuß des Lutherischen Weltdienstes hatten deshalb für 1958 erstmalig ein gemeinsames Notprogramm zur Beteiligung an Maßnahmen der weltweiten zwischenkirchlichen Hilfe beschlossen. Die Einzelheiten dieses Programms hatten Lisel Urbig und Kirchenrat Nagengast ausgearbeitet; es hatte ein Volumen von DM 995 000, von denen die eine Hälfte in Europa, die andere Hälfte für außereuropäische Hilfsprojekte und zentrale ökumenische Aufgaben und Vorhaben eingesetzt werden sollte – ein Zeichen wirklicher ökumenischer Verbundenheit der westdeutschen Landeskirchen. Es wurde auch daran gedacht, einen Notfonds einzurichten, um bei unvorhergesehenen Notfällen sofort handlungsfähig zu sein und nicht erst zu einem Sonderopfer aufrufen zu müssen. Dieses gemein-

same Handeln von Diakonischem Werk und Lutherischem Weltdienst hat sich später sehr bewährt.
Für notleidende Menschen in aller Welt gingen in diesem Jahr aus Landes- und Freikirchen, kirchlichen Werken und aus Einzelspenden für das gemeinsame Programm von Diakonischem Werk und Lutherischem Weltdienst DM 2 344 136,-- ein - ein außerordentlich erfreuliches Ergebnis, besonders im Blick darauf, daß wir erst vor wenigen Jahren mit ganzen DM 20 000,-- angefangen hatten. Obwohl noch vielfältige Not im eigenen Land herrschte, war die Bereitschaft in den Gemeinden geweckt, für den im Elend lebenden Nächsten auch in fernen Ländern Opfer zu bringen; jetzt lag es an uns, diese »Flamme« am Leben zu erhalten durch entsprechende Information und Werbung. - Aus den Hilfen im Inland hier nur ein Beispiel: unser zweites Baumwollprogramm. Wir hatten 500 Tonnen Baumwolle importiert und ließen sie für die diakonischen Anstalten zu ca. 1760 Metern Webware, ca. 150 000 Wäschegarnituren, 300 000 Handtüchern und 330 000 Windeln verarbeiten mit einem Gesamtwert von rund zwei Millionen DM.

Für uns alle war es ein schrecklicher Schock, als wir erfuhren, daß Volkmar Herntrich am 14. September 1958, kurz vor seinem 50. Geburtstag, tödlich verunglückt war. Auf dem Weg nach Ostberlin, von wo er mit dem Zug nach Warschau fahren wollte, fuhr sein Wagen in der Nähe von Potsdam auf einen stehenden unbeleuchteten russischen Lastwagen auf. Herntrich war sofort tot, sein Fahrer überlebte schwer verletzt. Herntrich war ein diakonischer und ein ökumenischer Bischof. Ich verlor mit ihm einen Freund; in all den Jahren, in denen so mühsam um die Zusammenführung von Hilfswerk und Innerer Mission gerungen wurde, war ich ihm sehr nahe gekommen und hatte sein fundiertes diakonisches Fachwissen schätzen gelernt. Er war der Motor dieses Zusammenschlusses. Wenn auch nicht alle Ziele erreicht werden konnten, so war es ihm doch gelungen, wie er bei der ersten Sitzung des Diakonischen Rates sagte, »die gesunde Tradition der Inneren Mission mit der Schwungkraft des jungen Hilfswerkes organisch zu verbinden«. - Sein Nachfolger im Vorsitz des Diakonischen Rates wurde im Februar 1959 Oberkirchenrat Heinrich Riedel, der seit über zehn Jahren an verantwortlicher Stelle in der diakonischen Arbeit stand.

Die Entstehung der Aktion »Brot für die Welt« und die Einstellung der Auslandshilfen

Ein ganz besonderes Ereignis - nicht nur des Jahres 1959 - war die Entstehung der Aktion »Brot für die Welt«. Daß sie »innerkirchlich wie auch ökumenisch unzweifelhaft einen besonderen Rang im Leben der evangelischen Christenheit Deutschlands« einnimmt, wie ihr Gründer Christian Berg meinte, wurde bald von vielen bestätigt. Berg hatte sich, zusammen mit anderen Frauen und Männern aus Kirche und Diakonie, schon seit längerem Gedanken darüber gemacht, wie sich die Kirchengemeinden in Deutschland stärker als bisher an der Überwindung der Not in aller Welt beteiligen könnten. Aber seine Vorschläge, die er dem Präsidenten und den leitenden Direktoren der Hauptgeschäftsstelle des Diakonischen Werkes unterbreitete, fanden ein wenig ermutigendes Echo. Münchmeyer war kein Mann der schnellen Entschlüsse. Lediglich Paul Collmer und ich unterstützten Bergs Ideen, während viele andere befürchteten, eine neue großangelegte Sammlung werde sich negativ auf andere Sammlungen auswirken, vor allem die der inneren und äußeren Mission.

Aber Berg ließ sich von seinem Vorhaben nicht abbringen. Hatte nicht das Ergebnis des gemeinsamen Aufrufs von Diakonischem Werk und Lutherischem Weltdienst im vergangenen Jahr gezeigt, daß es in den Kirchengemeinden eine große Bereitschaft gab, sich - und den eigenen Geldbeutel - für die Not in der Welt zu öffnen? Mit seinen Mitarbeitern Gerhard Noske, Dr. Bernhard Ohse, Dr. Gertrud Freyss und Dr. Waltraud Seeber arbeitete Berg deshalb zielstrebig weiter, tatkräftig unterstützt von Paul Collmer, Lisel Urbig, Hans-Christoph von Hase (der die theologische Abteilung der Hauptgeschäftsstelle übernommen hatte) und mir. Während vieler Sitzungen in unserer Berliner Stelle, in den mir so vertrauten Baracken am Teltower Damm in Zehlendorf, wurden die Planungen ausgearbeitet, der Name »Brot für die Welt« wurde gefunden und der Zeitpunkt für die erste große Sammlung erörtert. Immer mehr Mitstreiter für diese Idee konnten gewonnen werden, und nachdem auch der Diakonische Rat seine Zustimmung gegeben hatte, trug Heinrich Riedel am 30. Juli 1959 die Aktion dem Rat der EKD in Berlin vor. Der begrüßte dieses Vorhaben, und damit konnte »Brot für die Welt« die Arbeit aufnehmen.

Die folgenden Monate wurden vor allem für unsere Berliner Stelle sehr hektisch. Die Werbung mußte anlaufen, Faltblätter, Broschüren, Pressemappen waren vorzubereiten, es galt Redner zu finden, die »Brot für die Welt« in den Gemeinden vorstellen sollten, und - ganz wichtig - ein grafisches Symbol mußte geschaffen werden für Plakate und Anzeigen; der Künstler Rudi Wagner entwarf es, und es wurde für viele Jahre zum »Markenzeichen« der Aktion: die ausgestreckte Hungerhand. Die Zeit drängte, zu Weihnachten sollte die Sammlung starten.

Im November erging dann der »Aufruf an die evangelischen Christen in Deutschland«, ein Appell an die Gemeinden aller Landes- und Freikirchen in der Bundesrepublik und in der DDR, unterzeichnet von Bischof Dibelius für die EKD und Bischof Wunderlich für die Freikirchen. Das Ergebnis der Sammlung war überwältigend: 14,6 Millionen DM in der Bundesrepublik und 4,8 Millionen Mark in der DDR! Unter dem Vorsitz von Heinrich Riedel wurde ein Ausschuß zur Verteilung der Spenden gebildet, dessen Mitglied und Geschäftsführer ich wurde – eine zusätzliche Belastung mit Arbeit und Verantwortung, aber ich war mit dem Herzen dabei. Über Anträge mußte entschieden werden, Richtlinien für die Verteilung der Gelder waren aufzustellen und Formblätter zu entwickeln, und vor allem mußten wir uns in vielen Details erst einmal sachkundig machen und Fachberater anwerben. Für diesen ganzen »Berg von Arbeiten« hatte ich lediglich drei Mitarbeiterinnen, allerdings hoch qualifizierte: Lisel Urbig, deren profunde Kenntnisse der ökumenischen Welt sie für diese Aufgabe geradezu prädestinierten, Ilse Kaestner und Erdmut Fröhlich. Sie leisteten ungezählte Überstunden; nur so war es möglich (und in den folgenden Jahren gelang das ebenfalls), keine Spendengelder für Verwaltungskosten verwenden zu müssen, worauf wir sehr stolz waren.

Immer mehr beschäftigte mich die Frage, ob wir in Anbetracht weltweiter Not auch weiterhin noch Hilfe für Deutschland aus dem Ausland in Anspruch nehmen

durften. Die Eigenleistungen für die Unterstützung unserer Arbeit in der DDR, Patenschaftshilfen, Bruderdienst, die Aktion »Stadt des kirchlichen Wiederaufbaus«, der Versand von Millionen von Paketen an Deutsche jenseits des Eisernen Vorhangs, nach Polen, Rumänien und anderen osteuropäischen Ländern, die Unterstützung der Ungarnhilfe, ständige Steigerungen der Spenden für das ökumenische Notprogramm und zuletzt nun dieses großartige Ergebnis der ersten Aktion »Brot für die Welt« – zeigte das alles nicht deutlich, daß Bund, Länder und die Menschen in der Bundesrepublik die Kraft und den Willen hatten, mit den Problemen und Nöten im eigenen Land allein fertig zu werden?
In vielen Gesprächen mit Freunden und in den diakonischen Gremien erörterte ich dieses Thema und schlug vor, die Auslandshilfe im Jahr 1960 einzustellen. Aber damit fand ich weit mehr Ablehnung als Zustimmung, vor allem bei Pastor Diehl, dem Vorsitzenden des »Zentralausschusses der Spitzenverbände der Freien Wohlfahrtspflege für die Verteilung ausländischer Liebesgaben«, der meinte, gerade die diakonischen Anstalten seien nach wie vor dringend auf die Einfuhren amerikanischer Überschußgüter angewiesen. Aber das überzeugte mich nicht. Und die Flüchtlinge? Sicher, es waren im Jahr 1959 wieder rund 143 000 Menschen aus der DDR gekommen, doch in den Jahren davor hatten wir weit mehr aufgenommen, und es war gegangen; warum dann nicht auch jetzt? Immer wieder hatte ich unseren ausländischen Spendern versprochen: »Wir sagen es euch, wenn eure Hilfe für uns eingestellt werden kann!« Dieser Zeitpunkt war in meinen Augen gekommen. Und ich konnte mich durchsetzen und die Widerstände überwinden! Wir mußten die Hamburger Stelle schließen,

brauchten aber keinen unserer Mitarbeiter dort auf die Straße zu setzen: Gollnick und Lotze hatten das Ruhestandsalter erreicht, mein Fahrer August Becker wechselte in den Betrieb seiner Schwiegereltern, die übrigen Mitarbeiter wurden vom Landesverband Hamburg übernommen. Die Bremer Stelle blieb erhalten, wir brauchten sie auch künftig für die Katastrophenhilfe und für »Brot für die Welt«.

Ich hatte vor, im März 1960 die amerikanische Regierung und die Spenderverbände schriftlich über diese Entscheidung zu informieren; aber ehe ich das tun konnte, erreichte mich ein Anruf aus der amerikanischen Botschaft in Bonn: Man habe von unserer Absicht gehört und sei etwas irritiert; das klang so, als hätten die Amerikaner den Eindruck, hinter unserer Entscheidung stehe eine antiamerikanische Einstellung. Das mußte ich natürlich zurechtrücken. Bei einem Gespräch in der amerikanischen Botschaft - Lisel Urbig begleitete mich - konnten wir unsere Gründe darlegen, wobei ich nicht vergaß, unseren Dank für die so großartige amerikanische Hilfe seit Kriegsende auszusprechen. Unser Gesprächspartner beendete die Unterredung mit den Worten: »Ich habe Sie verstanden, Ihre Entscheidung ist richtig; ich werde meine Regierung in Washington entsprechend unterrichten.«

Das Jahr 1960 brachte so den Wendepunkt in der Arbeit bei der Vermittlung ausländischer Hilfen für Deutschland. Das »Surplus-Programm«, die Lieferung von landwirtschaftlichen Überschußprodukten aus den USA, wurde am 30. Juni beendet, ebenfalls am 30. Juni wurden die Hilfsprogramme der CARE-Organisation eingestellt (für Westberlin liefen sie weiter). Das »Heifer Project«, in dessen Rahmen im Oktober letztmals 40 Kühe verteilt wurden, lief im Dezember aus; insgesamt waren in den zehn Jahren seines Bestehens 4 313 Kühe nach Deutschland verschifft worden.

Wir konnten Bilanz ziehen: Bis zum 31. Dezember 1960 hatten die Hilfsgüter aus dem Ausland, die vom Evangelischen Hilfswerk und vom Diakonischen Werk an Hungernde, Kranke, Bedürftige und Notleidende verteilt wurden, folgenden Umfang erreicht: 171 037 901 kg Lebensmittel, Bekleidung, Arzneimittel, Gebrauchsgüter und Rohstoffe im Gesamtwert von 467 Millionen DM, ca. 14,3 Millionen Paketsendungen und Care-Pakete mit einem Wert von 213 Millionen DM, dazu Barspenden in Höhe von 61 200 000 DM. Mit dem Ökumenischen Rat, dem Lutherischen Weltbund, den Freunden in Norwegen, Schweden und in der Schweiz wurde vereinbart, die Hilfen für Westberlin und die DDR vorerst noch fortzusetzen.

Am 3. Oktober 1960 gründeten wir in Bonn das »Sozialpolitische Institut des Diakonischen Werkes« unter dem Vorsitz von Paul Collmer; Geschäftsführer wurde Ernst Mordhorst, und mir blieb das »dankbare« Amt des Schatzmeisters. Im gleichen Jahr wurde auch die »Arbeitsgemeinschaft evangelischer Kirchen in Deutschland für Dienste in Übersee« (DÜ) gegründet. Uns war klar geworden, daß allein mit finanziellen Mitteln die Probleme in der Dritten Welt nicht gelöst werden konnten. Es mangelte überall an einheimischen Fachkräften, und es wurden Menschen gebraucht, die als Lehrer, Ärzte, Ingenieure und Handwerker dort halfen.

Im Oktober stand wieder eine besondere Dienstreise auf meinem Programm. König Paul von Griechenland und Königin Friederike, eine Prinzessin aus dem Hause

Braunschweig, waren zu einem Staatsbesuch in der Bundesrepublik und wollten sich bei dieser Gelegenheit auch über die humanitären Maßnahmen der Kirchen unterrichten lassen; deshalb wurden Landessuperintendent Johannes Schulze und ich zu einer Audienz nach München eingeladen. Ich hatte auf einer Couch Platz zu nehmen, zwischen mir und der Königin saß der »königliche Schoßhund«, wohl um den nötigen Abstand zu wahren. Man reichte Tee und Kekse, von denen ich aber nichts abbekam, denn der Hund benahm sich gar nicht königlich und fraß sie mir vom Teller. Der König kam kaum zu Wort, seine resolute Frau hatte sofort die Gesprächsleitung übernommen. Schulze - man hatte ihn als Weihbischof von Hannover vorgestellt - war ganz Würde, als er über die Evangelische Kirche in Deutschland und deren humanitäre Aufgaben berichtete. Ich war weniger würdevoll und erzählte »frisch von der Leber weg« von der Arbeit der Kirchen in der DDR, vor allem von unserer Hilfe für die Menschen dort. Das Gespräch wurde sehr anregend und lebendig, wir vergaßen ganz, vor welch »hohen Herrschaften« wir saßen, und wurden gegen 19 Uhr mit guten Wünschen verabschiedet.

Hochpolitisch wurde es dann bei meinem Polen-Besuch im Dezember. Dabei hatte ich Gelegenheit, mich mit dem Direktor des polnischen Rundfunks »Polskie Radio« E. Uzdanski über den »Rapacki-Plan« zu unterhalten. Er hatte mir einen Auszug aus dem Bericht geschickt, den der Leiter der polnischen Delegation zur 15. Vollversammlung der Vereinten Nationen, Wladyslaw Gomulka, am 21. Oktober 1960 dem polnischen Sejm vorgetragen hatte, und bat mich, im polnischen Rundfunk frei meine Meinung dazu zu sagen. Rapacki, Polens Außenminister, hatte in seinen Vorschlägen nachdrücklich auf die gefährlichen Folgen der Anwendung moderner Kernwaffen hingewiesen, auf die Gefährdung von Leben und Gesundheit der Menschen, auf die potentielle Zerstörung materieller Güter und kultureller Leistungen der Menschheit. Er forderte den Abschluß eines Abkommens über die Einstellung der Kernwaffenversuche und den »Verzicht auf die Errichtung militärischer Stützpunkte und Anlagen für Raketenwaffen im Gebiet fremder Staaten«. Kern seiner Vorschläge war der Gedanke, in Mitteleuropa eine atomwaffenfreie Zone zu schaffen, die die Territorien Polens, der Tschechoslowakei, der Deutschen Demokratischen Republik und der Bundesrepublik Deutschland umfassen sollte. – Ich besprach mich mit Michelis und antwortete dann dem polnischen Rundfunk, daß meine Stellungnahme zu diesem Zeitpunkt nicht weiterführen würde; zwar begrüßte ich die Vorschläge, aber bevor über sie ernsthaft diskutiert werden könne, müsse erst die Voraussetzung für eine Verständigung der beiden Weltmächte geschaffen werden.

Ende 1960 hatte Konrad Adenauer den beiden Kirchen angeboten, ihre Entwicklungshilfe mit staatlichen Mitteln zu unterstützen. Während die katholische Seite schnell zu einer positiven Entscheidung kam, entbrannte in der evangelischen Kirche eine sehr lebhafte und kontroverse Debatte. Das Für und Wider wurde heftig diskutiert. So wandte sich zum Beispiel der Deutsche Evangelische Missionsrat gegen die Annahme staatlicher Mittel. Die Befürworter konnten aber darauf hinweisen, daß die Mission seit Jahren einen Teil ihrer Arbeit auch mit Staatsgeldern finanzierte (zum Beispiel aus dem Kulturfonds des Auswärtigen Amtes); zudem: Konnte die Diakonie ihre immer umfangreicher werdenden Aufgaben ohne Zuhilfenahme des Staates überhaupt bewältigen? Als sich die deutschen Vertreter anläßlich einer Tagung der Lutherischen Weltmission in Genf gegen die Annahme staatlicher Hilfen aussprachen, unterstrichen die Vertreter der jungen Kirchen aus Afrika und Asien die unermeßlich großen Aufgaben, die den abendländischen Staaten und Kirchen gestellt seien, der Not und dem Elend in der Dritten Welt zu begegnen. Sie baten daher, die Frage der Annahme oder Ablehnung staatlicher Unterstützung auch unter diesem Gesichtspunkt zu entscheiden.

Dazu kam es dann endlich auch nach über einem Jahr, die EKD rang sich zu einem Ja durch. Diese Entscheidung wurde nicht unwesentlich durch die Ergebnisse beeinflußt, zu denen meine Verhandlungen mit den Genfer Zentralen geführt hatten, mit dem Ökumenischen Rat und dem Lutherischen Weltbund, die beide die Annahme staatlicher Mittel befürworteten (der Ökumenische Rat allerdings gegen die Stimme seines Präsidenten Martin Niemöller).

Am 13. Juli 1962 wurde die »Evangelische Zentralstelle für Entwicklungshilfe e.V.« (EZE) gegründet. Erster Vorsitzender wurde Prälat Hermann Kunst, ich wurde sein Stellvertreter. Wieder eine neue Aufgabe! Aber unsere Erfahrungen bei »Brot für die Welt« erleichterten uns diese Arbeit ganz wesentlich. Über die Aufbringung der Verwaltungskosten konnte mit der EKD keine Einigung erzielt werden, daher übernahmen es Kunst, Schulze (er war Mitglied im Vorstand der EZE) und ich, je ein Drittel der erforderlichen Summe von DM 180 000,-- auf dem Spendenmarkt einzuwerben.

Ein weiteres Arbeitsgebiet von mir war das Stipendienprogramm, das von meinem Mitarbeiter Kurt Poppe verantwortet wurde. Im Jahr 1961 zahlte das Diakonische Werk in 1 332 Fällen Studienunterstützungen in Höhe von DM 132 980,90; der Durchschnittsbetrag für Stipendien lag bei DM 100,--, für Darlehen bei ca. DM 900,--. Für heutige Verhältnisse sind das kleine Beträge, damals waren es wirksame Hilfen, vor allem für Studenten in der DDR. Außerdem wurden 1961 aus dem Ökumenischen Darlehensfonds elf Darlehen in Höhe von insgesamt DM 388 000,-- vergeben als Beihilfen für den Bau und den Ausbau von Studenten- und Schülerwohnheimen.

Flüchtlingsströme vor dem Mauerbau

Aber zurück ins Jahr 1961 und zu den Aufgaben innerhalb Deutschlands. Eine schob sich erneut dramatisch in den Vordergrund: die Flüchtlingshilfe. 1960 hatten 197 000 Menschen die DDR verlassen, bis Ende Juni 1961 waren es schon rund 153 000, und ab Juli kam es zu einer regelrechten Massenflucht, nicht mehr nur Hunderte, sondern Tausende verließen täglich ihre Heimat. Hatten die Durchgangslager in den vergangenen Jahren durch bauliche Verbesserungen ihren Charakter als Flüchtlingscamps weitgehend verloren, so wurden sie nun wieder zu Massenunterkünften mit schnell wechselnder Belegung unter schwer erträglichen äußeren Bedingungen, vor allem in dem besonders betroffenen Westberlin. Viele, vor allem junge Menschen, kamen nur mit einer kleinen Tasche in überstürzter Flucht und mußten mit dem Nötigsten versorgt werden. Alle noch eingehenden Spenden teilte ich deshalb Berlin zu, und ich zapfte alle mir nur irgend zugänglichen Geldquellen an, wodurch erhebliche finanzielle Mittel zur Verfügung gestellt werden konnten.

Als wir in der Bundesrepublik Ende der achtziger Jahre noch einmal mit dem Flüchtlingsproblem konfrontiert wurden in Gestalt der vielen »Aus- und Übersiedler« aus Osteuropa, vor allem Rumänien, und aus der DDR, wurde in der öffentlichen Diskussion immer wieder auf die Situation in Deutschland in den Jahren nach 1945 hingewiesen: Was damals möglich gewesen sei – Millionen von Menschen ohne Einschränkungen in die westdeutsche Gesellschaft zu integrieren –, müsse doch jetzt, unter ungleich besseren wirtschaftlichen Bedingungen, um so eher gelingen; jede Quotierung oder gar ein Stop der Flüchtlinge sei daher abzulehnen. Aber Erinnerung verklärt. Wie war es denn damals wirklich? 1949 lebten wir alle in einem armen Land, überall fehlte es an Wohnraum und Arbeitsplätzen, bis 1950 kamen insgesamt 12 Millionen Flüchtlinge in die Bundesrepublik. Das veranlaßte die Regierung in Bonn zu überlegen, wie man wenigstens den Zustrom aus der Ostzone bremsen könne. Schon Ende 1949 legte Bundesvertriebenenminister Hans Lukaschek einen Entwurf für eine »Verordnung über die Notaufnahme von Deutschen in das Bundesgebiet« vor. Das Kabinett vertrat die Meinung, die Situation sei wirtschaftlich nicht mehr zu meistern, also müsse der Zustrom gemildert und müßten entsprechende Maßnahmen über den Rundfunk »auch hinein in die Ostzone so bekannt gemacht werden, daß der Druck auf die Grenze gemindert werde«. Lukascheks Plan führte 1950 zu dem »Gesetz über die Notaufnahme von Deutschen in das Bundesgebiet«, das als »Notaufnahmegesetz« bekannt wurde; es forderte für den ständigen

Aufenthalt von Ostzonenflüchtlingen im Bundesgebiet eine besondere Erlaubnis. Damit wurde Artikel 11 des Grundgesetzes für diese Flüchtlinge – die ja als deutsche Staatsangehörige galten – eingeschränkt, und das Bundesverfassungsgericht hat diese Beschränkung der Freizügigkeit ausdrücklich für verfassungskonform erklärt! An den Verhältnissen änderte dieses Gesetz allerdings wenig; nur gab es künftig zwei Klassen von Flüchtlingen aus der DDR: solche, die »anerkannt« wurden, und die »nicht anerkannten«, die sich also nach dem Gesetz gleichsam »illegal« in der Bundesrepublik aufhielten. Für die Betroffenen war diese Unterscheidung durchaus von Belang, denn die »anerkannten« Flüchtlinge konnten manche staatlichen Hilfen in Anspruch nehmen, die den »nicht anerkannten« versagt blieben.
Wie 1961 dann der Flüchtlingsstrom gestoppt wurde, ist bekannt. Als am 13. August von der DDR die Grenzen zum Westen geschlossen wurden, war unser jüngster Sohn Ulrich bei seiner Großmutter in Halle an der Saale. Ich beruhigte meine aufgeregte Frau mit den Worten: »Den hole ich schon raus!«, was mir später auch gelang. Der Achtjährige hatte etwas von dem Entsetzen und der Stimmung der Menschen in der DDR mitbekommen: »Sind sie nun in einem Gefängnis?«

Bewährungsproben für »Brot für die Welt«

Anfang 1962 hatten wir unser neues Bürogebäude in der Alexanderstraße 23 bezogen; das brachte allen Mitarbeitern auch räumlich wesentlich bessere Arbeitsbedingungen. Präsident Münchmeyer mußte wegen einer ernsten Erkrankung einen längeren Krankheitsurlaub antreten und konnte auch danach seine Dienstgeschäfte nicht wieder aufnehmen; bis ein Nachfolger gefunden war, übernahm Vizepräsident Collmer seine Funktion. Gewählt wurde dann, auf Vorschlag des Diakonischen Rates, der Rektor der Evangelisch-Lutherischen Diakonissenanstalt Neuendettelsau, Theodor Schober. Er trat sein Amt am 1. Oktober 1963 an. Mit ihm bekam das Werk eine dynamische, organisatorisch begabte und vor allem theologisch fundierte Persönlichkeit.

Dieses Jahr 1962 wurde ein Katastrophenjahr. Im Januar ereignete sich das Grubenunglück in Völklingen an der Saar, im Februar kam die große Flutkatastrophe in Nordwestdeutschland, das große Erdbeben in Persien und die schweren Unwetter in Spanien folgten. Hier bewährte sich die enge Verbindung von »Brot für die Welt« mit der Katastrophenhilfe der Hauptgeschäftsstelle immer wieder und erleichterte den Übergang von der Soforthilfe zu langfristigen Wiederaufbaumaßnahmen. Immer mehr Projekte wurden dem Verteilerausschuß von »Brot für die Welt« vorgelegt, mit den vorhandenen Mitarbeitern war die Flut der Anträge nicht mehr zu bewältigen; deshalb legte ich dem Diakonischen Rat mehrere Memoranden vor, in denen personelle und organisatorische Änderungen für die zukünftige reibungslose Arbeit vorgeschlagen wurden. Daraufhin wurde beschlossen, daß die Hauptabteilung II (Ökumenische Abteilung) neben ihren bisherigen Aufgaben im Rahmen der Aktion »Brot für die Welt« auch die Verantwortung für die Durchführung der Projekte übernimmt; die dafür nötigen neuen Stellen wurden genehmigt.

Als wir 1962 den Aufruf für die vierte Aktion »Brot für die Welt« in die Gemeinden sandten, war uns klar, daß mit der ständigen Einrichtung dieser Aktion die Bewährungsprobe noch bevorstand. Würden die Gemeinden unsere Bitten um ein Opfer für Notleidende in der Dritten Welt weiterhin hören oder würden sie müde werden und sich anderen Aufgaben zuwenden? Das Ergebnis dieser vierten Sammlung gab darauf keine klare Antwort. Zwar lag es um etwa zwei Millionen DM höher als im Vorjahr, aber die erzielten DM 17 700 000 konnten uns nicht zufriedenstellen. Durfte man wirklich von einem Opfer reden angesichts des wachsenden Wohlstands und des steigenden Konsumgüterverbrauchs in weiten Teilen der Bevölkerung? Die unbeschreiblich große Not in der Welt brauchte mehr als nur den barmherzigen Samariter. »Hunger ist die Schande der Satten«, sagte Martin Niemöller einmal. Wir waren aufgefordert, noch mehr, noch intensiver darauf hinzuweisen. Das bedeutete auch, daß wir unsere Öffentlichkeitsarbeit verstärken mußten. Wir beschlossen daher, bis zu maximal fünf Prozent des Spendenaufkommens für Werbung einzusetzen; das war schon deshalb zu vertreten, weil auch weiterhin alle Verwaltungs- und Personalkosten für den Mitarbeiterstab, dessen Zahl sich auf elf Personen erhöht hatte, aus Haushaltsmitteln der Hauptgeschäftsstelle und aus Kirchensteuern aufgebracht wurden, nicht aus Spenden.

Am 4. Oktober 1962 starb in Stockholm Gräfin Lili Hamilton, die Gründerin und Leiterin des »Schwedischen Hilfskomitees für deutsche Kinder«, an den Folgen eines Verkehrsunfalls. Sie, eine eifrige Radfahrerin, war auf dem Heimweg vom Büro unter ein Auto geraten. Diese Nachricht traf nicht nur meine Familie und mich tief – wir waren ihr, ihrem Mann (sie nannte ihn, wenn sie von ihm sprach, stets »das edle Graf«, und das war er auch:

ein prächtiger Mensch) und ihrer Tochter freundschaftlich verbunden gewesen; weite Kreise des evangelischen Deutschland trauerten um sie, diese einmalige Frau, die uns mit ihrer Güte, ihrer Lebhaftigkeit und ihrem Humor unvergessen bleiben wird.
Gegen Jahresende 1962, am 6. Dezember, wurde mir in einer Feierstunde die »Plakette des Norwegischen Flüchtlingsrates« verliehen. Diese Plakette war 1961 gestiftet worden, ihr erster Träger war der norwegische König Olaf V. In der Urkunde zu meiner Plakette hieß es: »...für seine große und uneigennützige Arbeit für Flüchtlinge und Bedürftige...« Über diese Auszeichnung habe ich mich besonders deshalb so gefreut, weil sie aus Norwegen kam und als ein Zeichen der Völkerverständigung angesehen werden konnte.

Im Mai 1963 besuchte uns der Direktor der Cralog-Organisation Bernhard Confer aus New York. In einer Feierstunde konnte ich ihm danken für über 15 Jahre Nachkriegshilfe, von der Überwindung der Not und Verzweiflung über die »Hilfe zur Selbsthilfe« bis zur aktiven Mitwirkung des Diakonischen Werkes bei den ökumenischen Maßnahmen zur Linderung der Not in der weiten Welt. Ich wies darauf hin, daß die ausländische Nachkriegshilfe für Deutsche in West und Ost den Grundstein gelegt habe für eine veränderte Haltung unseres Volkes gegenüber der Not anderer und der gemeinsamen Verantwortung. Zur Erinnerung hatte die Bundespost eine Sondermarke herausgegeben mit der Aufschrift »Deutschland dankt Cralog und Care«. Bernhard Confer - auch »Mister Cralog« genannt - erhielt während dieser Feierstunde eine Erstausgabe dieser Sondermarke.

Eine Zwischenbilanz meiner Tätigkeitsbereiche

Geht ein Jahr zu Ende, stellt sich mancher die Frage: Bin ich all meinen Aufgaben und Verpflichtungen gerecht geworden? Womit war dieses Jahr ausgefüllt? Ich will es einmal für 1963 zusammenstellen: Neben meiner Abteilungsarbeit, der Tätigkeit für die DDR und der Verantwortung für die Finanzen des Diakonischen Werkes hatte ich eine Vielzahl von Sitzungen im Diakonischen Rat, in der Diakonischen Konferenz, in der Geschäftsführerkonferenz, im Diakonischen Rat der DDR, in der Geschäftsführerkonferenz und dem Finanzausschuß DDR, in der Diakonischen Arbeitsgemeinschaft (mit den Freikirchen), im Organisationsausschuß Diakonische Konferenz, im Wissenschaftlichen Institut Bonn, im Vorbereitenden Ausschuß der Synode, im Satzungsausschuß der EKD, im Verteilungsausschuß »Brot für die Welt«, im Ausschuß Allgemeine Nothilfe, im EKD-Ausschuß für Entwicklungsfragen, im Verfassungsausschuß der Auguste-Viktoria-Stiftung, im Arbeitskreis Entwicklungshilfe der CDU, in der Arbeitsgemeinschaft der Verbraucherverbände, im Finanzausschuß und der Vollversammlung der Bundesarbeitsgemeinschaft der Freien Wohlfahrtspflege. Dazu kamen je zwei viertägige Aufenthalte in Leipzig zur Messe und weitere Reisen in die DDR. Was blieb mir für meine Familie? Meine Frau zeigte viel Verständnis dafür, daß ich, wenn ich nach Hause kam, nur für sie und die Kinder da sein wollte und die »dienstlichen« Probleme im Büro zurückließ. Hier, bei ihr und den Kindern, konnte ich »auftanken«, bei Gartenarbeit und gemeinsamen Spielen.
Aber ich nahm mir vor, 1964 einige meiner vielfältigen Verpflichtungen abzugeben. Mein Kollege Collmer er-

klärte sich bereit, die bisher von mir wahrgenommene Vorstandstätigkeit in der Arbeitsgemeinschaft der Verbraucherverbände zu übernehmen. Die Gruppe Durchführung »Brot für die Welt« sollte ab 1. April von meiner Hauptabteilung in die Abteilung II (Ökumene) überführt werden, dann unter der Verantwortung von Rudolf Wolckenhaar. Er hatte sich in den vergangenen beiden Jahren als Direktor dieser Abteilung sehr für »Brot für die Welt« und »Dienste in Übersee« eingesetzt. Aber er erlag, erst 58 Jahre alt, völlig überraschend am 18. Februar 1964 einem Herzschlag.

Verstärkte Öffentlichkeitsarbeit

Am 26. Juni 1964 fand auf Einladung des Bundesministers für Wirtschaftliche Zusammenarbeit Walter Scheel in Bad Godesberg eine Veranstaltung statt, bei der die Entwicklungshilfe der Bundesrepublik vorgestellt wurde. Neben Scheel für die Bundesregierung, Alfred Rosenberg für die Gewerkschaften und Hermann Abs für die Wirtschaft hielt ich dabei für die Kirchen einen Vortrag. Eine Pressestimme dazu: »Es spricht für das gute Klima im Verhältnis der Konfessionen, daß dabei Direktor Geißel von der evangelischen Aktion ›Brot für die Welt‹ als Wortführer für beide Konfessionen auftrat.«
Bei der Suche nach neuen Formen der Zusammenarbeit der verschiedenen Gremien, die sich mit Entwicklungshilfe befaßten, kam mir der Gedanke, eine »Diskussionsgrundlage für eine Grundsatzberatung über ökumenische Diakonie« zu erarbeiten, die von Präsident Schober an eine Reihe von Persönlichkeiten aus diesem Arbeitsbereich verschickt wurde. Nach mehreren Überarbeitungen wurde sie dann vom Diakonischen Rat verabschie-

det und in Form eines Memorandums allen mit ökumenischen Aufgaben befaßten Stellen in Kirche und Mission in der Bundesrepublik und in der DDR zugeleitet. Die umfassende Darstellung der Probleme und Aufgaben mündete in den detaillierten Vorschlag eines Aufgabenkatalogs, der den Zweck hatte, eine effiziente Arbeitsteilung zwischen den einzelnen Institutionen zu organisieren.

Der 3. April 1965 war der Beginn der ersten großangelegten Hilfsaktion des Diakonischen Werkes in einer öffentlichen Kundgebung vor der Stiftskirche in Stuttgart. Rundfunk und Fernsehen übertrugen diese Veranstaltung, auf der Präsident Schober zur Hungerhilfe für Indien aufrief. Die akute Notsituation dort löste in Deutschland eine Welle der Hilfsbereitschaft aus. In einer von mir geleiteten Großaktion mit Schwerpunkt Calcutta konnten rund vier Millionen Kinder versorgt werden. Als ein Begleiter eines Charterflugzeuges nach Indien ausfiel, sprang unser ältester Sohn Volker für ihn ein. Die unsagbare Not dort, den Anblick der Kinder, die unter Brettern und aus dem Dreck der Straßen hervorkamen, wird er sein Leben lang nicht vergessen können.

Im Jahr 1965 unterhielt die Diakonie nach der Statistik in 4 139 Heimen und Anstalten 287 912 Betten, 157 000 hauptamtliche Mitarbeiter arbeiteten in der Bundesrepublik und in der DDR. Daß sich in der Bundesrepublik der Aufgabenbereich der Diakonie fortentwickelte, während er in der DDR konstant blieb, lag daran, daß die Arbeit hier im Westen weitgehend vom Staat unterstützt wurde, während in der DDR die diakonischen und anderen kirchlichen Einrichtungen überwiegend von den

Gemeinden, aus Spenden der westdeutschen Kirchen und viele Jahre lang auch durch die Ökumene getragen wurden. - Mit der Frage der Finanzierung hatte ich mich ständig zu befassen, dabei waren mir auch unkonventionelle Ideen, neue Geldquellen zu erschließen, stets willkommen. So begrüßten wir zum Beispiel sehr die Fernsehlotterie »Vergißmeinnicht« mit Peter Frankenfeld, die uns erhebliche Beträge auf unsere Konten brachte, und die »Aktion Sorgenkind«, die einem breiten Publikum den Arbeitszweig der Freien Wohlfahrtspflege in einem Umfang bekanntmachte, wie es durch unsere eigenen Publikationsmöglichkeiten wohl kaum hätte geschehen können.

Als neuer Referent für Ausländerstipendien war am 1. April 1966 Hansotto Hahn zu uns gekommen. Ich hatte bald den Eindruck, daß er sich schnell in seine Aufgabe einarbeitete und darüber hinaus großes Interesse an allgemeinen Fragen der Diakonie hatte. Ein guter Nachwuchsmann? Ich habe ihn gefördert, so gut ich das konnte, und schließlich wurde er Direktor der Hauptabteilung II und Leiter von »Brot für die Welt«.

Es war ein bedeutendes Ereignis, als das Diakonische Werk vom 17. bis zum 22. September 1966 in Berlin einen »Diakonischen Kongreß« durchführte unter dem Thema »Diakonie 1966 - Herausforderung und Antwort«. Bundespräsident Heinrich Lübke, der Regierende Bürgermeister von Berlin Willy Brandt und andere sandten Grußbotschaften an die rund zweieinhalbtausend Teilnehmer. Eugen Gerstenmaier gab dabei einen Empfang für die leitenden Mitarbeiter und referierte über noch nicht gelöste sozialpolitische Aufgaben, die nach Überwindung der größten Not im Nachkriegsdeutschland entstanden waren. Zum Abschluß lud Willy Brandt zu einem Empfang ins Schöneberger Rathaus ein, bei dem es Gelegenheit gab, sich gegenseitig ein »Dankeschön« zu sagen.

Am 22. November 1966 nahm ich an der ersten Sitzung des neugegründeten »Politischen Clubs« teil, zu dessen Mitglied ich berufen worden war. Der »Politische Club« war ein Arbeitskreis, den einige Bundestagsabgeordnete ins Leben gerufen hatten, um Politiker und Wissenschaftler (hauptsächlich aus dem Bereich der Politischen Wissenschaft) miteinander ins Gespräch zu bringen. Er sollte sich abseits parlamentarischer Routine und parteipolitischer Einschränkungen mit grundsätzlichen politischen Fragen beschäftigen. So wurde unter anderem ein Arbeitsausschuß »Ostpolitik« geschaffen mit dem Auftrag, eine Studie zu erarbeiten unter dem Thema »Aktive Deutschlandpolitik – Ziele, Bedingungen, Strategien«. Außer mir gehörten diesem Arbeitsausschuß an: Dr. Renate Papke, Wolfgang Bergsdorf, Dr. Georg Bluhm, Dr. Gottfried Erb, Dr. Peter Graf Kielmansegg und Dr. Walter Molt.

Zehn Jahre Diakonisches Werk

Mit Altbischof Dr. Otto Dibelius verlor die evangelische Diakonie am 31. Januar 1967 einen treuen Freund und ständigen Helfer. »Ein Christ ist immer im Dienst« – das war sein Leitspruch. Ich entsinne mich einer Episode bald nach meinem Dienstantritt in Stuttgart anläßlich einer Verwaltungsratssitzung des Hilfswerks. Die finanzielle Lage des Werkes war katastrophal, und ich war gebeten worden, einen Sanierungsplan aufzustellen. Das tat ich und bat um die Vollmacht, zwei Jahre lang ohne das Eingreifen der Aufsichtsorgane arbeiten zu dürfen. Dem Sturm der Entrüstung einiger Verwaltungsräte begegnete Dibelius mit einer Beschlußvorlage: »Geißel erhält die für die Sanierung erbetene Vollmacht mit der Maßgabe, daß er dem Vorsitzenden« – also Dibelius – »laufend über die durchgeführten Maßnahmen zu berichten hat.« Auf dem Weg zum Mittagessen nahm mich Dibelius am Arm und meinte: »Sie brauchen mir natürlich nicht zu berichten, aber wenn irgendwo Schwierigkeiten auftreten, wenden Sie sich sofort an mich.« So war Dibelius; wenn er Vertrauen zu jemandem hatte, konnte man auf ihn bauen.

Im Jahr 1967 konnten wir zurückschauen auf zehn Jahre Diakonisches Werk. Wie sah die Bilanz aus? Hat sich die Zusammenführung von Hilfswerk und Innerer Mission bewährt, konnte sie die Diakonie auf ihrem Weg weiterbringen? Der Mangel an Mitarbeitern, vor allem deren Überalterung, machte uns sehr zu schaffen, auch finanzielle Engpässe gab es immer wieder, aber noch nie in der Geschichte der Diakonie war so viel gebaut worden, wurden so viele Modernisierungen vorgenommen und neue Einrichtungen geschaffen – eine Entwicklung, die vielleicht zu stürmisch verlaufen war, als daß wir innerlich wirklich mitwachsen konnten im Geist dessen, was Diakonie von uns verlangte. Mit starker Willenskraft und viel Phantasie und Durchsetzungsvermögen waren in diesem Jahrzehnt neue Werke entstanden wie »Brot für die Welt«, »Dienste in Übersee«, die »Evangelische Zentralstelle für Entwicklungshilfe«, das wissenschaftliche Institut und die Diakonische Akademie, um nur einige zu nennen. Es war die Zeit eines großen Aufbruchs in ganz neue Dimensionen diakonischer Arbeit, und die Fusion, an der ich so aktiv mitarbeitete, hatte sich als nötig und hilfreich erwiesen, nicht zuletzt auch für die diakonische Arbeit in der DDR. Theodor Schober sagte einmal treffend: »Aus der Vernunftehe ist eine Liebesehe geworden!« All das wäre nicht möglich gewesen ohne die starke innere Motivation unserer Mitarbeiter. »Wenn die Christenheit stammelt, so wird man ihr immer noch ihre Liebe abnehmen«, hatte Bischof Wölber 1966 in seinen zehn Thesen zur Kirchenreform gesagt. Das war es, was unsere Mitarbeiter immer wieder dazu brachte, ihren oft nicht leichten Dienst zu tun: der Auftrag, im Namen Jesu Christi den nahen und den fernen Nächsten in Liebe zu dienen.

Im September 1967 erregte eine Nachricht die Öffentlichkeit: In der Bundesrepublik sollten 150 000 Tonnen Weichweizen mit einem Kostenaufwand von acht Millionen DM zu Futtermitteln »verfärbt« werden. Und das angesichts der großen Not in der Welt! Wir setzten uns massiv dafür ein, daß diese Aktion verhindert wurde, und schlugen der Bundesregierung vor, große Mengen aus den deutschen Weizenüberschüssen in unsere Ernährungsprogramme in Asien und Afrika aufzunehmen. Ich verfaßte ein entsprechendes Schreiben, andere Institutionen schlossen sich unserem Appell an, und wir hatten Erfolg; dazu trug sicher auch die allgemeine Empörung in der Bevölkerung bei, die mit Recht nicht einsehen wollte, daß hierzulande Lebensmittel vernichtet oder zweckentfremdet werden, während in anderen Ländern Menschen verhungern.
Gut, daß ich die Bremer Stelle vor zehn Jahren trotz

großer Widerstände nicht aufgelöst hatte. Als Umschlagplatz der für die Katastrophenhilfe in Übersee bestimmten Güter und Materialien, für die Verschiffung von Hilfsgütern für die Projekte von »Brot für die Welt« und der Ev. Zentralstelle für Entwicklungshilfe hatte sie sich schon als unentbehrlich erwiesen, und jetzt konnten wir sie wieder gut brauchen für die Verschickung des Überschuß-Weizens.

Besuche in Afrika und aus Polen

Im Juli 1969 flog ich zusammen mit Ernst Mordhorst, dem Leiter der Ev. Zentralstelle, nach Addis Abeba zur Einweihung des St. Pauls Hospitals, das mit Hilfe der Zentralstelle gebaut worden war. Die Einladung ging von Kaiser Haile Selassie aus. Wir waren überrascht, wie gut dort die »Haile Selassie-Foundation« funktionierte, ein Sozialwerk mit Einrichtungen für Ausbildung, Gesundheitswesen und Behindertenhilfe. Am 22. Juli wurden wir dann vom Kaiser empfangen. Der Deutsche Botschafter wollte uns »Verhaltensregeln« für diese Audienz mitgeben, aber ich winkte ab: Wir seien zwar gute Republikaner, wüßten aber auch, wie man sich bei einem Kaiser benimmt!

Der Negus zeigte sich sehr aufgeschlossen und wollte viel über die Verhältnisse in West- und Ostdeutschland wissen. Während wir uns im Thronsaal unterhielten, folgten seine Augen den beiden kleinen Hunden, die dort spielten, während draußen ein wildgewordener Jüngling mit lautem Getöse auf einem Moped den Palast umrundete. Es war sein Enkel, offenbar des Kaisers Liebling, der einmal sein Nachfolger werden sollte und sich gerade auf Urlaub befand von einer Ausbildung in

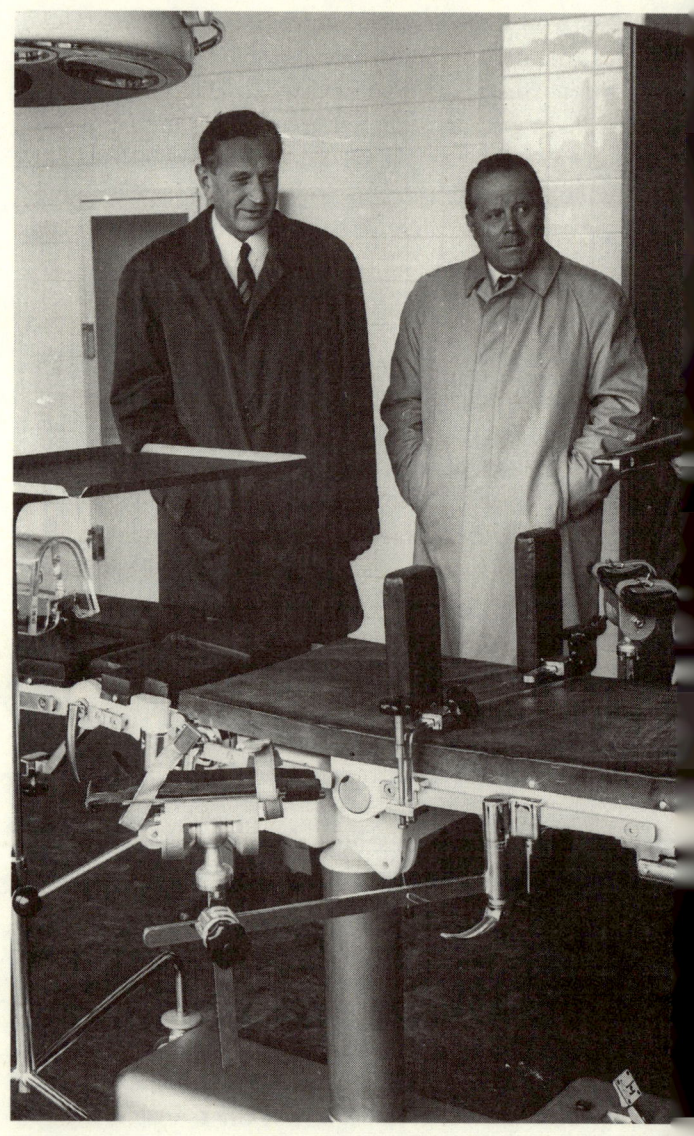

der Schweiz – zu seinem Sohn, dem eigentlichen Thronfolger, hatte er kein gutes Verhältnis.

Bei der Einweihung des Hospitals hielt der Kaiser in Französisch die Festrede, und Ernst Mordhorst übergab dem Lord Mayor von Addis Abeba feierlich das Krankenhaus. Daß wir danach zu einer zweiten Audienz zum Kaiser gebeten wurden, überraschte uns sehr. Er empfing uns in bester Laune – was, wie uns der Hofmarschall erzählte, selten bei ihm vorkam – und bedankte sich noch einmal für die großartige deutsche Hilfe. Er berichtete auch von seinen Schwierigkeiten mit seiner äthiopisch-orthodoxen Kirche, die ständig versuche, seine Sozialreformen zu boykottieren und die geplante Landreform zu verhindern, da sie selbst der größte Landbesitzer sei. Wir sprachen dann über Biafra, da Genfer Stellen uns gegenüber hatten verlauten lassen, der Kaiser stelle sich gegen den humanitären Einsatz der Kirchen dort. Er widersprach sofort, dankte für unseren Einsatz und wollte alles darüber wissen. Als derzeitiger Präsident der Organisation Afrikanischer Staaten wolle er eine Erklärung dazu abgeben und sie veröffentlichen lassen. Das tat er dann auch, sicher nicht zur Freude einiger Herren in Genf. – Bei einem anschließenden Festessen bedankte ich mich für die freundliche Aufnahme in Äthiopien.

Von dort flogen wir nach Nairobi und besuchten mit deutscher Hilfe geförderte Projekte und die Radioausbildungsstätte des Lutherischen Weltbundes. Am Vormittag des 27. Juli wollte mich der Staatschef Kenyatta empfangen. Zuvor unterhielt mich sein fröhlicher Staatssekretär bei Kaffee und »Conjacki« mit Geschichten aus seiner Zeit im Untergrund im Kampf gegen die »Englishmen«. Seine Mutter war eine Massai und stand bei einem englischen Colonel im Dienst, von ihr bekam er die Nachrichten über die Bewegungen der englischen Truppen.

Als Kenyatta dann kam, bat er mich in sein Arbeitszimmer: ein etwa 80 qm großer Raum, schlicht eingerichtet mit einem großen runden Tisch in der Mitte, an dem sicher sein ganzes Kabinett Platz fand. Bei unserem Gespräch staunte ich immer wieder, wie gut er über die Projekte von »Brot für die Welt« und der Ev. Zentralstelle Bescheid wußte. Auch von ihm war mir gesagt worden, er stelle sich gegen unsere Luftbrücke nach Biafra. Als ich ihn darauf ansprach, unterbrach er mich: Es sei eine Schwäche der Weißen, sich gern mit Gerüchten abzugeben, ohne zu untersuchen, wie die Tatsachen aussähen. Ich antwortete ihm, daß ich mich nicht zu dieser Sorte von Weißen zählte, deshalb sei ich ja hier. Darauf lachte er herzlich und sagte mir, er sei nicht nur nicht gegen unsere Hilfe, sondern habe sich auch schon selbst überlegt, wie man Biafra weiter unterstützen könne; er habe darüber auch schon mit Nyerere gesprochen, dem Staatschef von Tansania. Als er merkte, daß ich mit dieser Antwort noch nicht ganz zufrieden war, wollte er den Grund wissen. Den nannte ich ihm: Gegenüber den Widersachern könne ich mit seiner Erklärung erst etwas anfangen, wenn er sie öffentlich abgebe. Schon zwei Tage später war in der Presse eine klare, eindeutige Stellungnahme von ihm zum Problem Nigeria/Biafra zu lesen.

Vom 19. bis 22. September 1969 besuchte mich Michelis aus Warschau. Er erzählte mir, daß Hellstern die Hilfen aus der Schweiz einstellen wolle, da es in der Dritten Welt größere Probleme gebe als in Polen. Gewiß, damit hatte er schon recht, dennoch war ich der Meinung, daß auch die Arbeit für die Minderheitskirchen in Europa fortgesetzt werden müsse. Mit Lisel Urbig, Percy Lüders und Michelis verbrachten wir einen vergnüglichen Abend in unserem Haus, der dank des humorvollen Michelis zur Nacht wurde - deutsch-polnische Verständigung im privaten Kreis, den Politikern zur Nachahmung empfohlen!

Im Lutherischen Weltdienst

Vom 13. bis 18. Juli 1970 tagte die 5. Vollversammlung des Lutherischen Weltbundes in Evian/Frankreich. Ursprünglich sollte sie in Porte Alegre in Brasilien stattfinden, mußte aber wegen dort herrschender politischer Unruhen kurzfristig verlegt werden, was der Genfer Stab vorzüglich organisierte. Gute Referate und lebendige Plenumssitzungen bildeten den Schwerpunkt der Arbeit in den Ausschüssen. Ich wurde für die laufende Legislaturperiode in die »Kommission für Weltdienst des Lutherischen Weltbundes« gewählt.

Die Vielzahl meiner Aufgaben, besonders der überaus anstrengende Einsatz in der Biafra-Aktion während der vergangenen zwei Jahre (Näheres dazu im Kapitel »Katastrophenhilfe«), forderte ihren Tribut: Erstmals, im Alter von 54 Jahren, mußte ich mich zur Wiederherstellung meiner Gesundheit einer Kur unterziehen. Ich ging nach Bad Schwalbach im Taunus und erholte mich auch recht gut. Nur eine Kriegsverletzung konnte nicht geheilt werden; sie hatte zu einem Bandscheibenschaden geführt, ich mußte mich in Stuttgart einer Reponierung (einer unblutigen Operation) unterziehen und kam für vier Tage in ein Gipsbett. Dieser Bandscheibenschaden begleitete mich aber seither »getreulich« weiter, selbst eine zweite Reponierung brachte nur vorübergehende Besserung. Also mußte ich damit leben, und das ging dann auch mit der Zeit ganz gut; nur das lange Sitzen bei noch längeren Sitzungen machte mir zu schaffen, so daß ich zwischendurch immer wieder mal aufstehen und herumlaufen mußte.

Mit dem Bischof der württembergischen Landeskirche Helmut Claß wurde im März 1971 ein Mann zum neuen Vorsitzenden des Diakonischen Rates gewählt, dessen reiche Erfahrungen in der diakonischen Arbeit die besten Voraussetzungen für dieses Amt waren. Sein Vorgänger Oberkirchenrat Riedel war aus Altersgründen nicht mehr zur Wahl angetreten. Wenig später trat auch Dr. Albrecht Müller-Schöll sein neues Amt an; ihn hatte der Diakonische Rat mit Wirkung vom 1. April zum Direktor der Diakonischen Akademie berufen. In ihr sollten in vorbereitenden Kursen Erfahrungen vor allem für die Methodik der Fortbildung gesammelt und ausgewertet werden. Rechtsträger war die Hauptgeschäftsstelle, die auch die Räumlichkeiten zur Verfügung stellte. Neuer Leiter der Abteilung Jugend- und Sozialhilfe wurde Diplomvolkswirt Fritz Joachim Steinmeyer, der bisher als Leiter der evangelischen höheren Fachschule für Sozialarbeit in Ludwigsburg tätig war.

Am 23. und 24. März war ich in Amsterdam, wo sich Vertreter kirchlicher Verbände, die sich mit Not- und Katastrophenhilfe befaßten, und Vertreter von Church World Service (CWS) USA zusammenfanden, um sich über Strategien und Organisationsfragen zu beraten. Ich konnte dabei meine Konzeption über zukünftiges gemeinsames Handeln in Katastrophenfällen und Notständen entwickeln auf der Grundlage meiner Erfahrungen in unserer Biafra-Aktion mit all ihren positiven und negativen Aspekten. Nach einer sehr langen, aber auch vorwärtsweisenden Diskussion kamen wir überein, uns zukünftig vor großen Aktionen zu verständigen und über die jeweilige Federführung abzustimmen. Meinem Vorschlag, dabei auch die katholischen Verbände zu kontaktieren und die Zusammenarbeit mit ihnen zu suchen - ich konnte auf unsere gute Zusammenarbeit mit der Caritas verweisen -, wurde vorbehaltlos zugestimmt.

Vier Wochen später nahm ich zum ersten Mal an einer Sitzung der Kommission für Weltdienst des Lutherischen Weltbundes in Genf teil. Vertreter aus Nordamerika, Afrika, Asien, Südamerika und Europa und eine Vielzahl von Beratern packten die Probleme sehr ernst und mit großem Engagement an. Im wesentlichen ging es darum, Dienst- und Notprogramme für das Jahr 1972 aufzustellen; dafür hatten der Direktor der Weltdienstabteilung, der Australier Bruno Mützelfeld, und seine Mitarbeiterinnen und Mitarbeiter sehr gute Vorarbeit geleistet. Die Abende dienten dem gegenseitigen Kennenlernen der Kommissionsmitglieder und Berater; daraus entwickelten sich in den kommenden Jahren echte Freundschaften über die Kontinente hinweg. Mit der Berufung in diese Kommission war für mich auch die Mitgliedschaft im geschäftsführenden Ausschuß des Deutschen Nationalkomitees des Lutherischen Weltbundes in Hannover und im Deutschen Hauptausschuß des Lutherischen Weltdienstes in Stuttgart verbunden; das war weiter keine aufregende Tätigkeit, aber sie kostete mich doch Zeit.

Wenige Tage nach meiner Rückkehr aus Genf besuchte mich Bischof Klein von den Siebenbürger Sachsen in Rumänien. Er wollte erreichen, daß wir in der Diakonie keinen Pfarrer einstellten, der seine Siebenbürger Gemeinde verlassen hatte. Dafür brachte ich zwar Verständnis auf im Blick auf die Lage seiner Gemeinden, mußte ihm aber auch deutlich machen, daß die Diakonie sich verpflichtet fühlte, Menschen zu helfen, die politisch und persönlich mit ihren Familien in der Unfreiheit lebten, materiell oft großer Not ausgesetzt waren und sich unterdrückt und verfolgt sahen. Ich sprach die Hoffnung aus, daß unsere Hilfe für die Siebenbürger Sachsen viele Pfarrer veranlassen werde, ihre Gemeinden nicht zu verlassen, zumal gerade diese oft einen Hort der Zusammengehörigkeit bildeten. – Die Diakonie konnte der Entscheidung der Kirchen, die keine Pfarrer aus Siebenbürgen einstellten, nicht folgen und hat sie, nach Prüfung jedes einzelnen Falles, in die diakonische Arbeit aufgenommen.

Am 8. Juli 1971 hielt ich anläßlich einer Sitzung des Rates der EKD einen Vortrag über die Auswirkungen der schrecklichen Katastrophe in Indien/Ostpakistan, die Flucht von rund acht Millionen Menschen aus Ostpakistan nach Indien und die großen Hilfen des Diakonischen Werkes seit April dieses Jahres. Nach einer Pressekonferenz am 12. Juli und Gesprächen mit Julius Kardinal Döpfner und Präsident Georg Hüssler vom Deutschen Caritasverband wandten sich der Rat der EKD, das Diakonische Werk und die Deutsche Katholische Bischofskonferenz gemeinsam in einem dringenden Appell an die deutsche Öffentlichkeit und riefen zu tatkräftiger Hilfe auf. Die kriegerischen Auseinandersetzungen zwischen Pakistan und Indien führten später zur Gründung des Staates Bangladesch, dessen Name in den folgenden Jahren nicht mehr aus den Schlagzeilen verschwinden sollte, wenn es um Katastrophenmeldungen ging.

Am 16. Dezember 1971 konnten wir in Stuttgart endlich den Neubau unserer Hauptgeschäftsstelle in der Stafflenbergstraße einweihen, unter großer Beteiligung von Prominenz aus Kirche, Staat und diakonischen Verbänden. Unsere alten Diensträume hatten mit dem Wachstum des Werkes längst nicht mehr Schritt halten können, wir waren zu vielen Improvisationen und Notlösungen gezwungen, die für die tägliche Arbeit oft recht lästig waren. Jetzt freuten wir uns an dem neuen Bau, der auch Platz bot für die Diakonische Akademie. Unserem Architekten Hans-Werner Schliebitz war es gelungen, ein Gebäude zu schaffen, das sich harmonisch in die Umgebung einfügt.

Die neue Grundordnung des Diakonischen Werks

Nach dem Beschluß des Diakonischen Rates vom Dezember 1971 sollte die Diakonie ihrer Bedeutung entsprechend in der geplanten neuen Grundordnung der EKD in einem eigenen Verfassungsartikel gesondert genannt werden. Die Mitarbeit an dieser neuen Grundordnung und an einer neuen Satzung des Diakonischen Werkes kostete in den folgenden Jahren viel Kraft, viel Zeit und viel Geld. Bei uns in der Hauptgeschäftsstelle waren daran vor allem Schober, Güldenpfennig und ich beteiligt. Anhand einer von mir erarbeiteten Vorlage wurde der Diakonische Rat beauftragt, mit der EKD

Verhandlungen aufzunehmen mit dem Ziel, die Vereinbarung über die Zuschüsse zu den Personalkosten der Hauptgeschäftsstelle zu ergänzen und zu erweitern. Zur EKD-Grundordnung und zur Ordnung des Werkes waren Rohentwürfe zu formulieren, um die neue Rechtsform für das Diakonische Werk zu klären. Die Ergebnisse all dieser Vorüberlegung sollten als einziger Tagungsordnungspunkt auf einer außerordentlichen Sitzung der Diakonischen Konferenz am 31. Mai und 1. Juni 1972 in Hamburg beraten werden.
Es wurde ein hartes Stück Arbeit mit vielen Verhandlungen im Organisationsausschuß und in der EKD über immer neue Entwürfe für eine neue Satzung des Werkes. Am 6. Juni 1975 endlich konnte die Diakonische Konferenz in Berlin das neue Gesetz beschließen, das dann am 6. November 1975 von der Synode der EKD verabschiedet wurde. Es ist vor allem das große Verdienst von Theodor Schober, daß er in unermüdlichem Einsatz dafür gesorgt hat, daß die Diakonie auch zukünftig ihre Arbeit zwar in enger Verbindung mit der verfaßten Kirche, aber als eigenständiges und freies Werk ausrichten kann. Gab es doch sehr ernstzunehmende Bestrebungen in der Kirchenkonferenz, in der Synode und in der Kirchenkanzlei, das neue Werk als sogenannte Amtsstelle der EKD einzugliedern.

Am 2. März 1972 vollendete unser Vizepräsident Paul Collmer sein 65. Lebensjahr und trat in den Ruhestand; ich wurde vom Diakonischen Rat am 5. Juni zu seinem Nachfolger bestellt. Mit Collmer verließ ein bedeutender Sozialpolitiker das Diakonische Werk, der aber nie den Kontakt zur Gemeinde aufgegeben hatte. Fast zur gleichen Zeit verließ uns auch Lisel Urbig, wie Paul Collmer eine Mitarbeiterin der ersten Stunde im Evangelischen Hilfswerk; eine großartige Frau mit einem besonderen Talent zum Umgang mit Menschen aus aller Herren Länder; ihre frische Unbekümmertheit auch mit den »Großen« dieser Gesellschaft und ihr weites Herz für die Menschen in Not machten sie uns unvergessen.

Meine neue Aufgabe als Vizepräsident erforderte einen zusätzlichen Zeitaufwand neben den vielen Sitzungen, Konferenzen, Reisen im In- und Ausland und den vielen Besuchern aus aller Welt in Stuttgart, die von mir über unsere Arbeit informiert werden wollten. Mit Energie und Ausdauer habe ich dennoch alles »unter einen Hut bringen« können und vergaß dabei auch nicht, für unsere Mitarbeiter da zu sein, wenn sie dienstlich oder privat einen Rat brauchten. Mir lag immer daran, ein gutes Arbeitsklima zu schaffen, weil nur unter solcher Bedingung ein effektives Wirken möglich ist.

Besuch in Tansania

Am 7. April 1972 flog ich zur Sitzung der Kommission für Weltdienst des Lutherischen Weltbundes nach Daressalam, der Hauptstadt von Tansania. Bei einem Gang durch die Stadt erinnerte mich noch vieles an die deutsche Kolonialzeit, viele Gebäude vor allem, die damals entstanden und noch sehr gut erhalten waren. Besonders beeindruckte mich die schöne Hafenanlage. Die Stadt machte auf mich einen sauberen Eindruck, das Warenangebot war gut, vor allem im indischen Stadtteil, die Menschen wirkten freundlich und aufgeschlossen. An das feucht-heiße Klima mußte ich mich erst gewöhnen. Der Eröffnungsgottesdienst in der Lutherischen Kirche – einem Backsteinbau, wie er auch in Berlin hätte stehen

können – war sehr eindrucksvoll, die Gemeindemitglieder erschienen in ihren farbenprächtigen Gewändern.
Anschließend waren Besichtigungen von Flüchtlingssiedlungen in verschiedenen Landesteilen vorgesehen. Ich entschied mich für einen Besuch im Süden, an der Grenze zu Mozambik. Ein kleines, einmotoriges Flugzeug sollte uns dorthin bringen. Wir waren etwa eine Stunde in der Luft, als wir plötzlich aus einer Bodenflak beschossen wurden, wobei aber außer zwei Durchschüssen in einer Tragfläche glücklicherweise nichts passierte. Wir befanden uns zwar im Sperrgebiet (Mozambik war noch portugiesische Kolonie), aber mit solch einem »feurigen« Empfang hatten wir nicht gerechnet, zumal unser Flug angemeldet worden war. Wir landeten in Lindi und fuhren dann in zwei Landrovern weiter nach Rutamba. Dort wurden wir überschwenglich begrüßt, der Polizeichef entschuldigte sich – die örtliche Behörde hatte sich über den Zwischenfall weit mehr aufgeregt als wir. In Rutamba übernachteten wir sehr primitiv, mein Nachbar mußte erst eine Schlange verscheuchen, ehe wir schlafen konnten. Am nächsten Morgen besuchten wir die Flüchtlingssiedlung, die vom Lutherischen Weltdienst aufgebaut und unterhalten wurde. Die Flüchtlinge schienen zufrieden zu sein, bis auf den großen Wunsch, möglichst schnell wieder in ihre Heimat, das hoffentlich bald befreite Mozambik, zurückkehren zu können.
Unsere wacklige »Sondermaschine« brachte uns dann gut nach Daressalam zurück, wo wir mit den Mitgliedern unserer Kommission, die andere Lager aufgesucht hatten, unsere Beobachtungen und Erfahrungen austauschten. Wir berieten auch über weitere Hilfen und Entwicklungsprogramme. Zum Vorsitzenden der Kommission war Bischof D. Ake Kastlund, Schweden gewählt

worden, zu seinen Stellvertretern Präsident Ato Emanuel Abraham, Äthiopien, und ich. Am Schlußtag wurden noch Personalfragen erörtert und der Haushaltsplan und die Projektvorhaben verabschiedet, die wiederum durch Bruno Mützelfeld und Eugene Ries aus Genf gut vorbereitet worden waren. Mir blieb leider nicht die Zeit, mir das schöne Land Tansania noch etwas anzusehen, wie es die anderen Kommissionsmitglieder konnten, denn ich mußte am 15. April wieder in Stuttgart sein, eine Nothilfetagung in Bad Dürkheim stand auf meinem Terminkalender.

Hilfe für Bangladesch

Bereits Ende des Jahres 1971 hatte in Stuttgart eine internationale Konferenz über die Koordinierung großer Hilfsaktionen mit den Schwerpunkten Ostpakistan/Indien und Nahost stattgefunden. Unter dem Namen BEERS (deutsch: Ökumenischer Hilfs- und Wiederaufbaudienst in Bangladesch) startete im Januar 1972 dann eine großangelegte Aktion; den Vorsitz im Exekutivausschuß hatte ich auf Bitten des Ökumenischen Rates in Genf übernommen.

Am 26. Oktober 1972 flog ich mit Edelgard Backes, die jetzt in der Katastrophenhilfe arbeitete, nach Dacca, der Hauptstadt von Bangladesch; wir wollten Notstandsgebiete und Lager im Hafen besichtigen und Gespräche mit staatlichen und kirchlichen Stellen führen. Mit Mr. Amit, einem kanadischen Professor indischer Herkunft, dem Leiter unseres BEERS-Büros, hatte ich die Sitzung des Exekutivausschusses vorzubereiten. Während dieser Konferenz war es dann außerordentlich schwierig, bei der verzweifelten Situation im Lande die richtigen Ansatzpunkte für erforderliche Hilfen zu finden und brauchbare Beschlüsse zu fassen. Die Wünsche und Vorschläge aus den einzelnen Fachbereichen waren kaum miteinander in Einklang zu bringen, die Landwirte, Mediziner, Fischer und Vertreter von Wirtschaft und Gewerbe sahen jeweils nur immer ihre eigenen Bedürfnisse und vergaßen dabei die allgemeine große Not in diesem neuentstandenen Land. Mit viel Geduld und guten Argumenten gelang es mir dann doch noch, die Konferenz zu einem passablen Abschluß zu bringen und zu brauchbaren Beschlüssen für die Fortführung der Arbeit zu kommen.

Sehr eindrucksvoll war ein Gespräch mit Scheich Mujibur Rahman, der unseretwegen eine Kabinettssitzung unterbrach und sich mehr als eine Stunde Zeit nahm, um mit uns zu diskutieren. Mir bleibt es unverständlich, daß man diesen Mann, der sein Volk in die Freiheit geführt hatte, später ermordete. Wir hatten dann noch Gelegenheit, das Sher-e-Banfla-Hospital aufzusuchen und uns einen Workshop und ein Woman Training Centre anzusehen, die alle einen sehr guten Eindruck auf uns machten.

Ein halbes Jahr später, im April 1973, stellte BEERS dann seine Tätigkeit ein. Dieses Hilfsprogramm war mit einem Gesamtvolumen von 40,5 Millionen DM das bisher größte des Ökumenischen Rates der Kirchen in Genf. In seinem Rahmen war unter anderem eine Luftbrücke nach Bangladesch eingerichtet worden, umfangreiche Mittel dienten der Förderung von Wohnungsbau und Landwirtschaft, Handwerk und Fischerei. Jetzt sollten die einheimischen Kirchen die Projekte weiterführen; dafür wurde die »Christliche Kommission für Entwicklung in Bangladesch« gegründet, die auf meine Bitte hin von den an BEERS beteiligten kirchlichen Verbänden auch weiterhin finanziell unterstützt werden sollte.

Am 18. September 1973 wurden die Bundesrepublik Deutschland und die Deutsche Demokratische Republik in die UNO aufgenommen. Es ist wenig bekannt, daß sich Kaiser Haile Selassie als Präsident der Organisation Afrikanischer Staaten stark für die Aufnahme der Bundesrepublik eingesetzt und schon 1971 einen entsprechenden Antrag in der UN-Vollversammlung eingebracht hatte. Er fand nur deshalb nicht gleich allgemeine Zustimmung, weil die Ostblockstaaten darauf bestanden, daß gleichzeitig auch die DDR aufgenommen werden müsse. Politisch bedeutete diese Aufnahme eine große Aufwertung der Bundesreppublik (und natürlich auch der DDR); ich merkte das bald auch daran, daß meine Tätigkeit in den UNO-Organisationen - FAO, Rom, UNICEF und anderen -, mit denen wir in der Katastrophen- und Entwicklungshilfe zusammenarbeiteten, sehr erleichtert wurde.

Grenzen des Wachstums

Der »Ölschock« der Jahreswende 1973/1974 hatte tiefgreifende Auswirkungen auf das Wirtschaftsgefüge der ganzen Welt; die Verdopplung der Ölpreise traf vor allem die Länder der Dritten Welt besonders hart, die kein Öl förderten. Auch bei uns weckte das »Gespenst der Ölkrise« kritische Besinnung: Hatten wir nach zwanzig Jahren Fortschritt, Wirtschaftswachstum und ständiger Verbesserung der Lebensverhältnisse nicht die Grenze des Wachstums erreicht? Konnten wir weiter so denken und wirtschaften, als stünden uns alle Ressourcen ständig und unbegrenzt zur Verfügung? Und was bedeutete das für unsere diakonische Arbeit? Konnten wir weiterhin auf Expansion setzen, oder mußten wir nicht vielmehr künftig die Konsolidierung des Erreichten in den Vordergrund rücken? In den vergangenen Jahren war kaum einmal eine Maßnahme daran gescheitert, daß es an Finanzen gemangelt hätte; jetzt mußten wir damit rechnen, wichtige Vorhaben nicht mehr realisieren zu können. Denn mit dem ständigen Wachstum war auch eine Kostenexplosion im Gesundheitswesen und in vielen sozialen Bereichen einhergegangen, die uns sehr zu schaffen machte. Dennoch durften wir an der Qualität unserer Arbeit keine Abstriche machen. Und es kamen weitere Aufgaben auf uns zu, so das Problem der Jugendarbeitslosigkeit, die im Gefolge der wirtschaftlichen Rezession stark zunahm. Hier suchten wir gemeinsam mit den anderen Spitzenverbänden der Freien Wohlfahrtspflege das Gespräch mit dem Bundesministerium für Familie, Jugend und Gesundheit und dem Bundesarbeitsministerium, um vor allem Ausbildungsprogramme für arbeitslose Jugendliche zu entwickeln.

Die Jahre 1974 und 1975 brachten mir große gesundheitliche Probleme. »Totale Überarbeitung«, meinten die Ärzte und verordneten mir im Sommer eine Zwangspause im Paul-Lechler-Krankenhaus in Tübingen. Recht hatten sie schon: Der starke persönliche Einsatz in Biafra, in Bangladesch und in anderen Katastrophengebieten, im DDR-Geschäft, in den vielen Gremien, denen ich angehörte, und das mehr als reichliche Pensum des Büroalltags forderten ihren Tribut. Aber das allein war es nicht, und auch nicht mancher Ärger, der mit solcher Arbeit notwendig einhergeht, was mich nicht nur in eine körperliche, sondern auch in eine seelische Krise mit langen Depressionsphasen stürzte. Ich sah den Grund dafür auch in manchen schweren menschlichen Enttäuschungen, die ich in den zurückliegenden Jahren mit Geschäftsfreunden erleben mußte und nur schwer verkraften konnte. – Nur langsam erholte ich mich wieder, nicht zuletzt auch dank der Unterstützung durch meine Frau. Und auch meine Mitarbeiterinnen und Mitarbeiter im Diakonischen Werk standen mir mit großer Treue zur Seite, als ich meine Tätigkeit – gebremst zunächst – wieder aufnahm. Aber erst im Frühjahr 1976 fühlte ich mich wieder voll genesen.

Das Jahr 1976 brachte das Diakonische Werk einen entscheidenden Schritt vorwärts. Um auch der Bevölkerung Aufschluß über unsere Arbeiten und Hilfen zu geben, wurden die »Stuttgarter Diakonietage« veranstaltet. Ihr Höhepunkt war der Festakt in der Stuttgarter Stiftskirche am 23. Oktober; Bundespräsident Walter Scheel, Landesbischof Helmut Claß, der Generalsekretär des Ökumenischen Rates Philip Potter und Präsident Theodor Schober hielten die Hauptvorträge. Die Stellung der Diakonie in Kirche und Gesellschaft, das veranschaulichte dieses Aufgebot an Prominenz, war in den vergangenen Jahren gefestigt worden, nicht zuletzt eine Folge der Fusion, auf die wir nun schon fast zwanzig Jahre zurückblicken konnten. Ich war dankbar, daß ich auch einen Teil dazu beigetragen hatte.

Noch einmal in Tansania

Die 6. Vollversammlung des Lutherischen Weltbundes fand vom 12. bis zum 25. Juni 1977 erstmals auf afrikanischem Boden statt, in Daressalam. Gastgeberin war die Evangelisch-Lutherische Kirche in Tansania, Tagungsort die Universität, die einige Kilometer außerhalb lag; in den zu ihr gehörenden Studentenwohnheimen wurden die Teilnehmer untergebracht. Ich hatte meine Frau eingeladen, mich zu begleiten – ein kleines Dankeschön an sie, die so oft auf mich verzichten mußte. Bei der Ankunft fehlten unsere Koffer, nach Tagen erst tauchten sie wieder auf, aufgebrochen und ziemlich leer. Dieses Mißgeschick vermochte aber nicht unsere Freude an dieser so gut organisierten Veranstaltung und der Begegnung mit so vielen interessanten Menschen zu trüben. Ich erschrak allerdings, als ich die Stadt Daressalam wiedersah. Ich wollte meiner Frau vor allem die »Sehenswürdigkeiten« aus der Kolonialzeit zeigen und die schönen Hafenanlagen, an denen ich mich bei meinem letzten Aufenthalt hier so erfreut hatte, aber der Anblick, der sich uns jetzt bot, war alles andere als erfreulich: die Anlagen verkommen, die Straßen voller Schmutz, alles ein Bild des Verfalls. Was war nur aus dieser einst so schönen Stadt geworden! Auch die wirtschaftliche Lage des Landes entsprach diesem äußeren Bild. Was hatte der Sozialismus nyererescher Prägung aus diesem Staat gemacht! Aber die großartige Natur war nicht zerstört, und wir erlebten unvergeßliche Abende unter dem »Kreuz des Südens«, wenn die Einheimischen uns ihre Tänze und Gesänge vorführten.

Tagsüber wurde natürlich gearbeitet. Nach der Eröffnungsversammlung unter Beteiligung von Staatschef Nyerere wurden Arbeitsgruppen gebildet und die Sitzungstermine festgelegt. Ich gehörte noch dem Weisungsausschuß an, der jeden Abend die Ergebnisse der Tagesarbeit in den Gruppen zu verarbeiten und Arbeitsanweisungen für den nächsten Tag zu geben hatte. Leider mußte ich auch diesmal wegen dringender Termine früher abfliegen, im Gepäck »weitere sechs Jahre« Mitgliedschaft in der Kommission für Weltdienst und die Erinnerung an den neuen Präsidenten des Lutherischen Weltbundes, den tansanischen Bischof Josiak Kibira, der einen großen Eindruck auf mich gemacht hatte; mit ihm stand erstmals ein Afrikaner an der Spitze dieses Kirchenbundes, dem 95 Mitgliedskirchen mit 55 Millionen Lutheranern in aller Welt angehörten. Schade, daß ich auch diesmal von dem schönen Land so wenig mitbekam; aber dafür hatte meine Frau Gelegenheit gehabt, Tansania ein bißchen näher kennenzulernen.

Der »Fall Käsemann«

Nach meiner Rückkehr erwarteten mich Gespräche und Verhandlungen in Bonn und Berlin, zwischendurch empfing ich Besucher aus Afrika und Asien und unternahm einige Kurzreisen in die DDR. Ein einigermaßen heikler »Fall« erwartete mich allerdings auch: der »Fall Käsemann«. Elisabeth Käsemann, die Tochter des bekannten Tübinger Professors Ernst Käsemann, war am 8. März 1977 in der argentinischen Hauptstadt festgenommen, verschleppt und Anfang Juni erschossen worden, trotz schärfster Proteste der Bundesregierung und vieler diplomatischer Bemühungen, sie freizubekommen. Dieser Fall beschäftigte seit Wochen den Bundestag und die Presse; dabei wurde das Auswärtige Amt beschuldigt, es sei frühzeitigen Hinweisen und konkreten Informationen des Diakonischen Werks über den Aufenthalt der Verschleppten nicht hinreichend nachgegangen. Um diese Vorwürfe aufzuklären, suchte mich am 1. September

1977 die Staatsministerin im Auswärtigen Amt Dr. Hildegard Hamm-Brücher auf. In unserem Gespräch mußten wir feststellen, daß es tatsächlich Kommunikationsprobleme zwischen dem Auswärtigen Amt und dem Diakonischen Werk gegeben hatte; aber es ist müßig, jetzt darüber nachzudenken, daß Elisabeth Käsemann vielleicht hätte gerettet werden können, wenn die Diplomaten unseren Hinweisen und Informationen gefolgt wären. Wir waren uns darin einig, daß so etwas in Zukunft nie mehr passieren durfte, und beschlossen, künftig besser zusammenzuarbeiten.

Hiobsbotschaften

Am 3. Dezember 1977 erreichte mich aus Warschau die Nachricht, daß Zygmund Michelis gestorben war. Ich hatte ihm während seiner langen Krankheit notwendige und in Polen nicht erhältliche Medikamente zukommen lassen und ihn auch finanziell unterstützt. Tief berührt haben mich Sätze aus seinem letzten Brief vom 10. November: »Allerliebster Freund, nehmen Sie mir nicht übel diese meine traurige Beichte, aber es ist mir ein Lebensbedürfnis, meinem treuesten, unerwarteten Freunde in den Entscheidungstagen zu sagen: Gott sei Dank...«
Er war eine große Persönlichkeit, ein stolzer Mann und ein polnischer Patriot; im KZ von deutschen Menschen geschunden, besaß er die Kraft und den Mut, in schwerer Zeit Bischof und Vater der in Not und Verzweiflung in Polen zurückgebliebenen volksdeutschen Christen zu werden. Wir dankten ihm, indem wir seine Diakonissen – er leitete auch ein Mutterhaus – weiterhin unterstützten.

Noch ein weiterer Freund verließ uns für immer: Paul Collmer. Er starb völlig unerwartet am 18. April 1979, 72 Jahre alt. Wieder mußte ich Abschied nehmen von einem Menschen, der mir bis zuletzt ein kluger Berater in mancher kritischen Lage und ein wegweisender Begleiter gewesen war.

Große Schwierigkeiten taten sich mir im Jahr 1979 in der Finanzierung vor allem im Verwaltungsbereich und bei der Aufstellung des Wirtschaftsplanes für 1980 auf. Finanzielle Engpässe und auftretende Notstände in einzelnen Einrichtungen der Diakonie erforderten das Eingreifen der Hauptgeschäftsstelle in Zusammenarbeit mit den jeweiligen Landesverbänden. Dabei war uns der von mir seit Jahren aufgebaute Notfonds in Millionenhöhe eine wertvolle Stütze. Geholfen wurde uns dadurch, daß die EKD ausreichende Kirchensteuermittel zur Verfügung stellte und der Bund die staatlichen Zuschüsse erhöhte; so konnten die großen Aufgaben der Diakonie in West und Ost und in der Dritten Welt auch verwaltungsmäßig weiterhin erfüllt werden.

Im Verlauf dieses Jahres 1979 stellten sich erneut gesundheitliche Probleme ein und erlegten mir »Zwangspausen« auf. Wieder einmal konstatierten die Ärzte »totale Überarbeitung« und empfahlen wohlmeinend, wozu sie so gern raten, wenn physisch eigentlich kein Befund vorliegt: »Kürzer treten!« Aber wie macht man das, wenn das Tagesgeschäft ja weitergeht und ein Termin nach dem anderen im Kalender steht und Besuche und Konferenzen und Reisen nicht einfach gestrichen werden können? Dennoch versuchte ich es wenigstens; am ehesten schien es mir noch im ökumenischen Bereich möglich zu sein, und so zog ich mich allmählich aus der Arbeit des Ausschusses für ökumenische Diakonie und der Arbeitsgemeinschaft für Weltmission, Hamburg, zurück, legte mein Mandat als stellvertretender Vorsitzender in der Evangelischen Zentralstelle für Entwicklungshilfe nieder und überließ meine bisherigen Aufgaben bei der Bundesarbeitsgemeinschaft der Freien Wohlfahrtspflege weitestgehend Joachim Zieger, der sich dort bestens eingearbeitet hatte. Was an Aufgaben blieb, reichte immer noch!

Hilfsprogramme in Somalia

Unsere großen Nothilfemaßnahmen in Somalia veranlaßten mich, Ende 1980 in dieses ostafrikanische Land zu reisen. Zwischen dem 13. und dem 17. Dezember besuchte ich dort Flüchtlingslager, wobei mich besonders die Not im Lager Galalaxy tief beeindruckte, wo 180 000 Flüchtlinge aus Äthiopien lebten. Mit unserer Vertreterin »vor Ort« Hannelore Hensle besichtigte ich unsere Warenlager und die Werkstätten, informierte mich über die Baumaßnahmen und richtete ein Bankkonto ein. Viele Gespräche führte ich mit Ministern, die alle sehr gutwillig und freundlich waren, aber oft recht hilflos wirkten. Wieder einmal fiel mir auf, wie mangelhaft die Koordination der verschiedenen Hilfsorganisationen war. Somalia hatte zwar eine Ölraffinerie, aber kein Rohöl, weil die Saudis die Lieferungen eingestellt hatten. Als die Versorgung des Landes und die Durchführung der Hilfsmaßnahmen zusammenzubrechen drohten, lieferte das Diakonische Werk über die Brenntag Dieselöl im Wert von über zwei Millionen DM; dabei setzte sich deren Geschäftsführer Hans Jürgen Lange ganz besonders ein. Wir waren dadurch die »Stars« im Lande, weil die Verteilung des Öls nur mit unserer Genehmigung erfolgen durfte.

Von Mogadischu flog ich nach Nairobi, der Hauptstadt Kenias; dort verhandelte ich im Christenrat mit Mr. Kaman wegen Lieferungen für Somalia aus den Lagerbeständen des Lutherischen Weltdienstes und sagte ihm spätere Ersatzlieferungen zu. Anschließend besuchte ich auf Wunsch des Weltdienstes des Lutherischen Weltbundes Äthiopien, ein nunmehr durch eine sozialistisch-kommunistische Regierung heruntergewirtschaftetes Land mit einer notleidenden Bevölkerung. Ich führte Gespräche mit Ato Immanuel Abraham, dem Präsidenten der Lutherischen Kirche, und mit dem Leiter unseres Programmbüros, dem Dänen Nicolaisen; wir erörterten Strukturfragen und Bemühungen, das Verhältnis zur orthodoxen Kirche zu verbessern, und überlegten, wie die Hilfsmaßnahmen und Programme weitergeführt werden sollten.

Das letzte Dienstjahr

Das Jahr 1981 sollte das letzte meines aktiven Dienstes im Diakonischen Werk sein; deshalb mußte ich in allen meinen Arbeitsgebieten und bei allen Maßnahmen bedenken, wie begonnene Dinge zu Ende gebracht oder so gestaltet werden konnten, daß eine ordentliche Überleitung an meinen Nachfolger gewährleistet war. Meine Mitarbeiter in verantwortlichen Positionen waren von mir immer wieder angehalten worden, in ihren Bereichen selbständig und in Eigenverantwortung zu agieren. Ich pflegte zu sagen: »Tut etwas, und wenn es auch einmal falsch ist, kommt zu mir, wir biegen das wieder zurecht!« Für mich war es nur so und nicht anders möglich in einem Werk, das als Dachorganisation der evangelischen kirchlichen sozialen Arbeit ca. 234 000 hauptamtliche Mitarbeiter in 20 Landesverbänden und rund 100 Fachverbänden beschäftigte. Seine Organisation entspricht in etwa dem ebenfalls weitgehend dezentralisierten System der staatlichen Wohlfahrtspflege bis hinunter zur kommunalen Ebene.

Noch einmal ein paar Zahlen: 1981 unterhielt das Diakonische Werk in der Bundesrepublik und in Westberlin 3 250 stationäre Einrichtungen mit ca. 282 000 Betten, 515 Ausbildungsstätten mit ca. 32 000 Betten, 7 754 Tageseinrichtungen mit ca. 476 000 Plätzen und 9 982 Beratungsstellen und Helfergruppen. Der Jahresumsatz 1981 in diesen Einrichtungen betrug 9,766 Milliarden DM, das Anlagevermögen etwa 16 Milliarden DM. In der DDR unterhielt die Diakonie 907 Einrichtungen mit 42 520 Betten und beschäftigte 15 723 hauptamtliche Mitarbeiter. Damit deckt die Diakonie - ähnlich wie der Deutsche Caritasverband - das gesamte Spektrum der Sozialarbeit und der medizinischen Krankenversorgung ab, vom Kindergarten bis zum Altenheim, von den Beratungsstellen bis zu den geschlossenen Abteilungen in den psychiatrischen Anstalten, vom Streetworker-Dienst bis zu den Entzugs- und Rehabilitationsinstitutionen. Das evangelische Profil der Diakonie in einem säkularen Staat zu bewahren, der weithin dasselbe tut, das konnte nur gelingen, weil eine ausreichende Zahl christlich motivierter und fachlich qualifizierter Mitarbeiter zur Verfügung stand.

Die folgenden Monate verliefen recht turbulent mit Sitzungen, Reisen und Konferenzen. Am 18. Mai eröffnete ich in Stuttgart eine internationale Konferenz von ERDSG (Ostafrikahilfe), die am 20. Mai mit einer gut besuchten Pressekonferenz zu Ende ging. Am 21. Mai besuchte mich Mr. El-Chalib, der Botschafter des Libanon, um den Dank seiner Regierung für Hilfen des Diakonischen Werkes auszusprechen und um weitere Unterstützung seines notleidenden Volkes zu erbitten. Er überreichte Frau Backes, die die Libanonhilfe durchführte, einen hohen libanesischen Orden.

Der 25. August 1981 erstrahlte in hellstem Sonnenschein, als wir auf meiner großen Büroterrasse meinen 65. Geburtstag feierten mit Gästen aus der DDR, der Bundesrepublik und dem Ausland. Eine besondere Überraschung, über die ich mich sehr freute, war, daß sich unter den Gästen auch Bischof Albrecht Schönherr und der Sekretär des BEK Manfred Stolpe aus Ostberlin befanden, die für diese Reise eine Genehmigung erhalten hatten. Es wurde ein wunderschönes Fest, mit dem ich meine Tätigkeit eigentlich hätte beschließen können, aber auf Wunsch Theodor Schobers und des Diakonischen Rates machte ich noch weiter bis zum 15. Januar 1982, um den Wirtschaftsplan für das Jahr 1982 auszuarbeiten und den Jahresabschluß und die Vermögensrechnung für 1981 zu erstellen. Das kann man ja erst am Ende eines Geschäftsjahres, und nur dann ist die Entlastung durch das Aufsichtsgremium möglich. Außerdem sollte ich meinen Nachfolger Norbert Helmes einarbeiten.

Am 12. Oktober 1981 flogen meine Frau, Diakon Reinhard Brackhage und ich über Wien nach Warschau, wo wir von Vertretern der polnischen Regierung und des polnischen Ökumenischen Rates sehr freundlich empfangen und in ein »eisgekühltes« (selbst hier fehlte das Brennmaterial) Gästehaus der Regierung gebracht wurden. Wir trafen dort mit Teilnehmern einer Delegation des Ökumenischen Rates Genf, des Lutherischen Weltbundes und mit Delegierten aus der Schweiz, aus Holland, den USA, Schweden und England zusammen. Das Diakonische Werk hatte im April vom ÖRK und dem Weltbund den Auftrag erhalten, die umfangreichen Hilfsmaßnahmen der Kirchen für Polen gleichzeitig für die ökumenische Gemeinschaft zu organisieren. Zweck unserer Reise war, uns von der ordnungsgemäßen Abwicklung und Verteilung der großen Hilfssendungen an die notleidenden Polen zu überzeugen und mit den Vertretern der Regierung und des polnischen Ökumenischen Rates ein »Winterprogramm« aufzustellen und vorzubereiten.

In den Monaten Mai bis Oktober 1981 hatte Polen 18 260 Lebensmittelpakete à 10 kg, 14 235 Hygienepakete à 3 kg, 22 055 Waschpulverpakete ebenfalls à 3 kg und 21 908 Kilodosen mit Säuglingsnahrung erhalten, die vom polnischen Ökumenischen Rat an die einzelnen Gemeinden verteilt wurden. Im gleichen Zeitraum waren 152 Tonnen Lebensmittel, Reinigungsmittel und etliche Kühltruhen geliefert worden, die für zwölf Altersheime bestimmt waren. An der Finanzierung beteiligten sich Spender aus der Bundesrepublik, aus den Niederlanden, aus Dänemark, Norwegen, Schweden, England, Österreich, der Schweiz, den USA, aus Kanada, Australien und Neuseeland - eine weltweite Hilfsaktion für die schwierigste Zeit der Versorgungskrise in Polen im Winter 1981/1982.

Die Polen nahmen diese Hilfe mit großer Dankbarkeit

an, und wir konnten uns davon überzeugen, daß die Verteilung gut organisiert war.

Der orthodoxe Metropolit Basilis hatte uns in seine Residenz eingeladen. Zuerst ging es sehr feierlich zu, ich wurde mit dem Maria-Magdalenen-Orden geehrt, den mir Basilis mit Worten des Dankes um den Hals legte; dann wurde Schnaps gereicht, der »Honig« der Orthodoxen, wie uns der lebhafte, humorvolle Metropolit mit kleinen listigen Augen erklärte. Inzwischen hatte Reinhard Brackhage die mitgebrachten Musterpakete aufstellen lassen, über deren Inhalt wir mit den Kirchenführern diskutieren wollten, die ebenfalls zu diesem Empfang gekommen waren. Es wurde eine lebhafte Aussprache, bei der sehr unterschiedliche Wünsche vorgetragen wurden. Zum Schluß einigten wir uns über den Inhalt von zwei verschiedenen Standardpaketen, und der Metropolit verabschiedete sich von mir mit den Worten: »Ich machen so wie du: erst alle reden lassen, und dann tun, was ich sage!«

Die Tage in Polen gaben uns auch Gelegenheit, die in altem Stil wieder aufgebaute Altstadt von Warschau zu besichtigen; großartig, was da geleistet worden war. Einen Abend verbrachten wir in der Oper; Verdis »Tosca« wurde gegeben in einer eindrucksvollen Inszenierung mit hervorragenden Sängern. Bei einem Abstecher nach Danzig, wo wir ein staatliches Heim für behinderte Kinder besuchten, konnten wir auch dort die Aufbauleistung der Polen bewundern, die viele im Krieg zerstörte historische Gebäude mit viel Liebe zum Detail rekonstruiert hatten. Wir standen auch vor dem Denkmal der »Solidarität«, das kurz zuvor errichtet worden war und an den Aufstand der Danziger Werftarbeiter 1980 erinnerte.

Verabschiedungen

Diakonischer Rat und Diakonische Konferenz tagten vom 30. November bis zum 3. Dezember 1981 im Dominikanerkloster in Frankfurt am Main. Theodor Schober gab den Rechenschaftsbericht über das ablaufende Jahr; ein paar Zahlen daraus: Die Sammlung »Stätten des kirchlich-diakonischen Wiederaufbaus in der DDR« 1979/1980 hatte DM 2 623 000,-- erbracht; in den 14 zwischen 1952 und 1980 durchgeführten Sammlungen waren insgesamt DM 15 707 436,-- gespendet worden. Und auf den Konten von »Brot für die Welt« waren im gleichen Zeitraum 1979/1980 rund 77 Millionen DM eingegangen – eine Steigerung gegenüber dem Vorjahr um 22 Prozent. In der Katastrophenhilfe wurden in Somalia allein für den Bau von 450 Fertighäusern, für Medikamente, Lebensmittel, Dieselöl und den Bau von Brunnen DM 19 450 668,-- eingesetzt. - In einer Feierstunde während dieser Tagung wurden Heinrich-Hermann Ulrich, Leiter der Hauptabteilung I, und ich von der Diakonischen Konferenz offiziell verabschiedet. Die Laudatio auf mich hielt Bischof Hermann Kunst.

Abschiede gab es in den dann folgenden Wochen und Monaten noch oft. Ein letztes Mal als »Hauptamtlicher« flog ich am 6. Dezember nach Somalia, zusammen mit Hansotto Hahn und Walter Steißlinger, dem schwäbischen Bau-Fachmann. Wieder besichtigten wir die Flüchtlingslager, Workshops, Materiallager, Baustellen und den Hafen und besprachen mit Hannelore Hensle, unserer in Mogadischu stationierten Mitarbeiterin, die Fortführung der Hilfsmaßnahmen. Wir führten Gespräche mit dem deutschen Botschafter, Vertretern von UN-Organisationen und Caritas-Mitarbeitern, dem Handels-

und dem Gesundheitsminister. Uns fiel besonders auf, daß sich in den Lagern fast nur Frauen, Kinder und Alte aufhielten. Die Männer, erklärte uns ein UN-Vertreter, befänden sich in Äthiopien im Kampf auf seiten der Freiheitsbewegung und kämen nur gelegentlich zum Besuch ihrer Familien in die Lager. In allen Gesprächen wurden besonders die Baumaßnahmen sehr gelobt; dieses Lob galt vor allem Walter Steißlinger und seinen Leuten, die hier, wie von einem gut schwäbischen Handwerksbetrieb ja auch gar nicht anders zu erwarten, bei der Erstellung der Fertighäuser beste Qualitätsarbeit leisteten. Steißlinger blieb noch in Somalia, als Hahn und ich nach Nairobi weiterflogen zu Gesprächen mit dem Christenrat, wie ich sie auch bei meinem vorhergehenden Besuch schon geführt hatte. Anschließend gönnten wir uns drei Tage Erholung in Mombasa am Indischen Ozean und flogen dann nach Deutschland zurück.
Am 12. Januar 1982 verabschiedete ich mich in Westberlin von unserer Berliner Stelle, führte Abschiedsgespräche in Ostberlin mit Regierungsvertretern, mit dem Bund Evangelischer Kirchen und dem Diakonischen Werk Ost. Der Rat der EKD verabschiedete mich am 14. Januar mit einer Rede meines Landsmannes Präsident Helmut Hild und mit Worten des Dankes von Ratsmitglied Richard von Weizsäcker. Aber damit nicht genug: Am 19. Januar lud Bischof Hermann Binder Vertreter der Bundesregierung und der EKD zu einem Lebewohlsagen nach Bonn ein. Am 22. Januar verabschiedeten sich Hans-Hermann Ulrich und ich bei einem Hausfest von der Mitarbeiterschaft in der Hauptgeschäftsstelle, und den Abschluß bildete eine Einladung der Regierung der DDR durch Minister Alexander Schalck zum 4. Februar ins Palasthotel in Ostberlin; an der Feier nahmen

neben Regierungsvertretern auch Vertreter der EKD, des BEK und der Diakonie teil.

Mein Büro hatte ich am 15. Januar meinem Nachfolger Norbert Helmes übergeben und ein kleines Zimmer bezogen, um die Abschlußarbeiten für den Haushalt und die Vermögensrechnung fertigzustellen. Den Jahresabschluß legte ich dann dem Haushaltsausschuß der Diakonischen Konferenz am 22. März 1982 vor. Am nächsten Tag überreichte mir Oberbürgermeister Manfred Rommel das vom Bundespräsidenten verliehene Bundesverdienstkreuz I. Klasse.

Im Rückblick auf 35 Jahre Tätigkeit in der Diakonie kann ich sagen: Es war eine aufreibende und bewegende Zeit, aber sie brachte auch viele Erfolge im Dienst für notleidende und gefährdete Menschen im eigenen Land, für Volksgruppen, die unter unmenschlichen Diktaturen leben mußten, für Menschen, die durch Naturkatastrophen oder Katastrophen durch Menschenhand in unendliche Not gerieten. Ich habe immer versucht, mein Bestes für unser Werk und die Einrichtungen der Diakonie zu geben. Ich habe auch Rückschläge in Kauf nehmen und Enttäuschungen durch Freunde ertragen müssen; nicht auf allen menschlichen Werken ruht Gottes Segen. Von meinen Mitarbeitern verlangte ich niemals Tätigkeiten, die ich nicht selbst hätte ausführen können, aber ich habe sie gefordert und bin für sie eingestanden. Für einen Laien ist ein Wirken im kirchlichen Raum nicht ohne Problematik und Spannungen. Es erfordert ein starkes Durchsetzungsvermögen gegenüber Kirchenführern, Theologieprofessoren und Pfarrern in der Diakonie und sehr, sehr viel Geduld, auch wenn es schwerfällt, um ein einmal gestecktes Ziel gegebenenfalls auch über Umwege zu erreichen. Besonders gefragt waren der Mut zum Risiko und die Bereitschaft, Verantwortung zu tragen. Leitende Mitarbeiter der Diakonie müssen stets Schlüsselfiguren sein, so etwas wie Transmissionsriemen für die Diakonie, sie müssen aber auch bereit sein, durch eigenes Handeln schwierige Aufgaben selbst zu lösen. Für mich kann ich sagen: In keiner anderen Position, sei es in der Wirtschaft, in der Verwaltung oder in der Politik, hätte ich eine Stellung finden können, in der die Freiheit des Handelns so ausgeprägt gegeben war wie in meinem Amt in der Diakonie. So konnte ich eine durch mich geprägte Arbeit übergeben, die bedingt war durch die Aufbauphase nach dem Krieg, und ich hatte allen Grund, Gott für seinen Beistand zu danken.

Danken muß ich auch meinen Mitarbeiterinnen und Mitarbeitern, die mich getragen, aber auch ertragen haben; und ich schließe meine Direktionskollegen mit ein in diesen Dank; wir waren längst nicht immer einer Meinung, das wäre ja auch langweilig gewesen, aber wir haben neben manchen schweren doch weit mehr frohe Stunden miteinander erlebt. Christen sollten fröhliche Menschen sein, die bereit sind, nicht nur anderen in Not beizustehen, sondern ihnen auch Mut zum Leben zu machen und teilzuhaben an ihrer Freude.

Danken muß ich aber auch meiner Frau, die so viel Verständnis für mich aufbrachte und mir immer zur Seite stand. Und meine Kinder und Enkelkinder will ich nicht vergessen, weil ich hoffe, daß ich ihnen etwas von der Diakonie als Lebensäußerung unserer Kirche mit auf ihren Weg gegeben habe.

KATASTROPHENHILFE

Der Anfang

Am 1. Februar 1953 berichtete der Rundfunk und am 2. Februar dann die Presse ausführlich über eine Sturmkatastrophe, die West- und Nordeuropa heimgesucht und insbesondere Holland, Belgien und Teile Großbritanniens betroffen hatte. Zahlreiche Nordseedeiche, die seit Generationen als sturmsicher galten, waren zerstört, ganze Städte und große Landstriche standen unter Wasser, Zehntausende von Küstenbewohnern wurden durch die einsetzende Flut von der Außenwelt abgeschnitten. Viele Tausende waren obdachlos, mindestens zwanzig Schiffe wurden als gesunken gemeldet, über die Zahl der Todesopfer konnten anfänglich noch nicht einmal annähernde Angaben gemacht werden. In Holland sprach man von einer nationalen Katastrophe, in einigen Teilen Nordhollands und Belgiens wurde der Notstand verkündet. Historiker sahen sich gezwungen, bis in das Jahr 1287 zurückzugehen, ehe sie auf eine Katastrophe ähnlichen Ausmaßes in Europa stießen. Ein ungeheures Orkantief hatte sich über Hamburg gebildet, nachdem sich ein anderes über Norddänemark aufgelöst hatte, und tobte sich auf seiner Rückseite über dem Kanalgebiet mit katastrophaler Wirkung aus. Die deutsche Nordseeküste blieb wie durch ein Wunder verschont, sie lag im relativ ruhigen Zentrum des Orkans.

Schon am 2. Februar stellten wir im Zentralbüro des Evangelischen Hilfswerks in Stuttgart Überlegungen an, ob es nicht an der Zeit sei, die deutschen Gemeinden zu bitten, einen Solidaritätsbeitrag für die Menschen in Holland zu leisten. Wir wußten freilich, daß das riskant war: Würden die Gemeinden positiv darauf reagieren? Die Not in Deutschland, vor allem unter den Heimatvertriebenen und Flüchtlingen, war noch längst nicht behoben, und gerade hatten wir auch für die Gemeinden und diakonischen Werke in der DDR zu verstärkter Hilfe aufgerufen. Dazu kam das Patenschaftswerk zur Unterstützung von deutschen und volksdeutschen Gemeinden östlich der Oder-Neiße-Linie, vor allem in Polen und Rumänien, das gerade im Entstehen begriffen war. Und damit nicht genug: Immer noch strömten Flüchtlinge und Vertriebene in die Bundesrepublik, allein aus der DDR mußten monatlich etwa 50 000 Menschen aufgenommen und versorgt werden. Und die Holländer: Wie würden sie ein solches Angebot aufnehmen? Das Ende des Zweiten Weltkrieges lag erst acht Jahre zurück, und viele Holländer standen den Deutschen verständlicherweise noch feindlich gegenüber und lehnten eine Zusammenarbeit schroff ab. Andererseits hatten sich jedoch in den letzten Jahren kirchliche Stellen und karitative Verbände in Holland verstärkt an der Hilfe für Notleidende in Deutschland beteiligt. Ohne es zu wissen, kam uns hier Konrad Adenauer zu Hilfe; er nannte das Unglück »eine europäische Katastrophe, die uns alle getroffen hat« – ein Wort, das ihm viele Holländer hoch anrechneten.

Nachdem wir uns entschieden hatten, konsultierten wir Bischof Dibelius, der nach einigen Bedenken seine Zustimmung gab und das Angebot der Hilfeleistung nach Holland übermittelte. Es wurde positiv aufgenommen, und so konnten wir die Gemeinden der Landes- und

Freikirchen zu Spenden aufrufen. Vereinzelt kam Kritik auf, aber in der breiten Bevölkerung überwog doch die Zustimmung. Überraschend schnell gingen etwa DM 37 900,-- ein, dazu erhebliche Sachspenden. Viele junge Leute stellten sich für den Wiederaufbau zur Verfügung. Damit hatte die Katastrophenhilfe des Hilfswerks der Evangelischen Kirche in Deutschland ihren Anfang genommen.

Die Katastrophen

Nur wenige andere Ereignisse verdeutlichen die große Ungesichertheit der Menschen in der Welt so eindringlich wie große Katastrophen. Ausbrüche der Natur überfallen urplötzlich und unberechenbar weite Gebiete mit schweren Folgen für die Bevölkerung. Länder werden in einen Notstand versetzt, aus dem sich die Betroffenen aus eigener Kraft nicht mehr befreien können. Überschwemmungen, Erdbeben, Vulkanausbrüche, Stürme und schwere Regenfälle können selbst hochindustrialisierte Staaten an den Rand einer nationalen Katastrophe bringen. In besonderem Umfang treffen Naturkatastrophen aber immer wieder Entwicklungsländer, die wegen ihrer Armut und infolge mangelhafter Strukturen auf solidarische Hilfe von außen angewiesen sind. Oft werden Katastrophen aber auch durch menschliches Handeln verursacht, vor allem durch Kriege, Krisen, Konflikte und rassische Unterdrückung. Für die betroffenen Menschen entsteht dadurch unsäglich viel Leid und Elend. Auch Raubbau an tropischen Regenwäldern, steigender Wasser- und Energieverbrauch und anderes ökologisches Fehlverhalten, das zu Klimaveränderungen führt, können Katastrophen auslösen oder ihre Auswirkungen vergrößern; die Sturmfluten und Überschwemmungskatastrophen etwa in Bangladesch in jüngster Zeit sind wohl Beispiele dafür.

Immer wieder fragen wir uns: Was kann geschehen, um Katastrophen zu verhindern oder ihre Folgen zu mildern? Tief sind die Menschen in die Geheimnisse der Natur eingedrungen, aber trotzdem hat es den Anschein, als stehe unsere so hoch entwickelte Technik Katastrophen ausgesprochen hilflos gegenüber. Doch dieser Anschein trügt. Die Wissenschaft hat keineswegs kapituliert. Sie beobachtet, vergleicht und versucht, Typisches herauszufinden, um gezielte Abwehrmaßnahmen zu entwickeln. Die großen Naturereignisse sind an sich noch keine Katastrophen; sie werden es erst durch ihre Auswirkungen auf die Menschen, auf das Land und auf die Güter. Nicht alle Katastrophen ereignen sich »zufällig«. Sie erreichen in jenen Ländern am ehesten dramatische Ausmaße, in denen die Wirtschaft besonders schwach ist und die ökonomischen Systeme durch schwerwiegende Fehlplanungen an der Entwicklung gehindert werden.

In den letzten Jahren hatte es den Anschein, als häuften sich die Katastrophen mit verheerenden Wirkungen auf die Umwelt in den verschiedensten Gegenden der Erde. Erdbeben, Wirbelstürme, Flutwellen und Seuchen brachten Tod und Vernichtung in zuvor nicht bekanntem Ausmaß. Dabei ist allerdings zu bedenken, daß die modernen Informationsmedien heute kaum Ereignisse dieser Art übersehen und sie an allen Orten der Erde schnell registrieren und bekanntmachen. Auch in früheren Zeiten kam es zu größeren und kleineren Naturkatastrophen, die Gefahr für Menschen, Tiere und Wirtschaftsgüter brachten, doch hörte man nicht immer weltweit von ihnen. Wenn die Auswirkungen heute einen größeren Umfang angenommen haben, so spielt dabei auch die gegenüber früher sehr viel dichtere Besiedlung eine nicht unwesentliche Rolle.

Die Hilfen

Verstärkt haben sich aber auch die internationale Hilfsbereitschaft und der Wille, im Rahmen der gegebenen Möglichkeiten tatkräftigen Beistand zu leisten. Internationale und nationale Hilfsorganisationen, UNO-Organisationen und Regierungen reagieren oft schnell mit Hilfsangeboten. Trotzdem bleiben die Mittel bei Katastrophen größeren Ausmaßes oft unzureichend. Um ein Höchstmaß an Wirkung zu erzielen, muß daher eine weltweite Hilfsbereitschaft systematisch gelenkt und eingesetzt werden. Dringend erforderlich sind darüber hinaus langjährige Erfahrungen und ausreichende Expertenkenntnisse.

Katastrophenhilfe hat die Aufgabe, schnell, unmittelbar und kurzfristig die vielfältigen Folgen eines akuten Notstandes zu beseitigen, der von dem betroffenen Land und seiner Bevölkerung nicht selbst behoben werden kann. Sie soll sofort und effizient dazu beitragen, gefährdetes Leben zu retten oder zu erhalten und für die Betroffenen wieder menschenwürdige Lebensbedingungen zu schaffen. Zur Katastrophenhilfe gehört auch ein Beitrag zur Wiederherstellung der lebensnotwendigen Infrastruktur, die Instandsetzung zerstörter Versorgungseinrichtungen, die Schaffung von Wohn- und Gemeinschaftsunterkünften und die Ersthilfe zur möglichst schnellen Wiederaufnahme der Lebensmittelproduktion und -verteilung.

In öffentlichen Vorträgen, im Fernsehen, im Rundfunk und in der Presse wies ich immer wieder darauf hin, daß bei Katastrophen, in denen Menschen unverschuldet in Not geraten sind, auch wir in der Bundesrepublik zur Mithilfe verpflichtet sind. Dem diakonischen Auftrag gemäß halfen wir den Opfern bei katastrophalen Naturereignissen und bei grausamen Bürger- und Stammeskriegen. Immer wieder waren und sind es Kinder, Frauen, Kranke und Alte, die in solchen Situationen am meisten zu leiden haben. Ihnen wirksam beizustehen, ist eine Herausforderung an die Diakonie, denn es ist ihr Auftrag, Anteil zu nehmen am Schicksal leidender Mitmenschen und ihnen nach Kräften bei der Bewältigung der Not zu helfen.

In Absprache mit Partnern in den Kirchen, mit Regierungen und internationalen Organisationen vollzieht sich die Katastrophenhilfe in mehreren Phasen. In der ersten Phase geht es darum, sich zunächst ein umfassendes und detailliertes Bild vom Umfang der Katastrophe zu verschaffen, damit in Planung und Strategie ein geordneter Ablauf sichergestellt werden kann. Gleichzeitig werden Verbindungen mit nationalen und internationalen Organisationen sowie mit dem Krisenstab der Bundesregierung aufgenommen. Möglichst schnell setzt dann die Soforthilfe ein, die darauf zielt, Menschen zu retten und am Leben zu erhalten. In diesem Stadium der Hilfe steht die Logistik im Vordergrund des Handelns, verbunden mit der Vorbereitung und dem Aufbau eines Verteilungssystems im Katastrophengebiet. Wenn erforderliche Mitarbeiter und Hilfsgüter am Ort oder in der Region nicht schnell zur Verfügung stehen, müssen sie von außerhalb kommen. Dies alles hat mit großer Schnelligkeit zu geschehen, auf übliche Arbeitszeiten kann dabei

keine Rücksicht genommen werden, und lange theoretische Vorüberlegungen über das Ob und Wie der Hilfe sind gänzlich fehl am Platz. Unser oberstes Gebot lautet: Wenn Menschen in Gefahr sind, muß sofort gehandelt werden. Ich habe das einmal auf die Formel gebracht: »Erst fliegen, dann beten!«
Diese erste Phase der Soforthilfe muß dann, wie ich in vielen Jahren gelernt habe, möglichst bald in die zweite Phase der Normalisierung übergeleitet werden. Darunter ist die allmähliche Rückkehr in den Alltag zu verstehen; sie umfaßt all das, was zu einem Weiterleben in der Gemeinschaft nötig ist. In dieser Phase werden vor allem nationale Maßnahmen gestützt und gefördert: Hilfe zur Selbsthilfe also, die die Aktivitäten der Betroffenen mobilisiert und fördert, ihre Lethargie überwinden hilft und dazu beiträgt, die Voraussetzungen für eine neue Existenzsicherung zu schaffen.

Schon während der Durchführung dieser Sofort- und Normalisierungshilfen setzen dann die Planungen und Absprachen für die mittel- und langfristigen Hilfen der dritten Phase ein, die der Entwicklungshilfe entsprechen. Diese erfordert von der Bevölkerung die entschiedene Bereitschaft, ihre Lebensverhältnisse selbst zu verbessern und gleichzeitig eine Infrastruktur zu schaffen, die über die Wiederherstellung des vor der Katastrophe bestehenden Zustandes hinausführt und die Lebensqualität der Menschen verbessert. »Brot für die Welt« und andere kirchliche Entwicklungsdienste sehen in dieser Aufgabe ihren besonderen Auftrag. Es war deshalb außerordentlich wichtig, daß Leitung und Mitarbeiter der Katastrophenhilfe von Beginn der Hilfsmaßnahmen an mit den Verantwortlichen von »Brot für die Welt« eng zusammenarbeiteten.

Seit 1953 konnte ich mit meinen Mitarbeitern in 37 Ländern der Welt bei besonderen Notständen helfen. Dabei traten wir in 111 Katastrophenfällen mit einem Aufwand von 275 479 Millionen DM in Aktion, nicht gerechnet die erheblichen Lebensmittel- und Sachspenden der Europäischen Gemeinschaft, der Bundesregierung und anderer. Die Schwerpunkte lagen dabei in Asien, Afrika, Südamerika und Europa. An die geleisteten Hilfen knüpften wir nie diskriminierende Bedingungen, im Vordergrund stand bei uns immer der Grundsatz, Menschen in Not zu helfen, ohne Unterschied von Konfession, Rasse, Nation oder politischem Standort. Es gibt keinen Anlaß, diesen Grundsatz zu ändern, die Diakonie sollte ihm auch in Zukunft treu bleiben. Alle Hilfen waren aber nur dank der Spendenfreudigkeit der Gemeinden, weiter Kreise der Bevölkerung und dank der Beiträge der Kirchen, der Bundesregierung und der Wirtschaft möglich. Dies gilt vor allem bei Naturkatastrophen. Eine gewisse Zurückhaltung ist festzustellen, wenn es sich um Spenden bei oder nach kriegerischen Auseinandersetzungen oder Stammeskämpfen handelt; offenbar geht man hier weitgehend von der Vorstellung aus, daß die Betroffenen selbst wesentliche Verantwortung für ihr Schicksal tragen.

Das Engagement der Diakonie und ihrer Mitarbeiter wird sich auch in Zukunft auf wenige, besonders schwere Katastrophen beschränken, um in solchen Fällen einen um so intensiveren Beitrag leisten zu können. Niemand wird bestreiten wollen, daß Hilfen bei Katastrophen auch künftig nötig werden, denn insbesondere Naturkatastrophen können nicht verhindert, allenfalls gemildert werden. Damit bleibt auch der Auftrag an die Diakonie, notleidenden Menschen beizustehen. Die Diakonie ist ein Instrument der Kirche, die einen weltweiten Heilsauftrag zu erfüllen hat und in der Liebe zu Gott damit das Gebot der Nächstenliebe erfüllt. Die Gemeinden und ihre Mitglieder spenden bei Katastrophen, Hungersnöten und Bürgerkriegen mit ihren kleinen und großen Gaben immer wieder für die von Not betroffenen Menschen. Sie bezeugen damit ihre Solidarität und geben ein aktives Zeugnis christlicher Nächstenliebe.

Erkenntnisse

Nach mehr als dreißig Jahren Tätigkeit in der Katastrophenhilfe habe ich überlegt, wo die Fehler zu suchen sind, wenn Menschen noch nach Jahren in Not und Elend leben, und worauf die Erfolge beruhen, wenn in der Zeit nach dem Unheil bessere Lebensbedingungen als vorher geschaffen werden konnten. Es beginnt schon damit, daß der Umfang einer Notsituation richtig erkannt wird. Das geschieht am besten dadurch, daß Experten sofort in die Notstandsgebiete reisen und sich an Ort und Stelle selbst ein Bild machen; dabei sollte aber nicht jede Organisation für sich allein tätig werden, sondern sich sofort mit den anderen in Verbindung setzen und die Informationen austauschen. Nur nach Pressemeldungen tätig zu werden, führt oft zu unheilvollen Fehlplanungen und zu, wenn auch gut gemeinten, wenig hilfreichen Lieferungen von Hilfsgütern, die vielleicht gar nicht oder nicht als erste gebraucht werden. Die Strategie der Hilfsplanung, die auf falschen Ausgangszahlen über entstandene Schäden beruht, kann die Handlungsfähigkeit von Regierungen, besonders aber der betroffenen Bevölkerung auf lange Zeit lähmen.

Ein deutliches Beispiel hierfür ist das Erdbeben in Peru im Jahr 1970 mit seinen Folgen. Der UNO-Wirtschafts- und -Sozialausschuß für Lateinamerika hatte kurzfristig einen Schaden berechnet, der um das Mehrfache über das wirkliche Ausmaß der Zerstörungen hinausging. Die Regierung von Peru war dadurch irritiert, präsentierte großangelegte Pläne, die sie mit einer Finanzierungshilfe der UNO zu verwirklichen hoffte, und unterrichtete die Bevölkerung entsprechend. Dadurch unterblieb der Beginn eines Wiederaufbaus in Selbsthilfe, der mit ausländischen Mitteln möglich gewesen wäre; ein entscheidendes Prinzip wirksamer Katastrophenhilfe kam also nicht zum Tragen. Als dann aufgrund neuer Untersuchungen und Berechnungen 1974 endlich mit dem Bau von Häusern durch Bauunternehmen begonnen wurde, waren diese so teuer, daß sie von den Erdbebenopfern nicht bezogen werden konnten; sie lebten weiter in notdürftigen Barackenlagern. Ein tragisches Schicksal, zumal es sich dabei in der Mehrzahl um mittellose Indianer handelte.

Ein weiteres Beispiel für Fehlplanungen, die durch nicht ausreichende Schadensbestimmung und mangelnden Kontakt zu den Einheimischen ausgelöst wurden, gab die Dürre in Obervolta. Eine Expertengruppe der Food and Agriculture Organization of the UN (FAO) besuchte im April 1973 während einer Blitzreise durch sechs Länder der Sahelzone auch Obervolta und erstattete am 3. Mai in Rom ihren Bericht. Dem war zu entnehmen, daß mehr als die Hälfte des 5,4-Millionen-Volkes vom Hungertod bedroht und deshalb eine großangelegte Nahrungsmittelhilfe dringend erforderlich sei. Die Vereinten Nationen erließen umgehend einen Appell mit dem Resultat, daß große Mengen Getreide bereitgestellt wurden. Eine Luftbrücke von den Atlantikhäfen in die Notstandsgebiete Obervoltas wurde eingerichtet, deren Kosten auf 24 Millionen US-Dollar geschätzt werden. Im gleichen Dürrejahr wurden aber im Süden von Obervolta Getreideüberschüsse produziert, die die Bauern an die Elfenbeinküste verkauften, weil sie dabei einen um ein Drittel höheren Preis als den von der Regierung Obervoltas festgesetzten erzielen konnten. Ausländisches Getreide und die teure Luftbrücke wären also gar nicht nötig gewesen. Mit weit geringerem Aufwand hätte man trotz schlechter Straßenverbindungen die Bevölkerung im Notstandsgebiet mit Getreide aus dem Süden versorgen können.

Als ein Beispiel besonders guter Planung und Vorbereitung einer Katastrophenhilfe kann Bangladesch genannt werden, wo die Hilfe nach dem Ende des Befreiungskrieges 1971 begann. Der neue Ministerpräsident des gerade selbständig gewordenen Landes setzte keine Kommission von Honoratioren ein, wie ich es bei anderen Gelegenheiten oft erleben mußte, sondern ernannte einen jungen, tatkräftigen und effizienten Mann aus der Wirtschaft zum Katastrophenbeauftragten, der ihm direkt unterstellt war. Dieser Mann informierte ausgezeichnet und sorgte dafür, daß die Zusammenarbeit zwischen UNO-Organisationen, privaten Hilfswerken und Regierung gut funktionierte. Da die Regierung am Anfang noch kaum aktionsfähig war, hat sich diese Entscheidung als sehr fruchtbar erwiesen und ermöglichte in einer äußerst komplizierten Situation eine sehr effektive Hilfe durch die beteiligten Organisationen. Die gesamte Hilfsaktion war in unmittelbarer Abstimmung so konzipiert, daß alle Maßnahmen gut koordiniert waren und dadurch trotz schwierigster Transport- und Lagerprobleme Verluste von Lebensmitteln und Material auf ein Minimum beschränkt werden konnten. Nach einer sehr mühseligen Anfangsphase führte die großangelegte Hilfe, an der die kirchlichen Hilfswerke maßgeblich beteiligt waren, dazu, daß von dem 75-Millionen-Volk in Bangladesch trotz der Schwere der Katastrophe kaum jemand verhungern mußte.

Die Bedeutung der Koordination der Hilfswilligen und -beteiligten in Katastrophenfällen kann kaum überschätzt werden; leider wird das nicht immer oder oft erst zu spät beachtet. Voraussetzung ist auch hier, daß gut konzipierte Planungen vorliegen oder erarbeitet werden. Wie die Koordination im einzelnen aussieht, das kann unterschiedlich sein; entweder liegt die Federführung bei einem Verband, oder mehrere Organisationen arbeiten zusammen und stimmen die einzelnen Schritte miteinander ab, oder es wird ein Konsortium oder eine Koordinierungsstelle gebildet, in der dann alle Fäden zusammenlaufen. Nach meinen Erfahrungen ist besonders die Zusammenarbeit befreundeter Organisationen, deren Zielsetzungen verwandt sind, zu empfehlen, wie sie zum Beispiel seit vielen Jahren in der Bundesrepublik durch Caritas und Diakonisches Werk mit gutem Erfolg praktiziert wird. Jede Koordination soll unbedingt aber auch die Empfängerländer mit einschließen, damit deren Wünsche und die Bedürfnisse der Katastrophenopfer selbst hinreichend berücksichtigt werden. Unsere Partnerorganisationen in den betroffenen Ländern haben einen entscheidenden Anteil an unserer Arbeit; das gibt den kirchlichen Hilfswerken einen bedeutenden Vorteil gegenüber anderen nationalen und internationalen Organisationen. Hier ist über viele Jahre hin ein Vertrauensverhältnis zwischen den Gebern und den Empfängern der Hilfe gewachsen, das es zu bewahren und weiterzuentwickeln gilt.

Für die humanitäre Hilfe bei bewaffneten Konflikten erweisen sich die bestehende internationale Rechtsgrundlage und die mangelhafte völkerrechtliche Fundierung als großes Hindernis. In vielen Fällen während der letzten zwanzig Jahre ist mir das überaus deutlich geworden. Viele Menschenleben hätten gerettet werden können, vielen Heimatlosen, Flüchtlingen und Kranken wäre rechtzeitig Hilfe zuteil geworden, wenn wir nicht in eine tiefgreifende Krise des gesamten Völkerrechts geraten wären. Dieser Tatbestand wiegt deshalb so schwer, weil nach dem Zweiten Weltkrieg die sogenannten Bürgerkriege so überhand genommen haben, daß unser Jahrhundert möglicherweise als Zeitalter der Welt- und Bürgerkriege in die Geschichte eingehen wird. Große

Hilfsaktionen des Diakonischen Werks befaßten sich in den vergangenen Jahren mit der Linderung der Not, die solche bewaffneten Konflikte zur Folge hatten. Für viele Länder seien hier nur Ungarn, Biafra, Bangladesch, Libanon und Angola genannt, wo in Großeinsätzen versucht wurde, Menschenleben zu retten oder zu erhalten, ohne dabei politisch Partei zu ergreifen. Die Mitarbeiter und Helfer des Diakonischen Werkes und anderer kirchlicher und internationaler Organisationen waren bei solchen Einsätzen oft ohne internationalen rechtlichen Schutz tätig. Seit Jahren begnügen sich Politiker aller Länder mit Manifesten und Erklärungen über Menschenrechte und Menschenrechtsverletzungen, aber an der Situation hat sich bis heute nichts gebessert, wie die Flüchtlingskatastrophe der Kurden im Irak erst jüngst wieder zeigte.

Katastrophenhilfe und Entwicklungshilfe unterscheiden sich sowohl in ihren Ansatzpunkten als auch in ihrer Durchführung. Humanitäre Hilfe orientiert sich ausschließlich an den aktuellen Bedürfnissen der betroffenen notleidenden Bevölkerung in einer besonderen Lage. Sie setzt weitgehende Gestaltungsfreiheit bei der Entscheidung und Durchführung der einzelnen Maßnahmen voraus und kann nicht an langfristige Abstimmungsverfahren oder Abkommen gebunden sein; angesichts der unmittelbaren Not müssen sehr schnell Ergebnisse erzielt werden. Entwicklungshilfe dagegen setzt beim allgemeinen wirtschaftlichen Stand eines Landes an und zielt durch Förderung des wirtschaftlichen und sozialen Fortschritts auf die dauerhafte, strukturelle Verbesserung der allgemeinen Lebensbedingungen der samten Bevölkerung; sie ist deshalb bei der gesamtwirtschaftlichen Planung des betreffenden Landes mit zu berücksichtigen.

Aufgrund der Erfahrungen in meiner langjährigen Katastrophenhilfe habe ich mehrfach dringend gefordert, Überlegungen anzustellen – die dann auch tatsächlich zu Projekten führen und nicht bloß Theorie bleiben –, wie der Katastrophenanfälligkeit in bestimmten Gebieten begegnet werden kann. Bei immer wiederkehrenden Naturkatastrophen – insbesondere in der Dritten Welt – müssen durch gezieltes Forschen schnellstens Vorsorgemaßnahmen entwickelt werden. Im europäischen Nordseeküstengebiet sind sie längst Wirklichkeit geworden, in Asien, Afrika und Lateinamerika dagegen findet man kaum erste Ansatzpunkte.

Nach diesen allgemeinen Ausführungen könnte ich jetzt eigentlich über die einzelnen Katastrophen und unseren Einsatz berichten. Ich will jedoch nur ein Beispiel herausgreifen und dieses ausführlicher schildern: Biafra/Nigeria. Sicher wäre es interessant, auch andere Katastrophenfälle zu »durchleuchten«: den Aufstand in Ungarn 1956 etwa, bei dem ich mich schon in der Nacht nach dem Beginn im Lande aufhielt, um Hilfsmaßnahmen einzuleiten; oder die Flutkatastrophe 1962 in Hamburg, bei der es zu einer guten Zusammenarbeit mit dem damaligen Innensenator und späteren Bundeskanzler Helmut Schmidt kam; oder das Erdbeben 1966 in Rumänien, bei dem wir den Opfern in so großartiger Weise helfen konnten in enger Kooperation mit der Brenntag Handelsgesellschaft in Mülheim. Und noch einige Beispiele: 1966/1967 führten wir während der Hungerkatastrophe in Westbengalen eine Kinderspeisung für rund vier Millionen Kinder durch, und 1971/1972 leisteten

wir, wie schon erwähnt, Wiederaufbauhilfe in Bangladesch. Auch unser kraftvoller Einsatz während der Dürrekatastrophe in der Sahelzone 1973 wird in die Geschichte des Diakonischen Werkes eingehen.
Biafra/Nigeria steht also für viele unserer Einsätze, ist aber schon deshalb von herausragender Bedeutung, weil es hier endlich einmal gelang, viele Hilfswillige »unter einen Hut« zu bringen in einer großangelegten, weltweiten Aktion.

Biafra/Nigeria

Das Jahr 1968 begann verheißungsvoll. Mit einem Aufruf zum Frieden hatten sich die Kirchen an die Welt gewandt. Die UNO proklamierte das »Internationale Jahr der Menschenrechte«. Aber es kam anders: 1968 sollte ein Jahr der Menschenrechtsverletzungen und der Kriege werden. Doch die Tragödie, der die Welt lange Zeit tatenlos zusah, war bereits seit 1960 vorprogrammiert. Am 1. Oktober dieses Jahres endeten fast 100 Jahre britischer Kolonialherrschaft. Das Empire entließ Nigeria in seine Unabhängigkeit. Der junge Staat sollte der Welt ein Musterbeispiel einer behutsamen Entkolonialisierungspolitik liefern. Großbritannien hatte eine einheimische Führungselite herangezogen und eine funktionierende Verwaltung aufgebaut. Parallel zueinander wurden eine zentrale Regierung und mehrere regionale Regierungen geschaffen, die autonom arbeiten sollten.
Nigeria war ein Experiment. Ein gewagtes zudem. Wie in fast allen Teilen Afrikas waren auch hier die Staatsgrenzen von der Kolonialmacht willkürlich gezogen worden, zumeist mit dem Lineal. Sie sollten nahezu alle Gegen-

sätze, die denkbar waren, an die Oberfläche treten lassen.
In den ersten sechs Jahren seit seiner Gründung wurde noch nicht offenbar, daß der nigerianische Staat auf Sand gebaut war. Dann, wie so oft in diesem Teil der Welt, stürzte das Militär die Regierung. Der Ministerpräsident und Mitglieder seines Kabinetts wurden ermordet. Der Mann, der als Sieger aus diesem Staatsstreich hervorging, war General Ironsi aus dem Stamm der Ibos. Er versuchte, die gemäßigt-föderalistische Regierung durch ein puritanisch-zentralistisches Militärregime zu ersetzen. Der nigerianische Stamm der Ibos, der in der Ostregion des Landes lebte, tat sich gegenüber den anderen Stämmen durch besondere Anpassungs- und Lernfähigkeit hervor. Nicht nur dieser Umstand machte die Ibos bei den anderen Stämmen unbeliebt. Ihnen war es zudem gelungen, wichtige Positionen in Politik und Wirtschaft, auch außerhalb ihrer Heimatregion, zu besetzen. Vor allem die noch in einer feudalistischen Gesellschaftsstruktur lebenden Haussas des nigerianischen Nordens fürchteten um ihren innenpolitischen Einfluß. Die unterschiedliche Religionszugehörigkeit – die Haussas waren Mohammedaner, die Ibos weitgehend Christen – verschärfte die Spannung noch.
Zunächst störten mehrere blutige Auseinandersetzungen die prekäre Ruhe nach dem Staatsstreich, bis auch General Ironsi im Sommer 1966 gestürzt und liquidiert wurde. An seine Stelle trat der dem Haussa-Stamm zugehörige Oberst Gowon. Für die Stämme des Nordens schien mit seiner Ausrufung zum Staatschef der Tag der Abrechnung gekommen. Fast 30 000 der im Norden lebenden Ibos fielen dem Massaker der Haussas zum Opfer. Die wenigen Überlebenden flüchteten in ihre östli-

che Heimatregion. Fünf Tage später begannen schwere Unruhen in Port Harcourt, bei denen sich die Ibos an den Haussas rächten.
Die politische Lage in Nigeria spitzte sich dramatisch zu. Mehrere Verhandlungsversuche zwischen den verfeindeten Stämmen scheiterten. Oberst Ojukwu, der Gouverneur der Ostregion, rief am 30. Mai 1967 die unabhängige »Republik Biafra« aus.
Die Zentralregierung sah dieser Abspaltung natürlich nicht tatenlos zu. Sie antwortete mit einer sofort eingeleiteten Mobilmachung des Militärs sowie einer Wirtschaftsblockade und drohte den Abtrünnigen, den Abfall der Ostregion notfalls mit Waffengewalt rückgängig zu machen.
Was zunächst nach kaum mehr als einer regionalen Stammesfehde aussah, entwickelte sich nun zum internationalen Konflikt. Nigeria geriet endgültig in das weltpolitische Interessenspiel. Als sich die ehemalige Kolonialmacht Großbritannien scheute, der schwachen Zentralregierung in Lagos Waffen zu liefern – denn dadurch wäre das mit viel Liebe gehegte Experiment gescheitert –, sprang Moskau in die Bresche. Dadurch fühlte sich nun auch London im Zugzwang und lieferte ebenfalls Kriegsmaterial nach Nigeria. Biafra hingegen erhielt militärische Hilfen aus Frankreich und Portugal. Damit war die Lunte eines hochexplosiven Pulverfasses gezündet.

Schon kurze Zeit nach der Unabhängigkeitserklärung Biafras wurde mir der todbringende Konflikt in Nigeria plastisch vor Augen geführt. In Stuttgart besuchte mich ein Berater von Oberst Ojukwu, Sir Francis Ibiam, einer der sechs Präsidenten des Ökumenischen Rates in Genf. Ibiam unterrichtete mich ausführlich über die bedrohliche Situation der Biafraner, um die sich der Blockadering aus Truppen der Zentralregierung immer enger schloß. Im Verlauf des Gesprächs sagte ich Ibiam einen Betrag von DM 500 000 im Rahmen der Aktion »Brot für die Welt« zu. Bedingung für die Hilfe sei jedoch, daß das Geld ausschließlich für die Betreuung der Kriegsopfer eingesetzt werde, keinesfalls aber für irgendwelche militärischen Zwecke.

Fast zum selben Zeitpunkt, an dem die UNO das »Internationale Jahr der Menschenrechte« proklamierte, kündigte Oberst Yakubu Gowon den »totalen Krieg« gegen Biafra an. Die Nachrichten, die uns aus Biafra erreichten, bestätigten das grausame Vorhaben der Zentralregierung. Fernsehbilder aus dem Kampfgebiet zeigten der Welt die Absurdität der UNO-Proklamation: Biafra war zu Lande, zu Wasser und in der Luft blockiert. Bei zwei Millionen Biafranern hatte die chronische Unterernährung schon ein Stadium erreicht, in dem kaum noch Rettung möglich schien. Wenn die Hungerblockade so weiter ginge, würde es in Biafra bald keine Kinder unter 15 Jahren mehr geben. Internationale Zeitungen schrieben von einem »Genozid«. Und in der Tat, der so oft mißbrauchte Begriff »Völkermord« traf die Sache im Kern: 14 Millionen Ibos, eines der größten Völker Afrikas, waren zum Tode verurteilt – und die Vollstreckung des Urteils wurde vor den Augen der Welt vollzogen. Kameras und Mikrofone übertrugen weltweit die Exekution dieses Volkes. Bilder von zu Skeletten abgemagerten Kindern mit aufgeblähten Hungerbäuchen und rötlich verfärbten Haaren flimmerten über unsere Bildschirme. Leblose Augen von Menschen, die nur noch dem Tod entgegendämmerten, blickten apathisch in die Kameras der internationalen Fersehstationen.

Diese Bilder erinnerten mich an das Gespräch mit Francis Ibiam. Mir wurde klar, daß die 500 000 Mark nicht mehr als ein Anfang sein konnten. Eine halbe Million war schnell verpufft, wenn man sich vor Augen führte, daß im Kessel von Reduit eine Tasse Salz umgerechnet zehn Mark und ein Pfund Mehl 25 Mark kosteten. Diese Preisexplosion war das Ergebnis von fast neun Monaten Blockade. Nicht einer der in den Lagern und Notunterkünften untergebrachten Menschen konnte dieses Geld aufbringen. Es gab keine Bewirtschaftung mehr, folglich auch keinen schwarzen Markt.

Trotz dieser eindeutigen Situation konnte sich der Ökumenische Rat in Genf zu keiner größeren Hilfsaktion durchringen. Mir war seine augenfällige Zurückhaltung in hohem Maße unverständlich. Meine Bemühungen um Ausweitung der Genfer Lieferungen blieben erfolglos.

Das Diakonische Werk dagegen durfte nicht untätig bleiben, sollte aber auch nicht im Alleingang handeln. Bei meinen Überlegungen, wer der geeignete Partner für eine großangelegte Hilfsaktion sein könnte, stieß ich sofort auf den Generalsekretär des Caritasverbandes Georg Hüssler. Die Caritas verfügte schon über erste Erfahrungen mit gecharterten »Super Constellations«. Diese Flugzeuge waren bestens für den Transport von Lebensmitteln und Medikamenten geeignet. Doch auch Hüssler hatte schon bald einsehen müssen, daß sporadische Hilfsflüge die Hungersnot nicht lindern konnten. Dazu kam folgendes: Der Eigner dieser Flugzeuge, Hank Warton, war für uns auf Dauer nicht der richtige Partner. Er flog jede Route und jede Ladung, Hauptsache, der Preis stimmte, und der war beträchtlich und bar auf die Hand zu zahlen. Sowohl Franzosen und Portugiesen als auch Caritas und Ökumenischer Rat hatten ihn bisher nach Biafra geschickt. Er flog immer abwechselnd eine Ladung Waffen und Munition und sechs Ladungen Nahrungsmittel. Für unsere geplante Luftbrücke mußten wir uns etwas anderes einfallen lassen, aber vorerst brauchten wir ihn noch, denn andere Fluggesellschaften hatten sich bisher geweigert, ihre Piloten in das Kampfgebiet zu schicken.

Am 28. Juni 1968 berichtete ich auf einer vom Fernsehjournalisten Karl-Heinz Fröder anberaumten Pressekonferenz in Frankfurt von der Notsituation in Biafra und appellierte an die Öffentlichkeit, der Situation im Krisengebiet mehr Aufmerksamkeit zu schenken. Außerdem müsse das allgemeine Spendenaufkommen dringend gesteigert werden. Der Aufruf wurde gehört: Bis Juli 1968 liefen rund 36 Millionen DM über die Konten des Diakonischen Werks in Stuttgart. Eine vergleichbare Summe erzielte die Caritas.

Am 15. Juli war es dann endlich soweit: Georg Hüssler und ich verhandelten mit Vertretern der Lufthansa in einem Zürcher Rechtsanwaltsbüro über den Ankauf von Flugzeugen. Eine halbe Stunde nach Mitternacht war das Geschäft perfekt. Fünf Flugzeuge des Typs DC-7 C gingen in unseren Besitz über.

Dann, am 24. Juli, einem Mittwochmorgen, dröhnten die Motoren unserer DC-7. Die erste Maschine mit dem Kennzeichen ABAC rollte über die Startbahn des Frankfurter Flughafens, hob ab und nahm Kurs auf Lissabon. An Bord hatte sie zwölf Tonnen Fleischkonserven, Stockfisch, Milchpulver, weitere Lebensmittel und Medikamente. Außer den Piloten begleiteten Georg Hüss-

ler und ich die Ladung. Wir wollten mit eigenen Augen sehen, wo die größte Not herrscht, um die Hilfsaktion katholischer und evangelischer Christen entsprechend zu steuern. Bei unserem Start wußten wir, daß der Flug ein tödliches Ende nehmen kann. Immer wieder kam es vor, daß Maschinen in den Beschuß nigerianischer Flak gerieten. Hüssler wußte von Hank Warton, daß die Landung in Biafra irgendwo auf einer verbreiterten Straße, ohne Landebeleuchtung, meist nur mit wenigen Öllampen, jedesmal einem Husarenstück glich.

Bei unserer Zwischenlandung in Lissabon erreichte uns die Nachricht, daß kurzfristig zum 29. Juli zwei Bundestagsausschüsse in Bonn einberufen worden seien. Einer der beiden Organisatoren sollte dort zu der geplanten Luftbrücke Stellung beziehen. Ausgerechnet jetzt! Nicht nur die UNO, für dessen Generalsekretär U-Thant der Krieg zwischen Biafra und Nigeria noch immer eine »innere Angelegenheit« war, schwieg bisher und blieb untätig. Auch die Regierungen Europas und Nordamerikas sahen dem Massensterben unbeteiligter Menschen im fürchterlichsten Krieg des afrikanischen Kontinents tatenlos zu. Aber sowjetische MIGs und Iljuschin-Bomber mit ägyptischen Piloten bombardierten biafranische Lager, und England lieferte Waffen an die Zentralregierung und ließ britische Majore nigerianische Einheiten kommandieren. Das schien bislang unsere Politiker nicht zu stören. Erst jetzt, da von Regierungen unabhängige Organisationen schnelle, unbürokratische und wirksame Hilfe leisten wollten, rührte sich auch Bonn.

Weder Hüssler noch ich wollten freiwillig die Heimreise antreten. Die Münze sollte uns die Entscheidung abnehmen. Der Politiker auf dem Geldstück brachte Hüssler die Weiterreise; ich hatte den Adler gewählt und mußte zurück nach Deutschland, während Georg Hüssler über Sao Tomé nach Biafra flog.

Am Abend des 28. Juli war ein Vorgespräch im Bonner Büro Kunst angesetzt. Unsere Vorahnung sollte sich bestätigen. Der Vertreter des katholischen Büros informierte mich über die zurückhaltende Reaktion des Auswärtigen Amtes. Man stehe unserem Unternehmen mit großen Bedenken gegenüber.
Am Morgen des 29. Juli, kurz vor Beginn der gemeinsamen Sitzung von Auswärtigem Ausschuß und dem Ausschuß für Entwicklungshilfe des Bundestages, suchte mich der SPD-Abgeordnete Erhard Eppler auf. Eindringlich sicherte er mir seine Unterstützung zu und ermutigte mich, nicht von der Durchführung unseres Vorhabens abzulassen.
In der turbulent geführten Sondersitzung dann das gewohnte Bild, das die meisten westlichen Regierungen boten, um sich aus ihrer Verantwortung stehlen zu können: Der Vertreter des Auswärtigen Amtes wies darauf hin, daß wegen der besonderen politischen Lage in Nigeria für die Bundesregierung Zurückhaltung geboten sei. Das Engagement der Bundesregierung zugunsten einer Befriedung Nigerias sei beim EWG-Ministerrat auf wenig Gegenliebe gestoßen. Über eine Gewährung von humanitärer Hilfe in Höhe von fünf Millionen DM werde das Bundeskabinett voraussichtlich in einer Woche entscheiden.
Die Sondersitzung der beiden Ausschüsse endete so, wie viele Ausschüsse enden: Das unangenehme Problem delegierte man einfach weiter, und zwar an einen Unterausschuß mit dem anspruchsvollen Namen »Unterausschuß für humanitäre Hilfe in Afrika«.

Die Stellungnahme des Auswärtigen Amtes sprengte den sonst geltenden Fraktionszwang der im Bundestag vertretenen Parteien. Es kristallisierte sich sogar eine ungewöhnliche Übereinstimmung zwischen so unterschiedlichen Abgeordneten wie Herbert Czaja und Helmut Schmidt heraus. Das Votum des ehemaligen Innensenators von Hamburg gab den entscheidenden Ausschlag, die Bundesregierung mit einem interfraktionellen Antrag um die Unterstützung unseres Unternehmens zu bitten: »Den Geißel kenne ich noch von der Flutkatastrophe in Hamburg. Wenn der etwas anpackt, dann hat das Hand und Fuß.«
Ich gebe zu, es freute mich, daß Helmut Schmidt sich an mich erinnerte. Vor allem aber verhalf es einem Vertreter des Roten Kreuzes und mir dazu, als beratende Mitglieder des Unterausschusses mitwirken zu können. Nur so konnte ich auch die Bundesregierung davon überzeugen, daß sich Planung, Finanzierung und Durchführung der Luftbrücke bei Diakonischem Werk und Caritas in guten Händen befanden. Es sollte schließlich deutlich werden, daß die Wohlfahrts-Profis aus den kirchlichen Organisationen sehr wohl in der Lage waren, unterlassene Hilfe der Regierung zu ersetzen.

Am 9. August besuchte mich in Stuttgart erneut Francis Ibiam mit seiner Frau sowie seinem Vertreter in Europa, Uffumadu. Es gab vieles zu besprechen. Ärzte, Pflegepersonal und vor allem Piloten mußten für unser Hilfeprogramm gewonnen werden. Darüber hinaus galt es, unter schwierigsten verkehrstechnischen und klimatischen Bedingungen ein komplettes Nachschub-, Versorgungs- und Verteilungsnetz aufzubauen. Das erforderte eine ausgeklügelte Logistik.

Unterdessen hatten auch kirchliche Organisationen in anderen Ländern mit Hilfsmaßnahmen für Biafra begonnen. Ob Katholiken oder Protestanten in Europa, Juden oder Quäker in Nordamerika, plötzlich überwanden alle ihre konfessionellen und nationalen Schranken. Das Problem, das einer effizienten Hilfe im Wege stand, war die Tatsache, daß alle Gruppen ihre Aktionen unabhängig voneinander durchführten. So gründeten die skandinavischen Kirchen ihre »Northchurchaid«, in den Vereinigten Staaten schlossen sich Juden, Katholiken und Protestanten zur »Joint Church Aid USA« zusammen. Dazu kamen spontane Initiativen aus Irland, Holland und Frankreich.

Das durfte so nicht weitergehen; in einer solchen Notsituation war ein enges Miteinander der beteiligten Hilfsorganisationen dringend geboten; deshalb lud ich die Vertreter der protestantischen und der katholischen Hilfswerke aus Nordamerika und Europa zu einem Gespräch nach Frankfurt ein. Das Treffen fand am 2. September 1968 mit starker Beteiligung statt und brachte den gewünschten Erfolg. Wir wurden uns darüber einig, daß ein neuer Stil der Kooperation entwickelt werden müsse. Auf Wunsch der Beteiligten arbeitete ich einen Organisationsplan aus mit genauer Aufgabenverteilung, den ich am 9. Oktober 1968 auf einer Sitzung bei der Caritas Internationalis in Rom dem erneut versammelten Gremium vorlegte. Wir einigten uns dabei auf eine gemeinsame Hilfsaktion unter dem Namen »Joint Church Aid«, die sich in der folgenden Zeit zur bisher größten kirchlichen Ad-hoc-Hilfe entwickeln sollte. Wir arbeiteten dabei ohne eine Rechtsform und ohne einen offiziellen gemeinsamen Sitz. Es war schlicht eine Arbeitsgemeinschaft, in der die Aufgabengebiete auf die einzelnen Organisationen oder Gruppierungen verteilt wurden. Die Amerikaner sollten von Genf aus weltweit für uns werben, die Skandinavier übernahmen die Verantwortung für die Luftoperation, Caritas Internationalis Rom für das im Krisengebiet eingesetzte Personal, die Schweizer sollten die Funkverbindung herstellen und betreuen, Georg Hüssler und ich hatten den gesamten Hilfsgüternachschub zu koordinieren. Nach diesen Planungen arbeiteten nach dem Beitritt weiterer kirchlicher und nichtkirchlicher Organisationen 37 Verbände aus 32 Ländern der Erde trotz immer wieder auftretender Schwierigkeiten wirkungsvoll und mit großer Präzision. Weisungen und Aufträge gab ein Exekutiv-Ausschuß, den wir bildeten und der regelmäßig an verschiedenen Stätten in Europa und in den USA tagte. Eine große deutsche Tageszeitung nannte uns die »Manager der Menschlichkeit«.

Hüssler und ich machten uns sofort an die Arbeit. Unsere Aufgabe bestand zunächst darin, ein genaues Bild von der Bedarfssituation in Biafra zu gewinnen. In einem zweiten Schritt empfahlen wir den einzelnen Organisationen der »Joint Church Aid«, für einen Planungszeitraum von drei Monaten bestimmte Waren nach Sao Tomé zu liefern. Wir wußten: Nur wenn alle Mitglieder unserer Empfehlung Folge leisten, können die Spendermillionen sinnvoll eingesetzt werden. Und es klappte! Alle führten exakt die Lieferpläne durch, die angeforderten Lebensmittel, Medikamente und Bedarfsgüter aus den USA, aus Kanada und Europa erreichten fristgerecht die Insel Sao Tomé im atlantischen Ozean.
Hier aber, im Hafen der kleinen portugiesischen Insel, begannen die Probleme. Zwar hatten wir mit unserem

Drei-Monats-Plan eine optimale Ausnutzung der wenigen Lagerhäuser auf Sao Tomé sichergestellt, doch die Frachter stießen schon auf ungeahnte Schwierigkeiten, ehe ihre Ladung überhaupt gelöscht werden konnte. Dietrich Michaelsen, einer meiner Verbindungsmänner in Sao Tomé, berichtete, daß das Hafenbecken der 60 000-Einwohner-Insel nicht tiefer als 2,70 Meter war. Die Frachter mußten deshalb auf See ankern und mit kleinen Löschbooten entladen werden. Aber die Zahl dieser sogenannten Leichter war begrenzt, Wartezeiten entstanden. Deshalb entschlossen sich manche Kapitäne, zunächst ihre übrige Fracht in andere afrikanische Häfen zu verschiffen, um dann auf dem Rückweg unsere Spendenfracht loszuwerden. Diese Situation bekümmerte uns sehr. Doch wer wollte es einer wirtschaftlich denkenden Reederei übelnehmen, daß sie ihre vollen Schiffe nicht mehrere Tage unproduktiv vor dem Hafen von Sao Tomé ankern ließ!

Auch zwei Güterumschlag-Spezialisten, die wir von der Speditionsfirma Kühne & Nagel für den Transport unserer Spenden vom Schiff bis ins Flugzeug angeheuert hatten, unterrichteten uns über diese mißliche Situation. Die unbefriedigende Infrastruktur auf der Insel könne ihrer Meinung nach nur mit eigenem Transportgerät entscheidend verbessert werden. Daraufhin erwarb das Diakonische Werk im Frühjahr 1969 von Hamburger Firmen mehrere Leichter mit einem Gesamtvolumen von mehr als 800 Tonnen. Diese Zahl unterstreicht eindrücklich, in welchen Dimensionen sich die Hilfe der »Joint Church Aid« bewegte. In Stuttgart besorgte ich einen UNIMOG mit drei Anhängern, damit der Warentransport auch auf dem Land bewältigt werden konnte. Wertvolle Zeit kostete uns die Verladung von den Lkws in die Flugzeuge. Neue Fließbänder konnten hier Abhilfe schaffen. Schließlich mußten sich sämtliche Hilfsorganisationen die wenigen Lagerhallen teilen, die zudem noch auf verschiedene Stellen verteilt waren. Also bauten wir unmittelbar am Flughafen eine Lagerhalle, 165 x 30 Meter groß, aus in Deutschland vorgefertigten Teilen, die ab Bremen hierher verschifft wurden. Sie erst ermöglichte eine zügige Warenbewegung zwischen Schiff und Flugzeug. Die Halle erhielt auch einen größeren Raum mit einer Klimaanlage, in dem Medikamente und leicht verderbliche Kindernahrung gelagert wurden.

Nun konnte mit der Verladung der Hilfsgüter begonnen werden. Etwa 12 Tonnen Fleischkonserven, Milchpulver, Medikamente und proteinhaltige, eiweißreiche Lebensmittel verschwanden in den dickbauchigen Maschinen. War die Maschine bis zum letzen Winkel beladen, setzte sich Hank Warton oder einer seiner Piloten ins Cockpit. Warton war Chef einer Chartergesellschaft, deren Dienste wir, wie schon erwähnt, eigentlich gar nicht in Anspruch nehmen wollten. Aber er war am Anfang der einzige, der mit seinen Maschinen von Sao Tomé aus in das Kampfgebiet flog. Seine Risikobereitschaft ließ sich der Amerikaner mit dem deutschen Paß sehr gut honorieren. 215 Dollar zahlten »Joint Church Aid« und andere Auftraggeber – pro Tonne, versteht sich, inklusive Versicherungsprämie und Kerosinkosten. Außerdem verlangten die Portugiesen im Durchschnitt 720 Mark an Start- und Landegebühren.

In der deutschen Medienlandschaft sorgte unsere Aktion für erhebliches Aufsehen. Nicht nur der hohe Preis für die Chartermaschinen und die Frachtkosten erregten die publizistischen Meinungsmacher. »Hatten Sie keine Bedenken, mit Hank Warton Geschäfte zu machen?« schallte es uns aus dem deutschen Blätterwald entgegen. Natürlich hatten wir Bedenken, große sogar. Aber es gab vorerst keine andere Möglichkeit. Verhandlungen mit anderen Fluggesellschaften zerschlugen sich, weil ihnen das Risiko zu groß war. Wer läßt sich schon gerne bei einem Anflug auf einen Buschflughafen von der nigerianischen Flak unter Beschuß nehmen oder von einer russischen MIG abschießen? Warton war für die einen ein Held, für die anderen ein Abenteurer. Es kam dann zu einigen Schwierigkeiten mit ihm im operativen Bereich. Wir mußten überlegen, die Organisation in die eigenen Hände zu nehmen, zumal Flugzeuge aus Dänemark, Schweden und den USA unsere Flotte verstärkten.

Dazu gehörte natürlich mehr als Fliegen; Piloten mußten angeheuert werden, die technische Unterhaltung der Fluggeräte erforderte einen eigenen Service, und der Einsatz mußte genauestens geplant werden. Vico Mollrup von Northchurchaid, für die Luftoperation verantwortlich, konnte höhere Offiziere der schwedischen und der dänischen Luftwaffe gewinnen, das technische Personal stellten skandinavische Fluggesellschaften. Eine asphaltierte Straße zwischen den Dörfern Uli und Mgbidi mit dem Namen »Uli« (Codewort »Annabelle«) diente als Landebahn, reichte aber bald nicht mehr aus, als sich die Anzahl der Flüge erhöhte. Außerdem wurde sie auch vom Internationalen Roten Kreuz benutzt, das von der Insel Fernando Poo aus operierte. Auf meine Empfehlung hin wurde die Straße mit aus den USA bezogenen Blechen ausgebaut und erhielt auch einen Wendeplatz.

Inzwischen war unsere Luftflotte auf 18 Maschinen angewachsen. DC 6 und Herkules 46 aus Dänemark und

Schweden, Super Constellation aus Kanada und Boeing-Strato-Freighter aus den USA ergänzten die DC 7 aus der Bundesrepublik. Flugzeuge, die im Einsatz verlorengingen, konnten kurzfristig ersetzt werden. Sehr viel schwerer aber traf uns der Verlust von Piloten und Begleitern, wir trauerten um jeden, der für diese Aktion sterben mußte. Ersatz meldete sich sofort, und so konnten unsere Piloten, wenn das Wetter es zuließ, auch weiterhin bis zu drei Einsätze in einer Nacht fliegen. Tagesflüge haben wir wegen der großen Gefahr der Bombardierung und der Jäger-Angriffe nicht durchgeführt.

Anläßlich eines meiner Aufenthalte in Biafra konnte ich mich davon überzeugen, wie gut das Verteilungssystem funktionierte. Es wurde von unserem holländischen Arzt-Ehepaar Dr. Middelkoop geleitet, ihnen standen viele fremde und einheimische Mitarbeiter zur Seite. In rund 1 100 Koch- und Ausgabestellen im Land versorgten wir zeitweise bis zu 4 Millionen Menschen im Kessel; Krankenhäuser, Kinderstationen und mobile Kliniken leisteten medizinische Hilfe in großem Umfang. Trotzdem blieb die Not groß, vor allem bei den unterernährten Kindern, von denen viele in der dortigen Situation kaum hätten gerettet werden können. Das Schicksal dieser unschuldigen Opfer ließ uns keine Ruhe, und wir entschlossen uns, die am meisten gefährdeten und kranken auszufliegen. Zunächst richteten wir in Sao Tomé ein ärztlich geleitetes Kinderheim ein mit biafranischem Pflegepersonal; hier konnten 250 zwei- und dreijährige Kinder aufgenommen und dank neuer Behandlungsmethoden von ihren schweren Mangelerscheinungen geheilt werden, nur für eines von ihnen kam diese Hilfe zu spät. Nach diesem Ergebnis beschlossen wir - nach Abspra-

Eine abgeschossene Maschine

Das Ärztehepaar Middelkoop (rechts)

che mit der Regierung in Gabun –, in Libreville, der Hauptstadt dieses Landes, ein größeres Lager mit einer Klinik einzurichten, das Platz für rund 1 500 gefährdete Kinder bot. Aufbau und Unterhaltung übernahmen Caritas und »Brot für die Welt«. Projektleiter, Ärzte und leitende Schwestern kamen aus Europa, Schwesternhelferinnen und Kindergärtnerinnen aus Biafra, Köche und Hilfspersonal aus Gabun. Zuletzt befanden sich in diesem Lager 1 700 Kleinkinder. Als ich es einmal besuchte, umringten mich die Kinder sofort und waren von ihren Betreuerinnen kaum zurückzuhalten. Eine biafranische Schwester fragte mich, ob ich gerade aus Biafra käme; als ich das bejahte, meinte sie: »Deshalb der stürmische Empfang; die Kinder riechen das und spüren, daß Sie aus ihrer Heimat kommen.«

Am 14. Mai 1969 hielt ich mich aus Anlaß der feierlichen Unterzeichnung eines Liefervertrages durch den damaligen EWG-Präsidenten Gaston Thorn in Brüssel auf. Während des Zeremoniells wurde mir ein Telegramm zugesteckt, Absender: Willy Brandt. Der Chef des Auswärtigen Amtes bat mich dringend um diplomatische Hilfe in einer äußerst schwierigen Angelegenheit. Seit dem 9. Mai wurden in Nigeria 29 Männer vermißt, die in einem unwegsamen Sumpfland westlich des Nigerflusses als Ölfachleute auf einem Ölfeld beschäftigt waren. Dieses Gebiet galt schon seit geraumer Zeit als »akute Gefahrenzone«, da es zwar von den Föderationstruppen Nigerias kontrolliert, zwischendurch jedoch von biafranischen Stoßtrupps besetzt wurde; dabei waren die Erdöltechniker aller Wahrscheinlichkeit nach in die Hände der Biafraner gefallen. Schon zwei Tage nach der »Vermißt«-Meldung kursierten Gerüchte, daß man die Leichen von zehn Italienern und eines jordanischen Mitarbeiters der Firma AGIP in der Nähe der Stadt Kwale gefunden habe. Die übrigen 18 Männer blieben spurlos verschwunden. Wenige Tage später trat der biafranische Informations-Kommissar Ifegwu Eke in einer Pressekonferenz mit der Nachricht an die Öffentlichkeit, die Vermißten seien, einige von ihnen verletzt, in biafranische Gefangenschaft geraten. Er bestätigte, daß es sich um 14 Italiener, einen Libanesen und drei Westdeutsche handelte. Die drei deutschen Techniker arbeiteten für die Düsseldorfer Firma Beton- und Monierbau AG in dem umkämpften Erdölfeld. Diese Information war das Signal für das Auswärtige Amt, mir jenes Telegramm nach Brüssel zu schicken; ich wurde darin gebeten, mich bei Staatschef Ojukwu für die Freilassung aller gefangenen Erdöltechniker einzusetzen.

Ich flog sofort nach Sao Tomé und beriet mich zunächst mit unserem Einsatzstab und dem portugiesischen Gouverneur über meine »Marschroute«. In der Nacht vom 17. auf den 18. Mai flog ich in einem »Stockfischbomber« in das Kampfgebiet Biafra. Kurz vor der nigerianischen Küste begann der Anflug auf Uli. Der Pilot schaltete die Positionslichter an unserem Flugzeug aus, damit wir nicht gesehen wurden; die Landebahn konnte nur mit bloßem Auge angepeilt werden, ein paar Öllampen dort dienten der notdürftigen Orientierung. Jedes Landemanöver wurde durch diese Bedingungen zu einem Himmelfahrtskommando; auch wenn die nigerianische Flak die Maschine nicht sehen konnte, wurde sie doch durch den Lärm der Triebwerke auf sie aufmerksam gemacht. Aber die Piloten brachte das nicht aus der Ruhe: »Den nigerianischen MIGs und den Iljuschin-Bombern

fehlen elektronische Einrichtungen, mit deren Hilfe sie uns in der Nacht abschießen können«, meinten sie und brachten die Maschine sicher zur Landung.
Am 18. Mai konnte ich mich noch nicht zu Ojukwu durchschlagen, weil die Bomber die Straßen mit ihren Bordgeschützen zu stark unter Beschuß nahmen, aber am nächsten Tag kam ich durch. Als ich Ojukwu in seinem Bunker aufsuchte, wies er mich darauf hin, daß die Erdöltechniker bei ihrer Verhaftung bewaffnet gewesen seien. Er beschuldigte die Gefangenen, auf der Seite Nigerias gekämpft zu haben, und »franctireurs« habe man auch in Europa erschossen. Ich vereinbarte daraufhin mit Ibiam eine Konferenz, bei der die Bischöfe beider Kirchen, Minister der Regierung, Vertreter der helfenden Organisationen und der Vertreter des Internationalen Roten Kreuzes Jaggi die Situation beraten sollten. Ich machte Ibiam unmißverständlich deutlich, daß die Freilassung der Erdöltechniker die unerläßliche Voraussetzung für die Fortführung der Hilfe von Joint Church Aid sei. »Es liegt also an Staatschef Ojukwu selbst, ob er die humanitäre Hilfe gefährden will«, gab ich Ibiam zu verstehen.
Am 21. Mai führte ich ein zweites Gespräch mit Ojukwu, an dem auch Ibiam teilnahm. In den zweieinhalbstündigen Verhandlungen unterstellte mir Ojukwu, daß ich ihn mit meinen Drohungen erpressen und in der Weltöffentlichkeit diskreditieren wolle. Es gelang mir aber, ihm im Verlauf des Gesprächs den Gedanken nahezubringen, daß gerade eine Ablehnung meiner Bitte ein schlechtes Licht auf seine Person und seine Politik werfen müsse. Ibiam unterstützte mich: »Exzellenz, ich kann Ihnen im Interesse unseres Volkes nur dringend empfehlen, dem Wunsch Geißels und seiner Freunde zu ent-

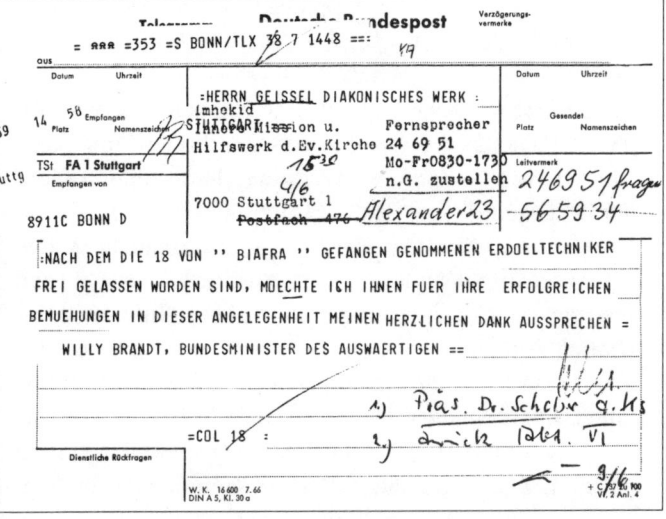

sprechen.« Ojukwu war plötzlich wie umgewandelt und lobte die Hilfen von Joint Church Aid im allgemeinen und die des Diakonischen Werkes im besonderen. Ich konnte aufatmen. »Es ist klar, daß erst die Verurteilung der Erdöltechniker erfolgen muß, ehe sie dann von unserem Staatschef begnadigt und Ihnen übergeben werden können«, verabschiedete mich Ibiam. Und Ojukwu hielt Wort. Am 4. Juni begnadigte die biafranische Regierung die 18 Erdöltechniker, die wenige Tage zuvor zum Tode verurteilt worden waren. Sie wurden uns in Biafra übergeben und von Sao Tomé nach Rom geflogen. Am selben Tag erhielt ich wieder ein Telegramm: »Nachdem die 18 von ›Biafra‹ gefangen genommenen Erdöltechniker freigelassen wurden, möchte ich Ihnen für Ihre erfolgreichen Bemühungen in dieser Angelegenheit meinen herzlichen Dank aussprechen. Willy Brandt, Bundesminister des Auswärtigen.«

Im Dezember 1969 ergab sich eine Kontroverse zwischen dem Ökumenischen Rat der Kirchen in Genf und Joint Church Aid. In einem Kommuniqué hatte man in Genf deren gegenwärtige Haltung und Verantwortung im Blick auf den Konflikt Nigeria – Biafra untersucht. Dabei wurde unter anderem zum Ausdruck gebracht, daß man zwar dankbar sei für die humanitäre Hilfe von Joint Church Aid, aber die tiefe Besorgnis habe, die gewaltigen Anstrengungen könnten mit politischen Nebenwirkungen verbunden sein und die Kirchen dem Vorwurf aussetzen, zur Verlängerung des Krieges beizutragen. Zu gleicher Zeit tagte die 5. Vollversammlung von Joint Church Aid in Oslo und antwortete nach einstimmigem Beschluß dem ÖRK, daß die Hilfen für die Opfer des Biafra-Nigeria-Konfliktes unermüdlich und unter ständiger Verbesserung der Mittel fortgesetzt würden, denn es gehe ausschließlich darum, Menschenleben zu retten. Joint Church Aid rufe in tiefer Besorgnis um die Situation in Biafra den Ökumenischen Rat, die Organisation Afrikanischer Staaten, die Vereinten Nationen und die Regierungen auf, alle ihre Bemühungen darauf zu richten, den Frieden in diesem Gebiet wieder herzustellen. Und unsere tapferen Piloten antworteten dem Ökumenischen Rat auf ihre Weise: In der Nacht nach dem Bekanntwerden jenes Genfer Kommuniqués flogen sie 363 847 kg Lebensmittel und Medikamente ein – die höchste Einfuhr seit Bestehen der Luftbrücke!

Nach zweieinhalb Jahren ging der Bürgerkrieg im Januar 1970 zu Ende. Ich hatte schon länger damit gerechnet, daß Ojukwu diesen Kampf verlieren würde; bereits Wochen zuvor, im Dezember 1969, hatte er mich gebeten, für seine Armee Lebensmittel, Bekleidung und Schuhe zu Verfügung zu stellen. Ich hatte das abgelehnt, so wie wir während der gesamten Aktion jegliche Unterstützung für das Militär verweigert hatten. Jetzt berief ich frühzeitig, schon zum 10. Januar 1970, den Exekutivausschuß von Joint Church Aid nach Stuttgart ein, um Maßnahmen für die Zeit nach dem Ende der Kampfhandlungen zu beraten.

Der Krieg war vorbei, aber Hunger, Not und Verzweiflung blieben. Joint Church Aid hatte die Hilfsflüge einstellen müssen, obwohl die nigerianische Zentralregierung nicht in der Lage war, die Hungernden zu versorgen. Unser Angebot, für eine auf 20 Tage befristete Übergangszeit bis zu 5 Millionen Menschen zu ernähren, wurde von der nigerianischen Generalität strikt abgelehnt. In Sao Tomé lagerten noch über 6 500 Tonnen Lebensmittel. Wir ließen nichts unversucht, um den Menschen zu helfen. Ich gehörte einer Kommission an, die nach Sao Tomé flog, Funkverbindung mit General Gowon aufnahm und Gespräche über weitere Versorgungsmaßnahmen anbot. Auch das wurde von ihm abgelehnt; er fand sich lediglich dazu bereit, eine Delegation von Joint Church Aid in Lagos zu empfangen, an der von deutscher Seite Georg Hüssler teilnahm. Gowon erhob dabei große Vorwürfe; allerdings nicht wegen der Luftbrücke, sondern weil, wie er sagte, wir ihm seine Kinder gestohlen hätten! Mac Cracken, der in der Delegation den Church World Service (CWS) USA vertrat, antwortete ihm: »Wir haben Ihre Kinder nicht gestohlen, wir haben ihnen das Leben gerettet! Das sollten Sie nicht vergessen. Sie werden gesund in ihre Heimat zurückkehren, wenn von Ihrer Seite die Versorgung für diese Kinder sichergestellt ist.« In diesem Gespräch wiesen unsere Delegierten auch darauf hin, daß während des ganzen Bürgerkrieges die hungernden Menschen in Nigeria von den kirchlichen Hilfswerken mit weitaus mehr Hilfsgütern unterstützt worden waren, als über die Luftbrücke nach Biafra gelangten. – Die 6 500 Tonnen Lebensmittel aus unserem Lager in Sao Tomé verwendeten wir für Speisungsprogramme der Caritas Portugal in Angola, des CWS in der Zentralafrikanischen Republik und zur Versorgung unseres Kinderlagers in Libreville.

Die starre Haltung der nigerianischen Zentralregierung änderte sich dann doch recht bald, zu groß war das Nachkriegselend im ganzen Land. Die Hilfswerke der Kirchen konnten ihre Tätigkeit in Nigeria und auch im Ibo-Land wieder aufnehmen – trotz der von Vertretern des Ökumenischen Rates geäußerten Befürchtungen.

Die Tragödie Biafra war zu Ende. Die Unschuldigen – Frauen, Kinder, Alte, Gebrechliche – hatten am meisten und auch, wenn man das so sagen kann, am sinnlosesten gelitten. Wir haben versucht, alles zu tun, was in unseren Kräften stand, um Menschen zu retten, so, wie es uns unser christlicher Auftrag gebietet. Unsere Hilfe forderte einen hohen Tribut: 17 Piloten, 35 Mitarbeiter und 122 Biafraner mußten dabei ihr Leben lassen. Ein schwerer, uns sehr belastender Verlust, den wir auch nicht »verrechnen« können mit den Millionen, denen das Leben gerettet wurde.

Der finanzielle Aufwand belief sich auf rund 116 Millionen US-Dollar; nicht mitgerechnet sind dabei die Lebensmittel, die von der Europäischen Gemeinschaft, den europäischen, amerikanischen und kanadischen Regierungen in beträchtlichem Umfang zur Verfügung gestellt wurden. Mit 5 310 Flügen wurden insgesamt etwa 60 324 Tonnen Hilfsgüter eingeflogen.

Während eines großen Notstandes in einem Entwicklungsland, das die internationale Welt stark beschäftigte, haben sich in Joint Church Aid kirchliche Hilfsorganisationen zu gemeinsamem Handeln zusammengefunden und erstmalig in diesem Umfang und unter äußerst schwierigen Bedingungen eine großzügig angelegte Hilfsaktion durchgeführt, die sowohl hinsichtlich ihres Umfangs wie auch ihrer Dauer in der Geschichte der Hilfeleistungen bis dahin einmalig war. Den unmittelbar Verantwortlichen hat diese Tätigkeit alle Kräfte abverlangt. Der Mut zum Handeln hat sich während der Bürgerkriegssituation, in der Nigeria sich befand, bewährt, während die offizielle Politik der großen Staaten und der Weltorganisationen wie UNO und ÖRK keine Möglichkeit mehr sah, in dieses Geschehen einzugreifen. Dieses Handeln aller Beteiligten aus der Verpflichtung zur Hilfe heraus hat Joint Church Aid trotz starker Gegenströmungen in den jeweiligen Ländern der beteiligten Hilfsorganisationen ein großes Maß an Wertschätzung und Vertrauen gebracht. Vor allem die Jugend wurde in einem bei einer kirchlichen Aktion so noch nicht gekannten Ausmaß aktiv. Der Wille zu ökumenischer Zusammenarbeit ist wohl noch nie so stark gewesen und hat immer wieder geholfen, die entstehenden Schwierigkeiten zu überwinden.

Ostarbeit - Die Geschäfte der Kirchen mit der DDR

Die kirchliche Situation in Ostdeutschland

Nach der Kapitulation der deutschen Wehrmacht im Jahr 1945 konnte jede Siegermacht das gesamte öffentliche Leben in dem von ihr besetzten Gebiet bestimmen. Dies entsprach exakt den alliierten Vereinbarungen. Vier Oberbefehlshaber aus Frankreich, Großbritannien, aus der UdSSR und den USA bildeten zusammen den Alliierten Kontrollrat, das höchste Machtorgan in Deutschland. Von ihm unabhängig konnte jeder der vier Oberbefehlshaber in seiner Zone eigene Gesetze und Befehle erlassen. Obwohl die Alliierten sich in ihrer Zonenpolitik auf ein weitgehend einheitliches Vorgehen verständigt hatten, zeichnete sich schon bald ab, daß sich die westlichen Zonen und die Ostzone auseinanderentwickeln würden. Auch die sowjetische Besatzungsmacht machte von ihrem legitimen Recht Gebrauch, das gesamte öffentliche Leben in der östlichen Zone zu beeinflussen. Zu diesem Zweck gründete sie die Sowjetische Militäradministration in Deutschland (SMAD). Ihre Aufgabe bestand vor allem darin, in den von ihr besetzten Provinzen und Ländern zur Organisation eines normalen Lebens überzugehen und als Organ der Sowjetregierung die relevanten Kontrollfunktionen auszuüben. Während die SMAD ihre Hoheitsfunktion im wesentlichen in Form von »Befehlen« durchsetzte, war ihr Ton

im kirchlich-religiösen Bereich auffallend zurückhaltend. Dies hatte mehrere Gründe:
Schon lange vor dem Zusammenbruch des »Dritten Reichs« wurden in der Sowjetunion Vorbereitungen für einen »demokratischen« Neuaufbau Deutschlands getroffen. Zum Gelingen dieses Vorhabens sollten deutsche Kommunisten beitragen, die im russischen Exil von sowjetischen Parteikadern politisch geschult wurden. Um der Verfolgung der Nationalsozialisten zu entfliehen, waren seit 1933 immer mehr deutsche Kommunisten in die Sowjetunion emigriert. Die Exilanten hatten im Juli 1943 das Nationalkomitee »Freies Deutschland« gegründet. Dieser Organisation schlossen sich auch in russische Gefangenschaft geratene Berufssoldaten (Heinrich Graf Einsiedeln, General von Seydlitz), aber auch Theologen wie Dr. Friedrich-Wilhelm Krummacher und Johannes Schröder an.
Mit Kriegsende im Mai 1945 kehrten die deutschen Exilkommunisten – unter ihnen Walter Ulbricht, Wilhelm Pieck und Erich Weinert – in die von der Sowjetunion besetzte Zone zurück. Hier erhielten sie die Möglichkeit, in einem von der SMAD gesetzten Rahmen politische Macht auszuüben. Daß man bei dem noch in den Kinderschuhen stehenden Neuaufbau nicht auf kirchliche Repräsentanten verzichten wollte, entsprach sowohl den Richtlinien des Nationalkomitees als auch der Absicht der SMAD. Diese generöse Haltung überrascht keinesfalls. In den Konzentrationslagern waren sich Altkommunisten und Kirchenmänner nähergekommen. Nach ihrer Befreiung sollten sie nun, gemeinsam mit den Heimkehrern aus Moskau, als »Einheit der fortschrittlichen Kräfte aus allen werktätigen Schichten, der Kommunisten, Sozialdemokraten, bürgerlichen Demokraten

und Christen« den Aufbau des »antifaschistisch-demokratischen« Deutschland vorantreiben. Nicht zuletzt mit der Zusage einer umfassenden »Gewissens- und Glaubensfreiheit« nährte die SMAD die Hoffnung auf einen Neuaufbau, der auch die Kirche selbst einschließen sollte. Zumal die Mitglieder der »Bekennenden Kirche« (BK) glaubten, daß sie zwischen 1933 und 1945 verlorene Leitungsaufgaben in den neu zu besetzenden Ämtern wiedergewinnen könnten.

Viele BK-Mitglieder sahen der Entwicklung in der östlichen Besatzungszone optimistisch entgegen. Schließlich hatte sich die SMAD mit ihrer Aussage, den Schutz kirchlichen Eigentums zu garantieren, ein zweites Mal von ihrer besten Seite gezeigt. Angesichts dieser »Vorleistungen« fiel es schwer, solchen Stimmen Gehör zu schenken, die auf Lenins und Stalins Kampf gegen Religion und Kirche sowie auf die brutale Rücksichtslosigkeit gegenüber Geistlichen und Gläubigen in der Russisch-Orthodoxen Kirche aufmerksam machten.

Auf der anderen Seite wies die evangelische Kirche in der damaligen SBZ und der späteren DDR wichtige Unterschiede zu den Kirchen in Polen und in der Sowjetunion auf, die auch die SED-Führung nicht ohne weiteres ignorieren konnte. Die Kirche der Reformation war auch unter den neuen politischen Gegebenheiten eine Volkskirche geblieben, die bereits unter Adolf Hitler Erfahrungen mit einem totalitären Weltanschauungsstaat sammeln konnte. Außerdem nahm die DDR infolge der Spaltung der Nation zweifellos eine Sonderstellung im Sowjetblock ein. So war die Kirche in der DDR lange Zeit keine eigenständige Organisation, sondern integraler Bestandteil der gesamtdeutschen EKD und, in Gestalt ihrer Landeskirchen, Glied zahlreicher gesamtdeutscher Zusammenschlüsse. Ohne Zweifel – und trotz aller Widrigkeiten – übte dieser gesamtdeutsche Charakter der evangelischen Kirche insofern einen Zwang zur kirchenpolitischen Rücksichtnahme aus, als die SED nach 1946 die Auflösung der Kirche nicht offen betreiben konnte. Natürlich ließ sie, so wie die Staatsparteien in anderen sozialistischen Ländern auch, nichts unversucht, um die evangelische Kirche aus ihrer volkskirchlichen Position und der Öffentlichkeit zu verdrängen. Obwohl sich das Verhältnis von Staat und Kirche unterschiedlich gut gestaltete, blieb diese Absicht als Grundzug der sozialistischen Kirchenpolitik erhalten.

Dabei erlebte diese wechselvolle Beziehung, die in den folgenden Jahren vor allem von Konflikten geprägt sein sollte, zunächst eine durchaus positive Entwicklung. Dies hatte seinen Grund darin, daß das gesellschaftliche Wirkungsfeld, in dem sich die Kirchen in der DDR betätigen wollten, im Bereich der Gesundheits- und Sozialfürsorge lag. Das staatliche Gesundheits- und Sozialwesen konnte also nicht nur mit der Unterstützung der evangelischen Diakonie rechnen, sondern sie sogar in seine Programme fest einplanen. Bedenkt man, daß für die SED »ein besonderer Wesenszug der sozialistischen Gesellschaft die Sorge um die Gesundheit der Menschen und ihre soziale Geborgenheit« war, dann wird deutlich, warum die Partei die Einrichtungen der kirchlichen Diakonie gerne in ihre Planungen einbezog. Und von diesen Einrichtungen gab es noch viele. Auch dem Nationalsozialismus war es nicht gelungen, die lange Tradition der Diakonie in Deutschland gewaltsam zu zerstören. So fand die sowjetische Besatzungsmacht 1945 eine große Zahl von Anstalten und Einrichtungen der Inneren Mission vor. Angesichts der allgemeinen Notlage konnten - und sollten - sie ihre Arbeit wieder aufnehmen.

Neben der neu in Gang gekommenen Arbeit der in rechtlich selbständigen Vereinen arbeitenden Inneren Mission konnte auch unser Evangelisches Hilfswerk seine Hilfsaktionen auf das Gebiet der DDR ausweiten. Bis 1960 entwickelte sich seine diakonische Arbeit dort, wenn auch unter erschwerten Bedingungen, parallel zu der in der Bundesrepublik. Hier wie dort sollten Flüchtlingen, Ausgebombten und sonst in Not geratenen Menschen Überlebens- und Starthilfen gegeben werden: Der Mangel an Kleidung, Nahrungsmitteln, Wohnraum, Unterkünften und Arbeit war kein Phänomen, das sich allein auf die drei Westzonen beschränkte. Die Arbeitsvermittlung für Flüchtlinge, Heimkehrer und Umsiedler in der Ostzone zählte ebenso zu unseren Aufgaben wie die Mütter-, Kinder- und Altenerholung und die Krankenhilfe.
Gleichzeitig starteten wir ein Programm mit dem Ziel, den Kirchen und Gemeinden selber eine kontinuierliche Hilfstätigkeit zu ermöglichen. Zu diesem Zweck erhielten sie zum Beispiel Baumaterialien, Fahrräder, Mopeds, Last- und Personenkraftwagen. Zwischen 1945 und 1960 steigerte sich unsere Hilfe zu einem beachtlichen Umfang: 57 Millionen Kilogramm Lebensmittel, Textilien, Medikamente und Baumaterial im Wert von 155 Millionen DM gelangten auf den abenteuerlichsten Wegen in die DDR. 4,7 Millionen Care-Pakete im Wert von 71,5 Millionen DM erreichten ihre Empfänger. Ergänzt wurde diese Hilfe durch 20,4 Millionen DM ausländische Bargeldspenden, 60 Millionen DM aus bundesrepublikanischen Straßensammlungen und Kollekten und durch

22,8 Millionen DM aus Sammlungen für den kirchlichen Wiederaufbau. Die Patenschaftshilfe westdeutscher Kirchen und Gemeinden belief sich für diesen Zeitraum auf ca. 185 Millionen DM. Ohne die ab 1957 fließenden Geldbeträge aus Transfer- und Valutamitteln unterstützte das Evangelische Hilfswerk der Bundesrepublik die Kirchen der DDR bis 1960 mit mehr als 520 Millionen Mark. Für die DDR wurden diese Hilfen verstärkt durch das »Patenschaftswerk West – Ost« (Friedensbrücke), dessen Gründung das Hilfswerk im August 1949 im Schloß Wolfsbrunn beschlossen hatte.

Erste Konflikte zwischen Staat und Kirche

Bei der enormen Größe dieser Summen darf nicht vergessen werden, daß es schon bald nach der Gründung der Bundesrepublik und der DDR zu zahlreichen Behinderungen und Eingriffen in die Arbeit von Diakonie und Hilfswerk kam. Als Folge eines sich zuspitzenden Ost-West-Gegensatzes zeigte die Führung der DDR das Bestreben, jeden gesellschaftlichen Bereich in dem von ihr beherrschten Staat in eigener Verantwortung zu kontrollieren. Dabei wurden Innere Mission und Hilfswerk wegen ihrer engen Bindung an die westdeutschen Kirchen zu ideologischen Gegnern, die als Brückenkopf des westlichen Imperialismus der Entwicklung einer sozialistischen Gesellschaft im Wege standen.

Im Jahr 1953 bildete eine Welle von Beschlagnahmungen zentraler kirchlicher Wohlfahrtseinrichtungen den vorläufigen Höhepunkt in der Konfrontation zwischen Staat und Kirche. Bei ihren Aktionen gingen Partei und Staat mit einer bis dahin nicht gekannten Aggressivität vor. In Zeitungsbeiträgen wurden die Einrichtungen zunächst einer überkritischen Bestandsaufnahme unterzogen. Dieser einleitenden Maßnahme folgte die amtliche Ankündigung, eine unabhängige(!) Kommission werde sich ein Bild von dem Zustand kirchlicher Pflegeeinrichtungen machen müssen, da sie den Vorwürfen der Presse nachzugehen habe. Prompt erschienen die staatlichen Gutachter. Alles wollten sie sehen: Rechnungsbelege, Wirtschaftsbücher, die Küche, sämtliche sanitären Anlagen. Das Personal wurde nach den Arbeitsbedingungen befragt.

Doch dieser ersten Inspektion folgte eine zweite. Nun tauchte eine neue Kommission auf, in deren Begleitung sich auch einige Polizisten der Staatssicherheit befanden. Diese sollten den Eindruck erwecken, daß die Beanstandungen der ersten Kommission noch einer objektiveren Prüfung zu unterziehen seien, ehe Schritte gegen die kirchlichen Träger eingeleitet werden könnten. Weder die Stasi-Männer noch die Kommissionsmitglieder sahen sich genötigt, den Gegenstand ihrer Beanstandungen genauer zu benennen. »Belastendes Material findet sich hier genug«, lautete die stereotype Antwort der namenlosen Prüfer.

Tags darauf erfolgten die Beschlagnahmungen in einer spektakulär durchgeführten Polizeiaktion. Der Augenzeuge Richard W. Solberg schreibt: »Am 18. Mai um 9 Uhr morgens brausten zwanzig oder dreißig Autos und Motorräder durch das Haupttor in das stille waldige Gelände der Hoffnungstaler Anstalten. Zum Erstaunen des Pflegepersonals, der Patienten und der Insassen entstiegen den Fahrzeugen mehr als hundert Personen, darunter fünfzig uniformierte Polizisten. Mit militärischer Präzision versperrten sie alle Ausgänge, als ob es gelte, eine bewaffnete feindliche Festung zu besetzen

und nicht ein Krankenhaus für epileptische Menschen und eine Anzahl von Altersheimen...«
Begleitet wurden diese Aktionen von einer massiven Pressekampagne. »Hilflose Menschen mißhandelt«, lautete einer der Aufmacher, mit denen die diakonischen Einrichtungen diskreditiert werden sollten. Von »verwahrlosten Menschen« war da zu lesen, die in verschmutzten Betten, von einer schlechten Küche versorgt, dahinvegetierten. Bei den Anstalten handele es sich lediglich um verdeckte Stützpunkte des imperialistischen Westens, von denen zwielichtige Devisengeschäfte durchgeführt worden seien. Außerdem werde das Personal zu langen Arbeitszeiten gezwungen, die »nicht im Einklang mit den Errungenschaften des Sozialismus« stünden.

Aktueller Hintergrund dieser vorübergehenden Beschlagnahmungen waren auch die Auseinandersetzungen um die »Junge Gemeinde« und die Pläne zur Einführung der Jugendweihe. Systematisch sollten die Kirche und die in ihr wirkenden Personen ins gesellschaftliche Abseits gedrängt werden. Schon auf ihrer 2. Parteikonferenz vom Juli 1952 hatte die SED die Marschrichtung zur Verwirklichung ihrer kirchenpolitischen Ziele festgelegt. Vorrangig sollte die Beseitigung der kirchlichen Rechtspositionen im staatlichen Bereich (Religionsunterricht, Kirchensteuereinzug, Anstaltseelsorge und manche andere) betrieben werden. Darüber hinaus sollte die Bekämpfung des gesamtgesellschaftlichen Einflusses der Kirchen durch ihre Verdrängung aus der Öffentlichkeit beziehungsweise ihre Neutralisierung durch ihre Gleichschaltung zusammen mit der Ost-CDU gelingen.

Die SED setzte ihre Beschlüsse in die Tat um, indem sie die kirchliche Jugendarbeit, insbesondere die »Junge Gemeinde« nicht mehr länger als Lebensäußerung im Raum der Kirche und integralen Bestandteil der Ortsgemeinden akzeptierte. Damit verwarf sie einen von ihr selbst gefaßten Beschluß aus dem Jahr 1947. Schließlich verboten die Parteiorgane die »Junge Gemeinde« und machten sie so zu einer illegalen Konkurrenz zur staatstragenden Jugendorganisation FDJ.

Zur Durchsetzung der staatlichen Restriktionen berief sich die Volkspolizei auf die Veranstaltungsverordnung vom 29. 3. 1951. Sie wurde zu einem machtvollen Instrument, mit dem »alle Veranstaltungen, die nicht der Gottesverehrung (zum Beispiel Gottesdienste, Messen), der religiösen Erbauung (zum Beispiel Mai- oder Rosenkranzandachten, Bibelstunden) und der religiösen Unterweisung (Konfirmanden-, Firmungs- oder Religionsunterricht) dienen«, untersagt werden konnten. Mit politischen Verdächtigungen übte man Druck auf christliche Schüler, Studenten und Lehrer aus. 3000 von ihnen wurden von Oberschulen und Universitäten verwiesen oder mit Berufsverbot belegt.

Dem Verbot der »Jungen Gemeinde« folgte das der Studentengemeinden und der Jugendzeitschrift »Staffette«. Inhaftierungen von Pfarrern, die sich in besonderem Maße für die Fortführung kirchlicher Jugendarbeit und studentischer Seelsorge starkmachten, unterstützten diese Repressalien. Gefängnis drohte auch solchen Pfarrern, die sich offen gegen die durch behördlichen Druck gesteuerte Kirchenaustrittsbewegung wandten.

Es versteht sich, daß die Einrichtungen der katholischen Kirche im selben Maß von diesen Aktionen betroffen waren wie die der evangelischen. Gemeinsame Versuche, den Vorwürfen an Ort und Stelle entgegentreten zu dürfen, lehnten die Behörden zunächst strikt ab. Weder Bischof Otto Dibelius aus Berlin noch der Paderborner Kardinal Jäger erhielten eine Einreiseerlaubnis. Die Situation drohte zu eskalieren. Bei vielen Kirchenmännern wurden Erinnerungen an den Kirchenkampf der Jahre 1933 bis 1945 wach.

Unter dem Eindruck des sich ständig verschlechternden Verhältnisses zwischen Staat und Kirchen wagten die Kirchenleitungen in der DDR auf ihrer Konferenz vom 4. Juni 1953 einen kirchenpolitischen Vorstoß. In einem Schreiben an Ministerpräsident Otto Grotewohl baten sie um ein gemeinsames Gespräch »zur Beseitigung der gegenwärtigen Spannungen, die zwischen Staat und Kirchen bestehen«. Vier Tage später stimmte Grotewohl einem Treffen zu, das dann, nach Vorbesprechung mit dem Bevollmächtigten des Rates der EKD bei der Regierung der DDR, Propst Heinrich Grüber, am 10. Juni stattfand. Diese Verhandlungen führten zu einigen Konzessionen der Regierung, die aber nur erreicht wurden, weil die kirchlichen Vertreter nachweisen konnten, daß von den staatlichen Organen mehrfach gegen verfassungsrechtliche Bestimmungen der DDR verstoßen worden war. Befriedigen konnte das Ergebnis aber nicht. Zwar wurden die kirchlichen Einrichtungen, die beschlagnahmt worden waren, zurückgegeben (ausgenommen die Rüstzeit- und Erholungsheime) und die Aktivitäten der »Jungen Gemeinde« nicht mehr behindert, aber von den insgesamt 72 verhafteten Pfarrern und kirchlichen Mitarbeitern wurden nur 40 vorzeitig aus der Haft entlassen.

Von langer Dauer war dieser »Burgfriede« aber nicht. Dazu trug auch ein politisches Ereignis bei, das die DDR in ihren Grundfesten erschüttern sollte: der Volksaufstand vom 17. Juni 1953. Er wurde ausgelöst durch eine Verordnung des Ministerrats der DDR vom 28. Mai 1953, die Arbeitsnormen generell um zehn Prozent zu erhöhen. Veröffentlicht wurde dieser Beschluß am 16. Juni in dem FDGB-Organ »Tribüne«. Das hatte zunächst einen Streik der Bauarbeiter in Berlin zur Folge, der sich rasch zu einem Generalstreik ausweitete mit der Forderung nach Rücktritt der Regierung. Zunächst versuchte die Volkspolizei, mit den Massendemonstrationen in Berlin fertig zu werden, wobei es zu vielen Übergriffen und Zusammenstößen kam, aber bald war sie nicht mehr Herr der Lage. Daraufhin ließ der russische Militärkommandant von Berlin, Generalmajor Dibrowa, in den Mittagsstunden des 17. Juni den Ausnahmezustand verhängen und russische Panzer und Truppen gegen die Aufständischen einsetzen. Zwar weitete sich der Aufstand in den folgenden Tagen auch auf andere Industriestädte aus (insgesamt auf 272 Orte in der DDR), aber das russische Militär machte ihm bis zum 21. Juni ein blutiges Ende.

Einführung und Durchsetzung der »Jugendweihe«

Daß die Vereinbarungen vom Juni 1953 zwischen Kirche und Staat letztendlich nicht mehr als ein taktischer Schachzug des Ministerrats waren, sollte sich bald zeigen. Gegen Ende des Jahres verstärkten Staat und Partei wieder die atheistische Propaganda, vor allem die FDJ unter ihrem Vorsitzenden Erich Honecker. Sie ließ Hetzschriften in den Schulen verteilen, störte Veranstaltungen der »Jungen Gemeinde« und belästigte, teilweise auch tätlich, deren Mitglieder. Aus allen Kirchenbezirken erhielt Heinrich Grüber Hinweise auf solche Aktionen; er beschwerte sich bei den staatlichen Stellen und berief sich auf die Vereinbarungen vom Juni 1953, hatte damit aber keinen Erfolg. Ebenso erfolglos blieben eine Eingabe von Bischof Dibelius an Grotewohl und ein Protest Bischof Mitzenheims. Die Staats- und Parteiführung dachte gar nicht daran, ihren antikirchlichen Kurs aufzugeben; sie wechselte lediglich die Taktik und setzte auf die langfristige Wirkung von Propaganda und kleinlichen Repressalien.

Dazu gehörte auch die Einführung der Jugendweihe nach der Gründung des »Zentralen Ausschusses für Jugendweihen« im November 1954; sie sollte die Konfirmation ersetzen. Natürlich wandten sich die Kirchen der DDR scharf gegen diese pseudoreligiöse Veranstaltung, die im März 1955 erstmals in Ostberlin durchgeführt wurde, und erklärten sie für unvereinbar mit der Konfirmation. Aber der politische Druck in den Schulen und in den Elternhäusern wurde immer stärker, vor allem in der FDJ wurden regelrechte Kampagnen für die Teilnahme an der Jugendweihe geführt. Und es blieb nicht bei verbaler Agitation: Wer die Jugendweihe ablehnte, mußte mit Nachteilen in bezug auf Ausbildungschancen in Schule und Beruf rechnen. In der Folgezeit kam es zu ständigen Konfrontationen zwischen kirchlichen Stellen und den Organen von Partei, Jugendorganisation und Staat.

Diesen Kampf haben die Kirchen letztlich verloren, immer weniger Jugendliche ließen sich in den folgenden Jahren konfirmieren, während immer mehr an der Jugendweihe teilnahmen; die Kirchen sahen sich schließlich gezwungen, auf die Unvereinbarkeit von Jugendweihe und Konfirmation zu verzichten.

Die kirchenpolitische Lage des Frühjahrs 1956 erinnerte in vielem an die des Jahres 1952. Der SED-Staat erschwerte den Kirchen das Leben nicht nur mit zahlreichen administrativen Eingriffen. Es kam auch wieder zu Verhaftungen. Diesmal schoß sich der Staat auf die Bahnhofsmission ein. Leitende Mitarbeiterinnen wurden festgenommen mit der Beschuldigung, im Auftrag Westberliner »Agentenzentralen« Spionage betrieben zu haben. Im CDU-Organ »Neue Zeit« erhob Innenminister Maron den Vorwurf, Mitarbeiter der Bahnhofsmission hätten DDR-Bürgern zur Flucht in den Westen verholfen und Westberliner Polizeidienststellen Fahndungs- und Ermittlungshilfen geleistet – ein ziemlich absurder und böswilliger Vorwurf.
Gegen ihn und andere dieser Art protestierte Otto Dibelius scharf in einem Brief an Grotewohl vom 20. Januar 1956 und forderte die Freilassung der Verhafteten. Am 2. Februar bat die Ostkirchenkonferenz um ein Gespräch mit Grotewohl; dieser wollte es nicht selbst führen, sondern beauftragte seinen Innenminister. »Gespräch« kann man dieses Zusammentreffen am 10. Februar allerdings nicht nennen: Maron verlas zu Beginn eine seitenlange Erklärung, die in der Hauptsache alte Beschuldigungen und Vorwürfe enthielt, nicht nur gegen die Bahnhofsmission, sondern auch gegen andere Arbeitsbereiche der Kirche und der Diakonie. Er schloß mit den Worten: »Es dürfte offenkundig sein, daß reaktionäre Propaganda und Nachrichtenarbeit nichts mit den religiösen Aufgaben der Kirche zu tun hat, sondern Dienstleistung für westdeutsche Großkapitalisten und

Junker ist.« Eine Aussprache lehnte Maron ab, »Einzelheiten« wollte er nicht behandeln; die Kirchen sollten die Erklärung prüfen und eine grundsätzliche Antwort erteilen. Das taten sie und erarbeiteten ein umfangreiches Gutachten, das am 5. März von Heinrich Grüber dem Innenminister überreicht wurde. Zu einem Gespräch darüber kam es nicht.
Besonders gravierend wirkte sich eine Verfügung des Justizministeriums vom 2. Februar 1956 aus, nach der der Kirche die einzig verbliebene staatliche Hilfe verloren ging: der Einzug der Kirchensteuer durch die Finanzämter. Gleichzeitig wurden die vertraglich zugesicherten staatlichen Unterstützungen von 20 Millionen Mark jährlich mit sofortiger Wirkung um die Hälfte gekürzt. Das brachte die Kirchen in eine äußerst kritische Situation. Auf allen Gebieten kirchlicher Arbeit kam es zu Erschwernissen und unangenehmen Auseinandersetzungen.
Wieder bemühte sich Heinrich Grüber in Gesprächen mit Staats- und Parteiführern um Lösungsmöglichkeiten oder zumindest Lockerungen in diesem Konflikt. Er arrangierte eine Besprechung zwischen Krummacher und Mitzenheim auf der einen und Paul Wandel, dem Präsidenten der Deutschen Verwaltung für Volksbildung, und dessen Mitarbeiter in der SED-Führung Willi Barth auf der anderen Seite in Wandels Haus. Die Kirchenvertreter beklagten dabei vor allem die Verletzung oder Mißachtung von Verfassungsbestimmungen, die die freie Religionsausübung der Kirchen garantierten, und protestierten gegen die Behinderungen kirchlicher Arbeit und die neuerlichen Verhaftungen kirchlicher Mitarbeiter. Davon wollten die SED-Funktionäre aber nichts hören, sondern forderten von den Kirchen eine grundsätzliche

Loyalitätserklärung gegenüber der DDR. Diese sei schließlich eine Realität, der die Kirchen Rechnung zu tragen hätten. Wandel betonte außerdem, daß es der DDR-Regierung schwerfalle, mit einer Kirchenleitung zu verhandeln, die ihren Sitz im Westen habe (er meinte die EKD). Sein kirchenpolitisches Ziel war klar: die Trennung der Landeskirchen in der DDR von der EKD. Das hätte die DDR ihrem Ziel, der internationalen Anerkennung als souveräner Staat, ein Stück nähergebracht. – Das Treffen endete ergebnislos.

Doch Heinrich Grüber gab nicht auf. Nach einer Reihe weiterer Gespräche zwischen ihm und Otto Nuschke, dem stellvertretenden Ministerpräsidenten, kam dann endlich wieder ein Spitzengespräch mit Otto Grotewohl zustande, am 3. Dezember 1956 in dessen Diensträumen. Teilnehmer auf kirchlicher Seite waren alle Bischöfe der DDR (außer dem Magdeburger Bischof Jänicke), Bischof Otto Dibelius und Heinrich Grüber; auf staatlicher Seite neben Otto Grotewohl und seinem Stellvertreter Walter Ulbricht die SED-, CDU- und LDPD-Größen Nuschke, Loch, Scholz, Wandel, Dieckmann, Maron und Planikowski. Dieses personelle Aufgebot beider Seiten hätte eigentlich zu einer neuen Standortbestimmung in dem spannungsreichen Verhältnis von Staat und Kirche führen sollen. Aber im Verlauf des Gesprächs wurden lediglich die gegenseitigen Positionen noch einmal dargelegt, ohne daß es zu einer Annäherung kam. Am Schluß teilte Grotewohl mit, die Regierung plane, ein Staatssekretariat für kirchliche Angelegenheiten zu bilden, mit dem in Zukunft alle anstehenden Fragen zu besprechen seien.

Das war das letzte Gespräch, das der Ratsvorsitzende Otto Dibelius und der Ministerpräsident Otto Grotewohl miteinander führten, und auch Heinrich Grüber, der Bevollmächtigte des Rates der EKD bei der DDR-Regierung, saß an diesem Tag zum letzten Mal mit Grotewohl am Verhandlungstisch.

Der Militärseelsorgevertrag der EKD und seine Folgen

Am 22. Februar 1957 wurde zwischen der Bundesrepublik Deutschland und der EKD – als Folge des 1956 verabschiedeten Wehrpflichtgesetzes – der sogenannte Militärseelsorgevertrag abgeschlossen. Dieser Vertrag war Wasser auf die Mühlen der DDR-Propaganda! Presse und DDR-Regierung diffamierten die EKD als »NATO-Kirche«. Es war klar, daß man ihr Angebot, einen ähnlichen Vertrag auch mit der Nationalen Volksarmee abschließen zu wollen, leicht und unter effektvoll inszeniertem Propagandagetöse ablehnen konnte. Abgesehen davon, daß dieser Vertrag ideal in die SED-Diffamierungskampagne gegen die EKD paßte, richtete er in der Tat einen beträchtlichen kirchenpolitischen Flurschaden an. Während der CDU-Vorsitzende und Chef der Hauptabteilung »Verbindung zu den Kirchen«, Otto Nuschke, angesichts des gerade unterzeichneten Militärseelsorgevertrages »nur« eine geplante EKD-Synode in Halle untersagte (sie wurde nach Berlin-Spandau verlegt), entzog die DDR-Regierung Heinrich Grüber im Mai 1958 die Akkreditierung und erklärte die Zusammenarbeit mit ihm für beendet. Zudem erhielt das von Otto Grotewohl angekündigte und im Frühjahr 1957 eingerichtete Sekretariat für Kirchenfragen beim Ministerrat der DDR einen Chef, dessen Wahl deutlich erkennen ließ, was in Zukunft zu erwarten war: den Altkommunisten Werner Eggerath. Er – und damit die künftige Kirchenpolitik – war direkt dem ZK der SED unterstellt.

Um es vorwegzunehmen: Weder Werner Eggerath noch seine Nachfolger Hans Seigewasser oder Klaus Gysi waren für mich angemessene Gesprächspartner, die ich bei meinen späteren Verhandlungen mit der DDR-Regierung ernsthaft zu konsultieren gedachte. Mehr als eine unliebsame und unbequeme Zwischeninstanz konnte das von ihnen geleitete Staatssekretariat ohnehin nicht sein. Und ich sollte gut mit dieser Einstellung fahren. Daß ich diese Staatssekretäre während meiner Tätigkeit vollständig unbeachtet ließ und mich direkt an die zuständigen Ressortminister wandte, bewährte sich immer wieder. Meine Kontakte mit ihnen beschränkten sich auf den Austausch von Unverbindlichkeiten bei gelegentlichen Empfängen.

Begleitet von einem lautstark geführten Propagandafeldzug und erneuten Verhaftungen von kirchlichen Mitarbeitern, mündeten die Auseinandersetzungen der Jahre 1957/1958 in umfangreiche Behinderungen unserer Hilfswerksarbeit. Es kam zu finanziellen Engpässen, wodurch die Arbeit der kirchlichen Dienste und diakonischen Einrichtungen erheblich erschwert wurde. Ärgerlich war auch die kleinliche Postkontrolle; so erreichten weniger als 70 Prozent der aus der Bundesrepublik in die DDR abgeschickten Pakete ihre Empfänger. Die DDR sprach zwar von Beschlagnahme, aber »Diebstahl« wäre wohl angebrachter gewesen. Natürlich verbreiteten sich solche Verlustmeldungen in Windeseile. Als einige westdeutsche Gemeinden sogar die Möglichkeit in Erwägung zogen, die Paketsendungen ganz einzustellen, meinte ich, Bischof Otto Dibelius über den Ernst der Lage informieren zu müssen. Zu meiner Überraschung fand er die Situation offensichtlich weniger dramatisch als ich. Dementsprechend barsch fiel denn auch seine Reaktion aus: »Ermuntern Sie die Kirchen und Gemeinden in der Bundesrepublik, ihre Anstrengungen zu verstärken und die Paketsendungen zu verdoppeln. Mich sprechen Sie in Zukunft erst wieder an, wenn 50 Prozent der Pakete beschlagnahmt wurden.«

Unterdessen machte Heinrich Grüber von Otto Grotewohls Angebot Gebrauch, sich in Sachen Geldtransfer an den Minister für Außenhandel und innerdeutschen Handel, Heinrich Rau, zu wenden. Die beiden konträren Standpunkte, die ja zu dieser Verhandlung geführt hatten, sollten noch einmal deutlich gemacht werden. Doch Grüber und Rau beschränkten sich nicht auf diesen Tagesordnungspunkt. Schnell fanden sie auch einen Weg zur Lösung des Problems. Die westdeutschen Kirchen sollten solche Produkte liefern, die in der DDR nur schwer oder gar nicht erhältlich waren. Den Kirchen in der DDR sollte der Gegenwert plus Bonus in Mark der DDR auf ein von ihnen zu bestimmendes Konto überwiesen werden und zur freien Verfügung stehen. Das Liefervolumen dürfe den Gegenwert von 40 Millionen in Mark der DDR nicht überschreiten. Mit dem Wirtschaftsfachmann Walter Bauer fand die EKD einen geeigneten Partner, der Hermann Kunst und Heinrich Grüber bei dem Transaktionsgeschäft kompetent zur Seite stand. Zunächst jedoch mußte Bonn sein Plazet geben.
Zu diesem Zweck vereinbarte Hermann Kunst Gesprächstermine in den Bundesministerien für Gesamtdeutsche Fragen und für Wirtschaft. Der Bevollmächtigte der EKD am Sitz der Bundesrepublik Deutschland,

ein Amt, das Kunst bis 1977 bekleidete, hatte in Bonn weitreichende Verbindungen, die unserer Arbeit in den folgenden Jahren von großem Nutzen sein sollten. Ein Anruf Kunsts genügte, und man einigte sich auf März und April. Da Walter Bauer von meinen langjährigen Kontakten zu den beiden Häusern wußte, bat er mich, ihn bei den Gesprächen mit den Bonner Vertretern zu unterstützen. Erstaunlich schnell zeigte sich die Bundesregierung von dem Verfahren überzeugt. Sie stimmte nicht nur ihm, sondern auch einer zusätzlichen Regelung zu, die Lieferungen außerhalb des Interzonenabkommens (ab 1960 innerdeutscher Handel) vorsah. Bauer sollte die bundesrepublikanischen Lieferfirmen bestimmen. Vor den Lieferungen mußte die Genehmigung bei dem zuständigen Ministerialdirigenten im Interzonenreferat des Bundeswirtschaftsministeriums, Dr. Woratz, eingeholt werden, der Warenbegleitscheine oder Transithandelsgenehmigungen ausstellte.

Damit waren auf beiden Seiten die rechtlichen Voraussetzungen für das Transaktionsgeschäft geschaffen. Schon bei der ersten Abwicklung zeigte sich, daß es auch in der Praxis nahezu reibungslos funktionierte. Erst übermittelte unser Gesprächspartner in der DDR, der Minister für Außen- und Innerdeutschen Handel Heinrich Rau, seine Bedarfsliste mit präzisen Mengenangaben. In einem zweiten Schritt finanzierte Hermann Kunst – quasi in Stellvertretung der EKD – die angeforderten Güter und Waren, ehe sie der DDR zu den genannten Bedingungen geliefert wurden. Auch in der weiteren Abwicklung präsentierte sich die DDR-Regierung als verläßlicher Partner: Fristgerecht überwies sie die vereinbarten Gegenzahlungen auf das von der Kirche in der DDR eingerichtete Konto.

Mit dem Ergebnis dieses Geschäfts konnten beide Vertragspartner gleichermaßen zufrieden sein. Während die EKD einen legalen Weg gefunden hatte, Geld in die DDR zu transferieren, konnte die Regierung in Ostberlin Steinkohle aus dem Ruhrgebiet an die Industrie und Bohnenkaffee an ihre Bürger weitergeben.

Mein Einstieg ins Ostgeschäft

Am 23. Oktober 1957 erreichte mich gegen Mittag ein Telefonanruf aus Frankfurt. Am anderen Ende der Leitung sprach Walter Bauer. Er forderte mich auf, schnell an die Stadt am Main zu kommen. Der EKD-Ratsvorsitzende Otto Dibelius wolle mich dringend sprechen. Treffpunkt sei der »Frankfurter Hof«, Zeit der Zusammenkunft 20 Uhr. Über den Inhalt des anstehenden Gesprächs gab mir Bauer keine Auskunft, darüber wolle er am Telefon nichts sagen.
Bei meiner Ankunft in Frankfurt teilte mir Walter Bauer sogleich mit, daß ihm seit einer Woche die Einreise in die DDR verwehrt worden sei. Deshalb könne er sein Mandat nicht mehr ausüben. Im Zusammenhang einer Kaffeelieferung sei es bei der Abnahme in Ostberlin zu Unregelmäßigkeiten gekommen. »Die werfen mir vor, ich stehe hinter alledem«, fuhr der Wirtschaftsfachmann fort. »Die Handelsorganisation stellt sich stur. Mir blieb nichts anderes übrig, als durch meinen Anwalt ein Rechtsverfahren einleiten zu lassen. Daraufhin haben sie mich zur Persona non grata erklärt und mir die Einreise verweigert.«
(Es kam tatsächlich zu einem Prozeß. Nach mehreren Verhandlungsterminen, die sich über einen Zeitraum von etwa einem Jahr hinzogen, wurde ein Urteil zugun-

sten von Bauer gefällt, gegen das die Staatsanwaltschaft keinen Widerspruch einlegte.)
Bauer hatte aber noch eine Überraschung für mich. Er übergab mir einen riesigen Stoß mit Akten, Vermerken, Verträgen und Rechnungen. Auf meine erstaunte Frage, was ich damit solle, meinte er: »Warten Sie, bis Bischof Dibelius kommt; der wird Ihnen alles weitere erklären.« Dibelius verließ auch bald eine Sitzung und machte mir in seiner unnachahmlichen preußisch kurzen Art deutlich, daß ich die Funktion von Bauer zu übernehmen habe: »Ich weiß, daß Sie ausgelastet sind, aber dann müssen eben andere Arbeiten zurückstehen. In Stuttgart gibt es ja genug tüchtige Mitarbeiter, und es ist nur für eine kurze Zeit, vielleicht ein Jahr, bis wir einen Nachfolger für Bauer gefunden haben. Und jetzt gehen wir zum Essen!« Typisch Dibelius! Daß er mir nicht einmal eine Bedenkzeit einräumen wollte, zeigte sich auch daran, daß er mir schon ein Zimmer im »Frankfurter Hof« hatte reservieren lassen; denn bereits für den nächsten Tag waren Termine in Bonn und Berlin vereinbart, zu deren Wahrnehmung er mich angekündigt hatte. Hermann Kunst und Heinrich Grüber standen auf Dibelius', das heißt nunmehr auf meinem Programm. Eile war geboten, da am 25. Oktober in Ostberlin wichtige Beratungen anstanden.
Am Morgen des 24. reiste ich nach Bonn, um Hermann Kunst gegen 9.30 Uhr in seinem Büro zu treffen. Ich hatte noch in der Nacht versucht, ein wenig Ordnung in die von Bauer übergebenen Akten zu bringen, damit ich einigermaßen vorbereitet in das Gespräch gehen konnte. Doch Kunst informierte mich in erster Linie über den finanziellen Rahmen für den anstehenden Warentransfer, innerhalb dessen ich mich bei meinen Verhandlungen in

Berlin bewegen würde. Mein Gesprächspartner sicherte mir für meine Bemühungen alle nur erdenkliche Unterstützung zu. Ich wußte, daß ich mich auf Hermann Kunst verlassen konnte; wir hatten schon im Hilfswerk-Projekt in Espelkamp zusammengearbeitet. Auch im Verlauf weiterer gemeinsamer Initiativen harmonisierten der gelernte Banker Kunst und ich immer besser. Schon bei diesem Treffen war es nicht anders. Es sollte sich zeigen, daß diese Konstellation optimale Voraussetzungen für unsere Arbeit in den folgenden Jahren bot.

Nach einer kurzen Stippvisite bei den beiden Staatssekretären im Bundesministerium für Gesamtdeutsche Fragen und im Bundeswirtschaftsministerium flog ich von Köln via Hannover nach Berlin, wo mich bereits Christian Berg, Heinz Hartig und Georg Wenk zu ersten Beratungen erwarteten. Am Abend empfing mich dann – wie mit Dibelius vereinbart – Heinrich Grüber in seiner Wohnung. Wir kannten uns schon seit Jahren aus unserer gemeinsamen Hilfswerkarbeit. Jetzt besprachen wir unsere Marschrichtung für den nächsten Tag.

Am Morgen des 25. Oktober fuhren wir von Grübers Amtssitz, der in unmittelbarer Nähe der Marienkirche lag, zum »Schweizerhaus« in der Friedrichstraße, Ecke Unter den Linden, dem damaligen Sitz des MAI. Dort wurden wir von Heinrich Rau empfangen, der uns sogleich seinen Stellvertreter Ecloff vorstellte, der künftig der zuständige Mann in Sachen Warenlieferung sei. Ehe wir zu den eigentlich wichtigen Themen unserer Verhandlungen vordringen konnten, gerieten Rau und Grüber in schwere Auseinandersetzungen über die am 20. Oktober erfolgte Verhaftung des Magdeburger Konsistorialpräsidenten Kurt Grünbaum und des Finanzde-

zernenten Dr. Klewitz. Mitglieder der Volkspolizei hatten bei einer Hausdurchsuchung auf dem Dachboden von Grünbaums Haus 400 000 Mark in einem Karton gefunden. Diese Summe war Teil eines Betrages, den Grünbaum von Ostberlin nach Magdeburg mitgenommen hatte. Und zwar illegal. Ein Pappkarton, zur Tarnung gefüllt mit Kleidung, war damals das gängige Transportmittel, mit dem in Ost-Mark umgetauschte DM zu den kirchlichen Verteilern in der DDR gelangten. Da die Kirchen in der DDR ja seit Februar 1956 nicht mehr die Möglichkeit hatten, mit staatlicher Hilfe Kirchensteuern zu erheben, versorgten die Kirchen der Bundesrepublik sie auf diesem Weg. Denn die freiwillig entrichteten Kirchensteuern auf dem Gebiet der DDR reichten natürlich bei weitem nicht aus, um die anfallenden Festkosten der Kirche zu decken. Das Problem, wie das »Kartongeld« aus dem Westen nun in die Hände offizieller Kirchenvertreter gelangen konnte, erscheint nur dem Außenstehenden als unlösbar: Es wanderte einfach als Spende, die ja bekanntlich anonym ist, in unzählige Kollektenbeutel. Dieses System bewährte sich, blieb es doch den DDR-Organen erstaunlicherweise verborgen.
Bis zu diesem 20. Oktober 1957 eben. Bereits eine Woche zuvor waren nicht nur die kirchlichen »Geldbeschaffer« von einer staatlichen Anordnung überrascht worden, die auch für Klewitz zu einem heiklen Problem werden sollte: Mit Wirkung vom 13. 10. 1957 hatte die Regierung der DDR eine Geldumtauschaktion angeordnet, mit der sie die Kontrolle über den Geldumlauf der DDR-Währung im In- und Ausland gewinnen wollte. Diese Blitzaktion war nicht mit der Währungsreform in den westlichen Zonen zu vergleichen, denn sie diente einem anderen Zweck: Durch illegalen Umtausch waren

mehrstellige Millionenbeträge aus dem Westen über Berlin in die DDR gelangt. Manche Umtauschaktionen waren so groß, daß das Geld nicht sofort an seine Bestimmungsorte verteilt werden konnte und »Zwischenlager« geschaffen werden mußten. Mit der Einführung des neuen Geldes verfiel ein großer Teil des alten. Damit waren die »Westdepots« von einem Tag auf den anderen wertlos geworden. Ähnlich erging es Grünbaum mit unserem illegalen »Kartongeld« auf dem Weg nach Magdeburg. Klewitz hatte zwar sein Bestes versucht, doch es war ihm nur gelungen, lediglich einen Teil seines Geldes in die staatliche Umtauschaktion einzuschleusen. 400 000 Mark blieben übrig. Als vermeintlich sicheres Versteck für das wertlose Geld wählte Klewitz den Dachboden von Grünbaums Haus. Warum Grünbaum den Karton erst in Empfang und dann mit in seine Wohnung nahm, blieb uns ein Rätsel. Hätte er das Geld verbrannt, wären nicht nur ihm zahlreiche Scherereien erspart geblieben.

Jetzt also überhäuften sich Grüber und Rau gegenseitig mit heftigen Vorwürfen. Doch die verbalen Attacken fanden schnell ihr Ende. Schließlich hatten die beiden »Heinrichs« - Grüber, der bekennende Christ, und Rau, der überzeugte Kommunist - gemeinsam im KZ in Dachau gesessen, wo sie eine enge Kameradschaft verband. Als Ergebnis unseres Gesprächs schlossen wir die Lieferung einer weiteren Partie Ruhrkohle an das Außenhandelsunternehmen »DiA Bergbau« vertraglich ab. Darüber hinaus zeigte sich Rau auch an der Lieferung weiterer Waren und Güter interessiert.

In den folgenden Tagen unterrichtete ich zunächst Hermann Kunst, danach Bundesminister Lemmer und

Staatssekretär Thedieck über den Verlauf unserer Verhandlungen im Ostberliner Ministerium. Lemmer signalisierte, daß sein Ministerium unsere Bemühungen nicht nur ideell, sondern in Zukunft auch finanziell unterstützen werde.

Am 5. November empfing ich Direktor Scheepers von der Duisburger Franz Haniel AG, die für die Abwicklung der Kohlelieferungen sorgen sollte. Ich erhielt die Auskunft, daß weder Menge noch Zeitplan dem Unternehmen ernsthafte Probleme bereiten würden. Im Anschluß daran flog ich zu Gesprächen nach Berlin, um auch dort letzte Einzelheiten mit den zuständigen Vertretern der DiA Bergbau zu klären. Doch was im MAI so erfolgversprechend begonnen hatte, mündete nun in ein Problem, das uns noch über Jahre hinweg beschäftigen sollte. Die Herren von der DiA Bergbau eröffneten mir die Neuigkeit, daß man beabsichtige, Devisen zu sparen. Um dieses Ziel zu erreichen, werde die Kohle mit DDR-eigenen Güterzügen aus dem Ruhrgebiet abgeholt. Ich war überrascht von diesem Vorschlag, denn die Transportmisere, die die gesamte Wirtschaft in der DDR in Schwierigkeiten brachte, war so offensichtlich, daß sie sich schon längst bis zu uns herumgesprochen hatte.

Prompt scheiterte denn auch die ehrenwerte Absicht an ihrer Umsetzung in die Praxis, jedenfalls in den meisten Fällen. Nur selten reichten die bereitgestellten Waggons aus, um die gesamte Güterkapazität in einem einzigen Transportvorgang zu bewältigen. Häufig blieben die Züge auf offener Strecke liegen. Ursache: defekte Lokomotiven oder Kohlemangel(!) Es zeigte sich bald, daß die Reichsbahn dieser Aufgabe auch nicht annähernd gewachsen war. Die zahlreichen Verzögerungen führten nicht nur zu überflüssigen Querelen mit dem MAI, son-

dern auch dazu, daß das eigentliche Ziel, nämlich Devisen zu sparen, verfehlt wurde. Schließlich drängten Grüber und ich darauf, den Transport von der Deutschen Bundesbahn oder per Schiff über Kanäle durchführen zu lassen.
Unser neuer Ansprechpartner im MAI, Ecloff, bat uns zunächst, ihm Lokkohle aus den USA zu besorgen. Ich kann nicht verhehlen, daß mich diese Anfrage überraschte. Wenn sie auch nicht gegen das Interzonenabkommen verstieß, so doch eindeutig gegen die Exportbestimmungen der Amerikaner, und die waren bei Verstößen nicht gerade zimperlich. Zumindest war es höchst erstaunlich, zu welcher politischen Flexibilität ein stellvertretender Minister der DDR bereit sein konnte, wenn es um den Brennstoff für liegengebliebene Lokomotiven ging.

Unterdessen zog die »Affäre Grünbaum« immer weitere Kreise. Die Generalstaatsanwaltschaft der DDR hatte in dieser Sache ein Verfahren gegen Präses Kurt Scharf eingeleitet. Bei ihrer Anklage bezog sie sich auf die äußerst zwielichtige Aussage einer nicht näher benannten Person, die Scharf der Beteiligung am illegalen Geldtransport Klewitz' und Grünbaums von Westberlin in die DDR bezichtigte. Scharf weigerte sich vehement, seine Vernehmung in Magdeburg stattfinden zu lassen. Schließlich kam man ihm insofern entgegen, als der Termin mit dem Bezirksstaatsanwalt in Ostberlin anberaumt wurde. Heinrich Grüber erschien ebenfalls zum vereinbarten Termin, ohne jedoch eine Vorladung erhalten zu haben. Seinen überraschenden Auftritt begründete er damit, daß er beim Generalstaatsanwalt Selbstanzeige erstattet habe. Wenn der Vorwurf des illegalen

Geldtransports wirklich zutreffe, dann nicht nur gegen Scharf, Klewitz und Grünbaum allein, sondern auch gegen ihn. Er sei über die Aktion unterrichtet gewesen. Als Mitwisser werde er zum Mittäter. »Deshalb bin ich hier.«
In Abwesenheit von Grüber und Scharf fand die Hauptverhandlung in Magdeburg und Berlin statt. Die Anklage lautete »staatsfeindliches und staatszersetzendes Verhalten«. Bedenkt man, welchen Aufwand die Staatsanwaltschaft betrieb - sie setzte zum Beispiel mehrere Gerichtstermine an -, um die Schuld der Angeklagten schließlich in allen Punkten nachzuweisen, fiel das Urteil alles andere als hart aus. Grünbaum und Klewitz wurden umgehend aus der Haft entlassen und mit einer Geldstrafe belegt. Alles deutete darauf hin, daß man im Interesse der bestehenden guten Zusammenarbeit zwischen MAI und EKD bewußt auf eine härtere Bestrafung verzichtete. Auf der anderen Seite konnte mit dem großen Aufwand des Verfahrens das Gesicht der DDR-Seite gewahrt bleiben.
Am 20. Februar 1958 traf ich Grünbaum in Berlin. Ich konnte ihn von der Notwendigkeit überzeugen, in Zukunft unbedingt auf illegale Verhaltensweisen zu verzichten. Als Person in exponierter Stellung, die zudem vorbestraft sei, müsse er mit der Überwachung durch den Staatssicherheitsdienst rechnen. Ein zweiter Vorfall dieser Art dürfte kaum noch einmal mit solcher Nachsicht behandelt werden. Er sah bald ein, daß illegale Geldtransfers - keiner von uns dachte ernsthaft daran, sie einzustellen - nicht zwingend zu den Aufgabengebieten eines Konsistorialpräsidenten gehören.
Daß das Urteil gegen Grünbaum und Klewitz nicht mehr als symbolischen Charakter hatte, bestätigte sich bei meinem Zusammentreffen mit Ecloff im Berliner MAI

am nächsten Tag. Ohne daß auch nur ein Satz des Vorwurfs oder der Polemik fiel, konnten wir uns in sachlicher Atmosphäre den anstehenden Problemen widmen. In der Folgezeit lernte ich Ecloff als zuverlässigen und vertrauensvollen Verhandlungspartner schätzen.

Wenig angenehme Erinnerungen verbinde ich dagegen mit einem Termin, den ich auf Bitten von Minister Ernst Lemmer im Anschluß an meinen Berlinaufenthalt wahrnahm. Im Auswärtigen Amt sollte ich den Leiter der Ostabteilung über unsere Arbeit in der DDR informieren. Der Mann, der mir gegenüber saß, fiel mehr durch aufgeblasene Arroganz und distanzlose Neugierde als durch Interesse an meinem Bericht auf. Im Beisein von zwei Mitarbeitern, so als könne ihm allein ein wichtiges Detail meiner Ausführungen entgehen, stellte er mir erst allgemeine, später gezielte Fragen. Präzise sollte ich ihm das Verhalten meiner politischen und kirchlichen Gesprächspartner in Ostberlin schildern. Daß ich mich seinem Ansinnen strikt widersetzte, beeindruckte den Ausfrager nur wenig. Im Gegenteil, jetzt interessierte ihn auf einmal Heinrich Grüber. »Wie geht der denn in seinen Verhandlungen in Ostberlin vor? Welche Strategie verfolgt er bei seinen Kontakten mit den ostdeutschen Amtsträgern aus Kirche und Politik?« So etwas hatte ich noch nicht erlebt! Ich mußte mir im Auswärtigen Amt indiskrete, ja geradezu unverschämte Fragen über meine Arbeit und meine engsten Kollegen gefallen lassen! Ich brach das Gespräch ab und verließ den Sitzungssaal. Schon am nächsten Tag erreichte Hermann Kunst mein schriftlicher Bericht über diesen unerhörten Vorgang. Auf meine Bitte hin unterrichtete er auch den Bundesaußenminister Heinrich von Brentano.

Am 4. März 1958 rief mich Heinrich Grüber zu Hause an. Ich möge dringend nach Berlin kommen, um mit ihm von dort sofort nach Leipzig weiterfahren zu können. Er holte mich am nächsten Tag gegen 13 Uhr mit seinem Pkw am Flughafen Tempelhof ab. Ohne in langwierige Kontrollen zu geraten – Minister Rau hatte für freie Durchfahrt gesorgt – passierten wir die Grenze in Richtung Leipzig.

Im Messebüro warteten bereits Rau und Ecloff. Rau kam sofort zur Sache. Dem Schienenverkehr der DDR drohe der Kollaps. Die Reichsbahn benötige dringend noch einmal eine größere Partie Lokkohle. »Sie können jede gewünschte Menge von uns erhalten«, konnte ich Rau beruhigen, »doch ehe wir ins Geschäft kommen, müssen wir uns über die genauen Konditionen einigen.« Zwar hatte ich die beantragte Liefergenehmigung des Bundeswirtschaftsministeriums so gut wie in der Tasche, doch mußte grundsätzlich mit dem Einspruch der Alliierten, vor allem mit dem der Amerikaner, gerechnet werden. Rau reagierte auf meine Auskünfte sichtlich erleichtert. Er schien fest mit unserer Zusage gerechnet zu haben, denn Ecloff zückte sofort die Liste mit genauen Mengenangaben und Spezifikationen. Kopfschmerzen bereiteten mir einmal mehr Ecloffs Transportpläne. Sie sahen vor, die Kohle per Schiff bis in den polnischen Hafen Gdingen zu verfrachten, von wo sie dann mit der Reichsbahn in ihre Bestimmungsgebiete gebracht werden sollte. »Lieber Herr Rau, Sie kennen doch die begrenzten Lieferkapazitäten der DDR-Güterzüge. Wer bezahlt die Überliegegebühren der wartenden Schiffe?« meldete ich meine Zweifel an. Rau hielt immer noch daran fest, daß die Reichsbahn auch weiterhin den Transport durchführen werde, sicherte aber gleichzeitig die Übernahme möglicher Überliegegebühren durch die DDR zu. Die Franz Haniel AG als Lieferfirma und die DiA Bergbau als Abnehmerin sollten die Einzelheiten über Spezifikation, Preise und Liefertermine unter sich aushandeln. Im Anschluß daran könnten auch wir zu einem schnellen Vertragsabschluß in Berlin gelangen.

Als sich unser Verhandlungsgespräch schon dem Ende zugeneigt hatte, schien Heinrich Rau die Gunst der Stunde – jeder konnte ja mit dem Ergebnis zufrieden sein – nutzen zu wollen: »Herr Grüber, Herr Geißel, Kohle allein reicht uns nicht aus. Wir benötigen dringend Stahl, Metalle, Kakao und Getreide. Können Sie in Bonn eruieren, ob solche Lieferungen machbar sind?« Der Mangel an diesen Gütern mußte in der DDR außerordentlich gravierend sein. Als wolle er mich von der besonderen Dringlichkeit seines Anliegens überzeugen, nannte mir Rau gleich auch noch die zuständigen Ansprechpartner in der DDR: »Wenn es klappen sollte, wenden Sie sich doch bitte an Herrn Dolling von der Stahl- und Metallhandelsgesellschaft m.b.H. und an Herrn Claussen von der DiA Nahrung und Genuß.«

Im Prinzip kam mir der Wunsch Raus sehr entgegen. Die einseitige Festlegung auf ein einziges Produkt hätte uns mit der Zeit in hohem Maße abhängig gemacht. Mir lag daran, dieser Entwicklung mit einer Diversifikation unseres Waren- und Gütersortiments entgegenzusteuern. Produkte wie Kaffee, Lebensmittel, Textilien und Wolle hatten zudem den Vorteil, daß sie der Bevölkerung direkt zugute kommen konnten. Hermann Kunst stimmte meinen Vorschlägen zu, wobei wir uns einig waren, daß die Wünsche der DDR, also nach Kohle, Stahl usw., auf jeden Fall zu berücksichtigen seien.

Dennoch darf man nicht vergessen, daß sämtliche Geschäfte vor dem Hintergrund getätigt wurden, die für die Kirchen in der DDR bestimmte Transfersumme in Ostmark erhöhen zu wollen. Bei meinen Verhandlungen galt es also, für den Warengegenwert von 40 Millionen Mark der DDR einen annehmbaren Umtauschkurs zu erzielen. Dabei mußte gleichermaßen mit Geduld und Geschick vorgegangen werden. So achtete ich zum Beispiel darauf, daß der Lieferpreis der westdeutschen Firmen so festgesetzt wurde, daß er immer ein wenig höher lag als ihre tatsächlich entstandenen Kosten. Die Rückvergütung des Differenzbetrages durch die Lieferfirmen trug so zur Aufstockung des in die DDR transferierten Ostmark-Betrages bei.

Die Kombination aus Rückerstattung, gutem Umtauschkurs und aus dem von Rau gewährten Bonus ließ die ursprüngliche Warengegenwertsumme außerordentlich stark ansteigen. Beide Vertragspartner konnten mit den erzielten Ergebnissen zufrieden sein. Die DDR hatte ihre gewünschten Waren erhalten, wir die Gelder für unsere Kirchen. Doch dieses Geschäft funktionierte nicht zuletzt deshalb so reibungslos, weil beide Seiten sich zu absoluter Diskretion verpflichtet hatten. Besonders der Umtauschbonus gehörte notwendig in dieses Kapitel gegenseitiger politischer Rücksichtnahme. Lediglich Heinrich Rau, Hermann Kunst, der jeweils amtierende Ratsvorsitzende der EKD sowie der Leiter des Oberrechnungsamtes der EKD und natürlich ich kannten die genauen Werte des Transfergeschäftes. Diese beliefen sich für das Jahr 1957 auf beachtliche DM 23 525 993,80.

Im April 1958 hielt ich die Genehmigung des Bundeswirtschaftsministers in der Hand, die die Ausweitung unserer Warenlieferung auf andere Produkte gestattete.

Nun konnte ich mich, von höchster Stelle legitimiert, direkt an die von Heinrich Rau genannten Herren wenden, um deren umfangreiche Wunschliste in Empfang zu nehmen. Zu diesem Zweck flog ich am 10. April nach Berlin.

Nach meiner Rückkehr nach Bonn schlug mir Hermann Kunst vor, eine GmbH mit mir als Geschäftsführer zu gründen, damit das kaufmännische Risiko des sich ausweitenden »Kirchentransfers« in überschaubaren Grenzen gehalten werden könne. Ich wehrte ab: »Davon verspreche ich mir überhaupt nichts. Wir müßten für jede Sparte einen Fachmann einstellen, der nicht nur viel Geld kosten würde, sondern auch noch politisch vollkommen unabhängig und fachlich kompetent sein müßte.« Kunst wollte wohl weitere Argumente für seine Idee liefern, doch ich kam ihm zuvor: »Wir würden von zahlreichen Mitarbeitern abhängig, Unbeweglichkeit wäre die Folge.« Ich zog den letzten argumentativen Trumpf gegen den drohenden administrativen Wasserkopf aus dem Ärmel. »Erinnern Sie sich an unsere Erfahrungen mit Walter Bauer. Er hat zwar Verträge abgeschlossen, doch wie es dann weiter ging, wissen Sie ja. Mein Gegenvorschlag: Grüber und ich schließen auch weiterhin die Verträge mit der DDR-Regierung ab, um in einem zweiten Schritt die Lieferaufträge an bundesrepublikanische Firmen zu vergeben, die ihrerseits Unterverträge mit den Außenhandelsfirmen in der DDR abschließen. Zur Kontrolle erhalte ich ein Exemplar dieser Verträge. Die Finanzierung der Lieferungen erfolgt dann über Abschlagszahlungen gegen Verrechnung nach erfolgter Lieferung und Bestätigung durch Unterschrift der Lieferfirma und des Außenhandelsunternehmens.

Die DDR leistet ihrerseits Abschlagszahlungen gegen Verrechnung nach Vorlage der unterzeichneten Bestätigungen. Die beteiligten Firmen müssen seriös und absolut zuverlässig arbeiten. Das größte Risiko werden sie tragen müssen, während wir der Boss sind. So einfach ist das.« Hermann Kunsts Lächeln deutete ich als uneingeschränkte Zustimmung zu meinem Vorschlag.
Die Fortsetzung meiner Gespräche in Berlin verlief ohne nennenswerte Schwierigkeiten, inzwischen lieferten wir auch Stahl. Während Grüber in Sachen Politik und Kirchenpolitik bei den DDR-Apparatschiks unterwegs war, konnte ich mein Handelsgeschäft ungehindert betreiben. Altkommunist Rau präsentierte sich als angenehmer Geschäftspartner, den die Auseinandersetzungen zwischen Staat und Kirche wenig interessierten. Als Grüber sich wiederholt über Otto Grotewohl beschwerte, entgegnete Rau nur lakonisch: »Das müssen Sie nicht ernst nehmen. Wie alle anderen ehemaligen Sozialdemokraten auch muß Otto Grotewohl unter Beweis stellen, daß er von besonders guter SED-Gesinnung ist.« Daß das Gespann Grotewohl – Ulbricht keinesfalls zu unterschätzen war, sollte sich bald zeigen.

Ende April 1958 lud die EKD zu ihrer Synode mit dem Thema »Kirche und Erziehung« nach Weißensee in Ostberlin ein. Schon die Eröffnungsversammlung im damaligen Stöckerstift wurde immer wieder von laut skandierten Parolen abgeordneter Betriebs- und Parteidelegationen gestört. Heinrich Grüber und Heinrich Vogel, Professor an der Kirchlichen Hochschule Berlin, stellten sich der lautstark geforderten Diskussion und beruhigten so die erregten Gemüter.
Im weiteren Verlauf der Synode, die wegen der Vorfälle

inzwischen im Westberliner Johannesstift tagte, mußten wir erkennen, daß die Partei jenseits des reibungslosen »Kirchentransfers« eine religionspolitische Wende vollzogen hatte. Am Thema der Synode wurde schnell deutlich, wie weit sich die kirchlichen Vorstellungen von denen der SED unterschieden. Das Ziel der neu definierten SED-Bildungspolitik war die Vermittlung eines »wissenschaftlich-atheistische(n) Weltbild(s)«, denn »die atheistische Erziehung ist die Grundlage einer wahrhaft humanistischen Bildung«. Für christliche Kinder und Jugendliche war da kein Platz mehr. Gegensätzlicher konnten die beiden Positionen von Kirche und Staat nicht sein.
SED-Politbüromitglied Albert Norden nutzte das synodale Reizklima von Weißensee, um scharfe Attacken gegen Grüber und Dibelius auszustreuen. Bei den zahlreichen Verbalinjurien meinte man sich wieder einmal auf den Militärseelsorgevertrag berufen zu können. Grüber wehrte sich mit aller Kraft gegen die Diffamierungen und stellte sich vor Otto Dibelius. Wie vielen anderen Teilnehmern auf der Synode wurde auch mir bewußt, daß für Heinrich Grüber die Tage als Bevollmächtigter der EKD beim Ministerrat der DDR gezählt waren. Die SED hatte eigentlich nicht ihn persönlich, sondern die EKD als ganze zur Zielscheibe ihres Propagandafeldzuges gemacht. Sie wollte die Kirche in die Knie zwingen.

Die sich andeutenden Veränderungen in den institutionellen Beziehungen zwischen Kirche und Staat erfuhren am 17. Mai 1958 ihre offizielle Bestätigung. An diesem Tag teilte Otto Grotewohl in einem Schreiben Heinrich Grüber mit, daß dessen Akkreditierung nicht mehr anerkannt werde, und erklärte seine Tätigkeit für beendet. Nicht mehr die EKD werde als Verhandlungspartner des Staates akzeptiert, sondern allein eine Delegation der evangelischen Kirchen in der DDR, »deren Teilnehmer ihren Wohnsitz innerhalb der DDR oder im demokratischen Sektor von Berlin haben«. Gerne werde man etwa Bischof Mitzenheim als Beauftragten der Kirchen in der DDR anerkennen.

Heinrich Grüber mußte sich diesem Entschluß beugen. Niemand konnte ihm helfen, denn mit dem Tod des Stellvertretenden Ministerpräsidenten der DDR Otto Nuschke, der sein vertrauensvoller Verbindungsmann zur SED-Spitze gewesen war, hatte Grüber seinen einzigen Fürsprecher schon Ende 1957 verloren. Die Evangelische Kirche in Deutschland aber war in einen Kampf um ihre Einheit geraten, den sie langfristig nur verlieren konnte.

Während man Grüber und mich noch Anfang Juni gemeinsam als Verhandlungspartner in Ostberlin empfing, teilte mir Ecloff am Abend des 19. Juni telefonisch mit, daß ich zu dem für den nächsten Tag vereinbarten Gesprächstermin allein erscheinen solle. »Es tut mir leid, aber Heinrich Grüber wird keinen Einlaß in unser Ministerium erhalten.«

Am 20. Juni traf ich am frühen Morgen in Heinrich Grübers Büro in Ostberlin ein. Mit einem Mantel bekleidet, wartete der alte Herr bereits in seinem Büro auf unsere gemeinsame Abfahrt. Es fiel mir schwer, ihm Ecloffs Nachricht zu übermitteln. Obwohl er ja Grotewohls Schreiben gelesen hatte, schien er meinen Worten nicht recht glauben zu wollen. Vollkommen unbewegt und sprachlos saß mir der Propst lange gegenüber. Schließlich unterbrach er sein Schweigen, um mir erst

mit leiser, dann mit erregter Stimme trotzig so zu widersprechen, als ob ich ihm den Eintritt ins Ministerium verwehrt hätte: »Im Dritten Reich hat man mich als Pfarrer ins KZ gesperrt. Hier haben sie mir als Bevollmächtigtem die Tür vor der Nase zugeschlagen. Und warum? Weil ich mich für Menschen in Not und für die Freiheit unserer Gesellschaft eingesetzt habe. Und aus diesem Geschäft laß ich mich nicht auch noch herausboxen!«
Grüber erhob sich aus seinem Sessel. Nervös schritt er sein Zimmer auf und ab. Ich konnte ihm ansehen, daß er fieberhaft nach einer Lösung suchte: »Ich lasse mir das nicht bieten, ich komme mit.« Es kostete mich einige Argumentationskraft, um Grüber von der Gefährlichkeit seines Vorhabens zu überzeugen. »Rau hat doch mit den anderen Leuten nicht viel zu tun. Ich werde ihn um Rat fragen und herausbekommen, was für Sie noch drin ist.« Grüber entließ mich mit den Worten: »Heute gehen Sie noch allein. Fragen Sie Rau, was sie sich bei dieser Zumutung gedacht haben.«
Die Beratungen mit Ecloff wurden an diesem Tag vorzeitig und ergebnislos abgebrochen und auf den 14. Juli vertagt. Ecloff bemerkte bald, daß ich von meinem Treffen mit Grüber noch ziemlich niedergeschlagen war. Er bedauere die Entscheidung sehr, sie sei auf Raus Weisung erfolgt. Und schließlich: »Glauben Sie mir, das hat Rau nicht persönlich zu verantworten.« Ecloff erklärte das nicht näher, aber es bedurfte keiner hellseherischen Fähigkeiten, um Otto Grotewohl als Initiator hinter der harten Linie gegen Grüber zu entdecken. Grüber selbst, den ich noch am Abend telefonisch über den neuesten Stand der Dinge unterrichtete, zeigte sich vom Ergebnis nicht sonderlich überrascht. Seine Niedergeschlagenheit

hatte sich bereits gelegt, zu oft schon in seinem Leben hatte er schwere Rückschläge bewältigen müssen.

An diesem Tag schied Heinrich Grüber endgültig – und viel zu früh – aus dem sogenannten »Kirchengeschäft« aus. Mit ihm verbanden mich viele Jahre gemeinsamer Arbeit im Hilfswerk der Evangelischen Kirche in Deutschland. Dabei habe ich ihn als eine große Persönlichkeit schätzen gelernt. Er hat sich stets seine Unabhängigkeit bewahrt und sich in der tätigen Nächstenliebe ausgezeichnet – ein unbequemer Christ, der wußte, daß es nicht genügt, Wunden zu heilen, sondern daß es darum geht, Wunden zu vermeiden. Wir haben uns über kirchenpolitische Fragen und den richtigen Weg oft auseinandergesetzt; dennoch mochte ich diesen Mann und habe manches von ihm lernen können.

Trotz meiner Skepsis gegenüber einer GmbH hatte ich nicht vor, langfristig als »Alleinunterhalter« oder »Einzelkämpfer« weiterzumachen. Vier Augen sehen bekanntlich mehr als zwei. Zunächst jedoch war ich auf mich allein gestellt.

Als Bevollmächtigter der westdeutschen Landeskirchen bei der Regierung der DDR

Am 14. Juli traf ich zum vereinbarten Termin bei Ecloff ein. Dieser empfing mich über die Maßen freundlich, ja geradezu überschwenglich. Er hatte allen Grund dazu: »Herr Geißel, Grotewohl ist mit der Fortführung des Warentransfers einverstanden! Die illegale Einfuhr von Mark in die DDR muß aber sofort eingestellt werden. Sie werden als Verhandlungspartner mit besonderem Status anerkannt, der Ihnen die ungehinderte Ein- und Ausreise in die DDR und nach Ostberlin ermöglicht.«

Das hörte sich in der Tat gut an. Ich solle mich um eine vor dem 10. Juni 1958 datierte Verhandlungsvollmacht kümmern, die sich aber inhaltlich und vor allem formal von der Grübers unterscheiden müsse. »Wie Sie das machen, Herr Geißel, ist mir egal. Aber Sie werden sich schon etwas einfallen lassen.« Ich bat Ecloff, sowohl Rau als auch Grotewohl meinen Dank zu übermitteln. Mit dem folgenden Versprechen hatte ich noch weniger Probleme: »Wissen Sie, Herr Ecloff, ich werde bei den Zentralen der Diakonie und Kirchen alles Notwendige veranlassen, damit der illegalen Einfuhr von Mark ein Ende breitet wird.« Ich wollte es wirklich tun. Nur: Ecloff wußte genauso gut wie ich, daß ein mögliches Verbot weder für Gemeinden noch für irgendwelche Einzelpersonen von bindendem Charakter war.

Während Grotewohl unserer Arbeit grünes Licht erteilte, verschärfte sich der Konflikt zwischen Kirche und Staat. Schon auf dem V. Parteitag der SED im Juli deutete sich an, daß die volkskirchliche Stellung der Kirche in ihren Grundfesten schwer erschüttert werden sollte. Die Partei setzte der Kirche ein ideologisches Erziehungsprogramm entgegen, dessen Zielvorstellung es war, die Jugend in die »Vollendung« der nunmehr geschaffenen sozialistischen Grundlagen einzubeziehen.
Auch an der zweiten »Front« des Kirchenkampfes in der DDR erzielte die Partei einen entscheidenden Durchbruch. Der seit 1952 schwelende Verfassungskonflikt um kirchliche Rechtspositionen im staatlichen Bereich erlebte am 21. Juli 1958 seinen Schlußpunkt. An diesem Tag endeten die von der EKD-Synode in Weißensee bzw. Spandau vorgeschlagenen Verhandlungen über Verfassungsverletzungen mit einem für die Kirchen in

der DDR folgenschweren Kommuniqué. Darin hielt die von Bischof Moritz Mitzenheim geleitete Delegation der östlichen Kirchenleitungen fest (seit Grübers unfreiwilligem Ausscheiden waren EKD-Vertreter ja nicht mehr zugelassen), »daß der gegen den Staat erhobene Vorwurf des Verfassungsbruches nicht aufrechterhalten wird«. Zugleich wurde die lange eingeforderte Loyalitätserklärung zur DDR abgegeben: »Die Vertreter der evangelischen Kirchen der DDR erklärten, daß die Kirche mit den ihr gegebenen Mitteln dem Frieden zwischen den Völkern dient und daher auch grundsätzlich mit den Friedensbestrebungen der DDR und ihrer Regierung übereinstimmt. Ihrem Glauben entsprechend erfüllen die Christen ihre staatsbürgerlichen Pflichten auf der Grundlage der Gesetzlichkeit. Sie respektieren die Entwicklung zum Sozialismus und tragen zum friedlichen Aufbau des Volkslebens bei.«

Dieses Kommuniqué galt der SED, aber auch der Ost-CDU, in den folgenden Jahren als verbindliche Grundlage zur Bestimmung des Verhältnisses von Staat und Kirche. Man ging sogar noch weiter. Wegen der weitreichenden Zugeständnisse der Kirche verlieh ihm die Staatsführung quasi Verfassungsrang. Dies kann kaum überraschen, denn die SED hatte das Maximum erreicht: Mit der Rücknahme des Vorwurfs, die Verfassung gebrochen zu haben, entzog die Kirche sich selbst die Möglichkeit, unter Berufung auf den Wortlaut eben dieser Verfassung gegen weitere Beschneidungen ihrer Rechtspositionen vorzugehen. Als einzige Legitimation, die der Staat der Kirche noch zuerkannte, verblieben immerhin die erneuerten Grundrechtsgarantien der »vollen Glaubens- und Gewissensfreiheit« sowie des »Schutz(es) der ungestörten Religionsausübung«. Außerdem bestand die Möglichkeit, »offene Fragen« und »zukünftige Schwierigkeiten« mit dem Staatssekretär für Kirchenfragen zu klären.

Wie weit die Beurteilung des Kommuniqués in der Kirche auseinanderging, zeigen exemplarisch die Reaktionen von Otto Dibelius und Heinrich Grüber. Während Dibelius Mitzenheim scharf kritisierte, sprach Grüber von einem »so guten Abschluß«, wie er ihn bei weitem nicht herausgeholt hätte. Die folgenden Jahre würden zeigen, welche der beiden Einschätzungen die richtige war.

Angesichts dieser dramatischen kirchenpolitischen Zuspitzung erschien mein Problem, nämlich wie meine Vollmacht auszusehen habe, vergleichsweise unbedeutend. Doch das war es ganz sicher nicht. »Sie werden sich schon etwas einfallen lassen«, hatte Ecloff mir in Berlin zu diesem Thema Mut gemacht. Am 1. August traf ich Hermann Kunst in Berlin. Er hatte ebenfalls schon einige Überlegungen angestellt, aber auch ihm fehlte noch die zündende Idee. Wer sollte eigentlich die Vollmacht ausstellen? Die EKD durfte es nicht sein, denn mit der Entziehung von Grübers Akkreditierung hatte sie als Gesamtinstitution die Rolle des Verhandlungspartners bei der DDR-Regierung verloren. Soviel war klar: Der Rat der Evangelischen Kirche in Deutschland durfte auf keinen Fall als direkter Verhandlungspartner in der Vollmacht erscheinen, nicht einmal indirekt, etwa in Form des Präsidenten der Kirchenkanzlei Hannover, der das »Vollzugsorgan« des Rates der EKD war.

Der Einfall zur Lösung des Problems kam Hermann Kunst. »Wissen Sie was, Herr Geißel? Sie handeln schlicht und einfach im Namen der westdeutschen Lan-

DER RAT DER EVANGELISCHEN KIRCHE IN DEUTSCHLAND
DER BEVOLLMÄCHTIGTE AM SITZ DER BUNDESREPUBLIK DEUTSCHLAND

[22c] BONN A. RH., DEN 9. Juni 1958
POPPELSDORFER ALLEE 96
FERNSPRECHER 51141/42

Vollmacht
==================

Für die westdeutschen Landeskirchen wird
Direktor Ludwig G e i s s e l , Stuttgart-Schönberg, Halli-
masch Weg 32, bevollmächtigt, mit der Regierung der Deutschen
Demokratischen Republik und mit deren Organen Wirtschaftsverhandlungen zu führen und verbindlich abzuschliessen.

deskirchen. Die geben den Löwenanteil des Geldes, sind aber nicht die EKD.« Damit hatte Kunst »zwei Fliegen mit einer Klappe geschlagen«. Auf der einen Seite konnte ich Ecloff das gewünschte Formular in die Hand drücken, auf der anderen Seite brauchte ich mich nicht – und dies war mir besonders wichtig – irgendeiner Amtsstelle der EKD unterzuordnen. Kunst unterschrieb nach Zustimmung der EKD eine Vollmacht mit folgendem Wortlaut: »Für die westdeutschen Landeskirchen wird Direktor Ludwig Geißel bevollmächtigt, mit der Regierung der Deutschen Demokratischen Republik und mit deren Organen Wirtschaftsverhandlungen zu führen und verbindlich abzuschließen.« Datiert wurde das Schreiben auf den 9. Juni 1958. Die DDR-Regierung akzeptierte es kommentarlos.

Die Abwicklung der Warengeschäfte mit der DDR

1958 wurden Waren im Wert von DM 31 458 193,56 geliefert. Allerdings überschritt der erzielte Gegenwert in Mark der DDR die von Grotewohl zugestandene Summe von 40 Millionen erheblich. Erneut zeigten sich Ecloff und Rau als kulante Verhandlungspartner. Wir einigten uns stillschweigend darauf, das erlaubte Transfervolumen in Zukunft nicht mehr in Mark der DDR, sondern in DM zu berechnen.
Dadurch wurde es uns möglich, auch unsere Warenpalette zu erweitern. Wir lieferten an die »DIA Nahrung« Erdnußkerne, Witocan und Kokosol durch die Firma Kieselhorst, Bremen (Inhaber: Heinz Sievers); an die »DIA Stahl und Metall« Stahl und Metalle durch die Firma Hugo Stinnes OHG, Mülheim/Ruhr (Geschäftsführer Maas und Fritzsch); an die »DIA Bergbau« Tho-

masphosphat durch die Hanielsche Handelsges.m.b.H., Berlin (Geschäftsführer Woltmann und Niemeyer). Diese angesehenen Lieferfirmen garantierten mir eine reibungslose Abwicklung der Geschäfte in diesem diffizilen Unternehmen, und es entwickelte sich im Lauf der Jahre eine saubere und vertrauensvolle Zusammenarbeit.

Daß es bei der Kooperation zwischen den westdeutschen Lieferfirmen und den Handelsorganisationen der DDR gelegentlich zu Differenzen kam, war nur normal. In solchen Situationen bewährte sich das von mir entwickelte Verfahren, das - völlig unabhängig von langwierigen institutionalisierten Entscheidungsprozessen - schnelle Problemlösungen ermöglichte: Im Prinzip gab es mit Hermann Kunst und mir auf westdeutscher Seite nur zwei verantwortliche Entscheidungsträger und Ansprechpartner für das gesamte Transfergeschäft. In Personalunion ersetzten wir einen ganzen Verwaltungsapparat. Während ich der Auftraggeber war, sorgte Hermann Kunst sowohl für die Finanzierung der Güter als auch für deren Liefergenehmigungen in Bonn. Unterstützt wurde ich von Georg Wenk, der mich als Kontaktmann in Berlin bei allen Verhandlungen begleitete, sowie vom Hamburger Speditionsfachmann Albert Lotze und dem Controller Kurt Poppe in Stuttgart.

Anläßlich einer Besprechung mit Kurt Scharf und Christian Berg am 27. Oktober 1958 in Berlin wurde ich mit Konsistorialrat Walter Hammer bekanntgemacht, einem Verwaltungsjuristen aus Bremen, der als Finanzdezernent bei der Evangelischen Kirche der Union (EKU) tätig war. Gleichzeitig war er Referent der Berliner Stelle der Kirchenkanzlei der EKD und in dieser Funktion in enger Zusammenarbeit mit Hermann Kunst Bindeglied zu den Kirchen in der DDR. Zu seinen Aufgaben gehörte es unter anderem, mit seinen Mitarbeitern die Eingänge der Zahlungen aus dem Warentransfer in Ostberlin zu überwachen und die festgelegte Verteilung dieser Mittel an die zentralen Stellen von Kirche und Diakonie und an die Landeskirchen sicherzustellen. Von daher war ich auf ständige Verbindung mit ihm angewiesen und hatte ihn über die vereinbarten Zahlungen der DDR-Organe an die kirchlichen Stellen zu unterrichten. Ich lernte Walter Hammer bald als einen exzellenten Verwaltungsjuristen schätzen, mit dem ich vertrauensvoll zusammenarbeitete bis zu seinem Ausscheiden Ende 1965. Am 1. Januar 1966 wechselte er in die Kirchenkanzlei der EKD in Hannover als deren Präsident.

Unsere Hilfe für die Kirchen in der DDR beschränkte sich im Jahr 1958 nicht auf das im Transfergeschäft erzielte Volumen von knapp 31,5 Millionen DM. Darüber hinaus fanden Baumaterialien, medizinisch-technische Geräte, Kraftfahrzeuge und Bedarfsartikel im Wert von 8,83 Millionen DM in der DDR ihren Besitzer. Im Rahmen der Patenschaftshilfe von Gemeinden, Propsteien, Superintendenturen und anderen Einrichtungen flossen mindestens 29,24 Millionen DM über die Grenze, die sich anteilig aus Kirchensteuermitteln, Spenden aus dem In- und Ausland, Geldern der kirchlichen Bruderdienste, des Diakonischen Werks und der Bundesregierung, Kollekten und der Sammlung »Stadt des kirchlichen Wiederaufbaus« zusammensetzten.
Selbstverständlich verfügten die Kirchen in der DDR über eigene Einnahmen, die sich immerhin auf 120,7 Millionen Mark der DDR beliefen. Diese ergaben sich

1958 aus 76,8 Millionen Mark sogenannter Kirchensteuereinnahmen, ca. 14,9 Millionen aus Kollekten und Spenden, ca. 17,6 Millionen aus Vermögen und sonstigen Einnahmen und 11,4 Millionen aus Staatsleistungen. Mit diesem Betrag konnten die Landeskirchen aber gerade eben ihre Personalkosten decken. Mit den Sachausgaben und den Kosten für Unterhalt und Neubau von Gebäuden belief sich ihr Gesamthaushalt des Jahres 1958 auf 209,2 Millionen Mark, eine Summe, die selbst mit der Unterstützung aus dem Westen nicht vollständig finanziert werden konnte. Es blieb ein Fehlbetrag von 35,5 Millionen Mark. Um ihn wenigstens teilweise abzudecken, sollte das Warentransfergeschäft erneut ausgeweitet werden.

Die Problemlosigkeit, mit der wir im Dezember 1958 die Verträge über die Warenlieferungen und Gegenleistungen für 1959 abgeschlossen hatten, deutete auf ein weiteres Jahr unkomplizierter Zusammenarbeit zwischen uns und den DDR-Partnern hin. Doch es sollte anders kommen. Wenige Tage nach dem Jahreswechsel meldete sich ein hörbar aufgeregter Georg Wenk telefonisch aus Berlin. »Sie haben alle Spezifikationen zurückgezogen, die wir mit ihnen vereinbart hatten! Und neue Warenwünsche haben sie mir geschickt, von denen ich nicht einen erfüllen kann.« Was Wenk in helle Aufregung versetzt hatte, konnte ich auch durch mehrere Anrufe nicht klären. Alle, die ich am Telefon erwischen konnte, fühlten sich entweder nicht zuständig oder gaben mir unpräzise, einander zum Teil widersprechende Auskünfte. Um dieser Konfusion ein Ende zu setzen, verlangte ich fernschriftlich die Einhaltung der Vereinbarungen. Irgend jemand würde darauf reagieren müssen, so oder so. Am

8. Januar erhielt ich aus Ostberlin die telefonische Zusage, die Aufträge an die Lieferfirmen weitergeben zu dürfen. Vier Tage später zog man diese Zusage in Teilen wieder zurück. Langsam drohte das Faß überzulaufen. »Einen Termin im MAI will ich haben, und zwar schnell!« telegraphierte ich nach Berlin.
Am 20. Januar um 14 Uhr trafen wir im Ostberliner Ministerium ein. Schon die Begrüßung durch den Leiter der Abteilung Finanzen im MAI, Karl-Heinz Gerstenberger, deutete darauf hin, daß uns ein Gespräch in eisiger Atmosphäre erwartete. Kommentarlos legte Gerstenberger Vernehmungsprotokolle vor uns auf den Tisch. Nach raschem Überfliegen einzelner, mit Schreibmaschine ausgefüllter Formblätter gab ich Gerstenberger eine Antwort auf eine Frage, die er mir gar nicht gestellt hatte: »Keiner dieser Namen ist mir bekannt.« - »Natürlich nicht«, erwiderte der Mann vom MAI, »natürlich nicht. Wahrscheinlich ist Ihnen dann auch sonst nichts von illegalen Geldtransfers aus der BRD in die DDR bekannt. Sie und Ihre Leute verstoßen ständig gegen Abmachungen und geltende Grenzbestimmungen!« Gerstenbergers Suada aus Vorwürfen, Polemik und Agitation wollte und wollte nicht enden. Versuche, den Anschuldigungen sachlich entgegenzutreten, scheiterten völlig. Im Gegenteil, sie schienen Gerstenbergers parteigeschulte Rhetorik erst recht zu entfachen, die wiederum Georg Wenk zu hitzigen Temperamentsausbrüchen provozierte. Es scheint mir wenig sinnvoll, dem Leser den Verlauf dieser nicht enden wollenden »Diskussion« in allen ihren Einzelheiten zuzumuten. Lediglich ein Satz, der gewissermaßen der Gesprächsdramaturgie die entscheidende Wende verlieh, sei an dieser Stelle wiedergegeben. Gegen Mitternacht stellte

ich eine Frage, die der in Manier einer tibetanischen Gebetsmühle vorgetragenen Litanei Gerstenbergers ein jähes Ende bereitete: »Lieber Herr Gerstenberger, wollen Sie eigentlich, indem Sie uns den ganzen Abend immer und immer wieder dasselbe aufs Butterbrot schmieren, die ›Grotewohl-Vereinbarung‹ unterhöhlen?« Gerstenberger wollte vieles, dies jedoch mit Sicherheit nicht. Damit war das Gespräch beendet und die Verhandlung auf den nächsten Vormittag vertagt. Diese nun einvernehmlich verlaufende Sitzung schlossen wir mit festen Absprachen und der Zusicherung, daß sich solche Verfahrensweisen wie am Abend zuvor nicht zu wiederholen hätten.

Auch diese Episode war nicht mehr als ein Bestandteil des vor allem in den fünfziger Jahren mit harten Bandagen geführten ideologischen Kleinkrieges gegen die Kirchen der DDR. Dabei tat sich erneut Otto Grotewohl als lautstarker Barrikadenkämpfer hervor. Sowohl seine verbalen Attacken auf öffentlichen Veranstaltungen als auch die gezielten Beschlüsse der Partei zeigten, mit welchen massiven Anstrengungen Grotewohl den Atheismus zur Staatsreligion zu erheben gedachte. Das von ihm lancierte »Lehrplanwerk« für das Jahr 1959 zeugt eindrücklich von der Virtuosität dieser Anstrengungen. So sollte zum Beispiel den Jugendlichen mit Himmelsbeobachtungen in einfacher Weise die Gestalt der Erde veranschaulicht werden. Denn: »Ihnen muß verständlich werden, daß sich die Erde im Laufe von 24 Stunden um ihre eigene Achse dreht und daß sie im Laufe des Jahres die Sonne einmal umkreist. Die Schüler müssen wissen, daß diese Bewegungen auf Naturgesetzen beruhen und daß es keine übernatürlichen Kräfte gibt.« Die Intention solcher Bemühungen ist gleichermaßen leicht eingängig und durchschaubar: Naturgesetze festigen die Überzeugung, daß die Existenz Gottes notwendig verneint werden muß. Der gesellschaftliche Einfluß christlicher Gemeinschaften, die das Gegenteil behaupten, muß in der sozialistisch-atheistischen DDR minimiert werden.

Die Frage, wie die Kirchen auf diesen unverhüllten Angriff eines atheistischen Staates reagieren sollten, löste in den folgenden Jahren eine Vielzahl von Spannungen unter Kirchenführern, Pfarrern und Gemeindegliedern aus. Zwar hatte die SED den Kirchen die formale Respektierung ihrer Autonomie zugesichert, doch die reale Möglichkeit, politischen Einfluß auch innerhalb der Kirche auszuüben, ging dadurch nicht verloren.

Ein Beispiel für den Versuch, die evangelischen Kirchen auch von innen her zu einer staatstragenden Institution zu machen, war der sogenannte »Bund evangelischer Pfarrer in der DDR«. Dieser auf Initiative der Partei gegründete Pfarrerbund fühlte sich programmatisch der Stärkung des sozialistischen Staates verpflichtet. Dabei half ihm ein eigenes Presseorgan, das jederzeit auf umfangreiche finanzielle Unterstützung durch die Partei zurückgreifen konnte. Doch dieser Versuch mißlang. Diese sozialistische Variante der »Deutschen Christen« wurde 1974 von der Partei, aus Mangel an Mitgliedern, wieder aufgelöst.

Die Kirchen in der DDR mußten ihren Weg eigenständig finden und gehen. Politische Einflußnahme aus dem Westen konnte dabei nur stören. So war der Offene Brief von Otto Dibelius an Grotewohl im April 1959, in dem er den wachsenden Druck der atheistischen Staatsgewalt auf die Christen in der DDR verurteilte, keine Hilfe für diese und konnte auch nichts zum Besseren bewegen. Im Gegenteil: Die Verantwortlichen in der Kirche der DDR mußten sich mit einer wüsten Pressekampagne gegen Dibelius in der CDU-Zeitung »Neue Zeit« und im Zentralorgan der SED »Neues Deutschland« auseinandersetzen.

Natürlich wurde ich bei meinen Verhandlungen auch auf dieses Thema angesprochen und mußte mir die oft wortreichen Proteste meiner Verhandlungspartner gegen die »Einmischung der westlichen Kirchen« in die Angelegenheiten der DDR anhören, aber damit umzugehen hatte ich gelernt, und solche Auseinandersetzungen scheute ich nicht. Für mich stand immer unsere Aufgabe im Vordergrund, den Menschen in der DDR das Bewußtsein zu geben, daß wir versuchen, ihr Los mitzutragen als eines, das uns allen auferlegt ist, und daß wir bereit waren, ihnen unsere Hilfe stetig und unbeeinflußt von tagespolitischen Erwägungen und »Atmosphäreschwankungen« zu geben.

Dies habe ich auch bei meinen vielen Vorträgen, die ich in dieser Zeit über die Situation in der DDR gehalten habe, immer wieder zum Ausdruck gebracht mit dem sich stets wiederholenden Schlußsatz: »Es gilt, den Willen zur Hilfe in die Tat umzusetzen, und wenn es Gottes Wille ist, werden wir damit dazu beitragen, die Teilung Deutschlands zu überwinden.« In meiner Arbeit habe ich immer den diakonischen Auftrag zur Hilfe für notleidende Menschen verbunden mit dem festen Glauben an eine bessere Zukunft und die persönliche Freiheit für unsere Landsleute in der DDR. Es ist mir auch immer wieder gelungen, für diese Überzeugung eifrige Kampfgenossen zu finden und mit der Unterstützung zahlreicher Helfer die erforderlichen Geldquellen zu erschließen.

So schwierig unsere Verhandlungen für 1959 begonnen hatten, so entspannt verlief das weitere Jahr. Ich war froh darüber, daß sich mit dem reinigenden Gewitter das sprichwörtliche bessere Klima einstellte. Denn nach den Januargesprächen im MAI fanden wir in Ostberlin endlich wieder jene sachliche Verhandlungsatmosphäre vor, in der anstehende Probleme sinnvoll und schnell gelöst werden können.

In dieser Zeit bewährte sich einmal mehr das aus Hermann Kunst und mir bestehende Zweiergespann. Während er das Geld für unseren Transfer besorgte, wickelte ich das Geschäft mit den zuständigen Organen der DDR ab, zuverlässig unterstützt von Walter Hammer in Berlin. Natürlich brauchten wir auch eine Persönlichkeit, die uns neben der offiziellen Version der SED über die Wünsche und Nöte der Kirchen in der DDR unterrichten sollte. Diese wichtige Aufgabe erfüllte für uns zu diesem Zeitpunkt Kurt Scharf in Ostberlin. Durch seine Informationen relativierte sich die offizielle Version der Bedarfslage der Bürger in der DDR erheblich.

Wie positiv das Jahr 1959 verlief, zeigte sich unter anderem daran, daß die DDR-Regierung am 22. Juli einer Aufstockung des Warentransfervolumens ohne Einwände vertraglich zustimmte, so daß das Spektrum der gelieferten Waren noch einmal erweitert werden konnte: Kokos- und Sisalfasern, Textilien, Chemikalien, Öle und Kautschuk ergänzten die alte Warenpalette aus Stahl, Kohle und anderem. Zwei neue Lieferfirmen aus der Bundesrepublik kamen hinzu: die Brenntag GmbH mit Hermann vom Bruck und die Veredelungswirtschaft GmbH mit Walter Gerstenmaier.

Schwierige Verhandlungen

Doch mit dem geschäftlichen Erfolg kamen bald die Schwierigkeiten. Da die Lieferungen des Jahres 1959 mit ca. 36 Millionen DM den Gegenwert von 40 Millionen in Mark der DDR wesentlich überschritten hatten, meinte Heinrich Rau wieder einmal das »Grotewohl-Limit« für 1960 unbedingt einhalten, besser noch unterschreiten zu müssen. Im November teilte er mir mit, daß eine Vereinbarung über 25 Millionen DM das Äußerste sei. »Mehr ist dieses Jahr nicht drin. Von mir aus unterhalten wir uns Anfang 1960 noch einmal über die ganze Angelegenheit.« Der Minister schlug mir den 20. Januar als Gesprächstermin vor. Ich erinnerte mich an die Auseinandersetzungen im Januar des Vorjahres. »Vielleicht will Rau sich jetzt auch mit mir eine Nacht mit endlosen politischen Debatten um die Ohren schlagen, ehe er mir den Zuschlag für das Geschäft gibt«, sagte ich zu Hermann Kunst, bevor ich nach Berlin abreiste.

Aber nicht Heinrich Rau war es, der mit mir dieses Ritual erneut zu exerzieren gedachte. Im MAI empfing mich – ich war auf das Schlimmste gefaßt – Karl-Heinz Gerstenberger. Sein dozierender Stil hatte sich in dem einen Jahr nicht entscheidend geändert, also auch nicht verbessert. In der Sache kamen wir keinen einzigen Schritt weiter, drehten uns sozusagen im Kreis, so daß ich mir bald die Frage erlaubte, was er, Gerstenberger, denn heute mit diesem Unfug beabsichtige. Mit der »Welt« in der Hand wedelnd, protestierte Gerstenberger: »Unfug, sagen Sie? Haben Sie das hier nicht gelesen?« Die scharfen Angriffe aus Bonn an die Adresse der DDR-Regierung seien an Niederträchtigkeit und Verlogenheit kaum zu überbieten. Gerstenberger zog sämtliche Register, um mich von der politischen Tragweite der Bonner Äußerungen zu überzeugen. So wenig mich seine Polemik interessierte, so sehr horchte ich in jenem Moment auf, in dem er mir mitteilte, daß unter den gegebenen Umständen mit dem »Grotewohl-Limit« das Gesamtvolumen des Transfergeschäfts in Mark der DDR gemeint sei. »Demnach liegen Sie mit Ihren 36 Millionen DM vom letzten Jahr weit über dem zulässigen Gegenwert von 40 Millionen Mark der DDR, lieber Herr Geißel«, bekräftigte Gerstenberger indirekt die Gültigkeit des unbefriedigenden Ergebnisses über 25 Millionen DM, das ich mit Rau im November erzielt hatte.

Nachdem Gerstenberger auch den Rest des umfangreichen Kanons bekannter Vorwürfe routiniert abgespult hatte, kam ich endlich zum Zuge: »Schön und gut, lieber Herr Gerstenberger. Was Sie da sagen, mag ja alles zutreffen, doch verraten Sie mir bitte, inwieweit die Kirche oder ich für die Bonner Äußerungen verantwortlich sind. Im beiderseitigen Interesse wäre es wohl von Vorteil, wenn Sie mir die wahren Gründe nennen, warum die Grundlage unseres Geschäftes nicht 40 Millionen DM sein können.« Daraufhin unterbrach Gerstenberger die Sitzung für 30 Minuten. Offensichtlich war er nicht entscheidungsbefugt, denn er verschwand, um sich von seinem Vorgesetzten Heinrich Rau, der ein Stockwerk tiefer saß, neue Weisungen zu holen. Als er wieder zurückkam, teilte er mir mit, daß Minister Rau nicht länger in der Lage sei, den Kopf für diese Art der Geschäftsbedingungen hinzuhalten: »Die ständigen Erhöhungen der Warenlieferungen sind auf Ihr Drängen hin vorgenommen worden. In jedem Einzelfall hat der Herr Minister dafür allein die Verantwortung übernommen. Dazu wird

er in Zukunft nicht mehr bereit sein. Jede weitere Lieferung, deren Gegenwert über 40 Millionen Mark der DDR hinausgeht, muß direkt vom Ministerrat bewilligt werden. Zuvor sollten Sie den Staatssekretär für Kirchenfragen konsultieren. Außerdem sehe ich jetzt keine Möglichkeit, die Verhandlungen mit Ihnen fortzusetzen.«
Das war deutlich. Doch ich wollte mich nicht so einfach geschlagen geben. Daß ich noch nie mit einem Staatssekretär für Kirchenfragen verhandelt hatte und dies auch in Zukunft nicht tun würde, hätte Gerstenberger sehr wohl wissen müssen. »Wieso soll ich mich jetzt auf eine untergeordnete Verhandlungsebene abdrängen lassen, auf der sowieso niemand Entscheidungen treffen darf? So läuft das nicht, Herr Gerstenberger. In dieser Sache werde ich mich direkt an den Ministerpräsidenten wenden. Darüber hinaus werde ich Herrn Rau bitten, mich bei diesem Gespräch zu begleiten.« Ich wußte von den tiefen Spannungen, die die Beziehung von Rau und Grotewohl schon seit langem belasteten. Es war deshalb ziemlich unwahrscheinlich, daß dieses Gespräch überhaupt zustande kommen würde. Schließlich zog ich den letzten, mit Sicherheit entscheidenden Trumpf aus dem Ärmel: »Herr Gerstenberger, denken Sie bei möglichen Restriktionen gegen das Transfergeschäft immer daran, daß wir Ihnen vielleicht nicht mehr aus unangenehmen Rohstoffengpässen helfen können. Woher wollen Sie zum Beispiel Ihre Lokkohle bekommen, wenn die 25 Millionen DM ausgeschöpft sein werden?«
Gerstenberger berichtete sofort an Rau. Der Minister signalisierte Gesprächsbereitschaft. Was ich am 20. Januar nur ahnen konnte, bestätigte sich im Verlauf des Jahres: Ich würde zwar noch mehrere zähe Verhandlungen in

diesem Stil über mich ergehen lassen müssen, doch mein Ziel, die Überschreitung des »Grotewohl-Limits«, würde ich auch 1960 erreichen können.

Mehr Sorgen bereitete mir ein Gespräch, das am 11. April 1960 in Berlin stattfand. Gemeinsam überlegten Moritz Mitzenheim, Kurt Scharf, der Berliner Superintendent Führ und ich, wie die organisatorische und finanzielle Zukunft der Kirchen in der DDR aussehen könnte. Moritz Mitzenheim bat uns, die DDR endlich als Realität hinzunehmen. »Damit die Kirchen in der DDR überleben können, brauchen wir eine von der EKD losgelöste eigenständige Rechtsform.« Vor allem Scharf und Führ widersprachen dem thüringischen Bischof energisch, der sich nicht nur an diesem Abend die kirchenpolitischen Argumente seines engen Mitarbeiters, des CDU-Mitglieds Oberkirchenrat Lotz, zu eigen machte. Auch ich schloß mich damals den Argumenten von Scharf und Führ an, denn keiner von uns wollte riskieren, daß mit der Schaffung einer Rechtsform, die die Eigenständigkeit der Kirchen in der DDR festlegte, die EKD als letztes Bindeglied zwischen Ost und West verloren ging. Natürlich lag Mitzenheim mit seiner Vermutung vollkommen richtig, daß die DDR über kurz oder lang ein international anerkannter Staat sein werde, was eine Loslösung der DDR-Kirchen von der EKD automatisch nach sich ziehen müsse. Dies einzusehen bedeutete jedoch noch lange nicht, daß ausgerechnet die Kirche selbst diese Entwicklung durch die Preisgabe bestehender Positionen forcieren sollte. Genau dies aber schwebte Mitzenheim vor, denn nur mit seinem »Sonderweg« seien die Lebensbedingungen der Christen in der DDR unter den Bedingungen des

Sozialismus zu verbessern. Deshalb werde er sich am morgigen Tag mit dem Staatssekretär für Kirchenfragen treffen und wieder Bewegung in die festgefahrenen Transfergespräche bringen. »Und wichtig ist vor allem, daß ihr Westler uns eine umfassende Eigenständigkeit zubilligt«, schloß Moritz Mitzenheim seinen längeren Diskussionsbeitrag ab.

»Lieber Herr Bischof«, antwortete ich sofort, »tun Sie das nicht. Schon Gerstenberger versucht seit geraumer Zeit, mich in unseren Verhandlungen von der Ministerebene abzudrängen. Also fangen Sie jetzt nicht auch noch damit an. Bei Rau erreiche ich mehr als bei jedem Staatssekretär, der ja doch nichts entscheiden darf.«

In der bis in die frühen Morgenstunden des 12. April 1960 versammelten Gesprächsrunde konnte Moritz Mitzenheim zumindest einen Teilerfolg erzielen. Während die Einheit der EKD erhalten bleiben sollte, würde ein Bürger der DDR den Vorsitz der Bischofskonferenz der Gliedkirchen in der DDR übernehmen. Kurt Scharf, damals der Ostberliner Präses, wurde mit der Aufgabe betraut, Otto Dibelius von unserem Kompromiß zu unterrichten.

Zu meiner Überraschung erfuhr ich Anfang Juni von Hermann Kunst, daß der Rat der EKD auf Empfehlung von Otto Dibelius unserem Vorschlag zugestimmt hatte. Der Bischof von Greifswald, Friedrich-Wilhelm Krummacher, wurde am 8. Juli 1960 als Nachfolger von Otto Dibelius zum Vorsitzenden der Kirchenkonferenz der Gliedkirchen in der DDR gewählt.

Zwischen April und Anfang Juli tat sich nicht viel. Schließlich gelang es mir, ein Gespräch für den 13. Juli im Ostberliner Ministerium zu terminieren. Ziemlich ungehemmt »überzeugte« ich Rau davon, daß das Transfergeschäft im Interesse der DDR ausgeweitet werden müsse, denn der Industrie fehlten lebenswichtige Rohstoffe. Mehrere Male wurden die Verhandlungen unterbrochen. Offensichtlich ließ sich der Minister meine bedrückende Bestandsaufnahme, die ich mit eindeutigen Zahlen belegen konnte, von den zuständigen Handelsorganisationen bestätigen. Schnell erreichte ich einen Abschluß über zusätzliche Warenlieferungen von 1,5 Millionen DM. Darüber hinaus wurde der Umfang bereits abgeschlossener Verträge erhöht, wodurch ich weitere 3 Millionen DM erzielen konnte. Damit hatten wir allerdings das Ende des Fahnenmastes erreicht: Denn trotz der ausgesprochenen Notlage der Industrie, die den Minister sehr zu quälen schien, erklärte mir Rau mit sichtlichem Bedauern, daß wir über das von Grotewohl persönlich gesetzte Limit nicht hinausgehen könnten. Das Transfergeschäft für 1960 sei damit wohl ausgeschöpft. Aber wir konnten mit dem erzielten Ergebnis keineswegs zufrieden sein, denn das von mir angestrebte Transfervolumen unterschritten wir um beachtliche 5 Millionen DM.

Plötzlich, Georg Wenk hatte die Verträge schon in seiner Aktentasche verstaut, kam mir eine Idee. »Herr Minister, wir schließen einen Vorgriff auf das nächste Geschäftsjahr ab!« Heinrich Rau war begeistert. Noch am selben Tag unterschrieben er und ich auf 1961 datierte Verträge über 5 Millionen DM. Einzige Bedingung Raus: Sämtliche Lieferungen mußten bis zum Oktober 1960 abgeschlossen sein. Das konnte ich ohne weiteres garantieren, denn auf Hermann vom Bruck von der Brenntag und Theo Maas von Stinnes konnte man sich blind verlassen. Rau verabschiedete uns am späten

Nachmittag. Erleichtert reichte er mir die Hand: »Na ja, die Sache mit dem Vorgriff hätte uns eigentlich schon früher einfallen können. Aber immerhin: Jetzt brauchen wir den Grotewohl nicht mehr zu fragen.«

Rau sollte recht behalten: mit dem sogenannten Vorgriff auf das nächste Geschäftsjahr, der ja nicht mehr als Kosmetik war, erreichten wir 1960 ungehindert das vorgesehene Volumen von über 33,2 Millionen DM. Auch in den folgenden 20 Jahren trug diese Abrechnungsmethode zur problemlosen Abwicklung des Transfergeschäftes bei. Allen Seiten war damit gedient: Wir bekamen, was wir wollten, und Heinrich Rau konnte – nach eigenem Bekunden – »endlich ruhig schlafen«.

Ende des innerdeutschen Handels?

Am 29. August 1960 fand in Westberlin ein Heimkehrertreffen statt. Für diesen Tag untersagte der Innenminister der DDR solchen Bundesbürgern die Einreise nach Ostberlin, die nicht über eine gültige Aufenthaltsgenehmigung verfügten. Mit Wirkung vom 8. September wurde diese Regelung zur Dauereinrichtung. Einen Tag zuvor war der Präsident der DDR, Wilhelm Pieck, gestorben. Walter Ulbricht übernahm unverzüglich alle Staatsgewalt, die er sich durch die gesetzlich legitimierte Bildung des Staatsrates sicherte, zu dessen Vorsitzendem er gewählt wurde.

Die Bundesregierung wollte die Aussperrung der Bundesbürger nicht ohne weiteres hinnehmen, mußte aber bald erkennen, daß sie bei möglichen Gegenmaßnahmen nur wenig Unterstützung von den Westalliierten zu erwarten hatte. Das politische Instrument, das sie in der prekären Situation von Berlin für ebenso wirksam wie

angemessen hielt, war die Kündigung des Abkommens über den innerdeutschen Handel zum 31. 12. 1960.
Noch am Tag der Kündigung, es war der 30. September, rief mich Minister Heinrich Rau aus Ostberlin an. Mit Bestürzung habe er die Maßnahme der Bundesregierung zur Kenntnis genommen. »Herr Geißel, Sie wissen von den tausend Nöten, die uns in der DDR zu schaffen machen. Was wird aus den Verträgen und Ihren Lieferungen?« tönte es unsicher aus der Telefonmuschel. Ohne daß ich in irgendeiner Weise gewußt hätte, welche Folgen der Beschluß der Bundesregierung für unsere weitere Zusammenarbeit haben konnte, beruhigte ich Rau: »Machen Sie sich keine Sorgen, Herr Minister, die Lieferungen kommen wie verabredet.« Ich sagte das in einem Ton, als ob ich von der Kündigung nie gehört hätte.
Schon am nächsten Tag wurde Hermann Kunst aktiv. Er war der Mann, der in Bonn nicht nur die nötigen Kontakte besaß, sondern dem man in solchen Situationen auch gerne Gehör schenkte. Telefonisch meldete er uns beide für den 3. und 4. Oktober in den Ministerien für Wirtschaft und Gesamtdeutsche Fragen sowie im Bundeskanzleramt an. Kunst und ich erreichten die Zusicherung, daß unser Transfergeschäft ausdrücklich nicht von dem Beschluß der Bundesregierung betroffen sei. Bei dieser Entscheidung war Dr. Kleindienst, der Stellvertreter von Dr. Woratz im Bundeswirtschaftsministerium, besonders hilfreich.

In dem Bewußtsein, nun der einzige Importeur von westlichen Waren in die DDR zu sein, reiste ich am 13. Oktober nach Ostberlin. Dort schien man die selbstbewußte Einschätzung meiner Position nicht unbedingt teilen zu wollen. Mich erwarteten die bekannten An-

schuldigungen, wonach die Regierung der BRD, das westdeutsche Kapital und die Evangelische Kirche in engem Schulterschluß die DDR in die Knie zwingen wollten. Unbeeindruckt von den vorgetragenen Verbalinjurien versuchte ich die Verhandlungen zu versachlichen, indem ich betonte, daß sowohl die Frage des Interzonenhandels als auch die der Aufenthaltsgenehmigungen Sache der beiden Regierungen seien. Die Kirche könne hierzu nicht Stellung nehmen, vielleicht aber eine Vermittlerrolle spielen. »Wir sollten unsere Verhandlungen an dem derzeitigen Verhältnis von Kirche und Staat in der DDR und nicht an dem zwischen der Bundesrepublik und der DDR festmachen.«
Mein Versuch, das gereizte Verhandlungsklima auf diese Weise ein wenig zu entspannen, hatte Erfolg, denn meine Gesprächspartner waren nach einer weiteren Verhandlungspause einhellig der Meinung, daß es speziell das Verdienst von Bischof Krummacher sei, die Beziehungen der Kirche zu den DDR-Organen in letzter Zeit entscheidend verbessert zu haben. Schließlich habe der Staatsratsvorsitzende noch am 4. Oktober vor der Volkskammer betont, das Christentum und die Ziele des Sozialismus seien keine Gegensätze. Ein wenig überrascht war ich schon von dem plötzlichen Sinneswandel der Verhandlungsführer der DDR-Delegation. Nicht einmal die gewohnten Seitenhiebe gegen Otto Dibelius kamen ihnen über die Lippen. Der Verzicht auf weitere unqualifizierte Anschuldigungen hatte einen guten Grund: Minister Rau überreichte mir eine Erklärung, in der die DDR ihr Interesse an der Weiterführung des Interzonenhandels bekräftigte. Mich, den Bevollmächtigten der westdeutschen Landeskirchen, bat der Minister, sich bei der Bundesregierung für die Wiederaufnahme

der Gespräche zu verwenden. Ich versprach Heinrich Rau, das mir Mögliche zu veranlassen.

Am Morgen des 14. Oktober konnte ich Heinrich Rau die Zusage geben, auf die nicht nur er mit sichtlicher Erleichterung reagierte. Ich eröffnete ihm, daß die Lieferungen der Kirchen in die DDR voraussichtlich nicht von der Kündigung des Abkommens über den innerdeutschen Handel betroffen seien. Rau und die übrigen Mitglieder seiner Verhandlungsdelegation reagierten so überschwenglich auf meine Mitteilung, als ob ich ihnen den gesamten innerdeutschen Handel wiederhergestellt hätte. Ich kommentierte die allgemeine Freude nur mit einem Satz: »Merken Sie sich den heutigen Tag, meine Herren, ich werde bei passender Gelegenheit darauf zurückkommen.«

In der sich anschließenden längeren Unterredung wies ich immer wieder darauf hin, daß der Warentransfer der Kirchen politisch nicht im Zusammenhang mit der Entwicklung im innerdeutschen Handel zu sehen sei. Im Anschluß daran gab mir Minister Rau folgende mündliche Erklärung: 1. Der Standpunkt der Kirchen, wonach unser Geschäft als unabhängig von Handelsvereinbarungen der Regierungen anzusehen sei, wird dankbar respektiert. 2. Es liegt allein bei den Kirchen, ob Warenlieferungen auch zukünftig erfolgen. Die Regierung der DDR betrachtet die mit der Kirche getroffenen Vereinbarungen als voll gültig. 3. Sollten die Kirchen die Lieferungen zum 1. Januar 1961 einstellen, würde das nicht nur wirtschaftliche, sondern auch schwerwiegende politische Folgen nach sich ziehen.

Ich war froh, daß Bonn uns sein Plazet für das Transfergeschäft gegeben hatte. Doch selbst wenn man uns die Lieferungen in die DDR untersagt hätte: Hermann

Kunst und ich hatten während unserer Gespräche zwischen dem 3. und 5. Oktober für diesen »Ausnahmezustand« vorgesorgt. Für den Fall eines von der Bundesregierung verhängten Importverbotes sollte eine von uns zu gründende Firma mit Sitz in Brüssel die Lieferungen übernehmen. Als offizieller Auftraggeber sollte der Weltkirchenrat auftreten, während für die Position des Geschäftsführers Georg Wenk vorgesehen war. Sollten bei dieser Abwicklungsart Schwierigkeiten entstehen, dachten wir als letzte Möglichkeit an die Lieferungen über neutrale Drittländer, so wie ich sie schon früher über Schweden organisiert hatte.

So sehr Hermann Kunst und ich uns bei unserem Treffen am 8. November in Bonn über das Zustandekommen des Transfergeschäftes freuten, so wenig waren wir von der Fähigkeit zur politischen Weitsicht der Bonner Entscheidungsträger überzeugt. Die Kündigung des Abkommens über den innerdeutschen Handel bezeichnete Kunst als »schweren politischen Fehler« der Bundesregierung. Ich teilte Kunsts Ansicht, denn gerade der Handel schuf die Grundvoraussetzungen für politische Gespräche zwischen den beiden deutschen Staaten. Die Aufkündigung wirtschaftlicher Beziehungen dagegen mußte zwangsläufig zur Minderung politischer Dialogbereitschaft führen. Daran konnte weder uns noch unseren Geschäftspartnern in der DDR gelegen sein. Nach Beendigung unserer Unterredung zeigte sich Hermann Kunst von seiner wohl typischsten Seite: als Patriot im Lutherrock. Auch als Theologe, der der Botschaft des Neuen Testaments verpflichtet sei, habe er die Pflicht, dann politisch tätig zu werden, wenn es um das Wohlergehen der Menschen in der DDR gehe. Er war fest ent-

schlossen, Konrad Adenauer und Ludwig Erhard in einem persönlichen Gespräch zur Rücknahme ihrer Entscheidung zu bewegen.
Auch aus heutiger Sicht vermag ich in diesem Zusammenhang das Gewicht seiner politischen Einflußnahme nicht angemessen einzuordnen. Daß Hermann Kunsts persönliches Engagement mit zum Sinneswandel der Bundesregierung beitrug, ist aber nach meiner Einschätzung sicher. Jedenfalls hatte die Bundesregierung mit der Rücknahme der Kündigung des Abkommens über den innerdeutschen Handel am 23. 12. zum 31. Dezember die Fähigkeit bewiesen, politische Fehlentscheidungen zu korrigieren.

Die Mauer

Die wirtschaftlichen und politischen Verhältnisse des Jahres 1961 führten dazu, daß die Flüchtlingszahlen wieder zunahmen. Dieser stetige Aderlaß traf in diesem Jahr besonders die Wirtschaft der DDR, denn unter den Bürgern, die nun ihren Staat verließen, befanden sich immer mehr Facharbeiter, Ingenieure, Ärzte und andere qualifizierte Arbeitskräfte.
Eine vergleichbare Fluchtbewegung mußte in dieser Zeit auch die Kirche hinnehmen. Während sich im Verhältnis von Staat und Kirche auf der höchsten politischen Ebene eine deutliche Entspannung abzeichnete, mußten die evangelischen Kirchen in der DDR durch Fluchtbewegung und Austritte bis Anfang der sechziger Jahre einen Mitgliederverlust von fast 30 Prozent hinnehmen. Obwohl Walter Ulbricht während einer am 9. Februar stattfindenden EKD-Synode in Berlin noch schöne Worte gefunden hatte – er unterstrich die gemeinsame Plattform

von Partei und Kirche, die sich zunehmend als konsensfähig erweise –, hatte die von der SED betriebene kirchenfeindliche Politik die Basis schwer getroffen: Die Zahl der aus der Kirche ausgetretenen Protestanten wuchs ständig, fast ein Drittel der Bevölkerung fühlte sich 1961 ohne Zugehörigkeit zu einer Religionsgemeinschaft. 1950 waren das noch nicht einmal acht Prozent gewesen. Solche Zahlen sprachen für sich. Die Partei war ihrem Ziel, den gesellschaftlichen Einfluß der Kirchen durch ihre Verdrängung aus der Öffentlichkeit zu bekämpfen, einen entscheidenden Schritt näher gekommen. Zwar war der ausgewiesene kommunistische Hardliner Werner Eggerath als Staatssekretär für Kirchenfragen abgelöst und durch Hans Seigewasser ersetzt worden, doch an der grundsätzlichen kirchenpolitischen Marschrichtung der SED änderte dieser Personalwechsel nichts. Systematisch setzte sie ihren ungleichen Kampf vor allem gegen die kirchliche Jugendarbeit fort.

Seigewasser, der aus der alten Garde der KPD kam und zu denen gehörte, die Hitler- und Stalin-Terror überlebt hatten, variierte den Umgang seines Vorgängers mit den Kirchen nur wenig. Der neue Staatssekretär folgte dessen Politik insofern, als auch er es als seine vorrangige Aufgabe ansah, die Landeskirchen der DDR von der gesamtdeutschen EKD abzuspalten. Dabei hatte Eggerath nahezu ganz auf jeglichen Kontakt zur Konferenz der DDR-Bischöfe verzichtet. Auch Hans Seigewasser vermied zu Beginn seiner bis 1979 währenden Amtszeit jeden Kontakt zu der Gesamtvertretung der Landeskirchen. Dafür tat er sich vor allem in der SED-Zeitung »Neues Deutschland« und bei öffentlichen Veranstaltungen als eloquenter »Scharfmacher« hervor, der die Bischöfe zu »kapitalistenhörigen Männern in Schwarzkitteln« herabwürdigte, die von der »friedensfeindlichen Organisation« der EKD die Befehle erhielten. Auf der anderen Seite offerierte Seigewasser einzelnen Kirchenrepräsentanten individuelle Vergünstigungen für den Fall, daß sie demonstratives politisches Zusammenspiel mit den Staatsorganen zeigten.

Dieser doppelzüngige Umgang Seigewassers mit den Kirchen in der DDR darf jedoch über eine Tatsache nicht hinwegtäuschen: Weder er oder Eggerath noch sein Nachfolger Klaus Gysi bestimmten die Richtlinien der Kirchenpolitik in der DDR. Der Staatssekretär für Kirchenfragen war zu keinem Zeitpunkt mehr als eine Verbindungsstelle zum ZK, auf dessen Direktiven er angewiesen war. Von dort wurde unter Leitung des Staatsratsvorsitzenden die Marschroute für den Umgang mit den Kirchen ausgegeben. Speziell in schwierigen Problemsituationen hätte man mich gerne an die Adresse des Staatssekretärs für Kirchenfragen verwiesen. Doch in all den Jahren meiner Tätigkeit als Bevollmächtigter der westdeutschen Landeskirchen gelang es keinem, mir die ZK-Sprachrohre ohne Befugnisse als Gesprächspartner näherzubringen. Selbst das Problem legaler Büchereinfuhren löste ich auf Ministerebene.

Parallel zu der gerade stattfindenden 12. Tagung des ZK der SED hielt ich mich 1961 zu Verhandlungen im Ostberliner MAI auf. In unseren Gesprächen ließ Minister Rau durchblicken, daß das ZK bei der Beschlußfassung für den Volkswirtschaftsplan das Hauptgewicht auf den Ausbau der Grundstoffindustrie, des Maschinenbaus und der Elektronik gelegt habe. Rau schien diese Entwicklung, hinter der er bestehende Lieferverpflichtungen gegenüber der UdSSR vermutete, mit wachsender Skep-

sis zu beobachten. Nicht anders jedenfalls deutete ich seinen lakonischen Kommentar zum ZK-Beschluß, der »wieder einmal zu Lasten der Bedarfsgüterindustrie, also der Bevölkerung, geht«.
Während die Verhandlungen im Mai und Juni 1961 noch in gewohnter Routine abgewickelt wurden, zeichnete sich in der ersten Julihälfte bei meinen Ostberliner Gesprächspartnern eine bis dahin unbekannte Nervosität ab. Laufende Lieferverträge sollten vorzeitig erfüllt, ungewohnte Umstellungen vorgenommen werden. Überraschend waren auch Volumen und Zeitpunkt, an dem der Vorgriff auf das Jahr 1962 vertraglich fixiert werden sollte. Die Vertreter des MAI drängten auf einen sofortigen Abschluß über 10 Millionen DM. Ich nutzte die Gunst der Stunde, so daß es über die Warenspezifikationen keine unnötigen Diskussionen gab und wir zu einer schnellen Unterzeichnung der Verträge schreiten konnten. Lediglich über einen Posten geriet ich mit meinen Gesprächspartnern in eine kurze, aber heftige Auseinandersetzung. Man benötigte dringend eine größere Partie Stacheldraht für die Einzäunung von großflächigem Weideland. Ich lehnte diesen Wunsch ab. Auch in der Retrospektive vermag ich nicht zu klären, warum ich mich gegen die Lieferung von Stacheldraht entschied. Rationale Gründe dafür gab es jedenfalls nicht. Vielleicht war es allein das Wort »Stacheldraht«, das in meinem Inneren sofort Widerstand hervorrief. Letztendlich ist mein Handeln unerheblich für den weiteren Verlauf der Geschichte gewesen. Nur, man stelle sich vor, ausgerechnet die Kirche hätte Stacheldraht für die Errichtung der Berliner Mauer geliefert ...
Mitte Juli war die Erbauung des »antiimperialistischen Schutzwalls« durch die Mitte Berlins noch nicht zwin-

gend absehbar. Erst am 7. August überbrachte mir Georg Wenk persönlich eine streng geheimzuhaltende Botschaft aus Ostberlin nach Stuttgart. In Kürze werde es zu grundlegenden Veränderungen an der Zonengrenze kommen. Davon unberührt, werde das Verhältnis von Staat und Kirche seine positive Fortsetzung finden. Alle Geschäfte könnten auch weiterhin ungehindert abgewickelt werden. Für Georg Wenk und mich sei der reibungslose Grenzübergang gewährleistet. Als Wenk mir diese Nachricht eröffnete, mußte ich an ein Gespräch mit Moritz Mitzenheim denken, der mir noch am 28. Juni in Eisenach recht nebulöse Andeutungen über anstehende politische Veränderungen gemacht hatte, die unter anderem die Schließung der Grenzen durch die sowjetische Besatzungsmacht beinhalten könnten.
Wie es dann kam, ist allgemein bekannt: Am 13. August 1961 meldeten alle Ostberliner Rundfunksender den gemeinsamen Beschluß der Warschauer-Pakt-Staaten. Nationale Volksarmee, Grenztruppen, Volkspolizei und SED-Betriebskampfgruppen rückten in Richtung Berliner Sektorengrenze vor und errichteten Sperrmauern, Stacheldrahtverhaue und Panzersperren.

Der Mauerbau traf unsere Arbeit, also die Hilfe der Kirchen und deren Werke in der Bundesrepublik für die DDR, nicht unvorbereitet. Für »den Fall, daß...« hatte ich gegen manchen Widerstand eine funktionstüchtige Dienststelle des Diakonischen Werkes in Ostberlin unter Leitung von Kirchenrat Gerhard Laudien aufgebaut, die finanziell so abgesichert war, daß sie ohne Hilfe von außen agieren konnte. Um die laufenden Hilfsmaßnahmen und den Warentransfer brauchten wir uns ebenfalls keine Sorgen zu machen. Um ihre vertragliche Absicherung hatten die DDR-Vertreter selbst mich ja noch im Juli gebeten. Der stark eingeschränkte Personenverkehr machte zwar einige Umstellungen notwendig, die aber nur zu temporären Behinderungen der Hilfsgüterlieferungen führten. So wurde im Rahmen der Patenschaftshilfe der Paketversand in die DDR nicht nur ausgeweitet, sondern auch mit zentraler kirchlicher Hilfe finanziell unterstützt. Im Genex-Verfahren gelang uns eine Verdreifachung der in die DDR vermittelten Kraftfahrzeuge und Industriewaren.

Bezeichnenderweise verlor Bischof Moritz Mitzenheim in diesem auch kirchenpolitisch wichtigen Jahr sein Amt als Repräsentant der evangelischen Kirchen in der DDR bei der EKD, deren Gremien nach den Ereignissen des 13. August nicht mehr gemeinsam tagen konnten. Noch drei Tage nach dem Mauerbau hatte Walter Ulbricht den »rangältesten Bischof der DDR« mit dem »Vaterländischen Verdienstorden in Gold« ausgezeichnet. Vergeblich hatte Ulbricht darauf gehofft, der von der SED stark umworbene Bischof werde zum Vorsitzenden der Ostkirchenkonferenz gewählt. Auf dem sogenannten »Wartburggespräch« vom 16. August machte der Staatsratsvorsitzende den Kirchen via Moritz Mitzenheim das Angebot, zusammen mit der Partei die Erhaltung des Friedens in Europa in den Mittelpunkt gemeinsamer Arbeit zu stellen. Es sollte sich bald zeigen, daß der thüringische Bischof der einzige unter den Kirchenführern der DDR war, der dieses Angebot annahm.

Unterdessen traf ich aus Anlaß der Leipziger Messe die Mitglieder der Konferenz der Kirchenleitungen in der DDR, um mit ihnen über das weitere Vorgehen in der neuen politischen Situation zu beraten. Neben der Gruppe der Bischöfe, an deren Spitze bereits der Greifswalder Bischof Friedrich-Wilhelm Krummacher stand, hatte sich eine von Ulrich von Brück geleitete Delegation aus Diakonievertretern zu diesem informellen Treffen eingefunden. In einem kurzen Überblick unterrichtete ich die anwesenden Herren über die wichtigsten Ergebnisse der Sondersitzung der Hauptgeschäftsführer der Diakonischen Werke der Bundesrepublik vom 17. August in Stuttgart. So werde es nach der Schließung der Grenzen zwar einige organisatorische Umstellungen geben müssen, »doch grundsätzlich ist mit der Fortführung sämtlicher Hilfen zu rechnen«. Der Schock über den Mauerbau und seine Folgen saß immer noch sehr tief. Doch ich spürte, daß vor allem mein abschließender Satz bei allen Beteiligten ein Gefühl der Erleichterung und der Hoffnung hervorrief.

Jenseits der materiellen Sorgen, die die Bischöfe der DDR bedrückten, fürchteten sie nach dem Mauerbau vor allem einen ideologischen Generalangriff auf die Kirchen. Die Frage war, wie man ihm erfolgreich entgegentreten konnte. Dem Angebot Ulbrichts, für »die Erhaltung des Friedens in Europa« gemeinsam Sorge zu tragen, mißtrauten mit Ausnahme von Mitzenheim alle Bischöfe nicht nur, sondern werteten es auch als erneuten Versuch, einen Keil zwischen die Kirchenleitungen in der DDR zu treiben. Wir überlegten gemeinsam die Möglichkeiten und Wege, wie die Gefahren für die innere Einheit der Kirchen abgewendet werden konnten.
Die Befürchtungen der Bischöfe sollten sich bestätigen: Der Druck auf die evangelische Kirche nahm nach dem Mauerbau deutlich zu. Für Walter Ulbricht war sie eine der letzten organisatorischen Klammern zwischen Ost und West. Und die galt es mit allen Mitteln zu lockern.

So konnte Kurt Scharf, der im Frühjahr 1961 zum Nachfolger von Otto Dibelius als Vorsitzender des Rates der EKD gewählt worden war, bis zum Mauerbau ungehindert zwischen Ost- und Westberlin pendeln. Dies änderte sich schlagartig am 31. August. Noch am Morgen dieses Tages erhielt Kurt Scharf ohne Schwierigkeiten die Genehmigung für eine Fahrt zu seinem Amtssitz in Westberlin. Am Abend jedoch, der Ratsvorsitzende wollte in seine Wohnung nach Ostberlin zurückkehren, verwehrten ihm die Grenzsoldaten an der Sektorengrenze die Einreise. Scharf mußte seine Personalpapiere aushändigen, und man erklärte ihm, er sei für unbestimmte Zeit in Ostberlin nicht mehr erwünscht.

Auch Staatssekretär Seigewasser meldete sich nach dem Mauerbau an die kirchenpolitische Front zurück. Wiederholt formulierte er seinen Wunsch nach Gründung einer selbständigen »Evangelischen Kirche in der DDR«. Diesen zu erfüllen, sahen die Kirchenleitungen in der DDR keinerlei Anlaß. Auch Moritz Mitzenheim, sonst Verfechter einer Lösung von der EKD, bekannte sich zur Einheit der Evangelischen Kirche in Deutschland. Es blieb das Problem, daß die Vertreter der Landeskirchen in der DDR keine selbständige Rechtskonstruktion schaffen konnten, die als anerkannte Vertretung kirchlicher Anliegen gegenüber den Inhabern öffentlicher Gewalt gelten konnte. Als Mitglieder der EKD blieb den Kirchen in der DDR die Möglichkeit verwehrt, ein synodal legitimiertes eigenes Vertretungsorgan zu etablieren.

Wir kannten dieses Problem und forderten die Kirchenleitungen zu geschlossenem Auftreten im Umgang mit den DDR-Organen auf. Denn es bestand die Gefahr, daß der Staat durch separate Verhandlungen mit den einzelnen Landeskirchen die Gemeinschaft aller Kirchen sprengen würde.

Unmittelbar nach der Leipziger Messe reiste ich nach Bonn, um Hermann Kunst, Staatssekretär Thedieck, Dr. Liebrich und Herrn Kleindienst aus dem Bundeswirtschaftsministerium über meine Gespräche in der DDR zu informieren. Anders als die anwesenden Herren war ich der Meinung, mit dem Mauerbau seien auch positive Nebenwirkungen eingetreten: »Er hat klare Verhältnisse geschaffen. Der Osten braucht seine Positionen nicht mehr länger nur aus der Defensive zu vertreten. Ich glaube, meine Herren, in der neuen politischen Situation werden wir leichter verhandeln können.« Um die Richtigkeit meiner Einschätzung zu belegen, erläuterte ich den Vertretern der verschiedenen Bundesressorts die Absprachen, die ich in Leipzig hatte treffen können. Demnach sei die Regierung der DDR an der Fortführung der kirchlichen Hilfsmaßnahmen interessiert. Diese Bereitschaft zur weiteren Zusammenarbeit sei eindeutig als positives Zeichen zu werten.

Meine Gesprächspartner nahmen diesen Bericht mit sichtlicher Erleichterung auf. Ich nutzte die Gunst des Augenblicks und verwies auf den steigenden finanziellen Rahmen unserer zukünftigen Arbeit, den abzudecken nur mit Unterstützung der Bundesregierung möglich sei. Sowohl Thedieck als auch Liebrich sagten spontan ihre Hilfe zu. Kleindienst übermittelte mir im Auftrag von Woratz, das Bundeswirtschaftsministerium werde uns auch in Zukunft jede erdenkliche Hilfe schnell und unbürokratisch zukommen lassen.

Entstalinisierung à la Ulbricht

Am 20. September 1961 verabschiedete die Volkskammer das Verteidigungsgesetz, das dem Staatsratsvorsitzenden Walter Ulbricht den Oberbefehl über die Volksarmee und die sogenannten Betriebskampfgruppen übertrug. Eine Folge dieser Neuerung war, daß die DDR in allen ihren gesellschaftlichen Bereichen zunehmend militarisiert wurde. Darüber hinaus setzte nach dem Mauerbau eine Verschärfung der Arbeitsnormen ein, ohne daß die Werktätigen für ihre Mehrarbeit angemessen entlohnt worden wären. Mit Heinrich Rau, der am 23. März 1963 starb, verlor dieser vom Staatsratsvorsitzenden eingeleitete neue wirtschaftliche Kurs seinen größten Kritiker. Auch Erich Apel, Bruno Leuschner und zum Teil Willi Stoph vermochten nur geringen politischen Widerstand zu leisten.
Unterdessen hatte Nikita Chruschtschow in der UdSSR den Entstalinisierungsprozeß eingeleitet. Seinem Beispiel sollten die verschiedenen Ostblockstaaten folgen. Auch Walter Ulbricht, in Moskau persönlich von der Zentrale der KPdSU instruiert, wurde zur innenpolitischen Kursänderung ermahnt. Seine Variante der Entstalinisierung war bemerkenswert: Ohne Beratungen des ZK und der SED - sogar auf den effektvollen Auftritt in der Volkskammer wurde verzichtet - veranlaßte der Staatsratsvorsitzende zum Beispiel die Umbenennung von Stalinstadt in Eisenhüttenstadt. Die Stalinallee hieß nun Frankfurter- oder Karl-Marx-Allee. Stalindenkmäler wurden überall in der DDR entfernt. Für Ulbricht war damit der Prozeß der Entstalinisierung vollzogen. Nicht aber für Willi Stoph und seine Parteigänger, die auf der 14. Tagung des ZK der SED im November 1961

heftige Kritik am Parteivorsitzenden übten und weitergehende Maßnahmen verlangten. Gleichzeitig forderte der stellvertretende Ministerpräsident Bruno Leuschner eine grundlegende Korrektur der bestehenden Wirtschaftspolitik. Doch alle Versuche, Walter Ulbricht zur Einsicht zu bewegen, schlugen fehl. Zwar erhielt Willi Stoph massive Rückendeckung aus Moskau, doch die Ulbricht-Fraktion behielt die Oberhand. Allerdings: als strahlender Sieger ging der Parteivorsitzende aus dieser 14. Tagung nicht hervor. Zu sehr war er bei der Diskussion um Entstalinisierung und Wirtschaftskurs ins Kreuzfeuer der Kritik geraten. Seine uneingeschränkte Vormachtstellung war, trotz aller Beschlüsse, ins Wanken geraten.

Dadurch, daß Georg Wenk und ich die einzigen waren, die ungehindert nach Ostberlin reisen durften, erhielten unsere Verhandlungen mit der Regierung der DDR besondere Bedeutung. Denn nur wir beide konnten die Interessen der Kirchen in der DDR bei den zuständigen Staatsorganen vertreten. Dies wurde vor allem deshalb notwendig, da mir Friedrich-Wilhelm Krummacher voller Sorgen über die Zunahme von Restriktionen gegen die Kirchen und ihre Arbeit berichtete. Nicht nur, daß kirchliche Tagungen und Veranstaltungen verboten wurden. Besonders die Basis, namentlich die kirchliche Jugendarbeit und die Junge Gemeinde, sah sich erheblichen Einschränkungen durch staatliche Stellen ausgesetzt.

Dagegen blieben der Warentransfer und die Hilfen der westlichen Kirche und der Diakonie von der neuen politischen Großwetterlage unberührt. Auch der Nachfolger von Heinrich Rau im Ministerium Außenhandel und innerdeutscher Handel, Julius Balkow, setzte voll auf

Kontinuität im Bereich der wirtschaftlichen Beziehungen zwischen westlicher Kirche und DDR.
Hierbei mußte nach wie vor mit absoluter Diskretion vorgegangen werden. Zwischen Krummacher und mir auf der einen sowie dem neuen Chef im MAI auf der anderen Seite bestand zu jeder Zeit ein stillschweigender Konsens darüber, daß unsere Geschäfte nicht der breiten Öffentlichkeit zugänglich gemacht werden sollten. Diese Voraussetzung unserer gemeinsamen Geschäftsbeziehungen hatte einen guten Grund: Dort, wo trotz aller Diskretion Informationen über unsere Zusammenarbeit an politische Mandatsträger drangen, reagierten diese mit herber Kritik oder vollkommenem Unverständnis. Dies galt in besonderem Maß für Parteifunktionäre auf Kreis- und Bezirksebene. Gerade sie hatte man wiederholt von der Notwendigkeit des Aufbaus einer säkularisierten Gesellschaft, in der die Kirche keinen Platz haben dürfe, überzeugen wollen. Dadurch, daß die oberste Partei- und Staatsführung mit ihrem ideologischen Gegner Geschäfte machte und ihn dadurch stützte, widersprach sie also ihrer eigenen atheistischen Zielsetzung. Solches Handeln, soweit es bekannt wurde, mußte zwangsläufig zu erheblichen Irritationen an der Parteibasis führen.

Burgfrieden im Schatten der Mauer

Um der neuen politischen Situation nach dem Mauerbau angemessen Rechnung tragen zu können, gab sich die Konferenz der evangelischen Kirchenleitungen in der DDR am 21. Februar 1962 eine Geschäftsordnung. In der SED wurde diese Entscheidung kaum zur Kenntnis genommen, war sie doch nicht mehr als ein kosmetisches Zugeständnis an den politischen Status quo, denn eine offizielle Abspaltung von der EKD bedeutete diese eigene Geschäftsordnung freilich nicht. Gerade dieses Ziel aber verlor Walter Ulbricht nicht aus dem Auge, obwohl gelegentlich versöhnlichere Worte aus seinem Mund zu vernehmen waren. Anstrengungen, die gezielt auf eine Loslösung von der EKD abhoben, richteten sich nicht, so mehrere Feststellungen des Staatsratsvorsitzenden, gegen die Kirchen in der DDR und ihre Arbeit. In der Tat rückte Ulbricht 1962 von seinem harten politischen Kurs des Vorjahres ab, eine Entwicklung, die auch den Kirchen zu einer Verschnaufpause verhalf.

Die Einführung der allgemeinen Wehrpflicht im Januar 1962 war ein letzter Versuch Ulbrichts, den innenpolitischen Anfechtungen entgegenzutreten. Denn immer lauter wurden die Stimmen jener Wirtschaftsfunktionäre, die nach einschneidenden Reformen verlangten. Ulbricht wehrte sich deshalb so vehement, weil mit Alfred Neuman und Karl Mewis zwei seiner Gefolgsleute zusehends in den Mittelpunkt der Kritik gerieten. Der Vorwurf, für die Mißerfolge in Landwirtschaft und Industrie verantwortlich zu sein, traf nicht nur die beiden Planwirtschaftler, sondern auch Walter Ulbricht selbst. Bruno Leuschners Forderung nach einer Revision der Wirtschaftspolitik fand in den Reihen der SED-Spitze immer mehr Anhänger. Mitte 1962 gelang es ihm mit Willi Stoph, Erich Apel, Julius Balkow und anderen, den Parteichef von der Notwendigkeit einer wirtschaftspolitischen Neuorientierung zu überzeugen. Dabei berief man sich auf Fritz Selbmann, der schon 1956 erkannt hatte, daß nur undogmatische Wirtschaftsmanager mit Eigeninitiative und nicht starre Politfunktionäre eine erfolgreiche Wirtschaftsentwicklung auch in der DDR garantieren können.

Nur vor dem Hintergrund dieser innenpolitischen Reformbestrebungen ist der Burgfrieden zwischen Kirche und Staat in der Folgezeit zu verstehen. Dabei brachten die Auseinandersetzungen um Wehrdienst und Wehrdienstverweigerung mehr eine atmosphärische Verstimmung denn eine echte Störung der guten Beziehungen von Kirche und Staat. Hingegen sorgte die Frage, wie auf die Einführung des Wehrdienstes zu reagieren sei, für erhebliche Meinungsverschiedenheiten innerhalb der Kirche. Erneut war es Bischof Moritz Mitzenheim, der glaubte, Stellung zur neu entstandenen Situation beziehen zu müssen. So habe der Staat ausdrücklich das Recht, seine Bürger an der Waffe auszubilden und zum Wehrdienst heranzuziehen. Er betonte, daß es nicht die Aufgabe der Kirchen sei, die Frage zu beantworten, ob Streitkräfte zur Verteidigung notwendig und ratsam seien – eine Ansicht, die seine Amtskollegen so allerdings nicht zu teilen vermochten.

Wie sehr sich das Verhältnis von Kirche und Staat entspannt hatte, zeigte sich auch während meiner Verhandlungen auf der Leipziger Messe im März 1962. Diesmal verliefen die Gespräche mit den Vertretern der DDR-Regierung nicht nur zügiger. Auch das Ergebnis konnte sich sehen lassen: So schlossen wir eine Nachtragslieferung von stark nachgefragten Waren im Wert von 1 Million DM im Rahmen des Transfergeschäftes ab. Darüber hinaus trafen wir eine mündliche Vereinbarung für das Jahr 1963, die eine Steigerung des Volumens um etwa 10 Prozent gegenüber dem Vorjahr vorsah. Ich drängte auf einen frühen Vertragsabschluß, denn meine Erfahrung hatte mir gezeigt, daß eine schnelle Änderung der politischen Großwetterlage das Transfergeschäft zwar nicht beenden, doch immerhin erheblich verzögern konnte. Da meine Gesprächspartner noch keine exakten Warenwünsche für 1963 nennen konnten, verzögerte sich der Vertragsabschluß bis Mai. Nichtsdestoweniger erfüllte das Warentransfergeschäft des Jahres 1962 sowohl unsere Erwartungen als auch die der DDR. Karl-Heinz Gerstenberger und ich bestätigten bei unserem letzten Treffen des Jahres 1962 im Ostberliner MAI Lieferungen und Gegenzahlungen in Höhe von DM 33 868 159,91. Daß der Gegenwert in Mark der DDR die vereinbarten 40 Millionen erheblich überschritt, störte meine Verhandlungspartner nicht mehr. Das magische »Grotewohl-Limit« war durch seine wiederholte Mißachtung Historie geworden.

Finanznöte

Erst im Verlauf des Jahres 1962 zeichneten sich die finanziellen Folgen des Mauerbaus für die Kirchen in der DDR deutlich ab. Der illegale Geldtransfer von West- nach Ostberlin wurde nahezu abgeschnitten. Mit dem generellen Besuchsverbot versiegte auch die zweite Einnahmequelle: das Kollektenaufkommen nahm rapide ab. Mit der großen Fluchtwelle des Jahres 1961 hatte die dritte Säule der Finanzierung, die sogenannte Kirchensteuer, erheblichen Schaden erlitten. Über das genaue Ausmaß der desolaten Haushaltssituation informierten mich Bischof Krummacher und seine Begleiter am 10. April in Berlin. Zur Deckung des Etats konnte an eine grundsätzliche Erhöhung des Geldtransfers – auch unter den günstigen politischen Gegebenheiten – nicht gedacht werden. Auf der Leipziger Messe hatte ich das

Äußerste ausgehandelt. An weitere Nachtragslieferungen war nicht zu denken. Krummacher hatte die Idee, die Zuschüsse für die kircheneigenen Landwirtschafts- und Waldwirtschaftsbetriebe abzubauen. Noch besser sei eigentlich die freiwillige Abtretung an den Staat, denn nur so seien die umfangreichen Subventionen zu vermeiden, die die Kirchenbehörden jedes Jahr leisten müßten, um das geforderte Ablieferungssoll zu erfüllen.
Auch in drei langen Verhandlungen in Ostberlin vermochte ich die DDR-Regierung nicht zur Übernahme der landwirtschaftlich genutzten Flächen zu überreden. Man lehnte das Angebot mit der Begründung ab, der Westen werde die Übernahme der Kirchengüter als staatlich gelenkte Enteignung deuten und für einen Propagandafeldzug gegen die DDR nutzen. Außerdem sei nicht einzusehen, wieso die gesunden Betriebe der Kirchen in ertragsschwächere LPGs umgewandelt werden sollten. Gerne sei man bereit, Verhandlungen über mögliche staatliche Zuschüsse aufzunehmen, die den Hektarzuschüssen an die LPGs entsprächen.
Wenn man bedenkt, welcher Grundbesitz durch das Scheitern meiner Verhandlungen der Kirche erhalten blieb: 6 600 Hektar landwirtschaftlich genutzte Fläche und 40 000 Hektar Wald ...

Die Bewältigung der finanziellen Probleme der Kirchen in der DDR setzte eine funktionierende Kommunikation zwischen den kirchlichen Vertretern aus Ost und West notwendig voraus. Mit dem Mauerbau war dies nahezu unmöglich geworden. Hermann Kunst schlug deshalb die Gründung eines Gremiums mit Sitz in Westberlin vor, das der von Krummacher geleiteten Delegation, die mein Gesprächspartner in Ostberlin war, entsprechen sollte. Ich willigte ein; die Arbeit der beiden Gremien sollte informellen Charakter haben und unsere Arbeit unterstützen. Kunst versicherte sich der Zustimmung der EKD, ehe wir, Kurt Scharf, Hermann Kunst, der Vizepräsident der VELKD Walter Zimmermann und ich, uns am 10. Oktober 1962 das erste Mal und ab dann regelmäßig zu Beratungen in Westberlin trafen; später kam noch Walter Hammer hinzu.

Der harte Winter 1962/63 traf die Wirtschaft der DDR an ihrem Nerv. Anfang 1963 weitete sich ihr desolater Zustand zu einer veritablen Katastrophe aus. Die Regierung rief in einigen gesellschaftlichen Bereichen den Notstand aus. Strom, Wasser und Gas wurden kontingentiert. Dem öffentlichen Verkehr drohte der Zusammenbruch. Betriebe wurden stillgelegt, Schulen mußten geschlossen werden.

Daß nur eine schnelle Kurskorrektur in der Wirtschaftspolitik den Weg aus dem Dilemma weisen konnte, hatte der Kreis um Erich Apel schon seit geraumer Zeit erkannt. Doch es sah so aus, als ob auch der Frost des Winters 1962/1963 nicht den Widerstand des Staatsratsvorsitzenden brechen konnte.

Natürlich hatten auch die kirchlichen Einrichtungen unter den Folgen des harten Winters zu leiden. Vor allem aus dem diakonischen Bereich erreichten uns alarmierende Nachrichten. Händeringend bat man um schnelle, zusätzliche Hilfe. In dieser Ausnahmesituation zeigten sich die Behörden der DDR von ihrer kulanten Seite. Ohne großen Bürokratieaufwand gestatteten sie uns, die Lieferungen von Material- und Industriegütern sowie von Brennstoffen in die DDR in einem Umfang zu erhöhen, daß der Betrieb vor allem in den kirchlichen Krankenhäusern, Alters- und Pflegeheimen aufrechter-

halten werden konnte. Bei der Organisation dieser Hilfen zeigte sich die hohe Effizienz der beiden Berliner Gremien mit Kunst, Scharf, Zimmermann und Hammer auf der einen und Krummacher, Wölke und Behm auf der anderen Seite; sie unterstützten mich sehr.
Unsere Hilfe war umfangreich. Gleichwohl reichte sie nicht aus, denn an der gesamtwirtschaftlichen Katastrophe änderte sie nichts. Daß Walter Ulbricht den VI. Parteitag der SED vom 15. bis 21. Januar 1963 dennoch politisch überlebte, hat er der persönlichen Anwesenheit von Nikita Chruschtschow zu verdanken, der sich vorbehaltlos hinter ihn stellte. Während der Hauptverantwortliche des wirtschaftlichen Desasters sein Amt behielt, mußten sich immerhin 55 Mitglieder aus dem ZK verabschieden. Jüngere Kräfte, die meisten von ihnen Wirtschaftstechnokraten, traten an ihre Stelle. Zu den »fortschrittlichen Kräften«, die das »neue ökonomische System« ausarbeiten und realisieren sollten, gehörten Bruno Leuschner, Dr. Erich Apel, Georg Ewald, Dr. Günther Mittag, Gerhard Grüneberg, Dr. Werner Jarowinsky und andere.

Auch die vom 4. bis 7. März dauernden Verhandlungen auf der Leipziger Messe wurden ausschließlich von einem Thema dominiert: dem Frost und seinen Folgen. Das Treffen mit den Regierungsvertretern der DDR mußte dieses Jahr von besonderer Bedeutung sein, denn schon am Messeeingang wurden Georg Wenk und ich als Ehrengäste empfangen, die man mit entsprechendem Wohlwollen zu behandeln gedachte. Wenk brachte den Sinn dieses Zeremoniells auf den Punkt: »Auf gut deutsch: Die wollen was von uns. Und zwar etwas ganz Bestimmtes.« Und in der Tat: Schon auf dem abendlichen Empfang sprachen uns Julius Balkow, Karl-Heinz Gerstenberger und Gerhard Weiß auf das bevorstehende Transfergeschäft an. Dies war ungewöhnlich genug, denn bei früheren Gelegenheiten beschränkten sich unsere Gespräche auf den Austausch von Allgemeinplätzen. Heute merkte man vor allem Gerstenberger und Balkow die nervöse Unruhe an, die sie zum Bruch dieser »Tradition« veranlaßte.

Die Nervosität der beiden ließ auch während unserer Verhandlungen am nächsten Tag nicht nach. Nicht nur die katastrophale Lage der DDR-Wirtschaft versetzte Balkow, Gerstenberger und Weiß in einen Zustand tiefer Sorge. Weit mehr noch schien sie das Unvermögen, mit dem man in der DDR-Führung an die Lösung der Probleme heranging, zu beunruhigen. Gerstenberger zeichnete ein Bild von der aktuellen Lebenswirklichkeit in der DDR, das selbst unsere schlimmsten Befürchtungen übertraf. Er bat mich, die Spezifizierungen der im Dezember 1962 vereinbarten Warenlieferungen über 35 Millionen DM ändern zu dürfen. Darüber hinaus erkundigte er sich nach der Möglichkeit einer vorgezogenen Warenlieferung. Da heftige Winterstürme auf dem Atlantik die Ankunft von drei Frachtern mit Lokkohle aus Hampton-Roads/USA bedauerlicherweise verzögerten, konnte ich Balkow und Gerstenberger keine verbindliche Zusage machen. Dagegen verprach ich ihnen, mit unseren anderen Geschäftspartnern – alle waren auf der Leipziger Messe vertreten – über schnelle Umstellungen zu reden, auch wenn die neuen Wünsche einer Zumutung für sie gleichkämen. Nichtsdestoweniger taten mir die Vertreter der DDR-Regierung leid, denn letztendlich war es ja unser gemeinsames Anliegen, den Menschen in der DDR zu helfen. Warum es dennoch zu kei-

nen grundlegenden Veränderungen in der Wirtschaftspolitik der DDR kam, blieb mir ein Rätsel.
Obwohl Balkow meine Bemühungen als besonders großzügige Geste würdigte, hielt er Verhandlungen über Hilfen für diakonische Einrichtungen zu diesem Zeitpunkt für unangebracht und verfrüht. In dieser Sache empfahl er mir ein persönliches Gespräch mit Willi Stoph: »Für Sie werde ich noch vor der Sommerpause einen Termin beim Herrn Ministerpräsidenten ausmachen« - damit beendete Julius Balkow unsere dreitägigen Verhandlungen in Leipzig.

Am 24. und 25. Juni 1963 war es soweit: Endlich verabschiedete das ZK der SED gemeinsam mit dem Ministerrat das »Neue Ökonomische System der Planung und Leistung der Volkswirtschaft« (NÖSPL). Begriffe wie Angebot und Nachfrage hielten plötzlich Einzug in das Denken der sozialistischen Wirtschaftstechnokraten. Von Gewinn und kostendeckenden Preisen konnte man hören. Dezentralisierung und Lockerung des starren Planungssystems bildeten das Herzstück der neuen Wirtschaftspolitik. Die Direktoren der volkseigenen Betriebe sollten mit mehr Verantwortung und Entscheidungsbefugnissen ausgestattet werden.
Trotz dieser begrüßenswerten Neuerungen blieb die Reform auf halbem Wege stehen: Der angestrebte Dezentralisierungsprozeß wurde erheblich behindert, da man ihn einem zentralen Wirtschaftsplan unterwarf. Theoretisch sollte er den Reformen einen zeitlichen Rahmen setzen, faktisch aber war er nicht mehr als ein hinderliches Korsett. Dennoch stellte sich bald eine Besserung der wirtschaftlichen Situation in der DDR ein. Schnell stand auch der Sieger im Wettlauf um die innenpoliti-

schen Lorbeeren fest: Walter Ulbricht, einst vehementer Gegner jeder Reformbewegung, ernannte sich jetzt zu ihrem Förderer, ja zu ihrem Erfinder. Mit traumwandlerischer Sicherheit hatte er sich, wie schon mehrere Male zuvor, geschickt der veränderten politischen Situation angepaßt. In seiner Machtposition wieder gefestigt, ließ Ulbricht sich am 30. Juni 1963, seinem 70. Geburtstag, als großen Staatsmann und Wirtschaftsreformer feiern. Freilich konnte diese Jubelfeier nicht darüber hinwegtäuschen, daß das »Neue ökonomische System« das Konstrukt seiner innenpolitischen Gegner war, gegen das nicht nur der Staatsratsvorsitzende selbst, sondern auch Männer wie Grotewohl, Neumann, Frölich, Hager, Verner, Norden und andere lange Zeit Widerstand geleistet hatten.

Im Zuge seiner taktischen Wende gewährte Ulbricht den sogenannten bürgerlichen Parteien wieder größere politische Einflußnahme, zumindest rein optisch: Gerald Götting und Manfred Gerlach, die beiden Generalsekretäre von CDU und LDPD, wurden zu stellvertretenden Vorsitzenden des Staatsrates ernannt und mit Sonderaufgaben betraut. Der Liberale Johannes Dieckmann setzte in seiner Eigenschaft als Präsident der Volkskammer nunmehr häufiger politische Akzente und durfte sogar als Delegationsleiter das Ausland bereisen. Nichtsdestoweniger behielt sich die SED die Besetzung aller politischen Schlüsselpositionen vor. Sowohl der Staatsrat als auch die Regierung der DDR wurden von ihren Mitgliedern dominiert.

Obwohl sich eine gewisse Liberalisierung in der Gesellschaft der DDR abzeichnete, änderte sich an dem unterkühlten Verhältnis von Staat und Kirche nichts. Zwar sah die SED von öffentlichen Attacken gegen die Kirche ab, ihre Haltung blieb jedoch unverändert kompromißlos: Die Wiederaufnahme eines Dialoges mit den Kirchen in der DDR sei nur dann möglich, wenn sie sich offiziell von der EKD lossagten.

Während zwischen verfaßter Kirche und Staat weitgehend Funkstille eingetreten war, konnte ich meine regen Geschäftsbeziehungen mit der DDR ungehindert ausbauen. Meine Gesprächspartner vom MAI zeigten sich außerordentlich dankbar für die schnelle Lieferung zusätzlich angeforderter Waren. Vor allem sie hätten zur Linderung des Energie- und Versorgungsnotstandes in der DDR beigetragen. Auch wenn es ein wenig hart klingen mag: Die wirtschaftliche Notsituation in der DDR wirkte sich in jeder Hinsicht positiv auf unser Transfergeschäft aus: Nicht nur, daß sich die Gesprächsatmosphäre insofern entspannte, als meine Verhandlungspartner ganz auf politische Agitation verzichteten. Vor allem der Wunsch nach zusätzlichen Warenlieferungen brachte unserem Transfergeschäft erhebliche Vorteile: Während ich vor dem Winter 1962/63 noch um jede Aufstockung des Liefervolumens feilschen mußte, befand ich mich jetzt in einer Verhandlungsposition, in der ich Zusatzgeschäfte vertraglich als regelmäßige Einrichtung absichern konnte.

Genau an diesem Punkt hakte ich ein, als ich im September nach Abschluß unserer Lieferungen für 1963 Minister Balkow eine Kohlelieferung über 2 Millionen Mark anbot. Balkow brauchte diesen Brennstoff dringend, um den Bahnverkehr in der DDR aufrechterhalten zu können. Doch wir lagen mit unseren Lieferungen schon weit über 43 Millionen Mark der DDR, so daß der Minister nur unter Vorbehalt zustimmen konnte. Der

Umstand, daß der Ministerrat der DDR binnen zwei Tagen sein Plazet gab, verleitete mich in meinem schriftlichen Bericht an Hermann Kunst zu folgender Bemerkung: »Damit ist der Abschluß perfekt, dessen Zustandekommen wie ein Märchen anmutet.« Und damit nicht genug: Balkow signalisierte mir, daß der Sockelbetrag für das Transfergeschäft ab 1964 von 40 auf 45 Millionen Mark der DDR erhöht werden könne.

Die Quintessenz des Jahres 1963 läßt sich im Zusammenhang unseres Transfergeschäftes auf einen einfachen Nenner bringen: Der Frost, der auch den kirchlichen Einrichtungen und der Diakonie in erheblichem Ausmaß zusetzte, bescherte ihnen gleichzeitig eine längerfristige Erhöhung an Zuwendungen. Sahen die Verantwortlichen des SED-Regimes nicht, in welchem Umfang sie dadurch Kirche und Diakonie stärkten?

Geschäftsrisiko

So sehr Hermann Kunst und ich uns über die positive Entwicklung des Transfergeschäftes freuen konnten, so wenig dachten wir an das Risiko, das wir bei jedem Vertragsabschluß immer wieder neu eingehen mußten.
Seinerzeit hatte ich mich ja bewußt gegen die Gründung einer GmbH gewehrt. Ein administrativer Wasserkopf, so meine Argumentation, koste nur Geld und mache eine schnelle und flexible Abwicklung, wie sie das Transfergeschäft zu seinem Gelingen notwendig brauche, nahezu unmöglich. Grundbedingung für unser Geschäft mit der DDR war die Vorfinanzierung aus dem Westen. Keine Amtsstelle in Deutschland wäre jedoch bereit gewesen, einem unsicheren Geschäft dieser Art zuzustimmen, für das sie auch noch ca. 30 Millionen DM vorzu-

strecken hätte. Und mehr noch: Die 30 Millionen Mark sollte sie nicht in eine GmbH einbringen, sondern zwei Männern überlassen, die selbständig und unkontrolliert über diese enorme Summe verfügen durften. Niemand wollte oder konnte dieses große Risiko eingehen; eben bis auf Hermann Kunst und mich. Wir riskierten es dennoch und waren bereit, die volle Verantwortung zu übernehmen.

Am 20. Oktober 1963 erfuhren wir das erste Mal, was das bedeutete. An diesem Tag stellte eine unserer Hauptlieferfirmen, die Otto Stinnes OHG, ihre Zahlungen ein. Das Unternehmen hatte bei uns erhebliche Rückstände, so daß wir – ganz plötzlich und unfreiwillig – zu seinen Großgläubigern gehörten. Georg Wenk kommentierte die Hiobsbotschaft, die ihm der Direktor der Stahl- und Eisenabteilung von Stinnes, Theo Maas, persönlich übermittelte, mit einem Satz, über den wir erst sehr viel später, dann aber doch recht häufig lachen konnten: »Was soll's, wenn ihr heute nicht zahlen könnt, zahlt doch einfach am Montag!«

Doch das drohende Ende von Stinnes gab wenig Anlaß zu humoristischen Einlagen. Es galt für alle Beteiligten, das Beste aus der Sache zu machen. Zunächst führte ich Gespräche mit Otto Stinnes, dann mit dem Bevollmächtigten des Unternehmens Franz von Papen sowie mit Theo Maas, dem Leiter der Stahlabteilung, und mit Hermann vom Bruck, dem Geschäftsführer der Stinnes-Chemietochter »Brenntag«. Am 23. Oktober gab der Konkursverwalter Prof. Dr. Knorr seinen Bericht über das Konkursverfahren vor der Großgläubigerversammlung ab. Bei seinen Ausführungen schwante mir allmählich, welche Bürde Hermann Kunst und mir auferlegt werden sollte. Am Abend unterrichtete ich ihn persönlich in Bonn, wobei wir beide das erste Mal in den vielen Jahren unserer gemeinsamen Arbeit in ernste Auseinandersetzungen gerieten. Worüber, ist kaum zu glauben: Jeder von uns wollte die Verantwortung für die Folgen der Stinnes-Pleite allein tragen! Schließlich einigten wir uns aber darauf, die anstehenden Probleme gemeinsam zu lösen.

Immerhin konnte Professor Knorr Schuldner und Gläubiger zu einem annehmbaren Vergleich bewegen und damit den Konkurs doch noch abwenden. Als unbegreiflich hohe Vergleichsquote wurden 80 Prozent der Forderungssummen festgelegt, die in fünf Raten zwischen 1964 und 1968 zu zahlen waren. Darüber hinaus versprach der Schuldner schriftlich einen Besserungsschein in Höhe von 10 Prozent. Bei der Eröffnung des Vergleichsverfahrens belief sich unsere Forderungssumme auf DM 705 660,--, die fristgerecht und der Quote entsprechend gezahlt wurden. Auch der sogenannte Besserungsschein brachte uns noch ca. DM 25 000,--. Auf meinen Wunsch hin übernahmen die späteren Nachfolgefirmen Essener Stahl- und Metallhandelsgesellschaft und Brenntag die verbleibenden Fehlbeträge, so daß für das Transfergeschäft keine Verluste entstanden waren. Und nicht zu vergessen: Abgesehen von arbeitsreichen Tagen und schlaflosen Nächten, verschonte die gelungene Abwicklung des Vergleichs Hermann Kunst und mich vor weitreichenden Konsequenzen.

Zunächst drückte uns der Schuh aber noch ganz woanders. Wichtiger als der Ausgang der Stinnes-Pleite war die Sicherung der vertraglich zugesagten Lieferungen für 1964. Auch hier stand uns das Glück zur Seite: Die Lieferung der Chemie-Artikel, für die die Stinnestochter Brenntag verantwortlich zeichnete, sicherte zunächst die

Dresdner Bank ab. Das war allerdings nur eine Übergangslösung. Über die Bank für Gemeinwirtschaft wurde die Brenntag GmbH schließlich in die neue Stinnes AG, die ihrerseits eine Tochter der VEBA war, eingegliedert. Hermann vom Bruck, alter Geschäftsführer der Brenntag, wurde in den Vorstand der Stinnes AG berufen und übernahm als Aufsichtsratsvorsitzender der neuen Brenntag die Verantwortung für das Kirchengeschäft.
Weitaus schwieriger gestaltete sich die Sicherung der Stahl- und Metallieferungen. Ein solventes Unternehmen, sofern es bisher noch nicht im Zusammenhang des innerdeutschen Handels in Erscheinung getreten war, konnte nicht ohne weiteres für das Transfergeschäft gewonnen werden. Zwar bemühten sich eine Reihe von Firmen, einen Auftrag von uns zu erhalten, doch keine kannte die spezifischen »Eigenarten« oder gar die tatsächliche Dimension unseres Geschäftes. Die Zeit drängte, denn meine Geschäftspartner im Ministerium für Außenhandel und innerdeutschen Handel, die ich am 13. November in Berlin traf, drängten auf Erfüllung unseres Vertrages. Ich erklärte ihnen die besondere Situation der Firma Stinnes und versprach, daß die Lieferungen in jedem Fall abgesichert seien. Ich übernahm - wie schon so oft - persönlich die volle Verantwortung für diese Garantieerklärung. Lieferfirmen, die für die ausgefallene Stinnes eintreten sollten, konnte ich noch nicht nennen, denn es gab sie noch nicht. Unterdessen bekundeten die Phönix Rheinrohr, die Deutschen Edelstahlwerke und die Thyssen-Hütte ihr starkes Interesse an der Gründung einer freien, unabhängigen Eisenhandelsfirma. Hermann Kunst und ich begrüßten diese Initiative, waren uns aber darin einig, daß wir keine Beteiligung anstreben wollten. Die Rechtsform des neuen Un-

ternehmens sollten die Gründerfirmen selbst wählen. Wir äußerten lediglich den Wunsch, die bisher in der Stinnes an der Abwicklung unseres Geschäftes Beteiligten in der Personalbesetzung zu berücksichtigen.

Ehe die Stahl- und Metallhandelsgesellschaft mbH am 9. Dezember 1963 gegründet werden konnte, mußte ich zahlreiche anstrengende Gespräche mit meinem Parteifreund Franz Etzel führen. Der frühere Bundesfinanzminister, der mittlerweile zum Teilhaber der Simon-Bank in Düsseldorf geworden war, sträubte sich lange, die neue Firma finanziell mitzutragen. Außerdem, und dieser Einwand kam von einem Bankier nicht ganz überraschend, sei das Abwicklungsverfahren, so wie Kunst und ich es gewählt hätten, doch mit allerlei Risiken verbunden. Doch Franz Etzel öffnete sich meinen Gegenargumenten und sagte mir zu, die Simon-Bank werde sich vorerst als finanzieller Hauptträger in der neuen Firma engagieren. Theodor Maas und Werner Fritzsch wurden zu Geschäftsführern der Stahl- und Metallgesellschaft mbH Essen (Tochter der Deutschen Edelstahlwerke <Thyssen-Konzern> Krefeld) bestellt. Die Lieferungen für 1964 waren endgültig gesichert.

Nebeneinander oder Miteinander von Staat und Kirche?

Am 8. März 1963 verabschiedete die Konferenz der Kirchenleitungen in der DDR einmütig die »Zehn Artikel über Freiheit und Dienst der Kirche«, eine Ausarbeitung der »Wegweisung« vom 27. 9. 1961. Diese war eine direkte Reaktion sowohl auf den Mauerbau als auch auf das von Ulbricht formulierte Angebot an die Kirchen, gemeinsam mit der Partei den Frieden in Europa zu sichern. Die »Artikel« zeugen von der Gefühlslage, in der sich der größte Teil der Christen in der DDR nach der Schließung der Grenzen befand: Nicht nur Resignation und Depression hatte die Schließung des Fluchtweges ausgelöst. Vor allem rechnete man mit einem Generalangriff des atheistischen Weltanschauungsstaates gegen die Kirchen.

Der Weißenseer Arbeitskreis jedoch, der sich in der Tradition von Bekennender Kirche und kirchlichen Bruderschaften sah, wollte die negativ-pessimistische Tendenz, die er den »Zehn Artikeln« unterstellte, nicht teilen. Der Kreis meinte dem kommunistischen Regime mit größerer Gelassenheit gegenübertreten zu können und setzte den »Artikeln« am 26. November 1963 die sogenannten »Sieben Sätze von der Freiheit der Kirchen zum Dienen« entgegen. Beide Schriften versuchten, die zum Teil in polemischer Form geführte Diskussion um den Standort der Kirchen im sozialistischen Staat schriftlich zu fixieren. Mit großer Skepsis begleiteten die Mitglieder der beiden Koordinierungsgremien in Berlin die sich abzeichnende Kontroverse um die beiden Positionspapiere. Bei unserem gemeinsamen Treffen Ende November 1963 wies ich Bischof Krummacher und die anderen unmißverständlich darauf hin, daß offene Auseinandersetzungen in und zwischen den Kirchen lediglich dazu dienen können, ihre Position gegenüber dem atheistisch auftretenden Staat und seiner Führung noch mehr zu schwächen. Wenig hilfreich sei dabei auch die Einmischung westdeutscher Theologen, denn die Orientierungskrise der Kirchen in der DDR müsse intern gelöst werden.

Ich sollte mit meiner Warnung insofern recht behalten, als vor allem die Ost-CDU meinte, sich einmal mehr unmittelbar in die kirchenpolitische Diskussion einmi-

schen zu müssen. Laut polemisierte sie gegen die »Artikel«, denen man anmerke, daß sie »mit der Tinte der Militärkirche geschrieben« worden seien.
Zum Glück ebbte die Kontroverse um beide Positionspapiere schnell ab, bis sie schließlich ganz in Vergessenheit gerieten.

Zwischen dem 18. Dezember 1963 und dem 5. Januar 1964 verlor die Berliner Mauer für kurze Zeit ihren Schrecken. In einem Briefaustausch einigten sich der stellvertretende Vorsitzende des Ministerrats der DDR, Alexander Abusch, und der Regierende Bürgermeister von Berlin, Willy Brandt, auf ein Passierscheinabkommen, das den Ost- und Westberlinern den ungehinderten Besuch des jeweils anderen Stadtteils ermöglichte. Leider blieb es bei diesem kurzen Intermezzo. Nach nur 19 Tagen war die Mauer für die meisten Menschen wieder undurchlässig geworden.
Am 2. Januar 1964 wurde mit der Ausgabe der neuen Personalausweise begonnen – sie enthielten den Vermerk »Bürger der Deutschen Demokratischen Republik«. Mit diesem Eintrag einer eigenen Staatsbürgerschaft unterstrich die Regierung der DDR ihre Forderung, die DDR endlich als selbständigen Staat anzuerkennen.
1964 sollte als eines der ruhigsten Jahre in die Chronik der Beziehungen zwischen Staat und Kirche eingehen, wenn man einmal von dem üblichen Kleinkrieg in den Bezirken und Gemeinden absieht. Wie außerordentlich positiv sich dieses Verhältnis gestaltete, zeigte sich unter anderem daran, daß die Berufung Hermann Kunsts zum Bischof für Militärseelsorge der Bundeswehr mit keinem einzigen Wort der Polemik in der DDR-Öffentlichkeit

kommentiert wurde. Sogar das CDU-Organ »Neue Presse« schwieg sich diesmal über diesen Vorgang aus.
Der kirchenpolitische Burgfrieden wirkte sich allerdings auf meine Arbeit keineswegs entlastend aus. Wie in jedem Jahr, so mußte ich auch 1964 Verhandlungen mit staatlichen Stellen, mit der Diakonie und den Kirchen führen. Die Teilnahme an der Leipziger Frühjahrs- und Herbstmesse hatte ihren festen Platz in meinem Terminkalender. Unterbrochen wurden die Reisen in die DDR und nach Ostberlin durch regelmäßige Gespräche mit Hermann Kunst und den Regierungsstellen in Bonn sowie durch Verhandlungen mit unseren Lieferfirmen.
Während die Lieferungen im Rahmen des Transfergeschäfts 1964 programmgemäß abgewickelt werden konnten, deuteten sich bei den Verhandlungen für das Jahr 1965 erste Konflikte an, von denen ich nicht wußte, wie und mit welchem Ergebnis sie ausgetragen werden sollten. Grund der Differenzen war ein Brief, den ich am 18. Juni 1963 an Otto Grotewohl gerichtet hatte. In dem Schreiben schlug ich eine grundsätzliche Erhöhung des Sockelbetrages im Transfergeschäft vor, denn so könne man sich von vornherein zeitraubende Verhandlungen über zusätzliche Geschäfte ersparen.
Als ich in die ersten Verhandlungen für 1965 ging, die am 29. April in Ostberlin stattfanden, hatte mir der Ministerpräsident noch immer nicht geantwortet! Auch die DDR-Delegation konnte oder wollte mir keine Nachricht Grotewohls übermitteln. Schon fast traditionell bekundete sie ihr Interesse an der Fortführung des Transfergeschäftes, nur tat sie dies 1964 etwas freundlicher als sonst. Wie üblich, und auch das unterschied sich eigentlich nicht von den Jahren zuvor, sollte der Vertrag erneut nur über 40 Millionen in Mark der DDR mit der

Option auf eine weitere Erhöhung abgeschlossen werden. Die Vertragsunterzeichnung hätte also schnell und für alle Seiten zufriedenstellend abgewickelt werden können, wenn da nicht noch der unbeantwortete Brief an Grotewohl gewesen wäre. Deshalb ließ ich sie einfach platzen: »Meine Herren, heute unterschreibe ich nichts. Entweder es stehen 45 Millionen Mark im Vertrag, oder Sie sehen mich in Ostberlin so schnell nicht wieder. Fragen Sie Ihren Ministerpräsidenten, der weiß, um was es geht.« Meine Verhandlungspartner versuchten zu retten, was zu retten war: »Sie bekommen die Antwort zum Ende des Jahres, Herr Geißel, ganz bestimmt, doch wir sollten jetzt den Vertrag unterzeichnen.« Ich lehnte ab und setzte für Grotewohls ausstehende Antwort eine Frist bis zum 26. Mai. »Übrigens, im neuen Vertrag sollte sich die Antwort Ihres Ministerpräsidenten niederschlagen. Meine Herren, das war's für heute. Im Mai sehen wir uns wieder.«

Ohne Zweifel, das waren große Worte in einer brenzligen Situation. Natürlich hatten diese Sätze ultimativen Charakter. Bei der zeitweiligen Übersensibilität meiner Gesprächspartner hätte mein Verhalten ohne weiteres ins Auge gehen können. Doch ich konnte es mir leisten, so hoch zu »pokern«: Ich wußte aus sicherer Quelle, daß der Schiffsbau in Rostock und die sächsische Textilindustrie ohne das Transfergeschäft am Ende gewesen wären. Meine kompromißlose Haltung zeigte schnell Wirkung: Zunächst beantwortete Otto Grotewohl meinen Brief in der von mir erwarteten Weise. Er stimmte einer Erhöhung des Transfervolumens auf 45 Millionen Mark der DDR zu. Auf dieses Ergebnis war ich besonders stolz, denn der Ministerpräsident hatte damit das von ihm selbst gesetzte Limit außer Kraft gesetzt. Am 24. Juni

wurden daraufhin die Vereinbarungen für 1965 in Ostberlin getroffen.
Bei derselben Gelegenheit konnte ich im Ostberliner Ministerium weitere wichtige Verhandlungsergebnisse erzielen, durch die die Haushalte von Diakonie und Kirche erheblich entlastet werden konnten: Das Ministerium erklärte sich bereit, für das Jahr 1964 Benzingutscheine über 750 000 Liter, ab 1965 jährlich über 1 Million Liter an kirchliche Einrichtungen abzugeben. Das »Preis-Leistungs-Verhältnis« dieser Abmachung als sehr gut zu bezeichnen, wäre untertrieben: Während der Liter Benzin an den Tankstellen in der DDR 1,45 M kostete, bezahlten wir nur 0,78 DM abzüglich eines weiteren Sonderrabattes von fünf Prozent!

Die »Humanitären Maßnahmen« der Bundesregierung (Das B-Geschäft)

Zur Vorgeschichte: Aufgrund ihrer persönlichen Erfahrungen, die sie mit dem »Dritten Reich« gemacht hatten, setzten sich so unterschiedliche Persönlichkeiten wie Herbert Wehner, Präses Kurt Scharf, Prälat Johannes Zinke und der Verleger Axel Springer in besonderem Maße für inhaftierte kirchliche Mitarbeiter in der DDR ein. Zunächst war es Kurt Scharf, der unermüdlich mit dem Staatssicherheitsdienst der DDR sowohl über die Freilassung inhaftierter kirchlicher Mitarbeiter als auch über deren Hafterleichterungen verhandelte. Der Präses führte auch die Fürbittenliste für die Gefangenen in die sonntäglichen Gottesdienste westlicher Kirchen ein. Anfang der sechziger Jahre erreichte Kurt Scharf immer weniger bei den Sicherheitsorganen der DDR, bis die Stasi ihn schließlich überhaupt nicht mehr als Verhandlungspartner akzeptierte. Aus diesem Grund beauftragte er seinen persönlichen Referenten, den Oberkonsistorialrat und Rechtsanwalt Reymar von Wedel, nach Möglichkeiten für eine neue Verhandlungsbasis zu suchen. Im Juni 1962 kontaktierte von Wedel den Ostberliner Rechtsanwalt Vogel und vereinbarte eine Reihe von Gesprächen, an denen auch der Westberliner Rechtsanwalt Stange teilnehmen sollte.

Überraschend schnell handelte von Wedel mit Vogel eine Liste von Häftlingen aus, deren Freigabe in Aussicht gestellt wurde. Als Gegenleistung verlangte die DDR drei Waggons Kali. Von Wedel äußerte seine Bedenken, denn allein Bonn könne über die Lieferung der Ladung befinden. Kurt Scharf rief daraufhin bei mir in Stuttgart an und bat mich um Hilfe. Zur Beratschlagung des Problems werde er mir von Wedel persönlich nach Stuttgart schicken. Scharf sagte zwar »Beratschlagung«, meinte aber »Lösung«. Er wußte ja von meinen guten Kontakten zu den Bonner Ministerien und ins Bundeskanzleramt.

Als von Wedel in Stuttgart eintraf, schilderte ich ihm meine Bedenken. Nicht, daß ich an der Zustimmung Bonns zweifelte. Von der Abwicklung her war der »Häftlingshandel« kein ernsthaftes Problem; »aber, Herr von Wedel: Geld gegen Menschen, ist das nicht unmenschlich?« Von Wedel machte geltend, daß auch unserem erfolgreichen »Kirchengeschäft« ein vergleichbares Prinzip zugrunde liege. »Sie liefern Stahl, Kohle, Öl usw., damit Sie solche Menschen unterstützen können, die sonst ohnmächtig und hilflos wären. Aus reiner Menschenliebe machen die drüben keine Geschäfte mit Ihnen.«

Reymar von Wedel hatte recht. Ich bat ihn, sich ein we-

nig zu gedulden, damit ich mit Bonn und Ostberlin Rücksprache halten konnte. Dr. Woratz vom Bundesministerium für Wirtschaft äußerte ebensowenig Bedenken wie meine Verhandlungspartner im Ostberliner MAI. Für die Kosten sollte Hermann Kunst aufkommen. Wer sonst? Diesmal war es der damalige Ratsvorsitzende der EKD, Kurt Scharf, der ihn um die Finanzierung bat. Die Abwicklung des Austauschs fiel in von Wedels Zuständigkeitsbereich, während ich die wirtschaftlichen Voraussetzungen zum Gelingen dieser Aktion zu schaffen hatte. Ich beauftragte eine Handelsfirma, die die drei mit Kali gefüllten Waggons in die DDR lieferte, wo im Gegenzug Häftlinge entsprechend der Liste, die Stange und von Wedel ausgehandelt hatten, in die Freiheit entlassen wurden. Auf diesem Wege gelangten wenig später auch 20 Kinder, die durch die Ereignisse vom 13. August 1961 von ihren Eltern getrennt worden waren, in die Bundesrepublik.
Dies war die Geburtsstunde von Häftlingshilfe und Familienzusammenführung.

Im Verlauf des Jahres 1963 gewann die kirchliche Häftlingshilfe so sehr an Umfang, daß wir sie nicht mehr geheimhalten konnten. Hermann Kunst klagte nicht nur über die immer schwieriger werdende Finanzierung, sondern auch über die wachsende Zahl von Fragestellern aus dem Bonner Regierungsviertel. Warum sich die Häftlingshilfe nur auf kirchliche Mitarbeiter beschränke, war da zu hören. Scharf und Kunst nahmen die lauter werdende Kritik schnell an, denn sie war in der Tat berechtigt. Wir kannten zwar keine genauen Zahlen, aber politische Häftlinge, die nicht aus dem kirchlichen Bereich kamen, gab es genug. Und auch ihnen mußte geholfen werden. Die beiden Kirchenmänner sahen ein, daß die Hilfe unbedingt auszuweiten war. Und sie ergriffen die Initiative. Erst befragten sie Willy Brandt in Berlin, dann Adenauer, Wehner, Erhardt, Barzel und andere in Bonn über die Möglichkeiten einer umfassenden Gefangenenhilfe. Schnell erzielten Opposition und Bundesregierung einen Konsens darüber, daß die Bundesregierung diese Aktion der Kirchen übernehmen müsse. Diese Einmütigkeit war auch in der damaligen politischen Landschaft überraschend genug, doch alle im Bundestag vertretenen Fraktionen erkannten, daß die Wahrnehmung dieser besonderen Aufgabe sie zu gemeinsamem Handeln verpflichtete.

Konrad Adenauer beauftragte Erich Mende mit der Federführung der staatlichen Gefangenenhilfe und Familienzusammenführung. Dies bedeutete natürlich nicht, daß wir mit der Übernahme durch die Bundesregierung von der Mitarbeit ausgeschlossen wurden. Dazu hätte es auch keine stichhaltige Begründung gegeben, denn alle Beteiligten betraten mit diesem diffizilen Unternehmen politisches Neuland. Dabei war es vollkommen unerheblich, ob es sich nun um einen Vertreter der Bundesregierung, einen Repräsentanten der Kirche oder einen Rechtsanwalt handelte.

Am 8. Juli 1964 hatte Erich Mende unter anderem folgende Herren zu einer ersten Lagebesprechung in das Bundesministerium für Gesamtdeutsche Fragen eingeladen: Staatssekretär Dr. Krautwig, Generalbundesanwalt a. D. Dr. Güde, Dr. Woratz, Ministerialdirigent That, Oberregierungsrat Rehlinger vom Berliner Büro des Ministeriums, die Rechtsanwälte Stange und von Wedel sowie mich. Krautwig versicherte noch einmal, daß die Bundesregierung vor allem die finanzielle Absicherung der Aktion übernehmen werde. Das anberaumte Treffen diene der Klärung ihrer genauen Durchführung.

In unserem Gespräch wurde schnell deutlich, daß uns gerade dies noch nicht gelingen konnte. Keiner hatte eine klare Vorstellung von dem, was auf uns zukommen würde. Politische Häftlinge wollten wir gegen Waren, nur in Ausnahmen mit Bargeld, freikaufen. Das war unser gemeinsames Ziel. Doch was war ein »politischer« Häftling? Wir einigten uns darauf, was er vor allem nicht sein durfte: ein Häftling, der wegen einer kriminellen Tat, also Bankraub, Überfall usw., einsitzen mußte. Diese Definition war das erste von zwei konkreten Ergebnissen, die wir auf dieser Sitzung erzielten. Zwar wurde noch die Frage der Verhandlungs- und Verfahrensweise erörtert, aber nicht mehr in ihren Einzelheiten geklärt. Denn nur langsam konnte das Unternehmen »Häftlingshilfe und Familienzusammenführung« Gestalt annehmen, so daß die Diskussion über ein einheitliches Vertragswerk, in dem seine genaue Abwicklung geregelt werden sollte, zu diesem Zeitpunkt verfrüht war. Immerhin, alle Beteiligten bekundeten einhellig ihren Willen zur Hilfe. Das war eine solide Basis angesichts der Probleme, die auf uns warteten.

Genaue Verfahrensbestimmungen konnten wir also nicht erarbeiten; über die personelle Besetzung des Unternehmens aber entwickelte Staatssekretär Dr. Krautwig sehr konkrete Vorstellungen. Ludwig Rehlinger vom Ministerialbüro in Berlin sollte mit den Rechtsanwälten Stange und Vogel, dem Beauftragten der DDR-Regierung, die Häftlingshilfen und die Konditionen aushandeln. Mir hatte Hermann Kunst schon am Vortag zu verstehen gegeben, daß das Ministerium für Gesamtdeutsche Fragen mir bei der Häftlingshilfe und Familienzu-

sammenführung eine zentrale Rolle zugedacht habe. Die Bitte von Dr. Krautwig, die Verantwortung für den als Gegenleistung gedachten Warentransfer zu übernehmen, überraschte mich also nicht. Gerne stellte ich diesem Projekt meine im Transfergeschäft gesammelten Erfahrungen zur Verfügung, nannte aber sofort die Bedingungen für eine zukünftige Zusammenarbeit: Neben der Freiheit bei der Wahl der Abwicklungsmodalitäten beanspruchte ich für mich, sämtliche Lieferfirmen selbst bestimmen zu dürfen. Darüber hinaus müsse mir bei jedem Geschäft die Anwendung eines eigenen Finanzierungsplans zugestanden werden. Krautwig und Woratz waren sofort einverstanden und sagten mir ohne zu zögern die volle Unterstützung ihrer Ministerien zu. Nach Absprache mit Hermann Kunst sollte ich meine Tätigkeit im Rahmen des »Sonderauftrages der EKD« wahrnehmen. Die zusätzlichen Personal- und Verwaltungskosten wollte die EKD tragen, Kunst nannte sie den »Beitrag der Kirche für die humanitären Maßnahmen der Bundesregierung«.
Damit waren die Beratungen vom 8. Juli 1964 beendet. Alle Beteiligten vereinbarten absolute Vertraulichkeit und Verschwiegenheit. Daß sich alle an diese Vereinbarung hielten, dokumentierte auch die überparteiliche Bedeutung, die man in jenen Jahren der Gefangenenhilfe und der Familienzusammenführung beimaß.

Ebenso geheim verliefen meine Verhandlungen für die von nun an als »B-Geschäft« bezeichnete Häftlingshilfe. Wochenlang pendelte ich per Flugzeug zwischen den Bonner und Ostberliner Ministerien hin und her, ehe ich am 19. August 1964 den ersten Vertrag in Ostberlin unterzeichnen konnte. Alles lief wie im Transfergeschäft ab: Während Kunst zu den Bonner Politikern und zum Ratsvorsitzenden Kontakt hielt, wickelte ich die wirtschaftliche und finanzielle Seite ab. Die Finanzbuchhaltung für dieses Geschäft übernahm der Kunst-Mitarbeiter Gerhard Schulz. Die Dimension des »B-Geschäfts« war schon im Jahr seiner Gründung gewaltig: DM 37 918 901,16 investierte die Bundesregierung in die »Flüchtlingshilfe und Familienzusammenführung«.

Natürlich mußte auch diese Ausgabe von Bundesmitteln dem Bundesrechnungshof zur Prüfung vorgelegt werden. Unser Problem war, daß es dort »undichte Stellen« geben könnte. Um aber die Geheimhaltung des »B-Geschäfts« unter allen Umständen wahren zu können, hatten wir in Abstimmung mit der Bundesregierung eine Sonderregelung für das Prüfungsverfahren vereinbart. Danach wurde der von mir verfaßte Jahresabschluß zur Prüfung direkt an den Leiter des Oberrechnungsamtes der EKD weitergereicht. Dessen Bericht gab Kunst dann dem Leiter des Bundesrechnungshofes persönlich.

Auch dieses Verfahren bewährte sich in den Jahren seiner Anwendung. Aus dem Kreis von maximal zehn »Mitwissern« drang keine Information in die Öffentlichkeit, die das »B-Geschäft« gefährden konnte. Diese Diskretion trug mit dazu bei, daß zwischen 1964 und 1989 ca. 33 000 Häftlinge aus DDR-Gefängnissen freigekauft werden und etwa 250 000 Menschen zu ihren Familien in die Bundesrepublik ausreisen konnten. Als Gegenleistung wurden in diesem Zeitraum Industriewaren, Rohstoffe, Metalle und Lebensmittel im Wert von DM 3 436 900 755,12 in die DDR geliefert. Für den reibungslosen Transport sorgten dieselben Firmen, die auch im Kirchengeschäft so erfolgreich tätig waren.

Reiseerleichterungen

Am 21. September 1964 starb mit Otto Grotewohl einer der schärfsten politischen Gegner der Kirchen in der DDR überhaupt. Ihm folgte Willi Stoph in das Amt des Vorsitzenden des Ministerrates.

Zwischen dem Beauftragten des Senats von Berlin und dem Ministerrat der DDR wurde am 24. September 1964 ein zweites Passierscheinabkommen abgeschlossen. Es regelte die Ausgabe von Passierscheinen für Weihnachten und Neujahr 1964/1965 sowie für Ostern und Pfingsten 1965. Mitte Oktober faßte der Ministerrat der DDR den Beschluß, Rentnern die Ausreise ins westliche Ausland zu gestatten. Danach durften mit Wirkung vom 1. November 1964 Frauen über 60 und Männer über 65 Jahre einmal im Jahr für vier Wochen Verwandte in der Bundesrepublik besuchen. Diese Erleichterung schrieb Walter Ulbricht ausdrücklich der persönlichen Initiative von Bischof Moritz Mitzenheim zu; sie war Ergebnis einer als »Wartburggespräch« bekanntgewordenen Unterredung der beiden.

In besonderem Maße profitierten die Mitarbeiter kirchlicher Einrichtungen von der neuen Reiseregelung, denn der Anteil der über Sechzigjährigen unter den im aktiven Kirchendienst befindlichen Männern und Frauen war überdurchschnittlich hoch. Ihre Besuchsreisen in die Bundesrepublik trugen erheblich zur Verbesserung der Kontakte zwischen den Partnergemeinden in Ost und West bei. Wichtig für die älteren Kollegen aus der DDR war auch die Wiederbelebung einer durch die Augustereignisse in Vergessenheit geratenen Institution: Sie konnten wieder zu von uns organisierten Kuraufenthalten in die Bundesrepublik reisen.

Meine Verhandlungen im Ostberliner MAI verliefen in der zweiten Hälfte des Jahres zwar etwas schleppend, größere Probleme stellten sich jedoch nicht ein. Dagegen bedurfte es einiger Überredungskunst, ehe Bonn seine Genehmigung für die Lieferung einer Partie Wolframerzkonzentrat erteilte. Den mit Abstand größten Posten im Rahmen unseres Transfergeschäftes bildete in diesem Jahr Rohwolle aus Australien, die zur Stabilisierung der sächsischen Textilindustrie eingeführt wurde. Sein Geschäftsvolumen belief sich auf 16 Millionen DM. Das war fast die Hälfte der gesamten Transfersumme von 36 176 623,59 Mark der DDR des Jahres 1964.

Mitte des Jahres stellte mir Horst Sölle, der im März 1965 Nachfolger von Julius Balkow im MAI werden sollte, Horst Roigk vor. Roigk, strammer SED-Mann, war als ideologische Verstärkung von Karl-Heinz Gerstenberger gedacht. Dieser zeigte sich wenig erfreut von der neuen »Hilfe« an seiner Seite, denn er ahnte wohl, welcher Verhandlungsstil dem forsch auftretenden Roigk vorschwebte. Dabei unterschied dieser sich nur wenig von dem »alten« Gerstenberger: So wie er wollte auch Roigk erst politische Grundsatzdiskussionen führen, ehe man zum eigentlichen Geschäft kommen konnte. Nun hatten Gerstenberger und ich schon lange eingesehen, daß solche Präliminarien nur wertvolle Zeit kosteten und inhaltlich nichts zum Transfergeschäft beitrugen. Roigk glaubte nicht, unsere Einsicht ohne weiteres teilen zu können. Erst nachdem ich ihn über meine Vorstellungen von unserer Zusammenarbeit aufgeklärt hatte, lenkte er ein. Schon auf dem traditionellen Eröffnungsempfang zur Leipziger Herbstmesse stellte ich fest, daß er verstanden hatte und wir gut miteinander zurechtkommen würden. Wie ich von Gerstenberger bei einem Bier hörte, hatte seine schnelle Lernfähigkeit ihren besonderen Grund: Nachdem Roigk seinen Bericht über unsere Verhandlungen für Sölle abgefaßt hatte, erhielt er ihn unverzüglich mit folgendem Vermerk zurück: »...in unserem Hause müssen Sie noch lernen, mit Vertretern aus dem kapitalistischen Ausland umzugehen.«

Gegen Ende des Jahres 1964 wurden uns wie gewöhnlich die Einfuhrgenehmigungen für 1965 zugesagt. Während wir medizinisch-technische Geräte, Druckpapier, Baumaterialien weiterhin einführen durften, lehnte man den Import von Medikamenten, Literatur und Büchern mit theologischen Inhalten strikt ab. Um dieses Verbot zu umgehen, blieb uns nur der illegale Warentransfer von West nach Ost. Mein Mitarbeiter Kurt Haen organisierte mit Unterstützung der Landesverbände der Diakonischen Werke einen Kurierdienst, der die kirchlichen Krankenhäuser in der DDR mit lebenswichtigen Medikamenten versorgte. So wurden Kuriere aus der Bundesrepublik für jeweils eine Woche nach Berlin abgestellt, um vom Westteil der Stadt aus als Grenzgänger ihren gefährlichen Dienst zu versehen.

Obwohl es sich dabei um ein wohlorganisiertes Verfahren handelte, kam es an den Grenzübergängen immer wieder zu vorübergehenden Festnahmen, denen die Beschlagnahme der Schmuggelware und zum Teil lange Verhöre folgten. Im Ostberliner MAI wurden dann jeweils zu Beginn unserer Verhandlungen die Erfolge der Zöllner zelebriert, indem man mir die Vernehmungsprotokolle vorlas und auf die sofortige Abstellung dieses Übels drängte. Bei solchen Schwierigkeiten mit den Kurierdiensten erwies es sich als Vorteil, daß die Zollstellen an den Grenzen direkt dem MAI untergeordnet waren, sie also letztendlich in dessen Zuständigkeitsbereich fielen. Der mittlerweile zum stellvertretenden Minister aufgestiegene Gerstenberger blieb bei alledem außerordentlich gelassen. Wir beide kannten die Voraussetzung für die Einstellung des illegalen Kurierdienstes: Nur die offizielle Aufhebung der Einfuhrverbote konnte Abhilfe schaffen. Horst Roigk dagegen wollte sich mit dieser stillschweigenden Tolerierung nicht zufriedengeben und glaubte deshalb einen Bericht abfassen zu müssen, in dem er mich einer die Gesetze der DDR mißachtenden Haltung bezichtigte und Konsequenzen forderte. Diese unnötige Einmischung verstärkte bei Georg Wenk und mir den Eindruck, daß Karl-Heinz Gerstenberger den langsamen Rückzug aus dem Transfergeschäft angetreten habe und Roigk sich bereits als potentieller Nachfolger einführen wolle. Um mir Klarheit zu verschaffen, sprach ich am 21. Juli 1965 den Minister im MAI direkt auf dieses Thema an. Ohne Umschweife bestätigte Sölle unsere Vermutungen, bat aber gleichzeitig um Entschuldigung, mich nicht rechtzeitig über diesen Personalwechsel informiert zu haben.

Für Georg Wenk und mich hieß das, daß wir uns auf unseren neuen Ansprechpartner im MAI einstellen mußten. Wir hatten uns Horst Roigk zwar nicht ausgesucht, mußten aber mit ihm auskommen, damit die gleichermaßen flexible und zuverlässige Abwicklung des Transfergeschäftes auch weiterhin garantiert werden konnte. Zweifellos saß Roigk politisch am längeren Hebel, was er uns am Anfang auch spüren ließ. Allmählich sah er jedoch ein, daß, wenn wir zum wirtschaftlichen Teil unseres Geschäfts kamen, alle Vorteile und Möglichkeiten auf unserer Seite waren.

Die Erfindung der Valutamark

Schon auf der Leipziger Herbstmesse zeigte sich Roigk offen für neue Formen der Hilfe für Kirche und Diakonie in der DDR. Geduldig hörte er sich meinen Bericht über den zum Teil immer noch desolaten baulichen Zustand kirchlicher Einrichtungen an. Die Lieferungen von Baustoffen aus der Bundesrepublik reichten bei weitem nicht zu einer umfassenden Sanierung des angeschlagenen Baubestandes aus. An eine unbegrenzte Aufstockung des Transfervolumens war aus politischen Gründen nicht zu denken. Auch der zusätzliche Ankauf von Baumaterialien kam nicht in Frage: Die aktuelle Baustoffproduktion in der DDR konnte die steigende Nachfrage schon lange nicht mehr hinreichend decken. Die Preise für das spärliche Angebot schossen in für uns unerschwingliche Höhen.

In dieser schwierigen Situation hatte ich eine Idee, von der ich glaubte, sie sei ein probates Mittel gegen die aktuelle Notlage. Bevor ich mich jedoch in dieser Sache offiziell an die Regierung der DDR wenden konnte, wollte ich Roigks realistische Einschätzung meines Vorschlages hören. Dieser sah den Aufbau eines Fertighaus-Programms für die DDR vor. Eine Erstproduktion von 100 Häusern könne problemlos gegen Bezahlung in Devisen (über Warenlieferungen) übernommen bzw. vorfinanziert werden. Roigk äußerte keine Bedenken und telefonierte mit dem Ministerium für Bauwesen, um dort meinen Plan vorzutragen. Seine Anfrage hatte Erfolg: Bauminister Junker bekundete reges Interesse und gab seine Zustimmung für ein erstes Gespräch zwischen mir und den Eisenacher Architekten Wolfram und Kaufmann, die Moritz Mitzenheim auf meine telefonische

Bitte hin kurzfristig nach Leipzig beorderte, wo wir uns am 9. September 1965 trafen.
Damit war das Valutamark-Geschäft geboren, das für die Kirchen und die Diakonie in den folgenden Jahren zu einer lebenswichtigen Einrichtung werden sollte. Darüber hinaus hatte es einen weiteren, nicht zu unterschätzenden Nebeneffekt, denn Gerstenbergers Nachfolger im MAI schien uns an diesem Tag endgültig den Willen zu einer offenen Gesprächsbereitschaft signalisieren zu wollen: Noch am Abend des 9. September besuchten er, Georg Wenk und ich gemeinsam die Aufführung der »Zauberflöte« in der Leipziger Staatsoper. In der Pause lud Roigk uns zu einem Glas Sekt ein, um »unsere« bahnbrechende Erfindung zu feiern, die ein neues Kapitel unserer geschäftlichen Beziehungen einleiten sollte. »Am Ende der Pause hatte ich den Eindruck, Roigk selbst sei der Erfinder des Valutamark-Geschäftes«, meinte Georg Wenk auf dem Nachhauseweg zu mir. »Das stimmt zwar nicht, aber es ist gut für unsere Sache. ›Seine‹ Erfindung wird er mit Sicherheit bei seiner Regierung durchsetzen«, erwiderte ich.
Auch auf bundesrepublikanischer Seite gab es keine Bedenken gegen die Schaffung der Valutamark. Noch im Dezember 1965 sagten mir Scharf, Kunst, Zimmermann, Krummacher, Wölke und Brehm in Berlin ihre uneingeschränkte Unterstützung für das neue Projekt zu. Wir wollten für 1966 einen ersten Test wagen. Mehr konnte das angestrebte Unternehmen zunächst auch nicht sein, schließlich betraten wir mit diesem Verfahren wirtschaftspolitisches Neuland. Das Anfangskapital, das wir in die Beschaffung von Baumaterialien und Fertighäusern investieren wollten, belief sich auf 1,5 Millionen DM. Auch auf der DDR-Seite wurde gut und schnell ge-

arbeitet. Anfang Dezember lieferten die beiden Architekten ihre Pläne ab, so daß ich am 16. Dezember die fertige Ausarbeitung unseres Valutamark-Geschäftes dem Ministerium für Außen- und Innerdeutschen Handel zur Genehmigung vorlegen konnte.

Ein kirchenpolitisches Debakel

Während die Kirchenprovinzen Land und Provinz Sachsen, Greifswald, Görlitz, Thüringen und Anhalt nach den Augustereignissen 1961 ihren alten organisatorischen und rechtlichen Rahmen im wesentlichen beibehalten konnten, geriet die Berlin-brandenburgische Kirche mit dem Mauerbau in besondere Schwierigkeiten: Bis 1961 war sie eine einheitliche Kirche, die lediglich wegen der unterschiedlichen Währungen über zwei Haushaltspläne verfügte und auch nicht ohne weiteres Pfarrer und andere kirchliche Mitarbeiter von Ost nach West und umgekehrt versetzen durfte. Dieser Zustand änderte sich mit dem 13. August 1961 grundlegend: Die Mauer zerschnitt die Kirche in zwei Teile. Die Abtrennung war nicht nur geographischer Art. Denn während die Bundesbürger in den Ostteil der Stadt reisen durften, blieb den Westberlinern der Besuch Ostberlins - zumindest für zehn Jahre - versagt. Organisatorisch hatte sich die Kirche Berlin-Brandenburg schon zwei Jahre vor dem Mauerbau auf eine mögliche Trennung vorbereitet. Sie gliederte sich in zwei Regionen, in denen zwei Synoden, zwei regionale Kirchenleitungen und entsprechende Verwaltungseinheiten voneinander getrennt wirken sollten. Faktisch wurden die Befugnisse dieser Organe durch die Beibehaltung eines gemeinsamen Bischofsamtes aufgehoben. Von dieser Praxis, die ich im übrigen für kirchenpolitisch unklug hielt, wich man auch noch 1966 nicht ab, als beide Regionalsynoden erneut mit Kurt Scharf einen gemeinsamen Nachfolger für den in den Ruhestand getretenen Bischof Otto Dibelius wählten. Was als demonstrativer Akt zur Unterstreichung der Einheit der Kirche Berlin-Brandenburg gedacht war, geriet zu einem kirchenpolitischen Debakel: Schon am 16. Februar, also einen Tag nach der Wahl, erklärte die DDR-Nachrichtenagentur: »Seine Wahl ist für die DDR wirkungslos.« Außerdem untersagte die DDR Kurt Scharf, den sie ja schon 1961 ausgewiesen hatte, sein Amt im Osten wahrzunehmen.

Der Schaden, den diese Wahl anrichtete, sollte sich ausweiten. Am 21. Februar verständigte mich Georg Wenk, daß eine für den 22. angesetzte Besprechung im MAI ohne Angabe von Gründen abgesagt worden sei und die Beratungen erst auf der Leipziger Frühjahrsmesse fortgesetzt werden könnten. Nach meinen Erfahrungen bedeutete diese Absage nichts Gutes. Und richtig: Die dreitägigen Verhandlungen vom 7. bis 9. März standen unter keinem guten Stern. Unseren Gesprächspartnern habe die Kirche in der DDR im Vorfeld der Wahlen falsche Informationen zukommen lassen, man fühle sich jetzt »betrogen«. Von wem, wollte man mir nicht sagen. Die DDR-Staatsführung sei über das Ergebnis der Bischofswahl zutiefst verärgert. Als ich glaubte, mit diesem Statement sei die atmosphärische Verstimmung in angemessener Form beigelegt worden, schaltete sich Horst Roigk in das Gespräch ein, der angesichts der unhaltbaren Situation Konsequenzen forderte: »Alle Unterstützungsmaßnahmen für die Berlin-brandenburgische Kirche sind ab sofort einzustellen. Dies gilt gleichermaßen für die Transfermittel und für die Einfuhren.« Geduldig hörte ich mir das an und entgegnete: »Mit Ihren Forderungen stellen Sie die Grundlagen unseres Transfergeschäftes in Frage. Denn es ist allein unsere Sache, wie die Gegenwerte aus dem Warentransfer verwendet werden, Auflagen lassen wir uns dabei von niemandem machen. Mit Ihrer Forderung nach regionaler Einschränkung bei der Verteilung der Lieferungen verstoßen Sie gegen geltende Verträge.« Roigk unterbrach unser Gespräch ein ums andere Mal, um sich telefonisch neue Weisungen und Argumente für die Diskussion zu holen. Er nannte zahllose Beispiele, die mir zeigen sollten, wie das Verhältnis zur DDR durch Einmischung bundesrepublikanischer Kirchenkreise in innere Angelegenheiten der DDR immer wieder belastet werde. Plötzlich wartete Roigk mit dem Briefwechsel zwischen Walter Ulbricht und Herbert Wehner vom 11. 2. 1966 auf, in dem der Staatsratsvorsitzende eine Verständigung der großen »Volksparteien« SPD und SED vorgeschlagen hatte. »Sehen Sie, das Verhältnis zwischen den Politikern in beiden deutschen Staaten ist besser als das zwischen den BRD-Kirchen und der DDR.« Roigks Ausführungen langweilten mich nicht nur, sie waren auch noch unkorrekt. Zwar hatte Ulbricht Wehner in der Tat dieses Angebot gemacht, doch die Antwort des SPD-Politikers hatte mir Roigk stillschweigend vorenthalten. Und die fiel, wie immer bei Herbert Wehner, so klar und deutlich aus, daß sie keine Fragen mehr offen ließ: Jede Diskussion über dieses Thema, so der Tenor des Briefes, lehne er ab, »solange an der Mauer geschossen wird«.

Dennoch gingen die Gespräche über die Fortsetzung der Lieferungen und die vorgesehenen Einfuhren für das Jahr 1967 natürlich weiter. Schon im Januar hatte die

Regierung der DDR der Einführung der sogenannten Valutamark zugestimmt, so daß ich mit der DIA Bergbau einen Vertrag über hundert 84 qm große Fertighäuser zu einem Stückpreis von 40 000 DM abschließen konnte. Die Produktionsfirma in der DDR erhielt einen sehr viel höheren Preis in Mark der DDR. Für uns war dieses Verfahren ein sehr gutes Geschäft, denn für den Direktimport eines Fertighauses aus der Bundesrepublik hätten wir die dreifachen Kosten aufwenden müssen. Als Anzahlung für dieses Projekt hatte das Berliner Gremium ja 1,5 Millionen DM eingeplant. Für den Gegenwert dieser Summe vereinbarte ich mit der DDR die Lieferung einer Partie Kaffee. Um die Vorbereitungen auf den Baustellen sicherzustellen, kaufte ich auf der Messe noch drei Universallader, die sowohl als Bagger wie auch als Zusatzgeräte in der Landwirtschaft eingesetzt werden konnten. Die hierfür anfallenden Kosten von $ 35 715 wurden ebenfalls aus der Position Valutamark abgedeckt.

So schwierig die Messe für unsere Verhandlungen begonnen hatte, so positiv war ihr Ende, denn die Ergebnisse konnten sich sehen lassen. Bei meiner Abreise aus Leipzig hatte ich zudem den Eindruck gewonnen, daß auch die »ideologischen« Probleme, die als Folge der Bischofswahl aufgetreten waren, aus dem Weg geräumt werden konnten. Schließlich verzichtete Roigk auf eine erneute Formulierung seiner Forderung nach regionalen Lieferbeschränkungen. Doch meine Einschätzung sollte sich als falsch erweisen. Etwa 14 Tage später wurde Georg Wenk in das Ostberliner Ministerium gebeten, wo ihm eröffnet wurde, daß die an mich in Leipzig gestellten Forderungen aufrechterhalten werden müßten. Da-

rüber hinaus habe man, entgegen unserer Absprache in Leipzig, die zum 10. März 1966 fällige Auszahlungsrate an die Kirchen von 4 Millionen Mark der DDR im Rahmen des Transfergeschäftes zurückgehalten.
Das war starker Tobak! Die DDR nahm die Bischofswahl im Berlin-Brandenburg zum Anlaß, das gesamte Transfergeschäft platzen zu lassen! Mit Hermann Kunst besprach ich den Ernst der Lage. Wir waren fest entschlossen, unseren Standpunkt umfassend und mit vollem Risiko zu vertreten. Telefonisch bat ich Georg Wenk, im MAI bedingungslos auf der Einhaltung der Verträge zu bestehen, andernfalls sei mit der sofortigen Einstellung sämtlicher Lieferungen in die DDR zu rechnen. Schon am nächsten Tag, es war der 5. April, rief Georg Wenk zurück: »Roigk will mit seinen Bedingungen nicht die ganze Aktion zum Scheitern bringen. Brandenburg ist nach seiner Meinung ein Sonderfall, über den wir noch sprechen sollten. Als Termin schwebt ihm der 21. April vor. Und außerdem: Er hat die Auszahlung der überfälligen 4 Millionen angeordnet.«
Wir trafen uns also am 21. April, und das Gespräch nahm seinen üblichen Lauf: Roigk eröffnete mit den bekannten Vorhaltungen und Vorwürfen, auf die ich gar nicht oder nur recht spärlich antwortete. Erwiderungen und Zurückweisungen aus meinem Munde hätten diese zähe Prozedur nur noch unnötig verlängert; daß Roigk auf sie nicht verzichten konnte, war Georg Wenk und mir längst klar geworden. Nach geraumer Zeit fiel aber selbst Horst Roigk nichts mehr ein, so daß ich ungestört unsere Position formulieren konnte, an der sich nach wie vor nichts geändert hatte. Schließlich einigten wir uns auf eine gemeinsame Basis für die zukünftige Zusammenarbeit. Danach ergaben sich für die Abwicklung des

Warentransfers keine grundlegenden Änderungen. Die Verwendung der Gegenwerte in Mark der DDR sollte auch zukünftig in eigener Verantwortung der Kirchen ohne Auflagen der Regierung der DDR erfolgen, die darüber hinaus auf weitere Forderungen nach regionalen Einschränkungen bei der Verteilung der Mittel verzichten wollte. Im Gegenzug bat Roigk uns, im Fall der Berlin-brandenburgischen irche äußerste Zurückhaltung zu üben. Dies gelte besonders für unsere neu ins Leben gerufene Initiative. Auf gut deutsch hieß dies: Wir machen so weiter wie bisher, nur die Fertighäuser im Rahmen des Valutamark-Geschäftes, das ja nach Roigks eigener Einschätzung seine Erfindung war, durften überall, nur nicht auf dem Gebiet der Berlin-brandenburgischen Kirche gebaut werden. Damit war wieder einmal eine ernste Krise gemeistert worden. Doch der Zustand prekärer Ruhe, der dann eintrat, war nicht mehr als ein kurzes Intermezzo. Daß er den Auftakt für eine neue Krise bildete, war so sicher wie das Amen in der Kirche.

Erste Bekanntschaft mit Alexander Schalck-Golodkowski

Mitte des Jahres 1966 wurde durch Verfügung des Vorsitzenden des Ministerrates der DDR der gesonderte Bereich »Kommerzielle Koordinierung (KoKo)« gebildet. Diese Einrichtung des Außenhandelsministeriums hatte sich zum Ziel gesetzt, in maximalem Umfang Valuten außerhalb des geltenden Wirtschaftsplanes zu erwirtschaften. Seine Aufgabenstellung war hauptsächlich auf die kommerziellen Beziehungen mit den Kirchen und deren Einrichtungen, also unsere Arbeit, zugeschnitten. Daneben schloß sie die Transaktionen im Rahmen der

»humanitären Hilfe« durch die Bundesrepublik ein. Als Leiter der KoKo stellte sich mir Alexander Schalck vor, mein Verhandlungspartner blieb weiterhin Horst Roigk, jetzt mit dem Titel »Generaldirektor«. Als neuer Mitarbeiter trat Manfred Seidel hinzu, der fortan an allen Verhandlungen teilnahm. Seine Mitwirkung sollte sich schon bald positiv auf das allgemeine Gesprächsklima auswirken. Im Unterschied zu dem ungestümen, zeitweilig auch unberechenbaren Roigk war Seidel ein ruhiger und sachlicher Gesprächspartner, der sich durch konstruktive Vorschläge und Konzeptionsstärke auszeichnete. Es wurde vereinbart, den Begriff »KoKo« zukünftig nicht zu verwenden, sondern wie bisher bei »MAI« zu bleiben.

1972 wurden die Vollmachten und Aufgaben der KoKo erheblich ausgeweitet, indem man ihr eine Reihe von Außenhandelsbetrieben direkt unterordnete. Am 2. November 1976 erfolgte mit Beschluß des ZK der SED die völlige Ausgliederung aus dem Verantwortungsbereich des MAI und die direkte Unterstellung als selbständiger Dienstbereich unter den Sekretär des ZK der SED Günter Mittag.

Der »Leipziger Kreis«

Aber zurück ins Jahr 1966. Schon im Vorfeld der Leipziger Herbstmesse zeichneten sich Spannungen ab, die die Abwicklung der Warenauslieferung immer wieder ins Stocken brachten. Eine genaue Verortung der Probleme gelang mir zunächst nicht. Festzustellen war dagegen die generelle Zunahme von Komplikationen in den Beziehungen zwischen westdeutschen und ostdeutschen Lieferfirmen. Dies lag vor allem daran, daß die Handelsor-

ganisationen der DDR uns entweder nicht rechtzeitig über die Spezifikationen informierten oder aber solche nannten, die unsere Lieferfirmen nicht erfüllen konnten. Daß diese Probleme auftraten, war insofern erstaunlich, als sämtliche am Transfergeschäft beteiligten Unternehmen sich an die von mir und dem MAI erteilten Weisungen genau zu halten hatten.
Jedenfalls stand fest, daß es im Sommer 1966 wie auch immer geartete Schwierigkeiten gab. Und diese galt es aus der Welt zu schaffen. Es war an der Zeit, die Handelspartner aus Ost und West an einen Tisch zu bringen, um mit einer umfassenden Aussprache die für das Geschäft notwendige Ruhe und Ordnung wieder herzustellen. Der geeignete Ort für ein solches Vorhaben war die Leipziger Herbstmesse mit ihrer besonderen Atmosphäre. Für das Treffen, das vom 4. bis 8. September stattfinden sollte, sagten alle Eingeladenen zu.
Noch bevor die Messe am Abend des 4. September mit einem Staatsempfang eröffnet wurde, trafen sich Horst Roigk, Manfred Seidel, Georg Wenk und ich zu einer gemeinsamen Programmplanung im Hotel Astoria. Für die folgenden fünf Verhandlungstage stellten wir verschiedene Gesprächsgruppen mit ständig wechselnden Besetzungen zusammen. Schon bei der Erstellung des Planes wurde deutlich, daß auf Georg Wenk und mich Marathonsitzungen bis in die späte Nacht warteten, die uns nicht nur ungebrochene geistige Präsenz, sondern auch physisches Durchhaltevermögen abverlangten. Um diesen Anforderungen gewachsen zu sein, brauchte man optimale Rahmenbedingungen. Doch die Hotels in Leipzig befanden sich in einem schlechten, um nicht zu sagen miserablen Zustand. Als Alternative bot sich ein gutes Privatquartier an, das Georg Wenk und ich bei

dem Leipziger Dozenten für Altes Testament Wolfram Hermann und seiner Frau Hildegunde fanden.
Während der 5. September eher der allgemeinen Bestandsaufnahme der gemeinsamen wirtschaftlichen Beziehungen diente, entluden sich am darauffolgenden Tag sämtliche Emotionen an der Frage, wer denn eigentlich an den Komplikationen des Transfergeschäftes die Schuld zu tragen habe. Die beteiligten Diskutanten erhitzten ihre Gemüter in einem Maße, daß eine für diese Situation typische Entwicklung eintrat: Das Gespräch nahm plötzlich eine eigene Dynamik an, die uns von dem eigentlichen Thema immer weiter wegführte. Zur ständigen Verschärfung der Diskussion trug das bei Horst Roigk und Georg Wenk gleichermaßen ausgeprägte Temperament bei. Schließlich lenkten Manfred Seidel und ich die Aussprache in die richtige Bahn zurück, so daß wir doch noch zu einer sachlichen Analyse der bestehenden Probleme vordringen konnten. Im Prinzip hatten wir bis zum frühen Nachmittag des 6. September alle Schwierigkeiten beim Namen genannt.
Nach Beendigung der Sitzung im Messebüro des MAI paßte mich Manfred Seidel an der Tür ab und lud Georg Wenk und mich zu einem weiteren Gespräch ins »Astoria« ein. Gerne nahmen wir diese Einladung an. Gegen 16 Uhr trafen wir im Clubzimmer im ersten Stock des Hotels Manfred Seidel, der sich bereits am Tresen vor einem frischgezapften Pilsner Urquell postiert hatte. Georg Wenk erstrahlte beim Anblick des Bieres und orderte zwei weitere Gläser. Der Eindruck, den wir von Seidel schon während der Gespräche gewonnen hatten, bestätigte sich hier endgültig: Er war ein unkomplizierter, undogmatischer Verhandlungspartner, der sich nicht immer wieder in ideologische Grundsatzdebatten ver-

stricken wollte, sondern pragmatische Lösungen unserer Probleme anstrebte. Nach einigen Nachbestellungen beklagte Seidel, daß er durch die Hetze von Messestand zu Messestand sowie durch die Verhandlungen mit uns und mit den Lieferfirmen keine Zeit für persönliche Gespräche mehr fände. Wir stimmten ihm uneingeschränkt zu, denn auch wir empfanden diesen Zustand als großes Defizit im Leipziger Messebetrieb. Gemeinsam suchten wir nach Änderungsmöglichkeiten, bis wir schließlich übereinkamen, die leitenden Vertreter des Ministeriums, der DDR-Außenhandelsorganisationen und der westdeutschen Lieferfirmen jedes Jahr zu einem gemütlichen Abend einzuladen.

Aus der fixen Idee wurde ein Jour fixe: An jeweils zwei Montagen – es waren der 6. März und der 4. September 1967 – trafen sich die Vertreter aus dem genannten Personenkreis im »Astoria«. Ab 1968 wählten wir die Dienstage der Frühjahrs- und Herbstmesse als festen Termin für unser Treffen. Aus dem »Leipziger Kreis« wurde ein Freundeskreis, dessen Zusammensetzung sich zwar im Laufe der Jahre veränderte, der aber über alle politischen Entwicklungen hinaus nicht auseinanderbrach. Als wir uns am 9. September 1990 zuletzt trafen, im Schloßhotel Cecilienhof in Potsdam, konnten von den Gründungsmitgliedern Manfred Seidel, Anneliese Klatt, Hermann vom Bruck, Horst Steinebach und ich teilnehmen. Wir waren rückblickend einhellig der Meinung, daß diese Gemeinschaft aus politisch unterschiedlich orientierten Menschen wesentlich zur Erleichterung der wirtschaftlichen Beziehungen zwischen der Bundesrepublik und der DDR beigetragen habe. Ein Teilnehmer brachte das Grundprinzip des »Leipziger Kreises« auf den Punkt: »Ärgernisse – und von denen gab es genug – räumten wir bei kühlem Wodka und frischem Bier aus.«

Natürlich beschränkte sich meine Tätigkeit bei der Herbstmesse 1967 nicht nur auf die »Gründung« unseres Kreises. Neben zahlreichen Vereinbarungen konnte ich in Leipzig unter anderem einige Häftlingsverträge abschließen, denen weitere folgen sollten. Um dies genauer zu besprechen, traf ich mich in Berlin im Anschluß an den Messeaufenthalt mit Oberregierungsrat Ludwig Rehlinger vom Berliner Büro des Ministeriums für Gesamtdeutsche Fragen. Die zur Verfügung stehenden Mittel waren noch nicht ausgeschöpft, so daß der Unterzeichnung weiterer Verträge nichts im Wege stand. Die Lieferungen, die zur Bezahlung der Verträge in die DDR gingen, hatten 1966 einen Wert von DM 24 805 316,38. Im Rahmen des Warentransfers erreichten wir in diesem Jahr die stattliche Summe von über 56 Millionen DM, die sich durch die sogenannte Valutamark-Kaffeelieferungen um weitere 1,5 Millionen DM erhöhte.

Mitte Januar 1967 bestellte die Kirche von Berlin-Brandenburg Generalsuperintendent Albrecht Schönherr zum Verweser des Bischofsamtes für den östlichen Teil der Landeskirche. Dies war eine längst fällige Entscheidung, die, wäre sie früher getroffen worden, uns eine Menge Ärger erspart hätte.

Fertighäuser und Gesundheitsbauten

Unser Valuta-Geschäft verlief zunächst ein wenig schleppend, dann aber voll nach Plan. Nachdem erste Lieferungen von Baustoffen endlich ihren Bestimmungsort erreicht hatten, konnten zunächst zwei Fertighäuser erstellt werden. Es sah so aus, als ob unser Probelauf gelingen sollte. Immerhin machte er solchen Eindruck, daß ich mich schon auf der Leipziger Frühjahrsmesse mit unseren Verhandlungspartnern auf einen Anschlußvertrag von 4,5 Millionen DM einigen konnte, die zur Verwendung von Baumaterialien, landwirtschaftlichen Maschinen und Fertighausteilen gedacht waren.

Was auf der obersten Verhandlungsebene zwischen staatlichen und kirchlichen Vertretern so problemlos funktionierte, drohte jedoch an der Basis kläglich zu scheitern: Nun, nachdem die ersten Lieferungen zur Erstellung der Fertighäuser erfolgt waren, wollten die lokalen Behörden die Baugenehmigungen nur zögerlich oder überhaupt nicht erteilen. In mehreren Verhandlungen konnte ich eine zentrale Baugenehmigung für die gesamte DDR erwirken, so daß mit der jeweiligen Kommune nur noch die Standortfrage geklärt werden mußte. Diese »Blanko-Genehmigung« war schon an sich eine Sensation. Daß sie zudem der Kirche erteilt wurde, grenzte fast an ein Wunder. Jetzt konnte das Programm »Fertighäuser« im vollen Umfang anlaufen. Es schaffte dringend benötigten Wohnraum für Pfarrer, für Mitarbeiter der Kirche und der Diakonie. Bleibende Widerstände gegen den einsetzenden kirchlichen Bauboom von Partei- und Staatsführung wurden - und da gibt es aus heutiger Sicht nichts zu beschönigen - mit der harten DM gebrochen.

Dabei darf nicht vergessen werden, daß die Durchsetzung neuer Programme zur Stützung von Kirche und Diakonie in der DDR die eine, die Finanzierung dieser Projekte aber eine andere Seite war. Die Kirchen in der Bundesrepublik stießen bereits mit dem Transfergeschäft und anderen Hilfen für die DDR an die Grenze ihrer finanziellen Möglichkeiten, mit dem neuen Valuta-Geschäft aber waren sie endgültig überfordert. Wie schon bei anderen Gelegenheiten zuvor sprang auch hier einmal mehr die Bundesregierung in die Bresche, denn auch sie war am Ausbau dieser Form des innerdeutschen Handels interessiert. In diesem Zusammenhang ist ein Mann zu nennen, der als Ansprechpartner nicht nur meine Finanzierungsanträge entgegennahm, sondern sie auch so bearbeitete, daß sie gute Chancen auf Erteilung einer Genehmigung hatten: Ministerialrat Dr. Liebrich vom Innerdeutschen Ministerium hatte zu jedem Zeitpunkt ein offenes Ohr sowohl für die Belange der Menschen in der DDR im allgemeinen als auch für unsere kirchliche Arbeit im besonderen.

Das Fertigbauprogramm war für sich genommen eine erfolgreiche Initiative, die sich aber ausschließlich auf die Schaffung von neuem Wohnraum beschränkte. Nun besaßen die Kirchen und vor allem die Diakonie zahlreiche Einrichtungen, die noch aus der Zeit vor und nach der Jahrhundertwende stammten. Abgesehen von dürftigen Reparaturen hatte es seit mehr als 40 Jahren kaum durchgreifende Erneuerungsmaßnahmen gegeben, so daß die Bausubstanz - zumal durch zusätzliche Kriegszerstörungen - schweren Schaden genommen hatte. Krankenhäuser, Pflege- und Altenheime sowie Einrichtungen für Behinderte waren schon 1967 zum Teil dem Verfall bedrohlich nahe. Aus diesem Grund traf ich Anfang Mai Bischof Friedrich-Wilhelm Krummacher und Gerhard Laudien zu einem Gespräch, in dem wir gemeinsam über Lösungsmodelle für dieses Problem nachdachten. Da das Fertighausprogramm gut angelaufen war und sich bereits abzeichnete, daß es ein voller Erfolg werden würde, wollten wir versuchen, der Regierung der DDR ein vergleichbares Programm sowohl für den Bau neuer als auch für die Restaurierung bestehender kirchlicher Bauten vorzuschlagen.

Am 7. Juni 1967 unternahm ich bei meinen Verhandlungen im MAI einen ersten Vorstoß in diese Richtung. Zu meiner Überraschung standen Horst Roigk und Manfred Seidel meinen Vorschlägen sehr offen gegenüber und gaben nur zu bedenken, daß der Genehmigung durch den Ministerrat eine gut ausgearbeitete schriftliche Eingabe vorgeschaltet werden müsse. Nicht nur punktuelle Hilfe, sondern ein langfristiges Programm sollte das angestrebte Vertragswerk zum Inhalt haben, darüber bestand in der Verhandlungsrunde Konsens. Ich wurde gebeten, eine Studie über mögliche Bauprojekte in der DDR bis zur Herbstmesse erstellen zu lassen. Dort wollten wir sie erst in allen Punkten durchsprechen und überarbeiten, ehe sie dann den Ministerien für Bau und Gesundheit zur Prüfung vorgelegt werden sollte.

Noch am selben Tag suchte ich unsere Ostberliner Geschäftsstelle auf, in der Laudien und Kupas meine sensationelle Neuigkeit nur mit ungläubigem Staunen aufnahmen. »Gemach, meine Herren, noch ist nichts entschieden. Aber wenn es klappen soll, muß bis September die Studie her«, versuchte ich die beiden von der Realisierbarkeit unseres Planes zu überzeugen.

Am nächsten Tag fand die Geschäftsführerkonferenz der Diakonie Ost statt, auf der ich die Vertreter der Landesverbände über unseren Plan informierte und gleichzeitig um Unterstützung für die Studie bat. Bei dieser Gelegenheit wurde auch die Frage nach der Erhöhung der Pflegesätze aufgeworfen, da deren Höhe in direktem Zusammenhang mit dem Zustand kirchlicher und diakonischer Bauten stand. Denn während der pro Tag und Patient zu zahlende kostendeckende Pflegesatz in staatlichen Einrichtungen jährlich neu errechnet und dann bezahlt wurde, enthielt man evangelischen Krankenhäusern und Anstalten den Pflegesatzanteil für die Finanzierung von medizinischem Gerät, Bauunterhaltung und Erweiterungen vor. Lediglich für ärztliche und medikamentöse Versorgung, für Verwaltung und Pflege ersetzte der Staat die Aufwendungen kostendeckend. Ich versprach den Geschäftsführern, mich dieser Sache anzunehmen.

Auf dem VII. Parteitag der SED wurde eine neue Lohn- und Gehaltsverordnung beschlossen, die allen Bürgern der DDR einen Mindestbruttolohn von 300 Mark garantierte, Kindergeld und sonstige Zuschüsse nicht eingerechnet. Am 19. Juli 1967 fand im Anschluß an den Parteitag die Konferenz der Kirchenleitungen in der DDR statt, die zu dem Ergebnis kam, daß der Parteitagsbeschluß allein die Haushalte der Gliedkirchen mit einer jährlichen Summe von ca. 4,5 Millionen Mark zusätzlich belastete. Dieser Betrag, der sich ohne die Mehrkosten aus der Diakonie berechnete, könne unmöglich von den Kirchen der DDR getragen werden. Was die Teilnehmer der Konferenz den westlichen Gästen mit dieser Bestandsaufnahme zu verstehen geben wollten, war klar. Noch während der Konferenz gab ich zu bedenken, daß bei der derzeitigen Finanzsituation der Gliedkirchen in der Bundesrepublik kaum mit der Übernahme dieser Kosten zu rechnen sei. Gerne aber wolle ich die Situation dem kleinen Ausschuß der EKD schildern, vorausgesetzt, man lasse mir eine detaillierte Aufschlüsselung der 4,5 Millionen Mark Mehrkosten zukommen.

Abgesehen von dieser mehr oder minder deutlich formulierten finanziellen Forderung an die EKD, konnte ich auch sonst ein wachsendes Anspruchsdenken in den Reihen der versammelten Delegierten erkennen, das mich etwas befremdete. Daß die Kirchen in der DDR unsere Hilfe dringend brauchten und sie auch vorbehaltlos annahmen, dagegen hatte niemand etwas einzuwenden. Schließlich galt das Transfergeschäft allein diesem Zweck. Was mich störte, war ihre Weigerung, sich durch strukturelle und organisatorische Änderungen auf neue Situationen einzustellen. So wirkte die Millionensumme, die die Konferenz uns vorlegte, auf den ersten Blick sehr beeindruckend. In Wirklichkeit beruhte sie auf einer gigantischen Milchmädchenrechnung: Die Zahl der Mitarbeiter in kirchlichen und diakonischen Einrichtungen, die angeblich unter dem Mindestbruttolohn liegen sollten, war schlichtweg falsch. In der Tat, bei vielen stand auf dem Lohnzettel eine Summe unter 300 Mark. Was auf der Gehaltsabrechnung aber nicht erschien, war zum Beispiel das Weihnachtsgeld, das die bundesrepublikanische Bruderhilfe jedem Mitarbeiter auf sein Konto überwies. Weitere regelmäßige Unterstützungen sorgten dafür, daß die Gehälter der von Diakonie und Kirche Beschäftigten faktisch über 300 Mark lagen. Und genau das hatte die Konferenz der DDR-Kirchenleitungen bei ihrer 4,5-Millionen-Summe nicht berücksichtigt.
Telefonisch unterrichtete ich Hermann Kunst über den Verlauf der Konferenz der Kirchenleitungen. So wie ich, war auch er zu der Überzeugung gelangt, daß wir die Mehrkosten von 4,5 Millionen Mark nicht übernehmen sollten. In einem persönlichen Gespräch sollte ich Bischof Krummacher unsere ablehnende Haltung verdeutlichen.

Unterdessen standen die Beratungen für unser Gesundheitsbautenprogramm auf der Leipziger Herbstmesse an. An den Gesprächen nahm neben Gerhard Laudien auch Kupas teil, der die Studie vorstellte und souverän erläuterte. Sie sah insgesamt acht Objekte im Rahmen eines Fünfjahresplans vor. Bestens vorbereitet zeigte sich Kupas auch in der anschließenden Diskussion. Jede noch so schwierige Frage konnte er erschöpfend beantworten. Horst Roigk teilte uns mit, daß Alexander Schalck seine Zustimmung gegeben hatte, die Studie an das Gesundheits- und Bauministerium zur Prüfung weiterzuleiten. Wir vereinbarten eine zweite Gesprächsrunde mit gleicher Besetzung für den 28. September in Berlin. Zusätzlich sollte ein Vertreter des Gesundheitsministeriums eingeladen werden. Roigk zeigte sich außerdem mit meiner Absicht einverstanden, die von uns geforderte Erhöhung der Pflegesätze in das anstehende Gespräch mit einzubeziehen.

Am 19. September sagte mir Hermann Kunst definitiv die finanzielle Unterstützung der zuständigen Bonner Ressorts für den Fall einer Genehmigung durch den Ministerrat der DDR zu.

Die Verhandlungen am 28. September im MAW – das Ministerium hatte im August seinen Namen geändert und hieß jetzt Ministerium für Außenwirtschaft – brachten keine gravierende Richtungsänderung mehr, denn die beiden angesprochenen Minister hatten keine Bedenken gegen unser Programm angemeldet. Nach Aussage unserer Gesprächspartner würde nun Alexander Schalck die Studie mit einem Empfehlungsschreiben dem Ministerrat der DDR zur Genehmigung vorlegen.

Groß war für Georg Wenk und mich die Überraschung, als uns zum vereinbarten Termin am 11. Oktober Alexander Schalck im MAW empfing, um uns persönlich über den Beschluß des Ministerrates zu informieren. Dieser hatte unserem Plan in allen acht Punkten zugestimmt. Für die Realisierung des Programms durch DDR-Baubetriebe sei die Limex-Bau-Export-Import zuständig, mit der das Büro von Gerhard Laudien schon bald eine vertragliche Regelung treffen könne. Außerdem sollte Laudien mit dem Gesundheitsministerium die Verhandlungen über die Erhöhung der Pflegesätze aufnehmen.

So erlebte ich Alexander Schalck das erste Mal in Aktion: Sein Auftreten war dynamisch, sein Urteil sicher. Er hatte ein feines Gefühl für das Machbare, sein Sinn für pragmatische Lösungen war ausgeprägt. Und das Wichtigste: Er verfügte offensichtlich über beste Kontakte zu den Führungsspitzen der DDR. Nach dieser Begegnung hatte ich den Eindruck gewonnen, daß wir mit Schalck den richtigen Vertragspartner für unser Geschäft gefunden hatten. In den folgenden Jahren unserer Zusammenarbeit sollte sich mein Urteil über Schalck nicht ändern. Er war immer ein fairer Verhandlungspartner, auf dessen Zusagen ich mich stets verlassen konnte.

Im Bundestag bekannten sich am 13. Oktober 1967 Bundeskanzler Kiesinger und Außenminister Brandt zwar zu einer neuen, ausgleichenden Ostpolitik, lehnten aber gleichzeitig die völkerrechtliche Anerkennung der DDR erneut ab und bestanden auf dem Alleinvertretungsanspruch der Bundesrepublik Deutschland.

Angesichts solcher Äußerungen konnte mich selbst das überschäumende Temperament von Horst Roigk nicht mehr überraschen, der unser für den 8. November vereinbartes Beratungsgespräch wild gestikulierend mit folgendem Satz eröffnete: »Mit wem wollen Sie in Zukunft eigentlich verhandeln, wo es die DDR doch gar nicht gibt!« – »Lieber Herr Roigk, Politik und Handel sind zwei Paar Schuhe. Der innerdeutsche Handel läuft doch trotzdem weiter. Ich bin der Meinung, daß wir unsere guten Geschäftsbeziehungen wegen dieser Äußerungen nicht leichtsinnig aufs Spiel setzen sollten«, versuchte ich den Mann zu beruhigen. Dies war ein Argument, dem sich auch der SED-Hardliner Roigk nicht verschließen konnte. In sachlichem Ton beendeten wir unser Gespräch, von dem ich noch nicht wußte, daß es mein letztes mit Horst Roigk war, denn Manfred Seidel wurde als Generaldirektor zu seinem Nachfolger ernannt.

Am nächsten Tag legten wir im Finanzausschuß Ost die allgemeine Planung für das Jahr 1968 fest. Am Rande der Sitzung beklagte Bischof Krummacher steigende Spannungen zwischen den Landeskirchen in der DDR. Bloßer Futterneid, also die Auseinandersetzung um die Verteilung des Transfergeldes, war der Grund dieser unerfreulichen Entwicklung. Darüber hinaus beobachtete Krummacher die erneuten Versuche von Partei und Staat, die Einheit der Kirche durch Regionalverhandlungen zu sprengen, mit großer Sorge. Der Bischof nannte zwar keine Namen, doch ich wußte sofort, wer gemeint war.

Am 6. Dezember führte ich mit Manfred Seidel die Abschlußberatungen für 1967. Die Jahresbilanz konnte sich sehen lassen: Im Transfergeschäft gingen Waren im Wert von DM 43 043 130,17 über die Grenze, für die Position Valutamark errechneten wir DM 4 483 370,39. DM 31 482 433,19 wurden im Rahmen der Sondervereinbarungen für Häftlingshilfe und Familienzusammenführungen ausbezahlt, für die Lieferungen im Genex-Verfahren DM 4 266 807,98. In diesem Zusammenhang verdient die Einführung der Valutamark noch einmal Erwähnung. Das zunächst als Probelauf gedachte Geschäftsjahr 1967 zeigte uns schnell die besonderen Möglichkeiten, die diese neue Geschäftsart bot. Die Valutamark war nicht nur eine statistische Rechengröße für den Außenhandel, sondern eine devisenähnliche Werteinheit, die innerhalb und außerhalb der DDR eingesetzt werden konnte. Sie eröffnete uns den Zugang zu Exportgütern und Exportdienstleistungen der DDR, die für Mark der DDR nicht zu erhalten waren und diese darüber hinaus auch noch wesentlich billiger machten. In besonderen Fällen konnten auch Waren aus der Bundesrepublik und anderen westlichen Ländern eingeführt werden. Für die Praxis bedeutete dies, daß dieselben Firmen, die den Warentransfer abwickelten, Waren aus dem westlichen Ausland und aus der Bundesrepublik an die Intrac Handelsgesellschaft m.b.H. lieferten, die uns als Valutamark gutgeschrieben wurden. Die Intrac ihrerseits berechnete den Gegenwert der gelieferten Güter und veranlaßte - nach Absprache mit dem MAW - die Auszahlungen für die einzelnen Projekte. Unser Partner in der DDR war zu diesem Zeitpunkt der Generaldirektor der Intrac, Horst Steinebach, der sich bei der schwierigen Abwicklung des Geschäftes stets als hilfsbereit, zuverlässig und flexibel erwies; er hat uns über manche Klippe hinweggeholfen.

Neuer Streit um die kirchliche Einheit

Anfang 1968 erwachte die kirchenpolitische Auseinandersetzung zwischen Staat und Kirche aus einem mehrjährigen Halbschlaf. Während die DDR-Regierung anfänglich publizistisch noch die Mitgliedschaft der DDR-Landeskirchen in der EKD ignorierte, forderte sie ab 1966/1967 durch die CDU offen den Austritt. Diesem Ansinnen widerstrebend, tagten noch im April 1967 gleichzeitig der östliche und der westliche Teil der EKD-Synode in Fürstenwalde und in Spandau, um in einer gleichermaßen entschiedenen und eindrucksvollen Erklärung die Unzertrennbarkeit der Kirchengemeinschaft zu bekräftigen.

So eindrucksvoll diese Erklärung auch war, die Entwicklung zur Trennung der Kirchen hat sie nicht aufhalten können. Am 31. Januar 1968 wartete Walter Ulbricht mit einem Verfassungsentwurf auf, der, so kommentierte er ihn, »den kirchenleitenden Kreisen in der DDR, die hin und wieder versuchten, politischen Weisungen der westdeutschen Militärkirche nachzukommen, die Unzulässigkeit solcher Abhängigkeiten« zeige. In dasselbe Horn blies Bischof Moritz Mitzenheim auf einer Konferenz von Bürgervertretern in Weimar am 29. Februar 1968. In Anwesenheit Ulbrichts meinte er: »Die Glieder der Kirchen sind Bürger unserer Deutschen Demokratischen Republik. Die Gemeinden und Kirchen, die Anstalten und Werke der evangelischen Kirchen sind Organismen und Einrichtungen auf dem Boden der DDR, und sie wissen sich zur Beachtung der Gesetze unseres Staates bei der Gestaltung ihrer eigenen Strukturen und Ordnungen verpflichtet. Die Staatsgrenzen der DDR bilden auch die Grenze für die kirchlichen Organisationsmöglichkeiten.« Das war einer von Mitzenheims typischen kirchenpolitischen Alleingängen. In Eisenach traf ich den Bischof am 8. Juni und bat ihn, mir einmal Sinn und Zweck solcher Aussagen in Gegenwart Ulbrichts zu erklären. »Wenn ich Ihre Erklärung wörtlich nehme, lieber Herr Bischof, dann müssen wir wohl auch die Hilfen aus der Bundesrepublik einstellen, und zwar sofort.« So wollte Mitzenheim seine Äußerungen natürlich nicht verstanden wissen. Wir wurden uns einig, daß zu dieser Problematik auch eine elegantere Formulierung hätte gefunden werden können. Außerdem hätte sie nicht unbedingt in Gegenwart von Walter Ulbricht ausgesprochen werden müssen.

Trotz seines ungeschickten Auftritts: Im Grundsatz hatte Mitzenheim vollkommen recht. Der hinhaltende Widerstand bei Landeskirchen und Kirchenführern gegen die Schaffung einer eigenständigen Organisationsform war auf Dauer nicht durchzuhalten. Die neue Verfassung der DDR vom 6. 4. 1968 verwirklichte das von Lenin entwickelte Strukturprinzip über den Führungsanspruch der marxistischen Partei im Staat mit dem Ziel einer sozialistischen Gesellschaftsordnung. In Artikel 47 Abs. 2 heißt es: »Die Souveränität des werktätigen Volkes, verwirklicht auf der Grundlage des demokratischen Zentralismus, ist das tragende Prinzip des Staatsaufbaus.« Mit der neuen Verfassung unternahm es der Staat, die Rechtslage der Kirchen und Religionsgemeinschaften, den gewandelten Verhältnissen entsprechend, neu zu definieren und der Verfassungswirklichkeit anzupassen: Nach Artikel 39 Abs. 2 sind die Kirchen und die ihnen gleichzusetzenden Gemeinschaften verpflichtet, »ihre Angelegenheiten und ihre Tätigkeit in Übereinstimmung mit der Verfassung und den gesetzlichen Bestimmungen der DDR zu ordnen und durchzuführen«. Gleichzeitig werden sie aber als gesellschaftliche Organisation nicht anerkannt, haben also kein offizielles Vertretungsrecht für ihre Mitglieder. Der Wortlaut der übrigen staatskirchen-

rechtlichen Verfassungsbestimmungen aber war so allgemein formuliert, daß er den idealen Boden für neue Auseinandersetzungen zwischen Kirche und Staat bereitete. Immerhin, Artikel 20 Abs. 1 garantierte jedem Bürger die »gleichen Rechte und Pflichten« ... »unabhängig von seinem weltanschaulichen oder religiösen Bekenntnis« sowie »Glaubens- und Gewissensfreiheit«.
Die Verfassung wurde von Partei und Staat so interpretiert, daß an den Grenzen der DDR die kirchlichen Organisationsmöglichkeiten endeten. Notwendig müsse die Loslösung der Landeskirchen in der DDR von der EKD erfolgen. Bei der Formulierung dieser Forderung tat sich vor allem der Vorsitzende der Ost-CDU, Gerald Götting, lautstark hervor.

Die Gründung des DDR-Kirchenbundes

Nach dem Inkrafttreten der neuen Verfassung stellten sich die Kirchenleitungen in der DDR ziemlich schnell auf die Situation ein. Am 5. Juni 1968 beriefen sie einen Struktur-Ausschuß für die anstehende Reorganisation unter Vorsitz von Albrecht Schönherr sowie eine Verhandlungskommission, die die Geschlossenheit der Landeskirchen im Falle staatlicher Verhandlungsangebote sichern sollte. Die Gespräche in Ausschuß und Kirchenleitungen zeigten, wie ungern man die Einheit in der EKD aufgeben wollte. Schließlich setzte sich im Zuge weiterer Beratungen dennoch die Einsicht durch, daß das unbedingte Festhalten an der EKD die Handlungsfähigkeit der Kirchen in der DDR langfristig zu lähmen drohte. Daneben registrierte man die wachsende Gefahr einer internen Zersplitterung.
Es mag kaum ein Zufall gewesen sein, daß die Ost-CDU

ihren 12. Parteitag mit dem Thema »Staat und Kirche« parallel zu den Beratungen der Kirchen abhielt. In seiner Grußadresse bezichtigte Walter Ulbricht die »reaktionären« Kirchenführer (gemeint waren wohl Krummachse, Fränkel und andere) der Unterstützung von Bonns ideologischen »Diversionstätigkeiten« gegen die DDR und ihre sozialistischen Bruderstaaten. Die drei Hauptreferate zum Thema hielten der Staatssekretär für Kirchenfragen Heinz Seigewasser, der Parteivorsitzende Gerald Götting und das CDU-Hauptausschußmitglied Oberkirchenrat Gerhard Lotz, der Berater Mitzenheims.

Es lohnt sich nicht, auch nur einen Satz aus Seigewassers oder Göttings pamphletischen Vorträgen wiederzugeben. Dagegen gab Gerhard Lotz seinen Zuhörern eine bedenkenswerte kirchenpolitische Standortbestimmung: Mit dem Abschluß des Militärseelsorgevertrages zwischen der EKD und der Bundesregierung mußte es zu Schwierigkeiten mit den Kirchen in der DDR deshalb kommen, da »die Kirchen in der Bundesrepublik bis zu einem gewissen Grad mehr und mehr Integrationsfaktoren der westdeutschen staatlichen und politischen Strukturen geworden sind«. Während ich der allgemeinen Einschätzung von Lotz durchaus zustimmen konnte, mußte ich seine Schlußfolgerung strikt ablehnen, »daß dementsprechend die inneren Voraussetzungen einer Zusammenarbeit der Kirchen in beiden deutschen Staaten schrumpfen«. Das entsprach wohl mehr dem Wunschdenken eines christlich-demokratischen Parteimannes als den tatsächlichen Verbindungen zwischen den Kirchen in der DDR und in der Bundesrepublik.

Daß meine Verhandlungen in Ostberlin und Leipzig bei dieser aufgeheizten Atmosphäre nicht immer angenehm und einvernehmlich verliefen, konnte also nicht überraschen. Entgegen der üblichen Praxis besonders des letzten Jahres wurde selbst die Abwicklung des normalen Transfergeschäfts zu einem erheblichen Problem. In dieser Zeit bewährte sich einmal mehr die reibungslose, auf geradezu »blindem« Verständnis beruhende Zusammenarbeit von Walter Hammer, Hermann Kunst und mir. Beiden war es zu verdanken, daß sie mit der Erschließung immer neuer Geldquellen den ständig steigenden Finanzierungsbedarf sowohl für das Transfergeschäft als auch für das Valutamark-Geschäft abdecken halfen. Fast auf 76,5 Millionen DM beliefen sich 1968 die Ausgaben im Rahmen des Warentransfers, des Valutamark-Geschäfts und der »humanitären Maßnahmen«.

Nachdem Gerhard Laudien am 31. März 1968 in den Ruhestand getreten war, folgte ihm der Superintendent von Neustrelitz, Dr. Gerhard Bosinski, in das Amt des Leiters unseres Ostberliner Büros. Eine seiner ersten Aufgaben war es, die zentrale Geschäftsstelle der Diakonie für die DDR personell so auszustatten, daß sie den ihr neu zufallenden Aufgaben gewachsen sein würde. Die erforderliche finanzielle Unterstützung hierfür hatte ich ihm zugesagt.

Auch an der Spitze der Konferenz der Kirchenleitungen in der DDR vollzog sich ein Wechsel: Bischof Friedrich-Wilhelm Krummachse gab das Amt des Vorsitzenden dieses Gremiums an den Bischof der Mecklenburger Landeskirche Dr. Niklot Beste ab.

Unter dem maßgeblichen Einfluß von Mitzenheim und Lotz hatten inzwischen die drei lutherischen Landeskirchen auf ihrer Freiberger Synode die gesamtdeutsche Vereinigte Evangelisch-Lutherische Kirche Deutschlands (VELKD) verlassen und sich als Vereinigte

Evangelisch-Lutherische Kirche in der DDR konstituiert. Sechs Wochen später, am 15. Januar 1969, legte Albrecht Schönherr für den Struktur-Ausschuß in einem Interview im »Evangelischen Nachrichtendienst der DDR« erste Vorschläge zur Gründung einer selbständigen Kirchengemeinschaft in der DDR vor, unterstrich aber gleichzeitig den Willen, die »Substanz« der Einheit in der EKD soweit wie möglich zu erhalten.

Um diesen Vorsatz verwirklichen zu können, traf sich die Konferenz der Kirchenleitungen in der DDR am 5. März erneut und präsentierte einen Satzungsentwurf für einen eigenständigen Kirchenbund. Gegen den Einspruch Gerhard Lotzes stimmte sie unter anderem dem Artikel 4 Abs. 4 der Satzung zu: »Der Bund bekennt sich zu der besonderen Gemeinschaft der ganzen evangelischen Christenheit in Deutschland. In der Mitverantwortung für diese Gemeinschaft nimmt der Bund Aufgaben, die alle evangelischen Kirchen in der Deutschen Demokratischen Republik und in der Bundesrepublik Deutschland betreffen, in partnerschaftlicher Freiheit durch seine Organe wahr.« In diesem Zusammenhang scheint mir der Hinweis angebracht, daß dieser Artikel gewissermaßen die kirchliche Vorwegnahme der wenig später von der Bundesregierung Brandt/Scheel vertretenen These vom deutsch-deutschen staatsrechtlichen Sonderverhältnis war.

Der verabschiedete Entwurf wurde den Synoden der Landeskirchen der DDR zugeleitet und stieß nicht nur bei Partei- und Staatsführung auf strikte Ablehnung. Beide übten massiv politischen Druck aus, der - wen konnte es überraschen - insbesondere durch die Stimmen aus der thüringischen Kirchenleitung verstärkt wurde. Gleichwohl, die Annahme der Kirchenbundord-

nung durch die Konferenz der Kirchenleitungen und die Landessynoden konnte er nicht verhindern. Unter Vorsitz von Niklot Beste trat die 1. Synode des »Bundes der Evangelischen Kirchen in der DDR« (BEK) am 10. September 1969 zu ihrer konstituierenden Sitzung zusammen und wählte Ingo Braecklein, Oberkirchenrat aus Eisenach, zum Präses der Bundessynode.
Der Tatsache, daß in Artikel 4 Abs. 4 an der besonderen Gemeinschaft festgehalten wurde, schloß sich nicht nur eine permanente Kritik der Staats- und Parteiführung an dem neugegründeten Kirchenbund an. Der vom Staat entfachte Streit um die »richtige« Interpretation des Artikels führte vor allem dazu, daß die Regierung der DDR mit der offiziellen Anerkennung des Kirchenbundes bis zum Frühjahr 1971 wartete, denn man vermißte in der Kirchenordnung die vom Staat gewünschte Parteinahme der Christen und der Kirchen im internationalen Klassenkampf »auf der Seite des Fortschritts und der Arbeiterklasse«.

Gerade in dieser turbulenten Zeit des wiederauflebenden Kirchenkampfes regte sich sowohl in EKD-Kreisen als auch in Bonner Regierungsstellen ein gewisses Mißtrauen gegen meine Verhandlungen, die zwar gelegentlich verzögert, jedoch zu keinem Zeitpunkt unterbrochen worden waren. Zu reibungslos stellte sich meine Arbeit den außenstehenden Betrachtern dar: Ging es um Kontakte der bundesrepublikanischen Kirchen zu denen in der DDR, bezeichnete sie die Führung des sozialistischen Staates offiziell als »unerlaubte Einmischung der Militärkirche in innere Angelegenheiten der DDR«. Auf der anderen Seite traf sich ständig ein Repräsentant eben dieser »Militärkirche« mit Regierungsvertretern der DDR. Und nicht nur das, sie machten auch noch Millionengeschäfte mit ihm – offiziell und im Ministerium für Außenhandelswirtschaft! Das konnte einfach nicht mit rechten Dingen zugehen.

Die Erklärung für diese von tagespolitischem Geplänkel unabhängigen Geschäftsbeziehungen ist einfach: Sie lagen von Beginn an in beiderseitigem Interesse. Dabei war stets klar, daß wir unterschiedliche politische Positionen vertraten. Nicht über sie, sondern über Warenlieferungen und Valutamark hatten wir zu verhandeln. Ohne taktische Manöver traten sich beide Seiten in Verhandlungen gegenüber, um ihre Ziele und Standpunkte offen und ehrlich formulieren zu können. Mir gelang es, ein Gespür dafür zu entwickeln, was ich meinen Verhandlungspartnern angesichts der jeweiligen politischen Großwetterlage zumuten konnte. Wenn es dennoch zu starken Differenzen kam und ein Ergebnis nicht sofort zu erzielen war, brach ich das Gespräch rechtzeitig ab, um es zu einem späteren Zeitpunkt fortzuführen. Auf meine Standardbegründung für solche Verschiebung: »Ich hoffe, daß es dann besser läuft!« antwortete einmal Alexander Schalck: »Sie immer mit Ihrer Hoffnung auf das nächste Mal!«, worauf ich erwiderte: »Sehen Sie, Herr Minister, das unterscheidet uns Christen von den Kommunisten, wir dürfen immer hoffen.«

Aufbauarbeit im Bereich Diakonie

Nach Abschluß der Planungs- und Vorbereitungsphase konnte mit der Rekonstruktion und dem Ausbau der zum Teil veralteten Bausubstanz kirchlicher und diakonischer Gebäude in Rothenburg und Arnstadt begonnen werden. Dadurch sollte nicht nur die Entlastung der überbelegten Altbauten und die dringend benötigte Aufstockung neuer Heimplätze erreicht werden. Parallel zur Anpassung diakonischer Einrichtungen an den aktuellen Standard wurde ein Konzept entwickelt, das nicht nur Pflege, ärztliche Betreuung und Verwahrung der Behinderten, sondern ihre bestmögliche Förderung und Rehabilitation vorsah. Dieser Weg diente der neuen Profilierung der vom Staat stark vernachlässigten Arbeit für geistig und körperlich Behinderte.

Welche Aufgabe wir uns für die folgenden 25 Jahren vorgenommen hatten, mag man an der Zahl der von der Diakonie in der DDR unterhaltenen Einrichtungen ablesen: Bis Ende der sechziger Jahre konnte die Diakonie in 52 Krankenhäusern bis zu 7 000 Kranke medizinisch versorgen. In ihren 334 Alterspflegeheimen lebten 11 500 Menschen im Rentenalter. Gleichzeitig unterhielt die Diakonie 554 Gemeindepflegestationen. 306 evangelische Tagesstätten gaben 17 500 Kindern einen Platz. Bis Anfang der achtziger Jahre stellten die konfessionellen Einrichtungen fast 50 Prozent aller in der DDR vorhandenen Plätze zur Rehabilitation von Schwerstbehinderten.

Hand in Hand mit der baulichen Erweiterung ging die Qualifizierung der Mitarbeiter, also des Pflege- und Wirtschaftspersonals sowie der Ärzte. In allen genannten Einrichtungen beschäftigte die Diakonie insgesamt etwa 17 500 hauptamtliche Mitarbeiter. Die Unterhaltung der Einrichtungen und Investitionen mußte aus eigenen Mitteln finanziert werden, während den Pflegesatz – er beschränkte sich auf die ärztliche und medikamentöse Versorgung – die staatliche Versicherung übernahm. Medizintechnik wie Geräte für die Ultraschalldiagnostik, Röntgenanlagen, Endoskope, aber auch Küchenmaschinen, Heizöfen und andere Dinge zur Deckung des täglichen Bedarfs wurden aus dem Westen importiert und über die Dienststelle des Diakonischen Werkes in Westberlin abgewickelt. Diese Versorgung mit modernem medizinisch-technischem Gerät führte bald dazu, daß die diakonischen Krankenhäuser den Standard der staatlichen übertrafen. Daraus erklärt sich das große Interesse von Fachärzten, in konfessionellen Krankenhäusern zu arbeiten. Und für einige von ihnen verband sich damit auch die berechtigte Erwartung, dort in einem politischen Freiraum tätig sein zu können.

Willy Brandt in Erfurt.
Hintergründe des ersten deutsch-deutschen Gipfeltreffens

Inzwischen hatten die Bonner Ministerien ihre Bedenken gegen meine Zusammenarbeit mit den Organen der DDR offensichtlich wieder fallengelassen; jedenfalls verstand ich so eine Einladung nach Bonn, wo mich am 5. Februar 1969 Staatssekretär Dr. Günter Wetzel zu einem Informationsgespräch empfing. Er gab mir zu verstehen, daß die Bundesregierung an einer grundlegenden Verbesserung ihrer Beziehungen zur DDR sehr interessiert sei. Zwar habe der Bundeskanzler schon im März des Vorjahres in seiner Regierungserklärung einen Vorstoß in diese Richtung gewagt, aber der sei von den Ereignissen des Jahres 1968 überschattet worden. An der Verhärtung der politischen Fronten habe auch ein intensiver Briefwechsel zwischen Bonn und Ostberlin nichts ändern können. Der Staatssekretär spielte auf das DDR-Durchreiseverbot für Minister und leitende Ministerialbeamte an, das die Regierung der DDR am 13. April 1968 erlassen hatte. Zwei Monate später folgte die Einführung der Paß- und Visumspflicht bzw. die Ausweitung des Durchreiseverbots auf alle bundesdeutschen Politiker. Zum absoluten Tiefpunkt in den Beziehungen zwischen den beiden deutschen Staaten führte dann der Einmarsch der Truppen des Warschauer Paktes in die Tschechoslowakei, an dem auch Teile der Nationalen Volksarmee der DDR beteiligt waren. Trotz dieser bedauerlichen Funkstille im innerdeutschen Verhältnis, so Wetzel, seien Bundeskanzler Kiesinger, Willy Brandt und vor allem Herbert Wehner an der Wiederaufnahme von Verhandlungen mit der DDR interessiert. Gerne wolle man meine langjährigen Erfahrungen auf diesem Gebiet in Anspruch nehmen.

Von einer Fortführung des Briefwechsels auf oberster Ebene versprach ich mir nichts. Die DDR, so begründete ich Dr. Wetzel diese Ansicht, befinde sich meiner Meinung nach in einer ständigen Abwehrhaltung, die sich in den zahllosen polemischen Reaktionen äußere. Sie dokumentiere zudem die direkte Abhängigkeit von Moskau, das der DDR-Führung keinen großen politischen Spielraum lasse. Da der Staats- und Parteispitze die Hände gebunden seien, sollte vorerst eine Kontaktaufnahme auf der Staatssekretärs- und Ministerialebene angestrebt werden. Im Anschluß an meine Ausführungen stellte mir Dr. Wetzel die Frage, ob ich bereit sei, meine Verbindungen zu Alexander Schalck im Sinne der angestrebten Gespräche zu nutzen. Zunächst müsse er aber noch seinen Minister und das Kanzleramt über unser gemeinsames Vorhaben unterrichten. Ohne Zögern sagte ich dem Staatssekretär meine Unterstützung zu.

Am 2. April 1969 teilte mir Dr. Wetzel in Bonn mit, daß das Bundeskanzleramt dankbar meine Kontaktaufnahme in Ostberlin begrüße und damit einverstanden

sei, daß die Gespräche zunächst auf der von mir vorgeschlagenen Ebene stattfänden. Wetzel und ich besprachen ein recht allgemein gehaltenes Aide-mémoire, in dem wir uns zur Aufnahme von streng vertraulichen Vorbesprechungen mit DDR-Vertretern bereiterklärten. Eine Option für Folgegespräche auf höherer Ebene stellten wir in Aussicht. Voraussetzung für diesen weiteren Verhandlungschritt war, daß zum einen in den Vorbesprechungen eine Themenliste für die Hauptverhandlungen festzulegen war und zum anderen die Beteiligten an diesen Verhandlungen vorher bekanntgegeben werden mußten. »Es würde als ein besonderer Hinweis einer ernsthaften Bereitschaft zu den genannten Gesprächen angesehen werden«, so der letzte Satz des Aide-mémoire, »wenn uns eine Antwort der anderen Seite auf dem Wege zuteil würde, auf dem diese Mitteilung ergeht.« Wetzel mußte unser Papier noch mit seinem Minister absprechen. Da mein nächstes Gespräch in Ostberlin für den 10. April terminiert war, datierten wir das Aide-mémoire einfach auf den 9. April. Am folgenden Tag besprach ich seinen Inhalt mit Manfred Seidel und händigte ihm eine Kopie aus; das Original kam in mein Archiv. Ich konnte sicher sein, daß Seidel meine erläuternden Bemerkungen und das Schreiben in der von uns beabsichtigten Weise weiterleiten würde.
Alexander Schalck, mit dem ich am 7. Mai in Ostberlin Verhandlungen führte, war in der Zwischenzeit tätig geworden und konnte mir eine erste Antwort geben. Grundsätzlich sei man zu Verhandlungen bereit, soweit es sich dabei nicht um politische Gespräche handele. Gedacht sei, an die im Rahmen des innerdeutschen Handels übliche Gesprächsform anzuknüpfen, mit der

man in der Vergangenheit gute Ergebnisse erzielt habe. Inhaltlich könnten zum Beispiel Fragen des innerdeutschen Transitverkehrs, des Post- und Fernmeldedienstes, des Sperrkonntenclearings und des Ausgleichs der Mündelgelder geklärt werden.

Nur in einem kurzen Telefonat konnte ich Wetzel über das Gespräch mit Schalck informieren, da ich am 14. Mai auf Bitten von Bundesaußenminister Willy Brandt in das Krisengebiet von Biafra/Nigeria fliegen sollte, um bei Staatschef Ojukwu die gefangenen deutschen und italienischen Öltechniker »freizuboxen«. Nach meiner Rückkehr verabredete ich mich für den 2. Juni erneut mit Wetzel, diesmal jedoch in Berlin, da man von mir am 3. Juni in Ostberlin Reaktionen auf mein Gespräch mit Schalck erwartete. Neben Wetzel traf Ministerialrat Dr. Schierbaum in Westberlin ein, der in seinem Ministerium für die konzeptionelle Bearbeitung aktueller Grundsatzfragen zuständig war. Gemeinsam verständigten wir uns auf einige Programmpunkte, die ich Schalck am nächsten Tag unterbreiten sollte. In zwei Papieren - das eine regelte die technische Seite der Verhandlungen, das zweite griff die von Schalck am 7. Mai angedeuteten Gesprächsinhalte auf - legten wir meine Marschroute für den nächsten Tag fest. Wetzel blieb noch in Berlin, da er die Ergebnisse aus erster Hand erfahren und ohne großen Zeitverlust nach Bonn weiterleiten wollte.

Am Morgen des 3. Juni 1969 traf ich Alexander Schalck und Manfred Seidel im Ostberliner MAW. Zunächst erläuterte ich dem ausgezeichnet vorbereiteten und immer wieder Rückfragen stellenden Schalck die beiden Papiere. So, als sei ich mit allen Vollmachten der Bundesregierung ausgestattet, ging ich auf Schalcks konkrete Vorschläge ein und bestärkte ihn in der Einschätzung,

daß der Aufnahme von Verhandlungen mit dem Post- und Verkehrsministerium der Bundesrepublik grundsätzlich nichts mehr im Wege stehe. Zum Schluß der Verhandlungen bestand Schalck auf absoluter Geheimhaltung vor und während der anstehenden Gespräche. Erst mit Vertragsabschluß sei unser Unternehmen der breiten Öffentlichkeit zugänglich zu machen. Hierfür konnte ich natürlich keine verbindliche Zusage geben, versprach aber, meine Gesprächspartner in Bonn ausdrücklich auf diesen Wunsch hinzuweisen.
Staatssekretär Wetzel war nicht wenig überrascht, als ich am 4. Juni nicht nur ungewöhnlich schnell, sondern auch noch mit konkreten Verhandlungsergebnissen aufwarten konnte. Er zeigte sich äußerst dankbar für die Funktionstüchtigkeit der Verhandlungsschiene Schalck – Geißel, denn sie hatte wieder Bewegung in die festgefahrenen Beziehungen zwischen der DDR und der Bundesrepublik gebracht, und exakt das war ja die erklärte Zielvorgabe, mit der die Bundesregierung um meine Vermittlung gebeten hatte. Schon Mitte September entwickelten sich aus diesen Vorgesprächen konkrete Verhandlungen zwischen Vertretern der Bundesministerien für Verkehr und Post und ihren Amtskollegen aus der DDR.

Als ich im Mai 1969 der Bundesregierung den Weg für weitere Verhandlungen mit der DDR bereitet hatte, ahnte ich noch nicht, daß mich beide Regierungen auch weiterhin als politischen »Pfadfinder« in Anspruch nehmen wollten.
Willy Brandt, Kanzler der ersten sozial-liberalen Koalition, deutete in seiner Regierungserklärung vom 28. 10. 1969 den Beginn einer neuen Ära im deutsch-deutschen Verhältnis an, indem er seine Bereitschaft zu gleichbe-

rechtigten Verhandlungen mit der DDR erklärte. Diese sollten sich, so die Vorstellung Willy Brandts, nicht mehr nur auf die Lösung sogenannter technischer Probleme beschränken.

Um diese neue Ostpolitik umsetzen zu können, brauchte man Verbindungen in die DDR und wandte sich, wie es schon die vorige Regierung getan hatte, wieder an mich. Bereits Anfang November 1969 erreichte mich in dieser Angelegenheit ein Anruf des Parlamentarischen Staatssekretärs im Innerdeutschen Ministerium Karl Herold. Herold, der lange Vorsitzender der Arbeiterwohlfahrt in Bayern gewesen war, kannte mich noch aus unserer gemeinsamen Arbeit in den Spitzenverbänden der Freien Wohlfahrtspflege. Mit Anspielung auf die von Dr. Wetzel und mir vefaßten Aide-mémoires sagte ich Herold am Telefon: »Ihr in Bonn macht so schöne Papiere, schicken Sie mir eins davon, und dann reden wir noch einmal miteinander. Aber bitte schicken Sie es rechtzeitig, ich bin am 12. November in Ostberlin zu Verhandlungen.« Nach wenigen Tagen erhielt ich aus Bonn eine Vorlage für das anstehende Gespräch (s.S.376). Recht unpräzise wurde in dem Schreiben der Wunsch nach Verhandlungen »auf höherer Ebene« formuliert. Ich ließ mich mit Herold verbinden, um von ihm genau in Erfahrung zu bringen, wer mit wem zusammentreffen wollte. Seine Antwort fiel eindeutig aus: »Willy Brandt möchte ein Gespräch mit Willi Stoph führen, dem Ministerpräsidenten der DDR.«

Am 12. November trug ich Manfred Seidel – Alexander Schalck befand sich auf Dienstreise – in Ostberlin die Wünsche der Bundesregierung vor. Mit skeptischer Miene nahm Seidel meine Ausführungen zur Kenntnis und meinte, für ein solches Treffen sei die Zeit noch

11. November 1969

Nach Eintritt in Verhandlungen zwischen der DDR und der Bundesrepublik Deutschland in verschiedenen Bereichen erscheint es nunmehr zweckmäßig, die Frage zu klären, auf welche Weise eine sinnvolle Koordinierung der laufenden und bevorstehenden Gespräche über beiderseits interessierende Gegenstände erreicht werden kann. Wir schließen dafür Gespräche auf höherer Ebene nicht aus. Um zu vermeiden, daß offizielle Gespräche dieser Art ins Leere gehen, sind jeweils unserer Auffassung nach vorbereitende Besprechungen notwendig. In ihnen kann ein Katalog beiderseits interessierender Themen aufgestellt und eine Abwicklung der Modalitäten von Gesprächen auf höherer Ebene vorgenommen werden. Ort und Zeitpunkt dieser vorbereitenden Besprechungen können gegenseitig auf einem noch zu vereinbarenden Weg festgelegt werden. Wir sind in dieser Frage weder auf einen bestimmten Ort noch auf einen bestimmten Zeitpunkt festgelegt, halten es aber für nützlich, zu unterstreichen, daß wir die Vereinbarung über einen Termin bis zum Ende des Jahres für wünschenswert halten. Was den Katalog beiderseits interessierender Gegenstände für Gespräche auf höherer Ebene angeht, beschränken sich unsere Vorstellungen über die Möglichkeiten nicht auf den bisher in Verhandlungen berührten mehr technischen Bereich. Wir schließen vielmehr auch die Erörterung von Fragen weitergehender Natur ein. Unsere Vorstellungen darüber sind in den jüngsten offiziellen Erklärungen enthalten.

12. 11. vorgetragen.

nicht gekommen, und außerdem: »Willy Brandt hat in der DDR nicht nur Freunde.« Ich ließ seine Äußerungen unkommentiert und antwortete nur, daß wir heute ja nichts zu entscheiden brauchten. »Ich wäre Ihnen sehr zu Dank verpflichtet, wenn Sie das Papier und meine ergänzenden Erläuterungen auf den Weg bringen.« Seidel verstand natürlich, was ich damit meinte, schließlich verbanden uns mehrere Jahre gemeinsamer Verhandlungserfahrungen. Was Seidel dagegen nicht verstand, war mein Einsatz für Willy Brandt und die sozial-liberale Koalition: »Warum tun Sie das, Sie sind doch gar kein Sozialdemokrat?« – »Wissen Sie, Herr Seidel, ich bin zwar ein CDU-Mann, aber, wie ich glaube, doch ein guter Demokrat. Und solange wir miteinander reden können, schießen wir nicht aufeinander.«

Der Entscheidungsprozeß über das Zustandekommen eines Treffens zwischen Brandt und Stoph zog sich bis in die zweite Dezemberhälfte hinein. Offensichtlich taten sich die Verantwortlichen in Partei und Staat mit dem westlichen Gesprächsangebot ungewöhnlich schwer. Vielleicht war es aber auch nur die Vielzahl von Rückfragen bei dem sowjetischen Botschafter in der DDR Pjotr Abrassimov, die für die einmonatige Funkstille verantwortlich zeichnete. Schließlich erhielt ich kurz vor Weihnachten 1969 eine knappe Antwort aus Ostberlin. Sie war zwar keine definitive Zusage, doch zumindest eine entscheidende Annäherung an das gesteckte Ziel: Man signalisierte mir, ein Gespräch zwischen Brandt und Stoph werde in Betracht gezogen, vorausgesetzt, man könne sich in Vorverhandlungen auf einen festen Gesprächskatalog einigen. Noch am selben Tag rief ich Karl Herold in Bonn an, um ihn über die erfreuliche

Nachricht zu informieren. »Handeln Sie schnell, Herr Herold, ehe wieder irgend jemand Sand ins Getriebe streut.«

Beide Seiten setzten sich in den folgenden Wochen schnell und erfolgreich über interne Widerstände - sollte es sie tatsächlich gegeben haben - hinweg: Schon am 19. März 1970 trafen sich Willy Brandt und Willi Stoph in Erfurt. Meines Erachtens brachte dieses Treffen keine entscheidenden Ergebnisse, was man allerdings von einer ersten Kontaktaufnahme auch nicht erwarten durfte.

Tagesgeschäfte

Neben solchen vergleichsweise spektakulären Verhandlungen mit Schalck und Seidel - vollkommen abseits vom öffentlichen Geschehen - hatte ich natürlich noch das »Tagesgeschäft« des Warentransfers und der Valutamark zu erledigen. Von den über 47 Millionen DM, die wir 1969 im Rahmen dieser beiden Geschäftsarten in die DDR transferieren konnten, wurden allein 2,5 Millionen DM in die Gesundheitsbauten investiert. Daneben kaufte ich auf der Leipziger Messe hundert Pkw vom Typ Fiat 125 P zu einem Stücksonderpreis von DM 7900. Darüber hinaus erhielten die kirchlichen und diakonischen Einrichtungen über das Genex-Verfahren Kraftfahrzeuge, Bedarfsgüter und eine Million Liter Benzin im Wert von etwa 4,15 Millionen DM. Paketsendungen und Patenschaftshilfe rundeten die Bilanz des Jahres 1969 ab. Für den innerdeutschen Handel war es ein normales Jahr, für mich eines der aufreibendsten überhaupt: Zu der Vielzahl der Verhandlungen in Ostberlin, Leipzig und Bonn kam 1969 mein Einsatz für Biafra, der mich an die Grenzen psychischer und physischer Belastbarkeit trieb (mehr darüber im Kapitel »Katastrophenhilfe«).

Dem ereignis- und arbeitsreichen 1969 folgte ein unspektakuläres 1970. Abgesehen davon, daß die staatlichen Stellen der DDR nach wie vor jeden Kontakt zum Bund der Evangelischen Kirchen mieden, tat sich kirchenpolitisch nichts Wesentliches. Immerhin, die DDR-Führung hatte mit der Kirchenbundgründung endlich erreicht, was sie schon lange gefordert hatte. Somit hätte sie eigentlich zufrieden sein können. Auf der anderen Seite bereitete ihr der Artikel 4.4. der BEK-Ordnung unvermindert Kopfschmerzen. Aus der Sicht der Partei dokumentierte sich in ihm die nach Unterwürfigkeit trachtende Fremdbestimmung des Kirchenbundes durch die westlichen Kirchen. Deshalb - und an dieser Forderung hatte sich auch 1970 noch nichts geändert - müsse dieser Artikel aus der Ordnung entfernt werden. Für uns dagegen erwuchs aus der »besondere(n) Gemeinschaft der ganzen evangelischen Christenheit in Deutschland« nicht zuletzt die Verpflichtung, die Bruderkirchen in der DDR auch weiterhin finanziell und materiell zu unterstützen. Faktisch ergaben sich somit für die Kirchen in der DDR nach der Loslösung von der EKD keine entscheidenden Änderungen. Im Gegenteil: Ihr Haushalt wurde nach wie vor zu mehr als 40 Prozent von den westlichen Landeskirchen bestritten. Diese Beibehaltung des Status quo hinderte sie allerdings auch daran, die möglichen Folgen einer unter anderen Bedingungen gewonnenen Selbständigkeit zu überdenken. Wie auch immer man die Übernahme von nahezu der Hälfte der Haushaltsmittel empfunden haben mag, ohne sie hätten die Landeskirchen in der DDR einen erheblichen organisatorischen und personellen Schrumpfungsprozeß durchmachen müssen, dem vor allem die umfangreichen Hilfen der Diakonie zum Opfer gefallen wären.

»Kirche im Sozialismus«

Nach der Gründung des Bundes begannen die Kirchen in der DDR in ihrem Verhältnis zum Staat einen Kurswechsel vorzunehmen und im Anschluß an eine interne Diskussion ein Konzept zu erarbeiten, dessen schlagwortartige Umschreibung »Kirche im Sozialismus« bis heute weite Verbreitung gefunden hat. Daß diese zweifellos ungewöhnliche Formel zur Charakterisierung kirchlichen Selbstverständnisses nicht durch politischen Druck von seiten des Staates zustandegekommen ist, unterstreicht den Willen der evangelischen Kirchen in der DDR zur innenpolitischen Neuorientierung.
Das Konzept, das eigentlich der Standortbestimmung der Kirchen im atheistischen Weltanschauungsstaat dienen sollte, war meines Erachtens das Ergebnis einer unausgegorenen theologischen Reflexion. Danach sollte sich jetzt die Kirche nicht nur dem Staat öffnen, sondern sich auch auf die von ihm propagierten sozialistischen Zielvorstellungen einlassen: Schon 1960 hatte Walter Ulbricht mit seiner Behauptung, daß »das Christentum und die humanistischen Ziele des Sozialismus keine Gegensätze« seien, um die Hinwendung der Kirchen zum Sozialismus geworben. Weitere neun Jahre vor dieser Volkskammerrede hatte der Vorsitzende der Ost-CDU, Otto Nuschke, in der »Neuen Zeit« geschrieben: »Der Sozialismus ist der Bergpredigt verwandter als alle anderen Wirtschaftsformen.« Nun - zwanzig Jahre nach diesem Artikel - schienen besonders junge Theologen in

der DDR diese »Erkenntnis« teilen zu können. Nur aus ihr konnte nach meiner Ansicht die Bereitschaft erwachsen, sich auf die solidarische Mitarbeit in der Gesellschaft und auf die Zusammenarbeit mit anderen gesellschaftlichen Gruppen einzulassen, mit Menschen vor allem, die von ganz anderen Vorausssetzungen her dachten und handelten - etwa Marxisten, Atheisten, Nicht-Christen.

Das veränderte Selbstverständnis der Kirchen in der vorgegebenen Ordnung einer übermächtigen sozialistischen Gesellschaft teilten nur wenige haupt- und nebenamtliche Mitarbeiter. Dagegen verfolgten einige Mitglieder kirchlicher Leitungsgremien die neue Linie in der Hoffnung, bessere Kontakte zu Staat und Partei zu erlangen. Der Versuch, zwischen totaler Anpassung und totaler Verweigerung einen akzeptablen Kurs zu steuern, trug den Anhängern von »Kirche im Sozialismus« in den kirchlichen Gemeinden wenig Sympathien ein. Diese Weigerung, das neue Konzept zu akzeptieren, konnte nicht wirklich überraschen. Denn viele junge Christen in Schul- und Berufsausbildung oder berufstätige Gemeindemitglieder an ihren Arbeitsplätzen machten die Erfahrung, als »Bürger zweiter Klasse« diskriminiert zu werden. An dieser Behandlung änderte auch das von der »Kirche im Sozialismus« propagierte Ja zum Staat nichts. Ebensowenig beendete es den »Kleinkrieg«, den Gemeindepfarrer mit örtlichen Parteifunktionären zu führen hatten, wenn es um die Instandhaltung der Kirche, der Gemeinderäume oder des Pfarrhauses ging.

Die zahlreichen Entschließungen, Redebeiträge, Synodalbeschlüsse, Aufsätze und Vorträge, die in den folgenden Jahren zu vernehmen waren, machten zum einen deutlich, wieviel Unruhe dieses kontrovers diskutierte

Thema in die Kirchen der DDR trug. Auf der anderen Seite zeigten sie aber auch, daß die Formel »Kirche im Sozialismus« selbst zwei Jahre nach ihrer erstmaligen Verwendung durch Bischof Moritz Mitzenheim Anfang 1968 alles andere als ein mit konkreten Inhalten gefülltes Konzept war. An diesem Zustand änderten auch die unterschiedlichen Interpretationsversuche von Kirchenführern wie Rathke, Mitzenheim, Schönherr und anderen nichts.

Ich fand die ganze Diskussion um das Konzept »Kirche im Sozialismus« überflüssig, denn nach meiner Einschätzung wurde eine starke Kirche selbst in großer Bedrängnis nur dann ernst genommen, wenn sie mit ausgeprägtem Selbstbewußtsein und großer Eigenständigkeit ihre Kritik an gesellschaftlichen Vorgängen und Fehlentwicklungen artikulierte. Darüber hinaus hielt ich es für höchst zweifelhaft, ob eine Kirche überhaupt an dieser Form des »real existierenden Sozialismus« mitarbeiten sollte, um so zum mitverantwortlichen Träger dieses Systems und seiner ökonomischen und politischen Fehlentwicklungen zu werden.

Noch im Jahr 1987 erklärte der thüringische Landesbischof Werner Leich, der Sozialismus sei »weder im positiven noch im negativen Sinn Vorbedingung für den Dienst der Kirche«. Mit dieser Einschätzung dürften sich allerdings die Gemeindechristen recht schwer getan haben. Während nämlich der BEK-Vorsitzende eine im Grundtenor positive Beziehung zum Staat suchte, verwickelte dieser die Christen in den Gemeinden durch Diskriminierungen und Verdächtigungen in Konflikte. Die Anhänger der Konzeption »Kirche im Sozialismus« suchten nach meiner Einschätzung eine über das Schema »ich gebe, damit du gibst« hinausreichende Kooperation mit dem Staat. Sie führte insofern zwangsläufig zu einer Entfremdung zwischen Kirchenleitung und Gemeindegliedern, als diese die Leugnung der Legitimität ihrer christlichen Existenz durch den Staat täglich zu spüren bekamen. So erlagen die Verfechter der »Kirche im Sozialismus« leicht der Gefahr, die kirchenfeindliche Politik des Staates eher solidarisch denn kritisch zu begleiten. Immerhin revidierte Bischof Leich Mitte 1989 seine Aussagen von 1980 und erklärte die unglückselige Konzeption einer »Kirche im Sozialismus« für überwunden, nun müsse man von »der evangelischen Kirche in der DDR« sprechen. - Selbst wenn man im Nachhinein den Anhängern von »Kirche im Sozialismus« eine lediglich äußerliche Anpassung bei innerer Ablehnung des »Systems« unterstellen möchte - mir jedenfalls war diese Konzeption zu jedem Zeitpunkt suspekt und inakzeptabel.

Mehrwertsteuer-Probleme

Im Mai 1970 trat Moritz Mitzenheim als Bischof von Thüringen in den Ruhestand. Zu seinem Nachfolger wurde Ingo Braecklein gewählt, bisher Oberkirchenrat der thüringischen Landeskirche. Im Gegensatz zu Mitzenheim hielt sich Braecklein in der Öffentlichkeit betont zurück und sah den Schwerpunkt seiner Arbeit in seiner Landeskirche und im Bund der Evangelischen Kirchen (BEK).
Noch immer hatte die Regierung der DDR den BEK nicht förmlich anerkannt, konnte somit auch noch nicht offiziell mit den Kirchen in der DDR ins Gespräch kommen. Ungeachtet dessen sorgte ich in meinen Verhandlungen in Ostberlin dafür, daß inoffiziell beste-

hende Kontakte zwischen den Kirchenführern der DDR und staatlichen Vertretern nicht abbrachen. Auf kirchlicher Seite wurde für viele Jahre der Jurist Manfred Stolpe mein Hauptgesprächspartner, der zum Sekretär des BEK gewählt worden war.
1969 war mein Gesprächspartner in Fragen der humanitären Hilfe der Bundesregierung Ludwig Rehlinger in das Amt des Präsidenten der Bundesanstalt für gesamtdeutsche Aufgaben gewechselt. Seine Nachfolge trat Oberregierungsrat Hoesch an, mit dem ich mich nun über die technische Abwicklung der Hilfe zu verständigen hatte.

Auf der Leipziger Herbstmesse konnten über sämtliche Geschäfte für das Jahr 1971 Abschlüsse erzielt werden. Allerdings hatte sich durch die Einführung der Mehrwertsteuer von sechs Prozent in der Bundesrepublik zum 1. Juli 1970 ein Problem ergeben, das unser Verhandlungsklima erheblich verschärfte. Für den innerdeutschen Handel hatte die Mehrbelastung von sechs Prozent auf alle in die DDR gelieferten Waren insofern keine Bedeutung, als die Gegenlieferungen entsprechend verteuert wurden. Diese Geschäftsbedingungen unterschieden sich aber grundlegend von denen unseres Warentransfers. Zwar lieferte die Kirche auch Waren in die DDR, erhielt dafür aber keine Gegenlieferungen in die Bundesrepublik. Die einseitige Verteuerung empfanden meine Gesprächspartner aus Ostberlin als unbillige Härte. Meine Zusage, in Bonn über die Befreiung von der Mehrwertsteuer zu verhandeln, konnte ich mit dem Beginn der Verhandlungen am 11. Dezember erfüllen. Befürchtungen, daß das Bundesfinanzministerium meiner Bitte mit wenig Aufgeschlossenheit entgegentreten würde, sollten sich bewahrheiten. Ich brauchte also einflußreiche und tatkräftige Unterstützung. Diese fand ich zunächst bei Staatssekretär Karl Herold vom innerdeutschen Ministerium. Ein Telefongespräch mit meinem alten Kriegskameraden Karl Schiller sorgte dafür, daß mir auch das Bundeswirtschaftsministerium seine uneingeschränkte Unterstützung für meine Bemühungen zusagte. Schließlich gelang es Karl Herold, Dr. Ohlig vom Wirtschaftsministerium und mir gemeinsam, das Bundesministerium für Finanzen für die Befreiung der Kirchengeschäfte von der Mehrwertsteuer zu gewinnen.

Im Rahmen des Warentransfers gingen 1970 Lieferungen im Wert von DM 44 030 332,90 in die DDR. Auch die Position Valutamark verzeichnete gegenüber dem Vorjahr einen erheblichen Zuwachs und erreichte ein Volumen von DM 8 998 593,90. Hermann Kunst und ich sahen diese Entwicklung mit einem lachenden und einem weinenden Auge. Auf der einen Seite waren wir froh, den Kirchen in der DDR in diesem Umfang helfen zu können. Auf der anderen Seite drohten die neu hinzukommenden Projekte den Rahmen unserer finanziellen Möglichkeiten zu sprengen. Wir nahmen uns fest vor, über dieses Problem bald mit Vertretern der Bundesregierung zu sprechen.

Aus gesundheitlichen Gründen mußte mein langjähriger Mitarbeiter Georg Wenk 1970 seine Tätigkeit einstellen. Durch sein Ausscheiden geriet ich in die schwierige Situation, einen Nachfolger mit vergleichbaren Qualitäten finden zu müssen, der idealerweise auch noch über Kenntnisse unserer speziellen Art der Geschäftsbeziehungen verfügen sollte. Wer auch immer Wenks Nachfolger werden würde, eines stand auf jeden Fall fest: Ich brauchte ihn dringend. Es hatte sich nämlich bewährt, daß das Transfergeschäft nicht von einer Person allein abgewickelt wurde; vor allem in schwierigen Verhandlungen hören vier Ohren mehr als zwei... Es kam hinzu, daß von jedem Gespräch mit Vertretern aus dem MAW, dem BEK und den diakonischen Dienststellen ein Protokoll angefertigt wurde. Nicht zuletzt aus diesen Gründen fiel die Wahl auf meine Stuttgarter Mitarbeiterin Edelgard Backes, die sowohl über fundierte kaufmännische Kenntnisse als auch über erste Einblicke in die Interna des Transfergeschäfts verfügte.

Spannungen zwischen Kirche und Diakonie

Am 18. Februar nahm ich aus besonderem Anlaß an einer Vorstandssitzung des BEK teil. Wieder einmal, so hörte ich von meinem Informanten Gerhard Bosinski, sei es im Vorfeld der Sitzung zu Spannungen zwischen Kirche und Diakonie gekommen, die jetzt endlich offen zur Sprache gebracht werden sollten. Bischof Albrecht Schönherr und andere Mitglieder des Vorstandes formulierten die kirchliche Sichtweise, in der die Diakonie als ausschließlich medizinisch und sozial tätige Organisation erschien, der man eine immer umfangreichere finanzielle Unterstützung zu Lasten der Kirchen zukommen lasse. Eine Kirche aber, die einseitig eine so verstandene Diakonie fördere, müsse sich den Vorwurf gefallen lassen, nicht ausreichend Seelsorge zu üben und die missionarische Verkündigung im Gottesdienst zu vernachlässigen zugunsten einer reinen Verkündigung durch die Tat. Dieser Vorwurf zielte besonders auf das Gesundheitsbauprogramm, das vom Staat vor allem deshalb unterstützt werde, weil es natürlich auch zur personellen und finanziellen Entlastung der staatlichen Sozialkosten beitrug. Abgesehen davon stand die öffentliche gesellschaftliche Anerkennung, die die soziale Arbeit der Diakonie zweifellos eintrug, in krassem Gegensatz zur Nichtbeachtung oder gar Mißachtung der Kirche durch den Staat.

Daß solche Unterschiede irgendwann zu Spannungen führen mußten, konnte niemanden überraschen. Ich konnte nur darauf verweisen, welche Bedeutung die soziale Arbeit der Diakonie auch für die Kirche und ihren Auftrag gerade in der Minderheitensituation in einem sozialistischen Staat habe. Darüber hinaus nannte ich die Möglichkeit, die Genehmigung für ein von den westlichen Kirchen finanziertes zusätzliches Bauprogramm für Kirchen und Gemeindezentren zu erwirken, um das die verfaßte Kirche bisher weder beim Staat noch bei mir nachgesucht habe. Für den Fall, daß der BEK mir ein ausgearbeitetes Programm vorlegen könne, sagte ich meine Unterstützung zu. Nach einer kontrovers geführten Diskussion über dieses Thema wurde Manfred Stolpe von der Versammlung beauftragt, nach Absprache mit mir und dem BEK ein vorlagereifes Programm zu entwickeln.

Wende in der Kirchenpolitik der DDR

Am 8. Februar 1971 gab Politbüromitglied Paul Verner in einer Rede vor der CDU stellvertretend für den Staat das Signal, endlich auch offiziell mit dem Kirchenbund ins Gespräch kommen zu wollen. Unmittelbar nach dieser Rede, am 24. Februar, lud der Staatssekretär für Kirchenfragen Hans Seigewasser den Vorstand des BEK zu einem Gespräch ein. Mit der Aufnahme förmlicher Beziehungen leitete die DDR-Regierung eine Wende in der Kirchenpolitik ein, mit der sie von ihrer bisherigen Praxis abging, die Staat-Kirche- Beziehungen nicht mit den von den Kirchen beauftragten Mandatsträgern zu regeln, sondern sich die Partner selbst auszusuchen. Bischof Schönherr würdigte bei dem Zusammentreffen mit Seigewasser zwar Verners Angebot, den Kirchenbund anzuerkennen, ließ aber keinen Zweifel daran aufkommen, daß die Vorstellungen von Staat und BEK über den Standort der Kirche sich nach wie vor grundsätzlich unterschieden. Der Vorsitzende der Konferenz der Kirchenleitungen verteidigte die Sonderbeziehung zur EKD und kritisierte, wenn auch verhalten, die jüngsten kirchenfeindlichen Maßnahmen des Staates, der mit seiner restriktiven Veranstaltungsverordnung für religiöse Zusammenkünfte, die am 26. 11. 1970 beschlossen wurde und zum 1. 3. 1971 in Kraft treten sollte, neue Konflikte heraufbeschworen hatte. Gleichwohl ebnete eine von der Konferenz der Kirchenleitungen gemeinsam getragene Presseerklärung den Weg für weitere Gespräche über Sachfragen zwischen Staat und Kirche.

Natürlich haben wir uns Gedanken über die Gründe des plötzlichen Sinneswandels der DDR-Oberen gemacht. Zunächst spielte der allmähliche Übergang vom Kalten Krieg zur Entspannungspolitik in der Welt- und Deutschlandpolitik eine nicht unerhebliche Rolle. Darüber hinaus stand das Ende der Ära Ulbricht bevor. Mit ihm sollte sein Konzept von der »sozialistischen Menschengemeinschaft«, in der der Kirche ein spezielles Bündnis mit der Partei zugedacht war, verworfen werden. Dies ermöglichte neue Umgangsformen mit den Kirchen, die nicht mehr nur das Ziel hatten, die Kirchen als Stütze des Systems zu gewinnen. Diese Entwicklung deutete sich in der Zurückdrängung der DDR-CDU an, die in der Folgezeit von der SED deutlich in ihren kirchenpolitischen Kompetenzen beschnitten wurde. Sie fungierte nicht mehr länger als das Sprachrohr der »wahren Kirche«, die sich als innerstaatlicher Gegenpol zur »westhörigen Natokirche« verstand. Nicht zu vergessen war bei alledem die Einsicht der DDR-Regierung, daß ein entspannteres Verhältnis zu den Kirchen sich gut auf Kontakte zum Westen auswirke. Zudem lag das Engagement der Kirchen im Gesundheitswesen, in der Alten- und Behindertenarbeit sowie der überdurchschnittlich hohe Ertrag kirchlicher Land- und Forstbetriebe eindeutig in gesamtwirtschaftlichem Interesse. Wieso hätte der Staat solche Aktivitäten verhindern sollen?

Obwohl sich der Staat nunmehr darauf eingelassen hatte, mit den von den Kirchen selbst benannten Repräsentanten zu sprechen und ein mehr sachliches Verhältnis aufzubauen, blieben auch weiterhin viele Fragen in der Beziehung zwischen Staat und Kirche offen. Zu den ungelösten Problemen gehörte zum Beispiel die langfristige Finanzierung der Gesundheitsbauten, für die die Genehmigung von den DDR-Behörden nur von Jahr zu Jahr erteilt wurde. Dieser Zustand durfte nicht weiter Grundlage eines auf einen längeren Zeitraum angelegten Programms sein. Zwar hatte sich das gesamtpolitische Klima verbessert, doch unter Umständen hätte bereits eine kleine Unstimmigkeit zwischen den beiden deutschen Staaten ausgereicht, und wir hätten vor Bauruinen gestanden.
Um dieses Risiken bergende Genehmigungsverfahren gegen die Folgen tagespolitischer Mißstimmungen zu

schützen, mußte eine politische Entscheidung durch den Vorsitzenden des Ministerrats herbeigeführt werden. Nach mehreren Verhandlungen mit Alexander Schalck und Manfred Seidel wurde eine Vorlage angefertigt, die zu einem abschließenden Gespräch mit Willi Stoph am 9. Juni 1971 führte. Bei dieser Gelegenheit wurde Alexander Schalck ermächtigt, mit uns Verträge bis 1973 ohne Rückfrage beim Ministerrat abzuschließen. Die in Aussicht gestellte Option auf Verlängerung konnte schon bald in die Tat umgesetzt werden: In Anlehnung an die Volkswirtschaftspläne der DDR wurden Verträge über den Zeitraum von fünf Jahren abgeschlossen, die uns für die Abwicklung des gesamten Kirchengeschäfts einen großen Handlungsspielraum garantierten.

Gleichwohl mußten wir zahlreiche Beschlagnahmen von Medikamenten hinnehmen, die auf dem illegalen Kurierweg von der Berliner Stelle des Diakonischen Werkes in die DDR gelangen sollten. Obwohl internationale Apotheken und staatliche Krankenhäuser in der DDR dringend der Medikamente aus dem Westen bedurften und sie auch einführten, erteilten uns die Behörden keine Einfuhrgenehmigung. Ich wies Manfred Seidel wiederholt auf die unzureichende medikamentöse Grundversorgung hin und bat ihn, über die Möglichkeit einer Legalisierung nachzudenken. Um ihm die Sache schmackhaft zu machen, schlug ich ihm eine mögliche Abwicklung über eine staatliche Handelsorganisation vor, so daß die Kirche als offizieller Importeur nicht in Erscheinung zu treten brauchte. Auf der Leipziger Herbstmesse sagte mir Seidel seine Unterstützung für die Realisierung meines Vorschlags zu. Wir verabredeten eine Zusammenkunft aller relevanten Fachleute und Entscheidungsträger für den 9. November 1971 in Berlin.

Neben Seidel und mir fanden sich Edelgard Backes, Gerhard Bosinski nebst Mitarbeitern aus seinem Amt, das Mitglied unserer Chefärztekommission Dr. Kirsten, der Oberapotheker Dr. Horn vom diakonischen Krankenhaus Leipzig sowie Anneliese Klatt von der Intrac-Handelsgesellschaft ein. Vereinbart wurde eine erste Lieferung ab 1. Januar 1972 über 400 000 Valutamark, wobei die Bedarfsplanung, die Bestellung und Verteilung von unserer Seite, die Einfuhr aus der Bundesrepublik und die Bezahlung von der Intrac (gegen Kostenerstattung) übernommen werden sollten.

Das politische Klima war günstig für weitere Abschlüsse: Nach einem Vorgespräch mit Manfred Stolpe am 30. November 1971 schlug ich in meinen noch am selben Tag stattfindenden Verhandlungen im Ostberliner MAW einen Vertrag vor, dessen Volumen bis dahin einmalig war. Mit der enormen Summe von rund 100 Millionen Mark sollte ein Kirchenbauprogramm über den Zeitraum von zehn Jahren finanziert werden. Genaue Planungen und Finanzierungen waren zwar noch nicht hinreichend ausgearbeitet, konnten aber bis zum Frühjahr 1972 mit den notwendigen Details versehen und vertragsreif gemacht werden. Manfred Seidel sagte mir auch für dieses Projekt seine Unterstützung zu, wollte sich aber angesichts seiner Dimension beim Ministerrat rückversichern. Im Anschluß an seine Initiative sollten Manfred Stolpe und Albrecht Schönherr den Staatssekretär für Kirchenfragen über unser Vorhaben unterrichten.

Unser Gespräch endete mit dem Jahresabschlußbericht für 1971: Waren im Wert von DM 44 131 673,77 wurden im Rahmen des Warentransfers, 11 289 694,03 für Valutamark und 5 496 825,28 für Genex-Lieferungen in die DDR transferiert. Für die humanitären Maßnahmen der Bundesregierung erfolgten Lieferungen im Wert von DM 84 223 481,52.

Durch den Tod von Walter Ulbricht am 3. Mai 1971 geriet Erich Honecker an die Spitze der DDR, von dem bekannt war, daß er eine strikte Abgrenzungspolitik gegenüber der Bundesrepublik verfolgte.
Nach dem Abschluß des Berlin-Abkommens durch die vier Siegermächte stritten sich im September 1971 Egon Bahr und Michael Kohl über die Formulierung des deutschen Textes, ohne jedoch einen Konsens zu erreichen. Hingegen kam es am 11. Dezember zur Paraphierung des Transitabkommens, in dem die Bedingungen über den Straßenverkehr zwischen der Bundesrepublik und Berlin geregelt wurden. Gleichzeitig wurde eine Vereinbarung über Besuche für die Einwohner Westberlins in Ostberlin von dem Bevollmächtigten des Westberliner Senats und einem Vertreter der DDR unterzeichnet.

Das Sonderbauprogramm und der Wiederaufbau des Berliner Doms

Am 9. Februar 1972 teilte man mir im MAW mit, daß der Ministerrat der DDR grundsätzlich bereit sei, in Verhandlungen über das Sonderbauprogramm einzutreten. Dies geschehe allerdings unter der Bedingung, daß man gleichzeitig Gespräche über den Wiederaufbau des Berliner Doms führen müsse. Dieses Junktim traf mich vollkommen unvorbereitet, so daß ich um Verschiebung der Beratungen bis zur Leipziger Frühjahrsmesse bat. Ich konnte mir einfach nicht vorstellen, daß man in weiten Kreisen der Kirche zu diesem Zeitpunkt Verständnis für die kostspielige Restauration einer Ruine aufbringen würde, zumal ja großer Bedarf an kirchlichen Räumen in den Gemeinden bestand. Hermann Kunst und Walter Hammer teilten meine Einstellung und bestärkten meine Absicht, mich in meinen Verhandlungen über das Bauprogramm nicht durch die Domgeschichte unter Druck setzen zu lassen.

Auf der Leipziger Messe gingen meine Gesprächspartner direkt dazu über, mir Angaben über den Verlauf des Wiederaufbaus des Berliner Doms zu machen. So genau der Zeitplan vorgegeben wurde, so wenig hatte man sich offensichtlich Gedanken über die Kostenschätzung gemacht. Von 18 bis 80 Millionen DM war da die Rede. Unpräziser konnte man kaum noch sein. Für diese ungenügende Vorbereitung durfte ich den Herren vom MAW außerordentlich dankbar sein, konnte ich doch unter diesen Umständen konkrete Verhandlungen leicht ablehnen. Außerdem fehlte ihnen jede Vorstellung über die Nutzung des restaurierten Doms. Ich wies darauf hin, daß ich einer fälligen Grundsatzentscheidung des BEK, die ein Projekt dieser Größenordnung zweifellos erforderlich machte, nicht vorgreifen könne. Nicht zuletzt wegen der ungeklärten Finanzierungsfrage durch die EKD seien konkrete Verhandlungen zu diesem Zeitpunkt verfrüht.

Soweit hatte ich das Problem um den Berliner Dom zumindest vertagen können. Die Diskussion allerdings, die sich um seinen eventuellen Wiederaufbau entspann, wurde so kontrovers und hart geführt, daß sie in diesem Zusammenhang genauere Berücksichtigung verdient: Eigentümer des Doms war und ist die Evangelische Kirche der Union (EKU). Nach Information von Manfred

Stolpe zeigte diese zusammen mit der Domgemeinde ein starkes Interesse am Wiederaufbau und der Nutzung durch die Gemeinde. Das teilte mir auch Manfred Seidel am 6. April 1972 im MAW mit der Bemerkung mit, daß nicht nur der Ministerrat, sondern vor allem kirchliche Stellen auf eine baldige Entscheidung drängten. Er nannte mir Namen von Personen, die mich auf Gespräche zwischen MAW, EKU und Domgemeinde schließen lassen konnten. Offensichtlich fühlte sich eine kirchliche Interessengruppe aus Berlin bemüßigt, sich als zweiter Verhandlungspartner im MAW einzuführen. Dabei hatte sie wohl weniger das gesamte Bauprogramm als vor allem die Restaurierung des Doms im Blick. Am 17. Mai bestätigte Manfred Seidel meine Vermutungen und teilte mir mit, daß die von ihm genannten Herren am 10. Mai ein erstes Planungsgespräch geführt und dabei beschlossen hätten, ein Architektenkollektiv mit der Erstellung eines Bau- und Kostenplanes zu beauftragen. Auf meine Frage, wer denn das Treffen eigentlich veranlaßt habe, blieb mir Seidel eine schlüssige Antwort schuldig. »Für die Kosten, die dieser Kreis verursacht hat und verursachen wird, kommen wir nicht auf«, machte ich meine Position deutlich. »Für weitere Verhandlungen, in denen sowohl über die Nutzung des Doms als auch über die finanzielle Beteiligung des Staates geredet werden muß, wenden Sie sich bitte an Ihren Hauptgesprächspartner in dieser Sache. Und das ist der BEK in der DDR und nicht irgendein selbsternannter Koordinierungsausschuß.« Noch am selben Tag begab ich mich zu Manfred Stolpe. Ich bat ihn dringend darum, dafür Sorge zu tragen, daß es außer dem zwischen BEK und EKD abgestimmten Vorgehen keine Nebenverhandlungen geben werde. Stolpe stimmte mit mir darin überein, daß nicht nur allen laufenden Projekten, sondern auch dem noch ausstehenden Sonderbauprogramm absolute Priorität gegenüber dem Wiederaufbau des Doms einzuräumen sei. Wegen der zusätzlichen Finanzierung, die, wenn überhaupt, allein die EKD übernehmen konnte, sollte sich Stolpe mit Hermann Kunst und Walter Hammer in Verbindung setzen.

Für den 15. Juni 1972 wurde ich kurzfristig zu einem Gespräch ins MAW gebeten, in dem mich Alexander Schalck persönlich zu einer schnellen Entscheidung in der Angelegenheit Berliner Dom drängte. Außerdem sei es, so Schalck, infolge der Berichterstattung in der »Welt«, dem »Tagesspiegel« und dem »epd« über den Wiederaufbau zu erheblichen Verstimmungen auf höchster Staatsebene gekommen. Ich hörte mir die Ausführungen Schalcks an, konnte ihm aber nur das sagen, was ich in den anderen Gesprächen zuvor auch schon geäußert hatte: Bevor der BEK sich keine Meinung zum Thema Berliner Dom gebildet habe, könne die EKD keine Entscheidung in dieser Sache treffen. Die Vorstellungen über Kosten- und Zeitplan seien nach wie vor recht nebulös, so daß vorerst an ihre Realisierung nicht zu denken sei. Außerdem hatte der Staat noch keine definitiven Aussagen über die Höhe seiner Beteiligung getroffen. Und zu guter Letzt: »Wenn überhaupt an einen Wiederaufbau des Domes gedacht werden sollte, lieber Herr Schalck, dann muß dieser im Rahmen eines Sonderbauprogramms gesehen werden, das vorrangig zu behandeln ist.«

Schalck und die anderen Angesprochenen reagierten prompt. In einem zweiten Gespräch, das am 10. Juli im MAW stattfand, bekundeten Albrecht Schönherr und

Manfred Stolpe in Gegenwart von Manfred Seidel und Alexander Schalck offiziell ihr Interesse am Wiederaufbau unter den von mir genannten Voraussetzungen. Unsere harte, kompromißlose Verhandlungsposition hatte sich wieder einmal bewährt: Die staatlichen Stellen widmeten sich von nun an verstärkt dem Sonderbauprogramm, so daß wir uns schon auf der Leipziger Herbstmesse - auf der Basis einer von Manfred Stolpe erstellten Studie mit Projektvorschlägen und Kostenkalkulation - über weitere Arbeitsschritte unterhalten konnten. Das Thema Wiederaufbau wurde nur am Rande angeschnitten, man wolle in Ruhe unsere Entscheidung abwarten.

Am 2. Oktober erreichte mich die Nachricht, daß aus organisatorischen und informationstechnischen Gründen mit einer Verzögerung der EKD-Entscheidung zu rechnen sei. Das Sonderbauprogramm wurde durch diese unerfreuliche Neuigkeit zu meiner großen Freude jedoch nicht gefährdet, denn am 15. November informierte man mich über die Zustimmung des Ministerrates zum Bauprogramm, die nicht notwendig an die kirchliche Genehmigung für den Wiederaufbau des Domes gebunden sei. Allerdings, so die weitergehende Information, seien in der Regierung nun auch einige Bedenken im Zusammenhang des Domprojektes aufgekommen, die nicht ohne weiteres wegdiskutiert werden könnten. Offensichtlich hatten sich die Herren im Ministerrat mit Hilfe von Fachleuten endlich ein realistisches Bild von der Dimension des Unternehmens gemacht. Die Gründe für diese späte Einsicht waren für mich alles andere als neu: Daß Hunderte von Bauarbeitern für acht bis zehn Jahre beschäftigt und untergebracht werden mußten, hatte uns schon die Kölner Dombauhütte eindrücklich vorgeführt. Zusätzlich mußten qualifizierte Restauratoren und Steinmetze aus Jugoslawien und Polen angeworben werden. Die Umleitung eines Wasserkanals war erforderlich, die Errichtung einer Behelfsbrücke sowie die Verlegung eines kleinen Industriebetriebes gehörten ebenfalls zu den baubegleitenden Maßnahmen. Unter diesen Umständen, so die Verlautbarung, tue sich die Regierung zur Zeit mit der Entscheidung über eine finanzielle Beteiligung am Domaufbau schwer. Das war ein geordneter Rückzug, bei dem die Regierung ihr Gesicht nicht verlieren wollte. Schließlich hatte man ja die Genehmigung des Sonderbauprogramms von der Zustimmung der Kirchen zum Wiederaufbau des Doms abhängig gemacht. Mir sollte diese Meinungsänderung recht sein, denn sie erleichterte die Genehmigung des »Rest«programms erheblich. Und an dem war uns eigentlich gelegen.

Doch war das Kapitel »Dom« damit endgültig abgeschlossen? Ich hoffte es, konnte es aber nicht wirklich glauben. Zu stark war inzwischen der Wunsch herangereift, den Dom in Berlin im alten Glanz wiederzusehen. Dies galt gleichermaßen für staatliche und für kirchliche Repräsentanten. Im Verlauf eines Gesprächs mit Hermann Kunst wuchsen auch in mir, der sich bisher wegen der enormen Kosten vehement gegen den Aufbau gestellt hatte, erste Zweifel, ob meine Einstellung richtig war. Die kunsthistorische Bedeutung des Doms wollte mir nicht so recht einleuchten, dagegen schien er für mich in der Tat symbolische Bedeutung für die jüngste deutsche Geschichte zu haben. Grundsätzlich wollte ich mich nicht mehr dem Unternehmen widersetzen und überließ die Entscheidung über seine Realisierung der

EKD, die ja mit ihren Gliedkirchen letztendlich auch die finanziellen Mittel aufbringen mußte. Außerdem hatte ich erreicht, was ich mir fest vorgenommen hatte: das Sonderbauprogramm mit dem Aufbau von zunächst 45 Kirchen in der DDR mit einem vorläufigen Finanzvolumen von 40 Millionen DM für die Jahre 1973 bis 1975. Die hierfür erforderliche Genehmigung erteilte der Ministerrat der DDR am 13. Dezember 1972, ohne daß vorher eine Zusage für den Wiederaufbau des Doms erfolgt war. Im Prinzip konnte nun mit dem Bauprogramm begonnen werden, doch noch – und dies hatte Seltenheitswert genug – stand die Synode aus, auf der die EKD ihre finanzielle Beteiligung beschließen mußte. Anfang 1973 gab die EKD ihr Plazet für das Sonderbauprogramm, das ausschließlich über die Position Valutamark finanziert werden sollte – und konnte.

Die seit dem 15. Juni 1972 von Egon Bahr und Michael Kohl geführten Verhandlungen fanden ihr Ende mit der Unterzeichnung des Grundlagenvertrages zwischen der Bundesrepublik Deutschland und der Deutschen Demokratischen Republik am 21. Dezember, in dem unter anderem die Beziehungen beider Staaten geregelt und eine Anerkennung der DDR durch die Bundesrepublik – vorbehaltlich einer friedlichen Vereinigung Deutschlands – ausgesprochen wurden.
Dieses Vertragswerk hatte, wenn auch in anderer Weise, ebenso große Bedeutung für unsere Arbeit wie der Rücktritt von Karl Schiller, der uns in seiner Funktion als Bundesminister für Wirtschaft und Finanzen jederzeit ein unerläßlicher und gleichermaßen zuverlässiger Partner war. Ich war aber optimistisch, daß sein Nachfolger Helmut Schmidt sich in der Tradition seines Vorgän-

gers verstand und uns dieselbe Unterstützung zukommen lassen würde wie Karl Schiller.

Im Gegensatz zur Entspannungspolitik des Jahres 1972 stand der Beginn der Montage der Selbstschußanlagen an der innerdeutschen Grenze. Sie trug die Handschrift des neuen Mannes an der Spitze des nunmehr souveränen DDR-Staates, Erich Honeckers.

Am 26. Juni 1972 fand ein zweites Gespräch zwischen Hans Seigewasser, Mitarbeitern des Staatssekretärs für Kirchenfragen und einem Vertreter des ZK der SED auf der einen Seite und dem Vorstand des BEK unter Leitung von Albrecht Schönherr auf der anderen Seite statt. Gemeinsam wollte man zu einer inhaltlichen Neubestimmung des Verhältnisses von Kirche und Staat finden, was aber nicht einmal annähernd gelang, so daß die kontrovers geführte Diskussion ergebnislos vertagt werden mußte. Neben den grundsätzlichen Differenzen verhinderten vor allem zunehmende Schikanen des Staates gegen die kirchliche Basis einen Konsens: Während Ulbricht noch das Konzept einer homogenen »sozialistischen Gemeinschaft« vorschwebte, in der den Kirchen eine staatstragende Funktion zugedacht war, betonte Honecker wieder den Klassencharakter der DDR-Gesellschaft. In diesem Modell kam der Partei, analog zum sowjetischen System, die Erziehung der »sozialistischen Persönlichkeit« zu, in der die atheistische Komponente nun wieder deutlich dominierte. In der Praxis äußerte sich diese kirchenpolitische Kursänderung Honeckers unter anderem in Form von Diskriminierung im Bildungswesen. So stieg die Zahl der Christen, die nicht zu den Vorbereitungsklassen für die Erweiterte Oberschule, zur Erweiterten Oberschule selbst und zum

Studium zugelassen wurden. An dieser Atmosphäre der Intoleranz änderte auch nichts die von Albert Norden auf dem CDU-Parteitag im Oktober 1972 propagierte Formel vom »sozialistischen Bürger christlichen Glaubens«.

Am 17. Juli 1972 wurde per Kirchengesetz ein Bischofsamt für den Ostteil der Landeskirche von Berlin-Brandenburg eingerichtet, das der bisherige Verweser Albrecht Schönherr mit Wirkung vom 8. November als erster bekleiden sollte.

Die Leipziger Messe war schon seit geraumer Zeit der ideale Ort für Vertragsverhandlungen und -abschlüsse. Nicht anders verhielt es sich auch 1973. Auf der Frühjahrsmesse wurde neben den üblichen Routinegeschäften schon jetzt die Fortsetzung des Gesundheitsbautenprogramms für die Jahre 1974 bis 1977 vereinbart, damit wir mit der zweiten Bauphase nahtlos an die erste anknüpfen konnten. Dieses zweite Abkommen sah ein Geschäftsvolumen von 25 Millionen DM für insgesamt sieben Objekte vor. Auch das Fertighausprogramm wurde vertraglich verlängert. Schließlich - und dies war mir eine besondere Genugtuung - konnten wir erste Absprachen über den Beginn des Sonderbauprogramms treffen.

Im April holte mich der Wiederaufbau des Berliner Doms wieder ein. Eigentlich hatte ich dieses leidige Thema schon längst vergessen. Nun aber verging keine Verhandlung im MAW oder mit dem BEK mehr, in der ich nicht auf dieses Projekt angesprochen worden wäre. Es würde zu weit führen, wollte ich die endlos geführten Diskussionen über die Nutzung des Domes, seine äußere Gestaltung, über Finanzierungsbeteiligungen und die

Vertragsform hier wiedergeben. Wenigstens hatte sich die kirchliche Seite darauf geeinigt, daß der BEK die Federführung bei den Verhandlungen mit den staatlichen Stellen haben sollte, während die EKD sich im Hintergrund halten wollte. Ende 1972 war ein Dom-Ausschuß gegründet worden, der Bischof Schönherr, Dr. Pietz, Dr. Hildebrandt und Sekretär Stolpe zu seinen Bevollmächtigten ernannte. Eigentlich konnte ich mit dieser Lösung zufrieden sein, war ich doch jetzt weitgehend aus dem »Schußfeld« geraten. Auf der anderen Seite erwuchsen mir daraus auch erhebliche Probleme für meine Verhandlungen im MAW, da mich das Vierergremium nicht selten nur unvollständig oder gar nicht über sein Vorgehen informierte.

Zu meiner großen Überraschung teilte mir am 5. Juni 1973 Hermann Kunst telefonisch mit, daß es im Hinblick auf das Sonderbauprogramm und den Dom bei seiner im April gegebenen Zusage bleibe. Die Verträge könnten entsprechend abgeschlossen werden, unabhängig davon, welchen Verlauf die Verhandlungen meiner Gesprächspartner inzwischen genommen hätten. Bei meinem in Kürze anstehenden Besuch in Berlin solle ich ausdrücklich darauf hinweisen, daß die Zusagen von Bischof Kunst verbindlich seien. Da ich die Zusammenhänge nur unzureichend durchschaute, hakte ich bei Kunst nach, der mir bestätigte, daß 45 Millionen DM für den Dom bei Baubeginn zur Verfügung stünden. Unumwunden äußerte ich meine Bedenken gegenüber diesem Verfahren. Schließlich gab es immer noch keine konkreten Vorstellungen darüber, wie und in welcher Form diese Riesensumme überhaupt investiert werden sollte. Im Unterschied hierzu waren die genehmigten 20 Millionen DM für das Sonderbauprogramm für 1973 bis 1975 bis auf die letzte Mark verplant, so daß mit seiner Realisierung unverzüglich begonnen werden konnte. Darüber hinaus empfahl ich Kunst, sich zunächst mit Schönherr zu beraten und erst in einem zweiten Schritt Entscheidungen zu treffen. Kunst leuchteten meine Bedenken ein, und er stimmte einer Verzögerung der vertraglichen Vereinbarung zu. Das Gespräch mit Schönherr sollte noch im selben Monat stattfinden. Schon am nächsten Tag verabredete ich in Berlin mit Albrecht Schönherr einen Termin für den 27. Juni. Mit Manfred Stolpe kam ich überein, daß der Abfassung einer unterschriftsreifen Vertragsvorlage für Ministerpräsident Stoph unbedingt die Erfüllung der von mir schon vor geraumer Zeit geäußerten und gegenüber Kunst wiederholten Bedingungen vorauszugehen hätte.

Am 11. Juli überreichte mir Manfred Seidel im MAW einen Vertragsentwurf »Wiederaufbau Berliner Dom« mit der Bemerkung, daß »Änderungswünsche von seiten der Kirche noch berücksichtigt werden können«. In dieser Sache waren die staatlichen Vertreter wieder einmal schneller als der Dom-Ausschuß des BEK. Ich nahm das Papier kommentarlos an und versprach, es an das zuständige Gremium zur Prüfung weiterzuleiten. Auf der Herbstmesse wollten Seidel und ich unsere Gespräche über dieses Thema fortsetzen. Am Nachmittag desselben Tages traf ich erneut Manfred Stolpe, der mittlerweile auch eine Kopie des Vertragsentwurfs in den Händen hielt und sich bereits erste Gedanken über mögliche Änderungen gemacht hatte. So schnell wir einen Konsens in Fragen der äußeren und inneren Domgestaltung und der späteren Unterhaltung erzielten, so wenig konnten wir uns über das weitere Vorgehen einigen. Immerhin, der Dom-Ausschuß wollte sich am 19. Juli treffen, um seine

Forderungen in einem Entscheidungspapier zu formulieren, das ich noch rechtzeitig vor der Leipziger Herbstmesse erhalten sollte.
Auf der Leipziger Herbstmesse trug ich Manfred Seidel die Änderungswünsche des BEK für einen zweiten Vertragsentwurf vor. Seidel versprach schnelle Prüfung durch die zuständigen Stellen; er werde mir und Manfred Stolpe die Ergebnisse dann umgehend zusenden. Zum Glück brachten die Verträge über den Warentransfer und das Valutamarkgeschäft für 1974 auch diesmal kein nennenswertes Problem. Auch im Rahmen des Sonderbauprogramms waren inzwischen die Bauarbeiten an zwei Kirchen aufgenommen worden. Auf Edelgard Backes kamen damit neue Aufgaben zu, denn sie mußte mit den Bau- und Finanzsachverständigen des BEK einen angemessenen Abrechnungsmodus finden, nach dem die Rechnungslegung erfolgen konnte.
Im Verlauf weiterer Verhandlungen näherten wir uns allmählich einer Vertragsunterzeichnung: Die Regierung der DDR sagte ihre Beteiligung an den Wiederaufbau- und Unterhaltskosten für den Dom zu, während die Entscheidung über architektonische Aufbauvarianten und andere Einzelheiten offenblieb.
Unterdessen häuften sich die Nachrichten über zunehmende Verweigerungen von Baugenehmigungen für Reparaturarbeiten an kirchlichen Gebäuden. Die zuständigen Bezirksbauämter wiesen die Anträge mit dem Hinweis zurück, daß im Rahmen des Sonderbauprogramms ausschließlich an Neubauten gedacht sei. Sofort bat ich das MAW um schnelle Klärung und Einstellung dieser Maßnahmen. In der Antwort wurde mir versichert, daß die aktuelle Genehmigungspraxis keinesfalls der Interessenlage der Staatsführung entspreche. Daß die Anträge

für Restaurierungs- und Reparaturarbeiten unmittelbar nach dieser Mitteilung von den örtlichen Behörden wieder wohlwollend behandelt wurden, war ein sicheres Indiz für ein zentrales Störungsmanöver. Offensichtlich lag interessierten Ostberliner Kreisen an der Torpedierung unseres Sonderbauprogramms.

Das angespannte Verhältnis zwischen Staat und Kirche erlebte 1973 einen weiteren Höhepunkt. Eine sogenannte »Volksdiskussion« über den Entwurf eines neuen Jugendgesetzes zwang die Kirchenleitungen, sich ein weiteres Mal grundsätzlich mit dem Totalitätsanspruch der SED auf die Jugend auseinanderzusetzen. So scheiterte die Kirchenleitung mit ihrer Eingabe an die staatlichen Gesetzgeber, den Grundsatz der religiösen Gleichheit, das Erziehungsrecht der Eltern und die Freiwilligkeit der Jugendweihe ausdrücklich zu verankern. Immerhin erreichte sie, daß Studenten von der Pflicht zur Propagierung des Marxismus-Leninismus entbunden und der Zwangscharakter der vormilitärischen Erziehung gemildert wurden.
Es war vor allem der Görlitzer Bischof Hans-Joachim Fränkel, der direkt auf diese kirchenpolitische Offensive der Partei reagierte. Fränkel erinnerte den DDR-Staat an seine völkerrechtlich begründete Pflicht zur Anerkennung der Menschenrechte mit Hinweis auf Artikel 2 des Grundlagenvertrages mit der Bundesrepublik, auf den Beitritt der DDR zur UNO und zu den UNO-Menschenrechtsverträgen.
Schließlich, nachdem die DDR im September 1973 die UNESCO-Konvention gegen die Diskriminierung ratifiziert hatte, wies die Bundessynode den Staat auf seine völkerrechtswidrige Benachteiligung junger Christen in

Schule, Erweiterter Oberschule, Hochschule und Berufsausbildung hin.

Unterdessen setzten die monatlich stattfindenden Verhandlungen im Ostberliner MAW selbst meinem robusten Nervenkostüm zu. Das Projekt »Wiederaufbau des Berliner Doms« war längst zum dominanten Gesprächsthema geworden, ohne daß jedoch ein entscheidender Fortschritt erzielt werden konnte. Auch Horst Sindermann, der im Oktober 1973 Willi Stoph als Vorsitzender des Ministerrates abgelöst hatte, drängte am 16. Januar 1974 auf eine schnelle Zustimmung der Kirchen, die ich ihm aber - die Gründe sind bekannt - immer noch nicht geben konnte. Um der Dombaugeschichte zu einem erfolgreichen Ende zu verhelfen, trafen sich Hermann Kunst, Walter Hammer und ich am 23. Februar in Bonn, um einen alle Wünsche und Voraussetzungen berücksichtigenden Vertragsentwurf zu beraten, den der BEK noch im Verlauf des Jahres 1974 dem Ministerrat der DDR zur Unterzeichnung vorlegen wollte. Walter Hammer erklärte sich bereit, die weitere Planung, Abwicklung und Abrechnung des Sonderbauprogramms in Zusammenarbeit mit Manfred Stolpe und Edelgard Backes hauptverantwortlich zu übernehmen.

Auf der Frühjahrsmesse informierte ich die Vertreter des MAW über die Ergebnisse der Bonner Zusammenkunft. In einem weiteren Gespräch mit Manfred Seidel erfuhr ich, daß es zu einer Einigung zwischen staatlichen und kirchlichen Baufachleuten über eine Endvariante zur Rekonstruktion der Außenhaut des Doms gekommen sei. Seidel bezifferte die Kosten dieses Entwurfs auf 63 Millionen DM, die sich unter anderem aus dem durch eine notwendige Straßenverbreiterung ergebenden Abriß und Wiederaufbau der Domsüdseite errechneten. Ich entgegnete ihm, daß die Finanzierung solcher Mehrausgaben Sache des Staates und nicht der Kirche sei und eine Aufstockung der von Hermann Kunst zugesagten Summe von 45 Millionen DM in keinem Fall in Frage komme. Am 7. Mai unterrichtete ich Manfred Stolpe und Dr. Pietz vom Dom-Ausschuß über das Gespräch mit Seidel und erinnerte sie daran, daß ein zweiter Entwurf, der nun notwendig geworden sei, sich am Kostenrahmen von 45 Millionen DM orientieren müsse. Was mir Manfred Stolpe bereits am 18. Juni berichten konnte, bestätigte mir Manfred Seidel am 10. Juli im MAW: Die alten Konstruktionspläne waren so abgeändert worden, daß sich die Baukosten auf ca. 45 Millionen DM einpendelten.

Da auch die Beschlagnahme von privaten Bücher- und Literatursendungen nunmehr zu einem ständigen Ärgernis geworden war, überdachten wir die Möglichkeit eines offiziellen Massengutfrachtverfahrens. Zwei Großsendungen pro Jahr sollten in die DDR gehen. Doch eine Anfrage des BEK bei Frau Dr. Fitzner vom Staatssekretariat für Kirchenfragen wurde abschlägig beschieden. Alexander Schalck wollte sich der Sache annehmen, sah aber wenig Möglichkeiten, an Frau Dr. Fitzner vorbei zum gewünschten Ziel zu gelangen. Er empfahl daher ein Gespräch zwischen Albrecht Schönherr und Horst Sindermann. Ich bat Schalck, sich seinerseits stärker in dieser Sache zu engagieren, da ich mir von sonstigen Kontakten keinen besonderen Erfolg versprechen konnte.

Auf der Leipziger Herbstmesse trafen wir routinemäßig die üblichen Vereinbarungen für das Jahr 1975. Die schlichte Form, in der die Verträge abgeschlossen wur-

Leipzig, den 03.9.1974

Vereinbarung

Als Bestätigung der mündlich getroffenen Vereinbarung legen die Unterzeichneten folgendes fest:

1. Der Rechtsunterzeichnete liefert Waren im Werte von

    40,0 Mio DM/DBB.

2. Die Lieferungen beginnen ab Januar 1975.

3. Die Lieferungen sollen nach Möglichkeit bis zum 3o.9.1975 abgeschlossen sein.

4. Die Verrechnung der Warenlieferungen erfolgt spätestens am 3o.11.1975.

5. Die Gegenzahlungen in Mark der DDR - 5,o Mio - erfolgen jeweils zum 1o. in den Monaten Februar bis September 1975.

Die Einzelspezifikationen über die gelieferten Waren werden gesondert festgelegt und die Liefertermine mit den Handelsorganisationen vereinbart.

Seidel   Geißel

den, ist heute kaum nachvollziehbar, dokumentieren sie doch das Vertrauensverhältnis zwischen den beiden Vertragsparteien. Im Prinzip hätte auch ein Handschlag ausgereicht. Bei den Verträgen handelte es sich um Grundsatzvereinbarungen, die je nach Bedarf im Laufe des Jahres erhöht werden konnten. Diese Regelung schloß sowohl die Position Transfer als auch die Position Valutamark ein, die im Jahr 1974 allein zweimal um mehr als 17 Millionen DM aufgestockt wurde. Das Sonderbauprogramm machte sichtbare Fortschritte, wenngleich es auf lokaler Ebene immer wieder zu Verzögerungen kam, die aber vom MAW unverzüglich abgestellt wurden. Der BEK machte sich schon jetzt an die Planung bis ins Jahr 1980, damit für die vorgesehenen Projekte rechtzeitig Genehmigungen eingeholt werden konnten.

Im Oktober 1974 war es endlich soweit: Die Regierung der DDR hatte einen jährlichen Zuschuß in Höhe von 200 000 Mark der DDR für die Unterhaltskosten des Berliner Doms bewilligt. Damit wurde über die letzte offene Frage Einigkeit erzielt, so daß im November der Vertrag über den Wiederaufbau des Berliner Doms unterzeichnet werden konnte. In dem umfangreichen Vertragswerk wurde die Grundlegung für die Rekonstruktion der Außenhaut und für die zum Innenausbau notwendigen Vorbereitungsarbeiten festgesetzt. Entsprechend der baulichen Gestaltung wurde das Nutzungsrecht des rekonstruierten Doms geregelt. Die rund 100 Nebenräume sollten der Verwaltung und anderen kirchlichen Einrichtungen als Unterkunft dienen. Darüber hinaus schuf die Innenkonstruktion die baulichen Voraussetzungen, kirchlichen Veranstaltungen in größerem Rahmen, aber auch denen der ansässigen Gemeinde, hinreichend Platz zu bieten. Das Äußere des Doms sollte vergleichsweise schlicht ausfallen, also im Gegensatz zu seiner ursprünglichen Pracht der Gründerzeit stehen.

Diese angestrebte Nutzungsvielfalt des Domes schien den Vorstellungen aller Vertragsunterzeichner zu entsprechen. Doch nach dem langen Hin und Her um Kostenbeteiligungen, Ausbau und Nutzung kündigte sich schon das nächste große Problem an: Wir mußten uns mit der Frage auseinandersetzen, wie die Reaktion in der Öffentlichkeit, den Kirchen und Gemeinden auf das Bekanntwerden des Vertragsabschlusses ausfallen würde. Schließlich hatten EKD und BEK nicht nur die Investition von 45 Millionen DM in ein einziges Gebäude durchgesetzt, sondern auch noch gezielt die Zusammenarbeit mit der Regierung der DDR gesucht. Man durfte also gespannt sein. Aber die Reaktion an der kirchlichen Basis fiel alles andere als negativ aus. Im Gegenteil: In der Folgezeit gab es nicht eine einzige schriftliche Eingabe, in der der Dombau kritisiert oder gar abgelehnt wurde. Vielmehr gab es nur zustimmende Äußerungen, in denen der Dom als besonderes Zeichen kirchlicher Präsenz und Stärke in Berlin gewertet wurde.

Unterdessen hatte es in der politischen Führung der Bundesrepublik einen Wechsel gegeben. Willy Brandt reichte aus hinreichend bekannten Gründen seinen Rücktritt ein. Am 14. Mai bildete Brandts Nachfolger als Bundeskanzler, Helmut Schmidt, eine neue Bundesregierung, in der sein Vizekanzler Hans-Dietrich Genscher Außenminister wurde. Auch in der innerdeutschen Politik vollzogen sich zwei bemerkenswerte Änderungen. Zum einen beschlossen die Bundesrepublik und die DDR den Austausch ihrer Ständigen Vertreter, zum anderen gab sich die DDR am 27. September eine neue Verfassung, aus der unter anderem der Begriff der »Deutschen Nation« und der Einheitsgedanke gestrichen wurden. Nichtsdestoweniger florierte unser Geschäft und der innerdeutsche Handel mit dem selbsternannten »sozialistischen Arbeiter- und Bauernstaat«: Waren im Wert von über 65 Millionen DM flossen 1974 im Rahmen des Kirchentransfers und der Valutamark in die DDR. Am 12. Dezember 1974 vereinbarten die Bundesrepublik und die DDR einen zinslosen Kredit (Swing), der der DDR die Möglichkeit gab, über den gegenseitigen Ausgleich von Warenlieferungen hinaus zusätzliche Einfuhren aus der Bundesrepublik zu ordern. Darüber hinaus erhielt die DDR 1974 für die »humanitäre Hilfe« Waren im Wert von DM 88 147 719,74.

Medizinisch-technische Hilfe

Zu Beginn des Jahres 1975 trafen wir Gerhard Bosinski von der Zentrale der Diakonie in der DDR zu einem Gespräch, in dem wir einen Zustandsbericht über die evangelischen Krankenhäuser, das Gesundheitsbauprogramm und die kirchlichen Ausbildungsstätten erhalten sollten. Bosinski beklagte vor allem die wirtschaftlichen Engpässe in den evangelischen Krankenanstalten, die allein im Jahr 1974 einen Verlust von annähernd 3 Millionen Mark der DDR zu verzeichnen hätten.
Die Gründe für diese Entwicklung waren einfach zu erklären. Von den steigenden Rohstoffpreisen auf dem Weltmarkt blieb selbstverständlich auch die sozialistische Planwirtschaft nicht verschont, so daß der seit Jahren zu beobachtende relative Aufschwung in der DDR zum Stillstand kam. Die besondere Abhängigkeit

von der UdSSR verschärfte diesen Trend, denn auch die aus dem Bruderstaat gelieferten Rohstoffe unterlagen einem Preisdiktat, dem sich die DDR zu unterwerfen hatte. Dem erhöhten Preisniveau entsprechend mußten die in der DDR produzierten Gegenlieferungen gesteigert werden. Für die kirchlichen Einrichtungen führte vor allem die Preisentwicklung auf dem Rohstoff- und Heizölmarkt zu erheblichen Mehrausgaben.

Zu meinem Bedauern konnte ich Bosinski weder eine zusätzliche Unterstützung für die laufenden Kosten noch eine nachträgliche Abdeckung des Defizits zusagen. Der einzige Rat, den ich ihm in dieser Situation geben konnte, war der, daß er beim Gesundheitsministerium der DDR über die längst fällige Anpassung der staatlichen und kirchlichen Pflegesätze verhandeln solle. Nach wie vor beschränkte sich die Kostendeckung des staatlichen Pflegesatzes in konfessionellen Einrichtungen auf die ärztliche und medikamentöse Versorgung, auf Pflege und Verwaltung. Meines Erachtens waren auch die Kostensteigerungen in diesen Bereichen Sache des Staates und nicht der Kirche. Investitionen für Neuanschaffungen von medizinisch-technischem Gerät, Instandhaltung von Gebäuden und Neubau wurden ja sowieso mit Geldern aus dem Westen bestritten.

Ausbildungsplätze für medizinisches Personal in den diakonischen Einrichtungen der DDR erfreuten sich so großer Nachfrage, daß Bewerber zum Teil abgewiesen werden mußten. Im Verlauf des Jahres 1975 bereitete das Gesundheitsministerium eine neue Verordnung für die Schwesternausbildung vor, von der natürlich auch die Krankenpflegeschulen im Raum von Diakonie und Kirche betroffen sein sollten. Dabei strebte die Regierung der DDR eine noch größere Kooperation zwischen Diakonie und Staat an, die schließlich darin mündete, daß noch im selben Jahr eine Ausbildungsvereinbarung zwischen den beiden Partnern getroffen wurde. Darüber hinaus billigte der Staat der Diakonie aber auch eigene Ausbildungsgänge im Bereich der Physiotherapie, der Geburtshilfe, der medizinisch-technischen Assistenz usw. zu, die mit einem Abschlußexamen an der zuständigen staatlichen Fachschule beendet werden konnten.

Neben dieser Neuerung gab es aber auch weiterhin eine große Anzahl von diakonischen Berufen, deren Ausbildungsgang und Abschluß nur innerkirchlich anerkannt wurden. Nach einem vom Hauptausschuß des Diakonischen Werkes aufgestellten Lehrplan konnten sich Männer und Frauen zu Altenpflegern, Psychiatriediakonen, Diakoniepflegern, Verwaltungs- und Wirtschaftsdiakonen usw. qualifizieren.

Nachdem Manfred Stolpe und Gerhard Bosinski die erforderlichen Planungsunterlagen für das Sonderbauprogramm bzw. für das Gesundheitsprogramm, die Fertighäuser und die Baumateriallieferungen fertiggestellt hatten, konnten am 6. Februar 1975 die Verhandlungen über die Fortführung dieser Maßnahmen im MAW aufgenommen werden. Seidel deutete mir an, daß der Ministerrat der DDR in dieser Sache bis zur Leipziger Frühjahrsmesse eine Grundsatzentscheidung treffen wolle. Eine solche Entscheidung hätte zur Folge gehabt, nicht immer wieder neu über Genehmigungen verhandeln zu müssen. Doch diese Vorstellung schien mir zu diesem Zeitpunkt mehr Seidels Wunsch denn der Realität zu entsprechen.

Um so überraschter war ich, als uns auf der vom 9. bis 13. März stattfindenden Leipziger Messe der positive

Bescheid des Ministerrates übergeben wurde. Alexander Schalck und Manfred Seidel mußten ihren großen Einfluß und ihre ganze Energie darauf verwendet haben, daß dieser außerordentlich weitreichende Beschluß gefaßt wurde. Schließlich garantierte er die Lieferung von Baumaterialien und Fertighäusern im bisherigen Umfang bis zum Jahr 1980. Daneben wurden das zweite Sonderbauprogramm von 1976 bis 1980 mit einem Volumen von 45 Millionen DM und das dritte Gesundheitsbautenprogramm von 1977 bis 1980 mit einem Volumen von 16 Millionen DM genehmigt. Dabei handelte es sich ausdrücklich nur um Plansummen, die im Laufe der Bautätigkeit noch wesentlich erhöht werden konnten. Die Wirtschaft der DDR mußte sich Anfang 1975 in einem außerordentlich desolaten Zustand befunden haben, da unter anderen Umständen wohl kaum mit diesem freizügigen Genehmigungsverfahren zu rechnen gewesen wäre. Mir sollte es recht sein, daß Schalck und Seidel dieses große Devisengeschäft bei ihrer Staatsführung durchsetzten, denn nur so konnten wir die Arbeit der Diakonie und der Kirche langfristig auf eine gesicherte Grundlage stellen.

Am letzten Verhandlungstag in Leipzig teilte Seidel mir mit, daß insgesamt 16 Erste-Hilfe-Zentren in Krankenhäusern entlang der Transitstrecke eingerichtet worden seien, damit man unter anderem Bundesbürgern, die einen Unfall hatten, schnelle medizinische Hilfe leisten könne. Leider seien die Zentren nicht mit angemessenem medizinisch-technischen Gerät ausgerüstet. Angesichts dieser Situation wollte Seidel mit mir über die Möglichkeiten kirchlicher Hilfe sprechen. »Herr Seidel, für diese Dinge bin ich nicht der richtige Ansprechpartner. Soweit ich gehört habe, wird zur Zeit über ein Verkehrsabkommen für die Transitstrecken zwischen der Bundesrepublik und der DDR verhandelt. Dort sollten Sie Ihr Problem vorbringen.« Seidels abwehrender Handbewegung konnte ich entnehmen, daß mein Vorschlag auf wenig Gegenliebe gestoßen war. Warum er nicht auf diesem Weg an die Ausrüstung für die Erste-Hilfe-Zentren herankommen wollte, verriet mir Seidel allerdings nicht. Ich ersparte ihm weitere Ausführungen und sagte ihm zu, in dieser Sache für ihn in Bonn tätig zu werden.

Schon knapp einen Monat nach dieser Unterredung, am 11. April, bot sich die Gelegenheit, meine Zusage einzulösen. In Bonn traf ich den Parlamentarischen Staatssekretär im Ministerium für innerdeutsche Beziehungen Karl Herold zu einem Routinegespräch. Herold nahm das Anliegen Seidels positiv auf und versprach, sich hierfür bei den zuständigen Stellen zu verwenden. Zunächst benötigte der Staatssekretär aber noch genauere Einzelheiten über die vorgesehenen unfallchirurgischen Zentren sowie eine Aufstellung der erforderlichen Geräte und Ausrüstungsgegenstände, die ich ihm zum nächstmöglichen Termin verprach. Auch das MAW arbeitete schnell, denn schon kurze Zeit später schickte mir Manfred Seidel eine detaillierte Bedarfsliste, die ich wiederum unverzüglich an Karl Herold weiterleitete. Der Staatssekretär hatte gut vorgearbeitet: die Genehmigung ließ nicht lange auf sich warten. Die Lieferung von Geräten im Wert von zwei Millionen Mark, zahlbar in vier Raten, sollte vom Diakonischen Werk abgewickelt werden, das seinerseits dem Ministerium berichtete und die Abrechnung vornahm. Den reibungslosen Ablauf dieser Aktion garantierte das gelungene organisatorische Zusammenspiel von MAW, Gesundheitsministerium, Intrac und den Lieferfirmen aus der Bundesrepublik und Schweden.

Altersversorgung von Pfarrern und kirchlichen Mitarbeitern

Die zweite Tageshälfte des 11. April 1975, an dem ich Karl Herold traf, nutzte ich für eine Zusammenkunft mit Hermann Kunst. Auch für dieses Gespräch gab es eigentlich keinen bestimmten Anlaß. Vielmehr war es eines jener regelmäßigen Treffen, bei denen Hermann Kunst und ich uns über unser weiteres Vorgehen absprechen wollten. An diesem Tag jedoch beschäftigte uns das spezielle Thema der Altersversorgung der Pfarrer, Kirchenbeamten und sonstigen kirchlichen Mitarbeiter. Die Zahl derer, die aus dem aktiven Dienstverhältnis ausschieden, wuchs ständig und mit ihr die finanzielle Belastung für die Kirchen in der DDR. Hermann Kunst legte mir zu diesem Themenkomplex besorgniserregende Zahlen vor. Auf der anderen Seite gab es pensionierte kirchliche Mitarbeiter, die als »Rentner« in die Bundesrepublik übersiedelten, um in die sogenannte »Ostpfarrerversorgung« aufgenommen zu werden, die ihnen aus Mitteln der westdeutschen Gliedkirchen und Zuschüssen des Bundes die Pension finanzierte. Dieser Fonds wurde von der EKD in Hannover verwaltet und schüttete mittlerweile eine zweistellige Millionensumme an Pensionsgeldern aus. Hierdurch wurde der Haushalt der zur Altersversorgung verpflichteten Kirchen in der DDR zwar erheblich entlastet, doch konnte es wohl kaum im Sinne des Erfinders liegen, daß sich kirchliche Ruheständler aus der DDR in ständig wachsendem Umfang in den Westen absetzten. Aus diesem Grund bat mich Her-

mann Kunst, mit dem Vorstand des BEK die Möglichkeit einer Aufnahme von Pfarren und kirchlichen Mitarbeitern in die staatliche Rentenversicherung zu erörtern. Unsere Idee stieß bei Manfred Stolpe, den ich am 6. Mai in Berlin traf, auf großes Interesse. Auch er hatte sich seit geraumer Zeit mit weiteren Mitgliedern der Kirchenleitungen Lösungsmodelle des Rentenversicherungsproblems überlegt, sah aber der möglichen Eingliederung in die staatliche Versorgung mit größerer Skepsis entgegen als Hermann Kunst und ich. Man fürchtete ein direktes Abhängigkeitsverhältnis vom Staat. Schnell wurden Stolpes Bedenken zerstreut, indem ich ihm glaubwürdig versichern konnte, daß auch in der Rentenversicherungsfrage allein die individuelle Vertragsgestaltung entscheidend für den Grad der Abhängigkeit bzw. Unabhängigkeit sei. Unverbindlich wollte ich dieses Thema bei meinem nächsten Gesprächstermin am 19. Juni im MAW anschneiden.
Das tat ich auch, und Manfred Seidel versicherte mir, daß das politische Klima für einen Vorstoß in dieser Angelegenheit zur Zeit außerordentlich günstig sei; er erinnerte mich aber gleichzeitig an die Einhaltung absoluter Diskretion, damit das Projekt nicht schon in seiner Entstehungsphase gefährdet werde. Manfred Stolpe sollte eine Studie über Anzahl, Alter und Familienstand der im oder kurz vor dem Ruhestand befindlichen kirchlichen Mitarbeiter erstellen lassen, damit man dann auf der Leipziger Herbstmesse über weitere Schritte nachdenken könne. Diese Studie erreichte uns wie verabredet zur Messe, auf der mir Seidel eine schnelle Bearbeitung durch das MAW zusagte. Schon drei Wochen später, am 23. September 1975, erfuhr ich im Ostberliner Ministerium von der grundsätzlichen

Bereitschaft der DDR-Regierung, alle kirchlichen Mitarbeiter in die staatliche Renten- und Sozialversicherung zu übernehmen, wobei man über die genauen Modalitäten noch verhandeln müsse.

Mit dieser erfreulichen Nachricht eilte ich sofort zu Manfred Stolpe. Wir kamen überein, daß ein »Einkauf« in die Sozialversicherungskasse der DDR (SVK) lediglich die letzte aller möglichen Übernahmevarianten sein könne, da dieser nur über die Bindung an das Arbeitsgesetzbuch möglich war, das seinerseits zusätzliche Versicherungsabgaben zwingend erhob. Geboten schien uns dagegen der Einstieg in die staatliche Versicherung, dem auch die Regierung der DDR am 28. Oktober zustimmte. Jetzt konnte der BEK eine Kommission bilden, die noch 1975 die Verhandlungen mit dem Präsidenten der SVK, Günter Hein, aufnehmen sollte.

Die erste Kontaktaufnahme zwischen den beiden Parteien im November ließ auf einen schnellen Vertragsabschluß hoffen. Doch dies änderte sich schlagartig, als sich das Ministerium für Arbeit und Löhne und der Staatssekretär für Kirchenfragen in die Verhandlungen einmischen sollten. Plötzlich kamen in Regierungskreisen Bedenken auf, zum Teil formierte sich sogar massiver Widerstand gegen die Übernahmeverhandlungen. Der Grund für diese Kehrtwende hätte uns eigentlich nicht wirklich überraschen dürfen. Schließlich wurden die Renten in der DDR nur zu einem geringen Teil durch die Zahlung monatlicher Beiträge der Versicherten abgedeckt, der Löwenanteil kam direkt aus dem Staatshaushalt der DDR. Aber auch die kirchlichen Verhandlungsführer hatten allen Grund, mit großer Skepsis und Zurückhaltung auf die Einmischung des Staatssekretärs für Kirchenfragen zu reagieren. Denn es galt den eigenständigen Rechtsstatus der Pfarrer und kirchlichen Mitarbeiter trotz der angestrebten Eingliederung in die staatliche Rentenversicherung unter allen Umständen zu erhalten. Und exakt hier lag das entscheidende Problem: Schon in der Satzung der staatlichen Versicherung wurde der Versicherungsnehmer (indirekt) auf den Staat verpflichtet. Genau in dieser Frage aber divergierten die Ausgangspunkte der beiden Verhandlungspartner. Wie weit sie tatsächlich auseinanderlagen, ahnte ich Ende 1975 noch nicht: Ihre Annäherung nahm fast fünf Jahre in Anspruch, ehe es Anfang 1980 zum Abschluß eines Vertrages kam.

Bis es jedoch soweit war, leistete Manfred Stolpe mit seinem Ausschuß auf kirchlicher Seite in den zahlreichen Einzelverhandlungen die Hauptarbeit. Eines der Ergebnisse schlug sich in § 23 Abs. b des Vertrages nieder, wonach die Kirche eine einmalige Nachzahlung – zehn Jahre rückwirkend für ca. 7 200 Mitarbeiter – zu leisten hatte. Nach versicherungsmathematischer Berechnung belief sich dieser Betrag auf 97 Millionen DM. Meine Verhandlungen über die Zahlungsmodalitäten verzögerten sich jedoch, weil auch 2 812 bereits im Ruhestand befindliche Mitarbeiter noch in die Regelung einbezogen werden sollten. Das erhöhte nach versicherungsmathematischer Berechnung die benötigte Summe auf 111 Millionen DM. Das war entschieden zu viel, diesen Betrag mußte ich herunterhandeln. Schließlich unterzeichnete ich am 3. 9. 1980 eine Vereinbarung für 7 239 Mitarbeiter und 2 812 Ruheständler über 80 Millionen DM. Der Vertrag regelte unter anderem die Zahlung dieses Betrages in zehn Jahresraten bei zinsloser Stundung der jeweiligen Restsumme.

Steigender Finanzbedarf für die Bauprogramme

Am 21. Juli besuchte mich Karl Herold in Stuttgart, um Fragen der Häftlingshilfen der Bundesrepublik mit mir zu besprechen. Der zuständige Beauftragte der Regierung der DDR, Professor Dr. Wolfgang Vogel, hatte, so Herold, neue ungerechtfertigte Forderungen gestellt, die in besonderer Weise die Familienzusammenführung trafen. Der Staatssekretär bat mich, im Auftrag der Bundesregierung Alexander Schalck zu kontaktieren und ihm mitzuteilen, daß man auf die Forderungen in keinem Fall eingehen werde. Sollte Vogel auf seinem Standpunkt beharren, riskiere die Regierung der DDR die Fortsetzung der gesamten humanitären Hilfe.

Ich nutzte die Gelegenheit und bat Herold meinerseits um stärkere finanzielle Unterstützung unserer umfangreichen Programme in der DDR durch die Bundesregierung. Natürlich konnte er keine festen Zusagen geben, versprach aber, sich für zusätzliche Mittel einzusetzen. Mehr als diese scheinbar vage Äußerung konnte man von Karl Herold nicht erwarten. Aber wer ihn wie ich gut kannte, wußte, daß sein Versprechen, sich für eine Sache einzusetzen, einer definitiven Zusage nahezu gleichkam. So verstrich auch dieses Mal nur wenig Zeit, bis uns die Bundesregierung mit mehr Mitteln als erwartet »unter die Arme griff«.

Für diese über Jahre währende gute Zusammenarbeit wollte ich mich bei Karl Herold angemessen revanchieren. Zu gerne hätte mich der Staatssekretär auf einer der jährlich stattfindenden Besichtigungsreisen zu unseren Bauprojekten in die DDR begleitet. Daß er meine Einladung aus politischen Gründen nicht annehmen durfte, fanden sowohl Herold als auch ich äußerst bedauerlich.

Auf der anderen Seite zeigte mir das, in welcher privilegierten Position ich mich im Unterschied zu einem Parlamentarischen Staatssekretär befand.

Am 25. September 1975 fand ich mich zu einem der mittlerweile routinemäßig durchgeführten »Dreiergespräche« in Bonn ein. Neben Hermann Kunst, Walter Hammer und mir nahmen diesmal noch der Finanzreferent von Hermann Kunst Gerhard Schulz sowie Edelgard Backes teil. Daß dieser Kreis trotz heftiger Kontroversen immer wieder Einigkeit erzielte, war zwar beachtlich, verdient aber keine besondere Erwähnung. Die Qualität dieser Dreiergruppe gründete meines Erachtens auf zwei Fähigkeiten: Die eine war die Bereitschaft, Verantwortung für Entscheidungen zu übernehmen, für die es in der EKD kein weisungsbefugtes und beschlußfassendes Gremium gab. Die andere lag in der Effizienz, mit der wir die gefaßten Beschlüsse in die Tat umsetzten. Nur die Teilnehmer am »Dreierkreis« kannten den tatsächlichen Umfang der Hilfen, die von den Kirchen, der Diakonie und den Werken in der Bundesrepublik für die Kirchen in der DDR geleistet wurden.

Nachdem man aus den »Kinderkrankheiten« des Gesundheitsbautenprogramms gelernt hatte, konnten die Baumaßnahmen des Sonderbauprogramms überdurchschnittlich schnell durchgeführt werden. 1976 verschlang das hohe Bautempo vorzeitig die bereitgestellten Mittel, so daß wir über eine Drosselung der Bautätigkeiten nachdenken mußten. Doch in einer sozialistischen Planwirtschaft, so unsere Überlegungen, bedeutete Drosselung unter Umständen Unterbrechung. Da wir dies nicht unnötig provozieren wollten, sollte eine Stabilisierung der aktuellen Bautätigkeiten erreicht werden, was allerdings – und das klang nach Problemen – eine Erhöhung der vereinbarten Mittel voraussetzte. Mit Manfred Stolpe und dem MAH (aus dem MAW war mittlerweile das Ministerium Außenhandel geworden) vereinbarten wir, den Beginn neuer Projekte nur dann ins Auge zu fassen, wenn die Finanzierung der laufenden Maßnahmen gesichert war. Das MAH zeigte sich von seiner besten Seite und wollte sogar bei der Vorfinanzierung aushelfen. Dies zeugte zwar von besonderer Großzügigkeit, konnte aber mittelfristig keine angemessene Lösung des Problems sein. Es blieb nur eine Möglichkeit: Hermann Kunst und ich mußten versuchen, zusätzliche Mittel bei den westdeutschen Landeskirchen und der Bundesregierung aufzutreiben.

Auf der Leipziger Frühjahrsmesse legte ich Manfred Seidel einen revidierten Bedarfsplan für das Sonderbauprogramm und den Dom vor. Die Genehmigung für eine entsprechende Erhöhung der Position Valutamark wurde uns sofort erteilt. Die plötzliche Abreise von Bundeswirtschaftsminister Friderichs, Staatssekretär Rohwedder und dem niedersächsischen Finanzminister Kiep sorgte für eine atmosphärische Störung des ansonsten guten Verhandlungsklimas. Grund der vorzeitigen Abreise war die Weigerung der DDR-Behörden, drei Korrespondenten der Deutschen Welle und des Deutschlandfunks als Messeberichterstatter zu akkreditieren. Doch Manfred Seidel und ich kannten uns zu lange, um uns von solchen Zwischenfällen ernsthaft stören zu lassen. Zwar hatte Seidel der Erhöhung der Position Valutamark erfreulicherweise zugestimmt, doch das Problem, das mir nunmehr große Sorgen bereitete, lag ganz woanders: Für die vergebenen Bauleistungen am Berliner

Dom wurden uns für 1976 22 Millionen DM angegeben, das war fast doppelt soviel, wie der Finanzierungsplan vorsah. Die Zusammenarbeit zwischen der Limex GmbH und dem BEK hatte einfach nicht funktioniert, oder anders ausgedrückt, die kirchlichen Vertreter, die für den Wiederaufbau des Doms verantwortlich zeichnen sollten, waren ihrer Aufgabe nicht gewachsen. Mit einer Vorfinanzierung hätten wir die eingeplante Bauzeit in der Tat verkürzen können, doch dies lag aus mehreren Gründen nicht in unserem Interesse. Es war den gemeinsamen Bemühungen von Hermann Kunst und Walter Hammer zu verdanken, daß wir eine Zusage für den erforderlichen Nachtrag in Höhe von 20,5 Millionen DM erhielten. Ich machte Manfred Stolpe und Albrecht Schönherr unmißverständlich deutlich, daß der festgelegte Finanzierungsplan in Zukunft keinesfalls mehr überschritten werden dürfe. Gleichzeitig bat ich Seidel, über das MAH auch die Limex an die Einhaltung der vorgesehenen Marschroute zu erinnern. Die beiden verantwortlichen Vertragspartner BEK und Limex sollten uns in den folgenden Jahren Zwischenberichte zukommen lassen, damit weitere Unregelmäßigkeiten dieser Art vermieden werden konnten.

Aufbau neuer Gemeindezentren

Schon Anfang 1974 hatte sich der BEK in einer Anfrage an den Staatssekretär für Kirchenfragen um die Bauerlaubnis für Gemeindezentren in Neubaugebieten bemüht. In diesen unansehnlichen Trabantensiedlungen, die Walter Ulbricht der Öffentlichkeit gerne als Musterbeispiele »sozialistischer Städte« verkaufte, war bisher jedes kirchliche Engagement offiziell untersagt. Aber gerade der Bedarf an seelsorgerischer Betreuung war in diesen Hochhausquartieren überdurchschnittlich groß. Doch der BEK, seit der Anfrage waren zwei Jahre vergangen, hatte immer noch keine Antwort aus Ostberlin erhalten. Aus diesem Grund trat Manfred Stolpe mit der Bitte an mich heran, für ihn in dieser Angelegenheit ein wenig Ursachenforschung im MAH zu treiben. Recht unverblümt sprach ich am 17. Juni Alexander Schalck auf die ausstehende Antwort des Staatssekretärs an. Zu meiner großen Überraschung versprach er, sich der Sache unverzüglich anzunehmen, bat mich aber um strenge Vertraulichkeit auch gegenüber dem Staatssekretär für Kirchenfragen.

Auch diesmal zeigte Alexander Schalck, welchen Einfluß er in der Regierung ausüben konnte: Schon drei Wochen später erhielten wir die Antwort, daß Manfred Stolpe eine Liste mit Gemeindezentren in zehn ausgewählten Neubaugebieten bis zur Leipziger Herbstmesse erstellen sollte. Wir vereinbarten, daß Manfred Stolpe an einem Beratungstermin auf der Leipziger Messe teilnehmen sollte, damit er ausführlich über den Stand der Planungen berichten konnte. Am 6. September teilte Stolpe uns und den Vertretern aus dem MAH in Leipzig mit, daß er die angeforderte Dringlichkeitsliste mit zehn Objekten bis zum Ende des Monats vorlegen könne. Der Neubau der geplanten Gemeindezentren, so Stolpes Einschätzung, konnte bis Ende 1980 ohne Schwierigkeiten abgeschlossen werden. Im weiteren Verlauf der Verhandlungen kamen Seidel, Stolpe und ich überein, den BEK eine erweiterte Liste mit zusätzlichen Objekten erstellen zu lassen, die für die Jahre 1981 bis 1985 gelten sollte. Stolpe kam diese Vereinbarung gerade recht, denn der BEK mußte bereits für die erste Liste zehn aus insgesamt 55 Objekten auswählen, die im Prinzip alle von gleicher Dringlichkeit waren.

Manfred Seidel und vor allem Alexander Schalck hatten nicht nur die Leipziger Gespräche über den Neubau von Gemeindezentren ermöglicht. Nachdem Manfred Stolpe die erste Projektliste zum vorgesehenen Termin erstellt hatte, sorgten die beiden Männer aus dem MAH dafür, daß diese schon Ende September dem Ministerrat zur Genehmigung vorgelegt werden konnte.

Am 2. Februar 1977 wurde uns im MAH die Genehmigung für die Baumaßnahmen in den Neubaugebieten durch den Ministerrat angekündigt. Bis es jedoch zu einer endgültigen Zustimmung kommen konnte, mußten noch einige Hindernisse aus dem Weg geräumt werden, von denen ich den Eindruck hatte, daß sie mehr ideologischer denn organisatorischer Natur waren. Zum einen entstand für die Regierung das Problem, ihre erneute Zusammenarbeit mit der Kirche den Parteifunktionären in den Bezirken und Kreisen plausibel machen zu müssen. Mit Sicherheit klang ihnen noch Walter Ulbrichts Satz, daß die »Schwarzröcke in den neuen sozialistischen Städten niemals tätig werden können«, in den Ohren. Das zweite Problem, das einer positiven Entscheidung des Ministerrates im Wege stand, war so einfach wie naheliegend: Grund und Boden, auf dem die neuen Gemeindezentren entstehen sollten, befanden sich im Besitz des Volkes. Und »Volkseigentum« konnte man schließlich nicht verkaufen, schon gar nicht an die Kirche. In dieser Situation besannen wir uns auf eine Geschäftsform, die sich vor allem in primitiven Volkswirtschaften bewährt hatte: den Tausch. Manfred Stolpe wollte sich nach geeigneten Grundstücken aus kirchlichem Besitz umschauen, die wir dann dem Finanzministerium der DDR zum Tausch anbieten konnten.

Die Leipziger Frühjahrsmesse sorgte auch 1977 wieder für erhebliche Turbulenzen im Verhältnis zwischen der Bundesrepublik und der DDR. Einer größeren Anzahl von Bundesbürgern war an der Grenze die Einreise in die DDR verweigert worden, was den Staatsminister Hans-Jürgen Wischnewski zu einem förmlichen Protest bei dem Leiter der Ständigen Vertretung der DDR in der Bundesrepublik, Michael Kohl, veranlaßte. Auch eine Reihe von bundesrepublikanischen Politikern reagierte auf die Einreiseverweigerung, indem sie ihre geplanten Besuche der Leipziger Messe kurzfristig stornierten. Auch sonst wurden unsere Verhandlungen über laufende Programme, den innerdeutschen Handel und die Fortsetzung der Gefangenenhilfe von diesen Ereignissen überschattet. Dabei war es unerheblich, daß wir für die DDR-kritischen Kommentare der »Herald Tribune«, der »New York Times« oder der »Welt« nicht persönlich verantwortlich zeichneten. Unsere Aufgabe bestand darin, die direkten Folgen solcher »Zwischenfälle« für die kirchliche Arbeit in der DDR so gering wie möglich zu halten.

Was das MAH uns im Februar 1977 angekündigt hatte, wurde jetzt Realität: Der Ministerrat genehmigte die Errichtung von zehn Gemeindezentren in Neubaugebieten mit einem vorläufigen Geschäftsvolumen von 25 Millionen DM. Baubeginn sollte das Frühjahr 1978 sein. Der Ministerratsentscheidung war die Genehmigung des Finanzministeriums zum Grundstücktausch vorausgegangen. Damit war automatisch der Weg frei für Anschlußgenehmigungen für die Jahre 1980 bis 1985. Das gleiche galt für die Fortsetzung des Sonderbauprogramms. Das Gesundheitsbautenprogramm sollte mit der dritten Phase 1980 abgeschlossen und durch ein von der Diakonie entwickeltes Geriatrieprogramm abgelöst werden. Das MAH und über ihm die Regierung der DDR hatten 1977 offensichtlich endgültig die Unentbehrlichkeit der diakonischen Arbeit in den Gemeinden und den selbständigen diakonischen Einrichtungen anerkannt. Nunmehr akzeptierte der Staat ihre Bedeutung für die Glaubwürdigkeit einer sich dem Selbstverständnis nach als Dienst- und Zeugnisgemeinschaft begreifenden Kirche.

Konziliantere Töne im Verhältnis Staat – Kirche

Am 6. März 1978 empfing der Staatsratsvorsitzende Erich Honecker erstmals seit der Gründung des BEK Bischof Albrecht Schönherr und die übrigen Vorstandsmitglieder des evangelischen Kirchenbundes. In diesem Grundsatzgespräch wollten Kirche und Staat gemeinsam ihr Verhältnis zueinander neu definieren. Welche Bedeutung die Partei dem Gespräch beimaß, zeigte nicht nur die Teilnahme des Politbüromitglieds und SED-ZK-Sekretärs Paul Verner, sondern auch die Tatsache, daß Honecker noch auf dem drei Jahre später stattfindenden X. Parteitag der SED über dieses Treffen berichtete und hierfür Parteitagsbestätigung erhielt.

Ihr Treffen vom 6. März haben alle Teilnehmer offiziell als »Gespräch« bezeichnet, dem Hans Seigewasser sogar »historische« Bedeutung beimessen wollte. Die bereits im Vorfeld des »Gesprächs« ausgehandelten Ergebnisse wurden zwar am 6. März besprochen, in ein Vertragswerk faßten die Verhandlungsparteien sie jedoch nicht. Das »Gespräch«, das formell auf der höchsten Begegnungsebene von Staat und Kirche stattfand, diente der »Lösung von Sachfragen«, wobei man die Ergebnisse weder in einem gemeinsamen Protokoll noch einem Kommuniqué festhalten wollte, wie das bei Gesprächen zwischen Staat und Kirche in den fünfziger Jahren noch der Fall gewesen war. Von dokumentarischem Wert war vielmehr eine von der staatlichen Nachrichtenagentur ADN veröffentlichte beiderseitige Verlautbarung. Darüber hinaus wurden die darin abgegebenen unterschiedlichen Standpunkte der einleitenden Grundsatzreden Honeckers und Schönherrs in der gesamten DDR-Presse abgedruckt, womit der partnerschaftliche Charakter des »Gesprächs« unterstrichen werden sollte. Dabei zitierten die Presseorgane ohne die sonst üblichen Harmonisierungsversuche. Dort, wo sich BEK und Staat auf gemeinsame Formulierungen einigten, wurde lediglich der Gesprächsverlauf beschrieben. Dieser sei konstruktiv und offen gewesen und von freimütiger Erörterung bzw. Lösung mehrerer Sachfragen gekennzeichnet. Der Verlautbarung kam in den folgenden Jahren der Rang einer kirchenpolitischen Rahmenvereinbarung zwischen Staats- und Kirchenleitung zu.

Das »Gespräch« war auch der Versuch, auf höchster Ebene unter nüchterner Auswertung der jeweiligen Erfahrungen im Umgang miteinander einen Modus vivendi für das zukünftige Verhältnis zu finden. Kirche und Staat waren gewillt, trotz oder gerade wegen der unverrückbaren Grundpositionen beider Seiten die auch weiterhin bestehenden Konflikte in einem überschaubaren Rahmen zu halten. Dabei trat die Kirchenleitung – im Unterschied zu 1953 und 1958 – in diesem »Gespräch«

nicht als bloßer Empfänger von Direktiven, sondern als eigenständiger Partner und als Vertreter kirchlicher Interessen auf. Seinen Erfolg machte sie nicht nur von der Verbesserung ihrer Stellung auf der kirchlichen Leitungsebene abhängig. Das »Gespräch« sollte vor allem den Gemeinden Erleichterung bringen, denn, so Manfred Stolpe in einem Interview am 9. März mit dem ZDF, »die Voraussetzungen, die am Montag dieser Woche gegeben wurden, sind gut. Ihre Verifizierung hängt nun von uns allen ab, von dem einzelnen, von jedem einzelnen Funktionär, von jedem einzelnen Christen. Die volle Bedeutung des Gesprächs wird man vielleicht in einem Jahr an den Erfahrungen der einzelnen messen können.« Und Bischof Schönherr bekräftigte: »Das Verhältnis von Staat und Kirche ist so gut, wie es der einzelne christliche Bürger in seiner gesellschaftlichen Situation vor Ort erfährt.«

Tatsächlich wurde schon bald die Tragfähigkeit der Verlautbarung vom 7. März auf eine ernste Probe gestellt, als die Kirche entschieden ablehnend auf die Ankündigung des Staates reagierte, das Pflichtfach »Wehrkunde« ab Klasse 9 in den Allgemeinbildenden Polytechnischen Oberschulen mit Wirkung vom 1. 9. 1978 einzuführen. Im Anschluß an ihr Treffen vom 1. Juni 1978 gab die Konferenz der Evangelischen Kirchenleitungen eine »Orientierungshilfe« an die Gemeinden, in der die Friedenserziehung der Jugend in der DDR in den Mittelpunkt gerückt wurde, während man gegenüber dem staatlichen Wehrkundeunterricht erhebliche Bedenken anmeldete. Man durfte gespannt sein, wie der Staat auf diese konfliktträchtige Initiative reagieren würde, zumal sie in den Gemeinden ein lebhaftes Echo fand.

Die Reaktion von Partei und Staat fiel aus wie schon so oft: Sie selbst verzichteten vollkommen auf eine öffentliche Auseinandersetzung mit dem Kirchenpapier und überließen diese wieder einmal der forschen CDU. Faktisch blieb die Initiative der Kirche erfolglos, auch wenn Hans Seigewasser im November 1978 der Kirchenleitung versicherte, daß der Staat gegen Schüler, die aus Gewissensgründen ihre Teilnahme am Wehrkundeunterricht verweigerten, nicht mit Ordnungsmaßnahmen vorgehen werde. Spätestens am 1. September 1981 wurde mit der Ausweitung der »vormilitärischen Ausbildung« auf alle Klassen 11 der Erweiterten Oberschulen deutlich, daß der Staat die kirchlichen Bedenken erneut ignoriert hatte.

Auf der anderen Seite hatte Honecker die »Wertschätzung« des Staates für das soziale Engagement der Kirche in der Verlautbarung vom 6. März 1980 bekräftigt. »Die Arbeit, die in kirchlichen Einrichtungen des Gesundheits- und Sozialwesens geleistet werde, diene gesamtgesellschaftlichen Interessen. Sinnvoll füge sie sich in das Grundanliegen des Sozialismus ein, alles für das Wohl des Menschen zu tun. Auch weiterhin werde diese Tätigkeit materiell und durch die Ausbildung qualifizierter Fachkräfte unterstützt«, zitierte »Neues Deutschland« den Staatsratsvorsitzenden. Daß die diakonischen Einrichtungen für das Sozialwesen der DDR von besonderer Bedeutung waren, hatte Erich Honecker durchaus richtig erkannt.

Dieser exponierten Stellung wollte der Staat auch in Zukunft nicht entgegenwirken. Im Gegenteil: Jenseits aller Klimaschwankungen der neueren Kirchenpolitik strebte er auf diesem Gebiet eine noch reibungslosere Zusammenarbeit mit der Kirche an: Schon zwei Monate nachdem ich im MAH Rückfragen über das Geriatrie- und Sonderbauprogramm beantwortet hatte, teilte mir Alexander Schalck mit, daß »nur« 87 von 100 beantragten Objekten des zweiten Sonderbauprogramms »von oberster Stelle« genehmigt worden seien. Zwar bedauerte ich die Kürzung - über die restlichen Objekte würde man noch auf der Leipziger Herbstmesse verhandeln können -, doch im Prinzip konnten wir mehr als zufrieden sein, zumal sich in einem Gespräch mit Manfred Stolpe herausstellte, daß bereits die genehmigten Objekte unsere finanziellen Möglichkeiten überschritten.

Abgesehen von zeitweiligen Verzögerungen bei der Abwicklung der Bauprogramme, kam es nach dem 6. März 1978 in der Tat zu einer weitgehend störungsfreien »Lösung von Sachfragen«. Selbst die propagandistische Speerspitze in Sachen Kirche, die von ihrem Vorsitzenden Gerald Götting angeführte CDU, schlug plötzlich konziliantere Töne an, wenn sie meinte, die zwischen Staat und Kirche auftretenden Probleme könnten in Zukunft im Geiste der Toleranz und der gegenseitigen Verständnisbereitschaft gelöst werden. Außerdem verstärkte die DDR ihre Bemühungen, sich auch auf internationalem Parkett zu bewegen. Um dies zu erreichen, mußte sie um ein störungsfreies Verhältnis zu den Kirchen in ihrem Land bemüht sein. In diesem Zusammenhang hatte die Ost-CDU offensichtlich die große Bedeutung der bundesrepublikanischen Kirchen erkannt. Es schien, als wolle sich nun auch die Partei- und Staatsführung auf ihren im März 1978 festgelegten Toleranzkurs rückbesinnen, auch wenn das spannungsreiche Verhältnis zwischen Staat und Kirche weiterbestehen sollte, das beson-

ders für Klimaschwankungen in der politischen Großwetterlage zwischen Ost und West anfällig blieb.
In diesen neuen Kurs fügte sich auch Klaus Gysi, der Hans Seigewasser nach dessen Tod in das Amt des Staatssekretärs für Kirchenfragen folgte. Zwar hatte der kommunistische Hardliner Seigewasser noch kurz vor seinem Tod die »gemeinsame humanistische Verantwortung, die Christen und Marxisten verbindet«, für sich entdeckt, doch war es vor allem das Verdienst des ehemaligen Kultusministers und Botschafters der DDR in Rom Klaus Gysi, dessen diplomatisches Geschick eine sichtliche Entkrampfung im Dialog zwischen Staat und Kirche bewirkte. Gleichwohl wäre sein auf sachlichen Ausgleich bedachter Ton nicht möglich gewesen, hätte das Politbüro, dem der Staatssekretär für Kirchenfragen direkt unterstand, Gysi nicht freie Hand gelassen. Nach eigenem Bekunden war das neue Amt selbst für den erfahrenen und parkettsicheren Klaus Gysi »der schwierigste Posten seiner Laufbahn«. Die Kirchen schätzten den Nachfolger Seigewassers als zuverlässigen, bisweilen verständnisvollen Verhandlungspartner, obwohl sich der Staatssekretär letztendlich natürlich seinem Vorgesetzten, der Arbeitsgruppe »Kirchenfragen im ZK der SED« unter der Leitung von Rudi Bellman, verpflichtet fühlte.

Vor dem Hintergrund des labilen Ost-West-Verhältnisses, aufgrund des NATO-Nachrüstungsbeschlusses und wegen der Besetzung Afghanistans durch die UdSSR erklärt sich unter anderem die schleppende »Lösung der Sachfragen« ab 1980. Zwar bekräftigte die Staats- und Parteiführung »die Gleichberechtigung und Gleichachtung aller Bürger« unabhängig von Weltanschauung und religiösem Bekenntnis und versicherte, daß »jedem Bürger, gerade auch jedem Jugendlichen, der Weg zu hoher Bildung, beruflicher Ausbildung und Entwicklung« offenstehe. Doch spätestens das Jahr 1980 zeigte, daß die Partei, abgesehen von einigen Ausnahmefällen, an ihrer Strategie festhielt, die Kirchen durch eine gezielte Schikanierung ihres Nachwuchses zum »Absterben« zu bringen. Daß der Staat die kirchliche Mahnung zur Toleranz im Bildungswesen vollkommen ignorierte, hatte schon die Einführung des Wehrkundeunterrichts hinreichend bewiesen. Mit der neuen Schulordnung vom 29. 11. 1979 ersetzte die Parteiführung nicht nur die »sozialistische« durch eine »kommunistische« Erziehung, der sich nunmehr jeder junge Bürger der DDR zu unterziehen habe, sondern erweiterte darüber hinaus die außerschulische Bildungsarbeit des Staates. Damit wurden Jugendliche in ihrer Möglichkeit zur Mitarbeit in Gemeinden massiv beschnitten. Wie sich die Situation den Menschen an der »Basis« zwei Jahre nach dem Gespräch vom 6. März 1978 darstellte, gibt der Bericht der Landeskirche von Berlin-Brandenburg treffend wieder: Christliche Eltern bzw. christliche Jugendliche »stoßen hier auf das Phänomen einer schwer faßbaren Benachteiligung, das uns häufig begegnet. Dieses Problem kann jetzt gegenüber den Staatsorganen offener angesprochen werden, aber es ändert sich – soweit feststellbar – bisher wenig.«

Die Anfänge der Friedensbewegung in der DDR

Zwar konnten 1980 die Vereinbarung über die Rentenversorgung kirchlicher Mitarbeiter und die Verträge für das Valutamark- und Transfergeschäft unterzeichnet werden, doch in diesem Jahr reagierte die Staats- und Parteiführung sichtlich empfindlicher auf kirchliche Kritik als in den Jahren zuvor. Die polnische Staatskrise wirkte sich negativ auf die Innenpolitik der DDR und damit auch auf ihr Verhältnis zur Bundesrepublik aus. Sowohl die Absage des Spitzengesprächs zwischen Helmut Schmidt und Erich Honecker als auch die drastische Anhebung des Zwangsumtauschs brachten den deutsch-deutschen Dialog dem Nullpunkt gefährlich nahe. Auch der Olympiaboykott der bundesrepublikanischen Mannschaft und die Nichtratifizierung von SALT II mögen zur Verschärfung der Situation beigetragen haben.

Ausgerechnet in diesem spannungsreichen Jahr 1980 nahmen die »Friedensaktivitäten« der Kirchen und Gemeinden in der DDR sichtlich Gestalt an, was den Staat zu einer schnellen, spürbar gereizten Reaktion provozierte. Paul Verner ließ es sich nicht nehmen, der Kirchenleitung die Grenzen ihres gesellschaftlichen Mitspracherechts persönlich deutlich zu machen. Das Politbüromitglied wies die kirchliche Kritik am »inflationären Gebrauch« des Friedensbegriffes durch den Staat energisch zurück. Begleitet wurde Verners Replik von einigen Direktiven, die zum Beispiel kirchlichen Mitarbeitern und Repräsentanten die Reise in die Bundesrepublik untersagten, die Zensur von kirchlichen Presseorganen verschärften und westlichen Korrespondenten die Berichterstattung von Kirchensynoden verboten.

Natürlich war die Verantwortung für den Frieden auch für die evangelischen Kirchen in der DDR seit ihrer Entstehung integraler Bestandteil ihres Selbstverständnisses. Die Frage jedoch, wie diese Friedensverantwortung im Zusammenhang von sozialen und politischen Konfliktfeldern inhaltlich zu füllen sei, blieb lange Jahre umstritten und führte zu keiner einheitlichen Position, geschweige denn zu einer organisierten Bewegung innerhalb der Kirche. Dadurch, daß sich die ökumenischen Zusammenschlüsse (Lutherischer Weltbund, Weltkirchenrat und andere) ab 1968 immer häufiger auf die von den Vereinten Nationen eingeforderten Menschenrechte beriefen, erhielten auch die Christen in der DDR eine starke argumentative Stütze für ihre Friedensarbeit in den Gemeinden. Ein größeres Protestpotential in den Gemeinden entwickelte sich aber erst 1975 nach Abschluß der Konferenz für Sicherheit und Zusammenarbeit in Europa (KSZE), das sich in einzelnen, unabhängigen Friedens- und Menschenrechtsinitiativen äußerte. Doch erst seit Mitte 1980 formierte sich eine Friedensbewegung, die sich zwar nicht durch einen hohen Organisationsgrad auszeichnete, aber immer mehr vor allem jüngere Menschen anzog und sich von dem SED-Staat in seiner gesamten Ausprägung distanzierte. Die verfaßte Evangelische Kirche in der DDR förderte diese Bewegung zwar nicht generell und offiziell, hinderte aber auch einzelne Pfarrer nicht daran, Friedensgruppen in kirchlichen Räumlichkeiten tagen und diskutieren zu lassen.

Unterdessen rang die Kirchenleitung um eine Stellungnahme zu der zunehmend an Aktualität gewinnenden Friedensthematik. Es sah lange Zeit so aus, als wollten sich die Führungsgremien der Kirchen einmal mehr auf den Standpunkt der »kritischen Solidarität« zum Staat zurückziehen, denn eine eindeutige Standortbestimmung, die auf eine vorbehaltlose Unterstützung der Friedensbewegung schließen ließ, erfolgte nicht. Die Erklärung des BEK im Januar 1980 zur »weltpolitischen Lage« blieb gerade in ihren entscheidenden Punkten so formelhaft und allgemein, daß es Willi Stoph ein leichtes war, sie als Zustimmung zur Politik der DDR auszudeuten.

Ebenfalls in das Jahr 1980 fiel die erste »Friedens-Dekade« in den evangelischen Kirchengemeinden vom 8. bis 9. November unter der Losung »Frieden schaffen ohne Waffen«. Diese Friedensdekaden unter dem Thema »Gerechtigkeit, Abrüstung, Frieden« haben immer mehr Menschen, vor allem jüngere, mobilisiert und in den folgenden Jahren eine große politische Sprengkraft entwickelt. Ihr Symbol »Schwerter zu Pflugscharen« konnte man bald auf vielen Aufklebern und Aufnähern sehen: die Plastik des Bildhauers J. W. Wutschetitsch, welche die UdSSR 1957 den Vereinten Nationen in New York schenkte, mit dem Titel »Schmieden wir die Schwerter zu Pflugscharen um« - eine eindrucksvolle Gestaltung der bekannten Friedensvision des Propheten Jesaja.

Abschied und Rückblick

1981 besuchte ich zum letzten Mal in meiner amtlichen Eigenschaft die Leipziger Messe. Auch mein 47. Besuch verlief wie in den 25 Jahren zuvor: Die Tage waren ausgefüllt mit Verhandlungen und Gesprächen, die Abende mit Empfängen und privaten Begegnungen - kurz, es war nach wie vor ein anstrengendes Geschäft, das jedoch nichts von seinem Reiz verloren hatte. Unter Verträge über 90 Millionen DM für das Jahr 1982 schrieb ich meinen Namenszug.

Am 15. Januar 1982 war es dann soweit: An diesem Tag übergab ich das »Ostgeschäft« an meinen Nachfolger Norbert Helmes, der bis zu seinem Wechsel als Geschäftsführer in einem Bosch-Unternehmen gearbeitet hatte. Die von mir in den Jahren 1957 bis 1981 geplanten und mit der Hilfe von Vertretern aus Kirche und Diakonie entwickelten Programme und Maßnahmen in der DDR wurden bis Mitte 1990 in die Tat umgesetzt, ohne daß es dabei zu nennenswerten Verzögerungen gekommen wäre.

Die Frage, aus welchen Quellen sich der über 45 Jahre fließende Geldstrom für die DDR-Hilfen speiste, ist einfach zu beantworten: Nach Kriegsende gingen zunächst ökumenische Spenden aus aller Welt ein, an denen die Kirchen in allen Besatzungszonen gleichermaßen partizipierten. Ab 1949 ergänzte das Patenschaftswerk die ökumenischen Hilfen, bei dem westdeutsche Gemeinden ihrer jeweiligen Partnergemeinde in der DDR finanziell unter die Arme griffen. Die in die DDR transferierten Mittel setzten sich aus Gemeindespenden, Straßensammlungen, Kirchensteuern, Kollekten, Spenden der Wirtschaft sowie Zuschüssen aus Bund und Ländern zusammen. Den Löwenanteil hatten die Landeskirchen in der Bundesrepublik mit dem sogenannten »Hilfsplan« zu tragen. Nicht zu vergessen ist der sogenannte »Bruderdienst«: Freiwillig erklärten sich kirchliche Mitarbeiter in der Bundesrepublik bereit, einen Teil ihres Einkommens an die Kollegen in der DDR abzutreten. Auf diese Weise kam im Verlauf von 25 Jahren die stattliche Summe von mehr als 224 Millionen DM zusammen!

In der Retrospektive kommt unweigerlich die Frage auf, welche Bedeutung der Kirchentransfer für die Volkswirtschaft der DDR hatte. Mehr noch: Hat der Kirchentransfer das Überleben des SED-Regimes möglicherweise sogar verlängert?

Mit Sicherheit nicht. Die Lieferungen der Kirche in die DDR waren zu gering, als daß sie sich »systemstabilisierend« auswirken konnten. Ihre Bedeutung für die

Volkswirtschaft der DDR - wollte man sie in Zahlen ausdrücken - läßt sich nicht einmal mehr in Prozent, allenfalls in Promille benennen. Um zu einer realistischen Einschätzung zu gelangen, sei folgender Vergleich angeführt: 1957 wurden im Rahmen des innerdeutschen Handels Waren im Wert von etwa 846 Millionen DM in die DDR transferiert. Zum Vergleich: Das kirchliche »Ostgeschäft« hatte ein Volumen von rund 23,5 Millionen DM. Auch zwanzig Jahre später hatte sich an dieser Relation nichts geändert: Der innerdeutsche Handel belief sich auf über 4,5 Milliarden DM, das Kirchengeschäft auf 85 Millionen DM.

Dennoch nahm der Kirchentransfer innerhalb der Volkswirtschaft der DDR eine besondere Stellung ein, die, wie man leicht sehen kann, nicht auf seiner Quantität, wohl aber auf seiner Qualität beruhte. Zum einen zeichnete sich der Kirchentransfer durch seine unkonventionelle, gleichwohl zuverlässige und schnelle Abwicklung aus. Zum anderen konnten wir im Unterschied zu den Geschäften im Rahmen des innerdeutschen Handels auf unvorhersehbare Versorgungsmängel in der DDR flexibel und prompt reagieren, eine Fähigkeit, die die DDR-Regierung besonders zu schätzen wußte. Ein weiterer Vorteil lag darin, daß das Kirchengeschäft bei weitem nicht so abhängig von der politischen Großwetterlage war wie der innerdeutsche Handel. Er war es vor allem, der dem Wechselbad der politischen Auseinandersetzungen zwischen den obersten Führungsebenen der beiden deutschen Staaten schonungslos ausgesetzt war. Vor diesem Hintergrund bemühte ich mich, obwohl ich in Ostberlin und Leipzig offiziell in einer Doppelfunktion auftreten mußte, insofern stets eine neutrale, aber feste Verhandlungsposition zu bewahren, als ich mich sogenannten parteipolitischen »Sachzwängen« keinesfalls verpflichtet fühlte. Aus diesem Umstand ergibt sich der wichtigste Aspekt, der dem Kirchengeschäft jenseits aller quantitativen Zahlen ein besonderes Gewicht verlieh: Mein Bemühen um Neutralität und Sachlichkeit ermöglichte die Lieferung auch solcher Waren in die DDR, die im Rahmen des innerdeutschen Handels bzw. über den Rat für gegenseitige Wirtschaftshilfe nur schwer oder gar nicht zu beschaffen waren.

Nun kann man in der Tat leicht den Vorwurf erheben, daß gerade die Lieferung von besonders begehrten Waren, selbst in vergleichsweise geringem Umfang, der Stützung der DDR-Volkswirtschaft und mithin des DDR-Regimes gedient habe. Es darf als selbstverständlich vorausgesetzt werden, daß lebenswichtige Rohstoffe und Bedarfsgüter aus der Bundesrepublik grundsätzlich den Menschen in der DDR zugute kamen. An dieser Tatsache ändert sich auch dann nichts, wenn man zum Beispiel das MAH und seine staatlichen Handelsorganisationen als notwendige Verhandlungspartner in diesem Geschäft akzeptiert. Im speziellen Fall des Kirchengeschäfts waren der Transfer von Waren und Geldern an bestimmte Bedingungen oder besser Gegenleistungen geknüpft, von denen vor allem diakonische und kirchliche Einrichtungen in der DDR profitierten. Angesichts dieser spezifischen Gegenleistungen, man denke nur an die Position Valutamark, für die die DDR erhebliche zusätzliche Finanzmittel aufbringen mußte, war der volkswirtschaftliche Nutzen durch das Kirchengeschäft äußerst gering. Wem diese Rechnung nicht einleuchten mag, dem sei ein interessantes Beispiel vor Augen gestellt: Jede Regierung der Bundesrepublik ging bei ihren Beziehungen mit der DDR nach dem Schema »ich gebe dir, damit du gibst« vor. Zunächst: Was haben die Bundesrepublik und ihre steuerzahlenden Bürger gegeben? Zwischen 1957 und 1990 etwa 19,1 Milliarden DM. Und wofür? 14,1 Milliarden für die Transitpauschale, Straßenbaukosten und humanitäre Maßnahmen sowie weitere 5 Milliarden für den privaten Mindestumtausch und die Visagebühren. Was hat die DDR gegeben? Die Beantwortung dieser Frage möchte ich dem Leser überlassen.

Obwohl sich die in diesem Zeitraum an die Regierung der DDR gelieferten Waren der Kirchen im Gegenwert von etwa 2,2 Milliarden DM gegenüber den genannten 19,1 Milliarden recht bescheiden ausnehmen, war ihr großer Nutzen für Kirchen, Gemeinden, Jugendarbeit und Diakonie nicht nur finanzieller Art. Ihre weitergehende Bedeutung charakterisiert der ehemalige Mitarbeiter im innerdeutschen Ministerium, Dr. Armin Volze, meines Erachtens treffend:

»Diese Hilfe war unersetzlich und ist nicht hinwegzudenken, ohne das Weiterwirken der Kirchen und der kirchlichen Einrichtungen in der DDR in Frage zu stellen. Umfang und Durchführung der Kirchentransfers zeigen eindrucksvoll, wie christliche Solidarität mit viel Einfallsreichtum politische und juristische Hindernisse überwunden hat, um praktische und effiziente Hilfe zu leisten. Auf diese Weise konnte nicht nur Millionen Menschen in der DDR in Gemeinden, kirchlichen Krankenhäusern, Altersheimen und anderen Einrichtungen geholfen werden. Die Kirchen selber und ihr Verkündigungsauftrag erfuhren eine lebenswichtige Unterstützung und konnten sich zu einem Nährboden des Widerstandes in der DDR entwickeln. Was auch dem SED-Regime und seiner Stabilisierung zugutezukommen schien, erwies sich letztlich wie manche anderen Hilfen als destabilisierend und hat auf das Ende des Regimes hingewirkt.«

Im »Ruhestand«

Neue und alte Aufgaben

Am 15. Januar 1982 war ich offiziell in den Ruhestand getreten, am 16. Januar eröffnete ich in Stuttgart ein Büro unter dem Namen »Wirtschafts- und Finanzberatung, Betriebsorganisation«, in dem ich gemeinsam mit meiner Frau von nun an arbeitete. An ein »Pensionärsdasein« dachte ich nicht; in den vielen Jahren zuvor war die Beratung in Wirtschafts- und Finanzfragen gewissermaßen mein »Hobby« geworden, dem ich mich nun voll widmen wollte. Ein Büro brauchte ich auch schon deshalb, weil ich noch in einer Reihe von Aufsichtsräten in der Industrie und in der Versicherungswirtschaft tätig war und als Mitglied der Kommission für Weltdienst im Lutherischen Weltbund sowie als Vorsitzender der Emergency Working Group (EWG) Aufträge des Katastrophenhilfe-Ausschusses zu erfüllen hatte.

Um Aufträge für mein Büro brauchte ich mich nicht sonderlich zu bemühen; durch meine langjährigen Verbindungen zu Vorständen von Banken und Unternehmen der Wirtschaft kamen sie sozusagen von selbst ins Haus. Das Gute an dieser Tätigkeit war, daß ich mir die Aufträge aussuchen und sie gemäß meinen Fähigkeiten übernehmen konnte. Dabei entwickelte sich eine gewisse Spezialisierung im Bereich der gewerblichen Wirtschaft und im Verlagswesen. Bei der Beratungs- und Verhandlungstätigkeit für Firmen, die im innerdeutschen Handel tätig waren, hatten meine jahrzehntelangen Er-

fahrungen im »Ostgeschäft« großen Wert, und ich konnte die Kontakte zu staatlichen Stellen und Handelsorganisationen in der DDR nutzen und aufrechterhalten. Mit all diesen neuen Aufgaben war eine intensive Reisetätigkeit im In- und Ausland verbunden, aber das war ich ja gewohnt.
So nahm ich an der Sitzung der Kommission für Weltdienst des Lutherischen Weltbundes teil, die vom 25. bis zum 30. April 1982 in Divonne/Frankreich stattfand; hier wurden die Programme für das folgende Jahr behandelt und verabschiedet. Weitere Reisen führten mich auch wieder nach Berlin zu Gesprächen mit Manfred Stolpe (er war inzwischen Präsident der Landeskirche Berlin-Brandenburg geworden), Bischof Fork und Oberkirchenrat Kopp und im MAH mit Alexander Schalck und Manfred Seidel. In Bonn führte ich in Sachen Innerdeutscher Handel für westdeutsche Lieferfirmen Gespräche im Bundeswirtschaftsministerium und besuchte auch Ludwig Rehlinger, der sich als Staatssekretär im Ministerium für Innerdeutsche Beziehungen wieder aktiv in den West-Ost-Dialog eingeschaltet hatte.
Am 15. Juni 1982 wurde in Hamburg erstmals der »Kinderschutzpreis« verliehen, eine Stiftung der Hanse-Merkur-Versicherungen. Der Geldpreis in Höhe von DM 30 000,-- wurde für besondere Leistungen von Selbsthilfegruppen in der Kinder- und Jugendarbeit vergeben. Als Aufsichtsratsvorsitzender des Unternehmens und Mitinitiator dieser Idee gehörte ich der Jury an, die die Preisträger zu ermitteln hatte.
Aus meiner früheren Tätigkeit hatte ich noch Aufgaben im Aufsichtsrat der Aufbaugemeinschaft Espelkamp, im Aufsichtsrat der GSG und im geschäftsführenden Ausschuß des Deutschen Nationalkomitees, die mich mit ei-

ner Reihe von Sitzungen im Jahr 1983 beschäftigten. Hinzu kam der schon erwähnte Vorsitz in der Emergency-Kommission in Genf, den ich noch bis zum Ende der Legislaturperiode innehatte. Vom Europäischen Bildungswerk wurde ich in den Vorstand berufen, in ein Werk, das sich in besonderer Weise der Verbreitung des Europagedankens unter jungen Menschen widmete.
Die Sitzung der Kommission für Weltdienst des Lutherischen Weltbundes in Lansing/USA vom 30. April bis zum 6. Mai 1983 gab mir Gelegenheit, zusammen mit meiner Frau in der Woche davor New York und Washington kennenzulernen. Am 29. April flogen wir dann von Washington über Detroit nach Lansing, der Hauptstadt von Michigan, und konnten am Tag darauf bei einer Rundreise etwas von Land und Leuten sehen. Unvergessen dabei der Besuch der Gemeinde Frankenmuth, einer Stadt, in der ehemalige Auswanderer aus Bayern leben. Überall sah man bayerische Trachten, aber Deutsch sprach außer einigen Alten niemand mehr. – Die Sitzungstage verliefen trotz heftiger Diskussionen über den richtigen Weg in der Entwicklungshilfe wie stets in bestem Einvernehmen und brachten gute Ergebnisbeschlüsse. Am 7. Mai flogen meine Frau und ich nach schönen Tagen mit guten Freunden aus aller Welt zunächst zu einem Tagesaufenthalt nach Toronto/Kanada und dann zurück ins alte Europa.
Im Zusammenhang mit den besonderen Hilfsmaßnahmen für die Siebenbürger Sachsen besuchten meine Frau und ich zusammen mit zwei Mitarbeitern des Diakonischen Werks vom 14. bis zum 21. September 1983 die Gebiete Hermannstadt und Kronstadt in Rumänien; wir suchten die volksdeutschen Gemeinden auf und verhandelten mit Vertretern der evangelischen

und der orthodoxen Kirchen sowie mit staatlichen Stellen auch in Bukarest. Daß Hilfe mehr als dringlich geboten war, sahen wir, wohin wir auch kamen; die Läden waren leer, auf den Feldern verfaulten die geernteten und schon in Säcke gepackten Kartoffeln, weil die Transportmittel fehlten; auf dem Wochenmarkt gab es fast nichts, nur Auberginen in großen Mengen; die Frauen machten einen Brotaufstrich daraus und sorgten damit für einen kleinen Wintervorrat. Es fehlte nahezu an allem, in vielen Gegenden hungerten die Menschen, weil die ausgelaugten Böden nichts mehr hergaben. Und dann die Korruption. Als wir auf der Fahrt nach Bukarest mit unserem Wagen in den Karpaten steckenblieben, waren es acht Schachteln Kent-Zigaretten, die uns weiterhalfen. Kent-Zigaretten, sagte man uns, galten als zweite Währung! Vorbildlich fanden wir die Durchführung der vom Diakonischen Werk eingeleiteten Hilfsmaßnahmen, und ganz großartig war die Gastfreundschaft der Siebenbürger Sachsen. Und immer wieder wurden wir gefragt: Sollen wir bleiben, sollen wir gehen? Aber darauf wußten wir keine Antwort.

Die CDAA (Dürrehilfe der Kirchen in Afrika)

Im November 1983 hatte der Direktor des Lutherischen Weltdienstes Eugene Ries die Hilfswerke zu einer Besprechung nach Genf eingeladen. Es sollten Fragen der zukünftigen Zusammenarbeit erörtert werden. Am Abend bei einem Glas Wein stellte ich die Frage, wie man sich der Herausforderung durch die zu erwartende Hungersnot in der Sahelzone stellen wolle. In der folgenden Aussprache vertrat ich den Standpunkt, daß nur eine gemeinsame Aktion aller protestantischen und katholischen Hilfswerke die Voraussetzungen dafür schaffen könne, die schlimmste Not zu verhindern. Sehr rasch waren wir uns in diesem Punkt einig, ebenso darin, daß es galt, alle in Frage kommenden staatlichen und nichtstaatlichen Stellen zu mobilisieren, damit erfolgreich gearbeitet werden könne.

Dieser Ruf nach gemeinsamem Handeln wurde gehört, zumal sich Anfang 1984 die Alarmnachrichten aus afrikanischen Ländern überstürzten. Nach weiteren Gesprächen trafen sich am 15. Februar 1984 in Genf Vertreter verschiedener kirchlicher Hilfsorganisationen, um das gemeinsame Vorgehen zu beraten; das war der Gründungstag von CDAA (Churches Drought Action in Africa - Aktion der Kirchen für die Dürre in Afrika). Am 15. März sprachen die Organisationen der römischkatholischen Kirchen und der Kirchen, die dem Lutherischen Weltbund oder dem Ökumenischen Rat angehörten, auf einer Pressekonferenz in Genf mit einer Stimme und forderten in einem Spendenaufruf die Weltöffentlichkeit dazu auf, 100 Millionen US-Dollar für die Opfer in Afrika über die bereits laufenden Verpflichtungen der Hilfsorganisationen hinaus aufzubringen. Diese Summe hatte ich als Mindestbetrag für die geplante Großaktion vorgeschlagen. Auf einer CDAA-Tagung am 15. Juni bei der Caritas Internationalis in Rom wurden Richtlinien für die zukünftige Arbeit angenommen, an der sich die evangelischen und die katholischen Hilfswerke aus Europa und Übersee beteiligten. Wer Initiativen ergreift, wie ich es getan hatte, darf sich nicht beklagen - ich wurde zum Vorsitzenden der CDAA gewählt; mein Stellvertreter wurde Professor Eduard de Brandt von der Caritas Brüssel. Innerhalb eines Jahres (bis März 1985) wurden die von mir geforderten 100 Millionen US-Dollar nicht nur erreicht, sie wurden mit $ 207 286 395,-- weit übertroffen; im Jahr darauf (bis Februar 1986) kamen weitere $ 317 522 528,-- hinzu – eine Rekordsumme von insgesamt rund 525 Millionen US-Dollar! Mit ihr konnte die größte Hilfsaktion in der Geschichte der Kirchen finanziert werden.

Vom 13. bis 18. Mai 1984 nahm ich an der Sitzung der Kommission für Weltdienst des Lutherischen Weltbundes in Divonne/Frankreich teil, in deren Verlauf auch der Umfang der Finanzmittel für die Nothilfe in Afrika beraten und die Zustimmung für das Unternehmen CDAA gegeben wurde.

Wie gewöhnlich bei großen ökumenischen Zusammenschlüssen gab es auch bei der CDAA strukturell und in Verfahrensfragen einige Probleme, die ich aber dank guter Unterstützung durch Eugene Ries und Brian Neldner vom Genfer Büro und Gerhard Maier, dem Generalsekretär von Caritas Internationalis in Rom, sehr bald lösen konnte. Brian Neldner wurde Sekretär von CDAA und nahm mir viel Arbeit ab, vor allem in der Vorbereitung der sich nun häufenden Sitzungen und der Programme, die inzwischen in der Sahelzone angelaufen waren und in Äthiopien einen ersten Schwerpunkt gebildet hatten. Das wollte ich mir ansehen. Anläßlich eines Empfangs der Äthiopischen Botschaft am 6. Februar 1965 in Bonn traf ich den Chief-Commissioner Dawit, den Leiter der Relief and Rehabilitation Commission (RRC) Äthiopiens, und konnte mit ihm den Ablauf meiner vorgesehenen Reise und die Hilfsmaßnahmen von CDAA besprechen.

Mit Hansotto Hahn, dem Direktor der Ökumenischen Abteilung des Diakonischen Werks, und Walter Steiß-

447

linger, dem schwäbischen Bauunternehmer, von dem ich schon anläßlich meiner letzten Somalia-Reise erzählt habe, flog ich am Abend des 8. Februar dann nach Addis Abeba, der Hauptstadt Äthiopiens, wo wir von einem Regierungsvertreter und dem Leiter des LWD-Büros empfangen wurden. Wir besuchten Notgebiete und Flüchtlingslager, führten Verhandlungen mit Vertretern der Regierung, Kirchenführern und Vertretern von Organisationen der UNO. Unser Versuch, die Arbeit der vielen in Addis Abeba stationierten Verbände besser zu koordinieren, war nur teilweise erfolgreich. Aber es gelang uns, die eigens einberufene Synode der äthiopisch-orthodoxen Kirche zur Mitarbeit zu gewinnen. Bisher hatten die Orthodoxen hier im Land weder Kontakte zur katholischen Kirche noch zur evangelischen Mekane-Jesus-Kirche.

Die Verhandlungen mit den Regierungsstellen waren deshalb so schwierig, weil wir uns zwar nicht grundsätzlich gegen die Umsiedlung von Menschen aus den Notgebieten stellten, aber gegen die zum Teil unmenschliche Form dieser Maßnahme Einspruch erhoben (die äthiopische Regierung hatte ein umfangreiches Umsiedlungsprogramm gestartet, in dessen Verlauf rund 300 000 Familien aus unfruchtbar gewordenen oder klimatisch ungünstigen Regionen in landwirtschaftlich besser nutzbare verpflanzt wurden, zum Teil mittels Zwangsmaßnahmen).

Nach anstrengenden Tagen mit Verhandlungen, Planungsgesprächen und Reisen im Land, und nicht zuletzt geschockt durch das Ausmaß der Not, flogen wir am 17. Februar nach Kairo und verbrachten dort zwei geruhsame Tage. Im Hotel »Menahaus« am Fuß der Pyramiden fühlten wir uns wie in einer anderen Welt und konnten doch die schrecklichen Bilder des Elends, das wir gesehen hatten, nicht loswerden. Am 19. Februar waren wir wieder zu Hause.

CDAA beschäftigte mich doch stärker, als ich das ursprünglich angenommen hatte. Da wir zu den erforderlichen Sitzungen nicht jedesmal die Vertreter aller Hilfswerke aus Europa und Übersee zusammenrufen konnten, hatten wir ein »Steering-Committee« gebildet, dem je drei Vertreter der protestantischen und der katholischen Hilfswerke angehörten sowie drei Vertreter aus Afrika, ferner ich als Vorsitzender und Brian Neldner als Sekretär. Wir trafen uns, abgesehen von einer Vollversammlung in Genf, im Lauf des Jahres 1985 zweimal in Genf und je einmal in Brüssel und in Rom.

Nach langer Vorbereitungszeit, in die auch ein Gespräch bei Julius Kardinal Höpfner mit einer äthiopischen Delegation am 20. März 1986 in Köln fiel sowie eine Sitzung des Steering-Committees am 24. März in Genf, fand vom 4. bis 11. April 1986 in Dakar/Senegal die große CDAA-Konferenz mit etwa 130 Vertretern aus fast allen Ländern Afrikas und den Vertretern der beteiligten Hilfswerke aus Europa und Übersee statt. Die Leitung dieser Tagung war für mich mit großen Schwierigkeiten verknüpft, da Vertreter aus Afrika, vor allem aus der Südafrikanischen Union, die Rassismusproblematik ins Spiel brachten. Nur mit Hilfe einer Reihe von Abend- und Nachtsitzungen und vielen Ausschußberatungen konnte ich die Konferenz zu einem guten Ende bringen. Für mich war sie zugleich der Abschluß meiner Tätigkeit in der Afrikahilfe. Im Herbst 1986 bat ich den Exekutiv-Ausschuß von CDAA, mich von meiner Funktion als Vorsitzender zu entbinden. Mein Nachfolger wurde Professor Eduard de Brandt, Brüssel.

Nach meiner Rückkehr von Dakar besuchte ich am 15. April 1986 mit unserem Sohn Ulrich meine Mutter; es war unser letzter Besuch bei ihr, sie starb am nächsten Tag im hohen Alter von fast 99 Jahren. Sie war, ich kann es nicht anders sagen, ein guter Mensch, eine starke, in sich gefestigte Persönlichkeit, eine aufrechte Christin. Wir alle haben sie sehr geliebt.

Nicht nur »Sonstiges«

CDAA war natürlich nicht mein einziges Betätigungsfeld in diesen Jahren. Vom 22. Juli bis zum 4. August 1984 war ich zum letzten Mal bei einer Vollversammlung des Lutherischen Weltbundes. Sie fand erstmals in einem Ostblockland statt, in der ungarischen Hauptstadt Budapest. Konferenzen dieser Art bringen immer wieder die Begegnung mit Freunden aus aller Welt und mit allen Hautfarben, für mich war das jedesmal ein großartiges Erlebnis. Sie bringen aber auch viel Mühe in den Arbeitsgruppen und manche ungute Auseinandersetzung. In Budapest war es vor allem der Streit um einige südafrikanische Kirchen, die wegen ihrer Haltung zur Apartheid ausgeschlossen werden sollten und dann auch ausgeschlossen wurden, was ich für falsch hielt. – Wie üblich wurden die Mitglieder des Exekutiv-Ausschusses und der einzelnen Kommissionen neu gewählt (die Legislaturperiode betrug jeweils fünf Jahre; Wiederwahl war möglich); ich ließ mich nicht noch einmal aufstellen und beendete nach nunmehr fünfzehn Jahren meine Tätigkeit in der Kommission für Weltdienst und als Vorsitzender des Emergency-Ausschusses. Es war für mich eine schöne und fruchtbare Zeit mit angenehmen und gleichgesinnten, fachlich versierten Frauen und Männern

– trotz aller Schwierigkeiten bei Planungen und Durchführungen von Programmen für die Entwicklung in der Dritten Welt und in der Katastrophenhilfe.

Im Dezember 1984 erreichte mich eine Anfrage, ob ich bereit sei, mich des Mutterhauses der Olgaschwestern in Stuttgart mit seinem großen Krankenhaus anzunehmen. Das Werk war in Turbulenzen geraten, die – wie ich nach Einsicht in die Akten und Sitzungsprotokolle der Aufsichtsgremien feststellte – in erster Linie auf Leitungs- und Personalprobleme zurückzuführen waren. Weil ich diese Schwachstelle für lösbar hielt und meinen Beitrag zur Erhaltung und zum Ausbau dieses Krankenhauses leisten wollte, habe ich die Wahl zum Vorsitzenden des Verwaltungsrates angenommen. Da das Mutterhaus der Olgaschwestern nicht in der Lage war, die Mittel für die dringend nötige Modernisierung aufzubringen, gab es die Trägerschaft für das Krankenhaus auf und wurde Minderheitsgesellschafter der von mir neu gegründeten »Karl-Olga-Krankenhaus GmbH«, für die ich einen potenten Hauptgesellschafter gefunden hatte. Damit war der Weg frei, die lange schon geplanten Sanierungsvorhaben durchzuführen. In den folgenden Jahren wurden dann noch drei seitherige Privatkliniken übernommen, was das Leistungsspektrum des Olga-Krankenhauses gezielt erweiterte. Dem diente auch die Gründung der »Karl-Olga-Altenpflege GmbH« im November 1987; sie sollte aber nicht nur Trägerin eines Pflegeheims sein, sondern einen besonderen Auftrag in der Hilfe für alte Menschen in unserer Gesellschaft erfüllen, die ja zunehmend wichtiger wird. – Mit all diesen Maßnahmen gelang es, das Karl-Olga-Krankenhaus nicht nur zu »retten«, sondern ihm auch Perspektiven für die Zukunft zu öffnen. Damit konnte ich meinen

Auftrag als erfüllt ansehen und trat im November 1990 vom Vorsitz des Verwaltungsrates des Mutterhauses der Olgaschwestern zurück. Bei Rechtsanwalt Dr. Hans-Ulrich Schaudt, meinem Nachfolger, wußte ich die Leitung des Werkes in guten Händen.

Im Juli 1986 flog ich mit einer Handelsdelegation über Paris, Moskau und Tokio, wo wir zwei Tage blieben, nach China zu einer einwöchigen Rundreise, der sich noch zwei Tage in Hongkong anschlossen. Wir führten in China Wirtschaftsgespräche mit Regierungsstellen und Firmenvertretern verschiedener Branchen, hatten aber auch Gelegenheit, einiges im Land zu besichtigen; natürlich standen die berühmten Ming-Gräber nordwestlich von Peking mit ihren jahrtausendealten Schätzen ebenso auf unserem Programm wie die »Große Mauer«, und auch die erstaunlichen Terracotta-Krieger im Mausoleum des ersten »gesamtchinesischen« Kaisers Shih Huang Ti aus der Zeit um 200 v. Chr., deren Entdeckung in den siebziger Jahren weltweites Aufsehen erregt hatte, mußten wir gesehen haben. Eindrucksvoll dann wieder die Riesenstadt Shanghai, mit rund 12 Millionen Einwohnern die größte Stadt in China und sein bedeutendstes Handelszentrum, aber immer noch geprägt von alter chinesischer Geschichte; auf einer mehrstündigen Stadtrundfahrt bekamen wir ein wenig davon zu sehen. Und dann Hongkong. Wir erreichten es von Kanton aus per Schiff, und bei der Einfahrt in den Hafen bot sich uns ein faszinierendes Bild: Manhattan in Potenz! Ich war vor 13 Jahren zum ersten Mal in dieser unglaublichen Stadt gewesen (Anlaß war die Übergabe eines vom Lutherischen Weltdienst gebauten und unterhaltenen Krankenhauses an die Regierung), und jetzt staunte ich erneut; welch eine beeindruckende – aber auch bedrückende – Konzentration von Reichtum und Luxus auf engstem Raum! Hier, so fand ich, kann man nur vernünftig leben, wenn neben dem Kleingeld auch die großen Scheine für Beruhigung sorgen. Aber dicht neben den Palästen des Geldes lagen die Elendsquartiere, man brauchte nur in eine der von den Touristen meist übersehenen Nebenstraßen zu gehen, um auf die Wellblechhütten der Not zu stoßen. – Am Abend des 15. Juli flogen wir dann zurück nach Stuttgart.

Zwei Jahre später flog ich noch einmal mit einer Handelsdelegation nach Fernost, vom 2. bis 15. Oktober 1988. Über Amsterdam und Anchorage erreichten wir am 3. Oktober unser erstes Reiseziel Tokio. Von dort besuchten wir Formosa, Südkorea, Hongkong, Macao und Indonesien und beschlossen die Reise mit einem kurzen Badeurlaub auf der Blumeninsel Bali. Wieder hatten wir neben den Gesprächen mit Vertretern von Handel und Wirtschaft auch Gelegenheit, bei Stadtrundfahrten und Besichtigungen Einblicke in das Leben und die Kultur dieser Länder zu nehmen; viel zu wenige allerdings, zumal wir auch viel Zeit im Flugzeug verbrachten. Nach der Rückkehr habe ich's ausgerechnet: Wir hatten insgesamt 37 792 Kilometer zurückgelegt!

Am 25. August 1986 konnte ich bei guter Gesundheit im Kreis meiner Familie meinen 70. Geburtstag feiern, den mir meine Frau liebevoll ausgerichtet hatte. Zwei Tage später traf sich im Fughafenhotel in Stuttgart eine bunte Gesellschaft zu einem Geburtstagsfest; eingeladen hatte der »Leipziger Kreis«. Unter den alten »Kampfgefährten« waren Vertreter von Kirche und Diakonie, vom Außenhandelsministerium und von Handelsorganisatio-

nen aus der DDR, worüber ich mich besonders freute. Auch mein alter norwegischer Freund Arne Torgersen war gekommen.
Mehrere Reisen nach Bonn und Ostberlin sorgten auch 1986 dafür, daß die Verbindung zu den Kirchen, zur Politik und zur Wirtschaft nicht abrissen. Zum Jahresschluß am 5. Dezember lud das MAH zu einem Empfang in das Palasthotel in Ostberlin ein, wo schon mein Abschied in den Ruhestand festlich begangen worden war. Meine Frau und ich trafen dort viele meiner Bekannten und Partner aus meinen »Ostgeschäftszeiten«; in aufgelockerter Atmosphäre bei guten, aber auch kritischen Gesprächen hatte ich das Gefühl, daß sie auch weiterhin Kontakt suchten und halten wollten.

An seinem Ruhesitz in Salzburg war mein alter, guter Freund Arne M. Torgersen gestorben. Zur Teilnahme an seiner Beerdigung fuhr ich am 23. Juli nach Salzburg und traf mich dort mit seinem Sohn Helge, meinem Patenkind. Er bat mich – sein Vater hatte es sich so gewünscht –, am nächsten Tag bei der Trauerfeier ein paar Worte zu sagen. Im Hotel morgens beim Frühstück machte ich mir auf der Rückseite der Speisekarte ein paar Notizen. Groß war aber meine Überraschung, als ich in der Trauerhalle des Salzburger Friedhofes erfuhr, daß ich der einzige Redner sei, also nicht nur ein paar Worte sagen, sondern die Trauneransprache halten sollte. Ich konnte gerade noch dafür sorgen, daß das Orgelvorspiel verlängert wurde, ergänzte rasch meine Notizen und improvisierte dann vor einer großen Trauergemeinde aus vielen Ländern Europas mit Vertretern internationaler Behörden und Organisationen meine Rede auf meinen alten Freund, und ich war gewiß, er hätte jetzt verschmitzt gelächelt und gesagt: Ich wußte doch, daß du das schaffst! Viele Trauernde bedankten sich bei mir für meine Ausführungen, und ich mußte nachträglich noch aus meinen Notizen eine Kurzfassung für die Presse machen.

»Forum geht's denn?« - Die Inter-Geschenkdienst GmbH

Nach Vorbesprechungen in Ostberlin und anläßlich der Leipziger Frühjahrsmesse im MAH trafen Klaus Maasberg und ich am 19. April 1988 in Frankfurt mit Direktor Dr. Plaßmann und Dr. Görtz von der Deutschen Bundesbank, Dr. Volze vom Ministerium für Innerdeutsche Beziehungen und Dr. Renger vom Bundesministerium der Justiz zusammen. Wir diskutierten über die Gründung einer Firma in Stuttgart, die die Vermittlung von Genex-Waren und Forum-Schecks in die DDR vornehmen sollte, was bislang von der Bundesrepublik aus nicht möglich war und über Firmen in Zürich und Kopenhagen erfolgte. Mich hatte schon jahrelang der Gedanke beschäftigt, daß es für viele Menschen, die ihren Verwandten und Freunden in der DDR helfen wollten, einfacher wäre, die entsprechenden Anträge in der Bundesrepublik zu stellen, zumal es allgemein bekannt geworden war, daß man »drüben« mit der D-Mark sogar einen Handwerker »anlocken« konnte. Bat man einen um seine Dienste, so fragte er nicht selten zurück: »Forum geht's denn?«, und ein paar Forum-Schecks taten dann Wunder. Seit Jahren schon hatte ich in Gesprächen diese Idee immer wieder einmal erwähnt, aber erst jetzt sollte etwas Konkretes daraus werden. Ich dachte dabei an eine Beteiligung der Firmen Palatinus, Zürich, und Jauerfood, Kopenhagen, die beide seit langem in diesem

Geschäft tätig waren; Genex Ostberlin ebenfalls zu beteiligen, wie es von dort gewünscht worden war, zogen wir nicht in Erwägung.

Nach weiteren Beratungen in Bonn, Ostberlin, Frankfurt und Zürich mit Zustimmung von Vertretern beider deutscher Regierungen kam es dann am 14. Juni 1988 unter meiner Leitung zu einer Konferenz aller Beteiligten in Stuttgart, bei der das weitere Vorgehen beschlossen wurde. Schon wenige Tage darauf, am 20. Juni, wurde die Firma »Inter-Geschenkdienst GmbH« mit Sitz in Stuttgart gegründet; Gesellschafter waren Max Wolfensberger von der Firma Palatinus, Zürich, und Klaus Maasberg, Stuttgart, der auch zum Geschäftsführer bestellt wurde. Es entwickelte sich sehr schnell eine rege Geschäftstätigkeit mit ständig steigenden Umsätzen. Zunächst erhielten die Empfänger in der DDR für das in der Bundesrepublik und in anderen westeuropäischen Ländern eingezahlte Geld Forum-Schecks, mit denen sie in den Intershops westliche Waren einkaufen konnten, später wurden ihnen gleich DM ausgezahlt.

Obwohl ich weder Gesellschafter der neuen Firma noch an ihrer Geschäftsführung beteiligt war, wurde ich doch gebeten, die vierteljährlich stattfindenden Gesellschafterversammlungen zu leiten und zusammen mit dem Wirtschaftsprüfer Dr. Volker Munk die erforderlichen Papiere und Beschlüsse vorzubereiten. Das brachte auch 1989 eine Reihe von Verhandlungen in Bonn, Berlin und Stuttgart mit sich, wobei es gelegentlich galt, Spannungen zwischen dem Gesellschafter Max Wolfensberger, Zürich, und der Firma Jauerfood, Kopenhagen, auszugleichen, Spannungen, die sich zwangsläufig daraus ergaben, daß beide ja Partner und Konkurrenten zugleich waren. Aber das waren eher Anfangsschwierigkeiten; das Geschäft blühte bald, und bis Ende 1989 wurde der von mir vorausgesagte Umsatz von 100 Millionen DM erreicht. Die Deutsche Bundesbank unterstützte das Unternehmen auch weiterhin, und in Ostberlin kümmerten sich die bewährten Partner im MAH Manfred Seidel und Manfred Möller um die reibungslose Zusammenarbeit mit den Firmen Genex und Forum.

Seit Mitte des Jahres hatte ich erwogen, für die Inter-Geschenkdienst GmbH Filialen in den USA und in Kanada zu gründen. In beiden Ländern gab es viele Deutschstämmige, die Kontakte in die DDR unterhielten und ihre Verwandten und Freunde nur unter schwierigen Umständen unterstützen konnten; bei ihnen müßte also der nötige »Markt« für unseren Geschenkdienst zu finden sein. Ich sprach darüber Ende Juli 1989 mit Alexander Schalck und Manfred Seidel im MAH in Ostberlin und fand dabei auch Zustimmung, allerdings eher zurückhaltende, von Begeisterung keine Spur. Während dieses Gesprächs wirkte Schalck ziemlich bedrückt, was ich sonst gar nicht an ihm kannte; eine Bemerkung von ihm verriet sehr deutlich, daß er sich um die wirtschaftliche Zukunft der DDR große Sorgen machte.

Am 12. September 1989 flog ich mit meiner Frau nach Vancouver/Kanada, wo uns Paul Schuster abholte, der seit Jahren in Kanada lebte. Schuster war in der Bundesrepublik als »Mister Zehn-Prozent« bekanntgeworden; vor vielen Jahren hatte er - anonym - zehn Prozent seines nicht unbeträchtlichen Jahreseinkommens »Brot für die Welt« zur Verfügung gestellt unter der Bedingung, daß sich mindestens 50 andere ebenfalls bereitfinden, das gleiche zu tun. Die Bedingung wurde erfüllt, und das ganze wiederholte sich Jahr für Jahr. Als Paul

Schuster dann nach Kanada auswanderte, fand sich ein neuer »Mister Zehn-Prozent«. Mit Schuster nun, den ich für meine Geschenkdienst-Idee gewonnen hatte, führte ich in den folgenden Tagen Gespräche mit Anwälten, Wirtschaftsprüfern und Banken, wobei uns die Herren Heweling, Kunze und Professor Schwab unterstützten. Es ging alles sehr schnell, schon am 15. September wurde die »Inter-Geschenkdienst Canada« gegründet mit Paul Schuster als Geschäftsführer. Von Vancouver aus sollten auch die USA »beackert« werden, dazu waren noch Gespräche in San Francisco erforderlich. Am 16. September besichtigte ich mit Schuster einige Räume für sein künftiges Büro; am nächsten Tag nahmen wir dann an einem Gottesdienst in der großen deutschen Gemeinde teil und verlebten schöne Stunden mit Schusters und der prächtigen Pfarrfamilie Adolf Gerbers, eines kraftvollen, überzeugenden Predigers, der aus Hamburg stammte und mit einer sehr aktiven Amerikanerin verheiratet war.

In San Francisco konnten wir in nur zwei Tagen alles Nötige regeln, wieder ging es viel schneller und besser als erwartet, und so hatten wir noch vier Tage Zeit für einen Badeurlaub in Florida. In Fort Lauderdale fanden wir ein vorzügliches Hotel unmittelbar am Strand und erlebten wunderschöne Sonnentage am Atlantik. Gerne wären wir noch länger geblieben, aber ich mußte am Montag, dem 25. September wieder in Stuttgart sein, am 26. hatte ich eine Aufsichtsratssitzung der Hanse-Merkur in Hamburg zu leiten. So flogen wir am Sonntagabend wieder zurück.

Die DDR am Ende

Bei meinen nächsten Aufenthalten in Ostberlin, besonders am 19. und 20. Oktober 1989, spürte ich in den staatlichen Stellen, aber auch bei Vertretern von Handelsorganisationen, eine große Unruhe. Der durch Michail Gorbatschow eingeleitete politische Umbruch im Osten konnte auch für die DDR nicht wirkungslos bleiben, die Flüchtlingsströme in die bundesdeutschen Vertretungen in Ostberlin, Budapest und Prag führten das der Weltöffentlichkeit drastisch vor Augen. Als am Abend des 10. September der ungarische Außenminister Gyula Horn im Fernsehen bekanntgab, daß Ungarn seine Grenze nach Österreich geöffnet habe - dadurch konnten DDR-Bewohner über Ungarn in die Bundesrepublik gelangen und taten das auch zu Tausenden -, war dies ein entscheidender Schritt für den Zusammenbruch des DDR-Regimes. Dieser Entscheidung Ungarns waren dramatische Verhandlungen mit der DDR-Regierung vorausgegangen, die zur Kündigung des Vertrages von 1969 führten, in dem sich Ungarn verpflichtet hatte, DDR-Flüchtlinge wieder zurückzuschicken. Die Feiern zum 40. Jahrestag der DDR am 7. Oktober waren von Unruhen begleitet. Gorbatschow sagte an diesem Tag sein zum geflügelten Wort gewordenes »Wer zu spät kommt, den bestraft das Leben«; aber Honecker wollte ihn nicht verstehen. Am 9. Oktober 1989 ertönte dann bei der Montagsdemonstration in Leipzig mit rund 70 000 Teilnehmern das erste Mal vielstimmig der Ruf: »Wir sind ein Volk!« Auch der Sturz Erich Honeckers und sein Nachfolger Egon Krenz konnten die Entwicklung nicht aufhalten. Die Öffnung der Mauer - als Ventil gedacht - hatte einen reißenden Menschenstrom zur

Folge, ganz Berlin schien auf den Beinen zu sein, und die Welt staunte: Hier ereignete sich, was es so in der Geschichte noch nicht gegeben hat: eine friedliche Revolution. Menschen jubelten und fielen einander um den Hals, die nach mehr als 40 Jahren Knechtschaft, Terror und Mißwirtschaft den Triumph der Freiheit feierten.
Ich freute mich am Bildschirm und dann in Berlin in unmittelbarem Erleben mit den Menschen in der DDR, deren Gefühle ich so gut verstehen konnte. Aber die ausgebrochene Euphorie konnte ich nicht mitvollziehen, ich hatte die großen Probleme in geistiger, politischer und wirtschaftlicher Hinsicht vor Augen, die sich alsbald zeigen sollten, nachdem das »Freiheit, schöner Götterfunken«, wie Leonard Bernstein den Schlußchor von Beethovens Neunter aktualisierte, wieder verklungen war. Nach meinen Erfahrungen in den Jahren nach 1945 und nach vielen Katastrophenfällen weiß ich, daß man die Vergangenheit schnell verdrängt, die Ursachen einer Notsituation überspielt und nicht die erforderliche Geduld aufbringt, die neue Zukunft zu gestalten. Dazu braucht es Zeit, die nicht in Wochen und Monaten, sondern in Jahren zu messen ist. Immer, wo ich die Möglichkeit dazu hatte, wies ich in den folgenden Monaten darauf hin, in Gesprächen und Vorträgen. Aber auch das sagte ich deutlich: Schaffen können wir es nur, wenn wir im Westen bereit sind, echte Opfer zu bringen, wenn im Osten keine zu weitgehenden Forderungen gestellt werden und, vor allem, wenn es gelingt, bürokratische Hindernisse zu überwinden.
Im November und Dezember 1989 hielt ich mich mehrfach in Ostberlin auf. Ich fühlte mich aufgrund meiner jahrzehntelangen Erfahrungen in der alten DDR verpflichtet, im Rahmen meiner Möglichkeiten einen Bei-

Jürgen Wetzenstein-Ollenschläger

- Rechtsanwalt und Notar -

Dr.sc.jur. Rainer Kosewähr

Dr.jur. Gerd Quilitzsch

Rogauer Weg 4 DDR - Berlin 1144	Konto-Nr.:
	Sparkasse der Stadt Berlin
Tel.: 5 27 78 59	6772-37-60071

Herrn
Ludwig Geißel
Silberburgstraße 183
D - 7000 Stuttgart 1

Berlin, den
1. April 1990

Wetzenstein-Ollenschläger, Rogauer Weg 4, DDR-Berlin 1144

Sehr geehrter herr Geißel,

ein erster Erfolg ist erreicht. Herr Manfred Seidel wurde am 30.03.1990 aus der Untersuchungshaft entlassen. Er läßt Sie sehr herzlich grüßen und wird sich sicher selbst noch an Sie wenden. Sowohl Ihr Schreiben vom 7. März 1990, das ich unverzüglich an den Generalstaatsanwalt weiterleitete, als auch Ihre Hinweise bezüglich der Publizistik anläßlich Ihres Besuches bei mir stellten nach meiner Einschätzung sehr wesentliche Voraussetzungen für die jetzt vollzogene Entscheidung dar. Ich bin überzeugt, daß es uns auch gelingen wird - sollte es zur Anklage kommen -, die tatsächliche Unschuld meines Mandanten, Herrn Seidel, ohne Zweifel darzustellen.
Nochmals meinen besten Dank. Lassen Sie mich wissen, wenn ich Ihnen in irgendeiner Weise helfen kann.

Mit freundlichen Grüßen

Wetzenstein-Ollenschläger

trag zu leisten zu der Umstellung und Neugestaltung der nun bald ehemaligen DDR. Als ich am 6. Dezember das MAH in der Wallstraße betrat, hatte man gerade Manfred Seidel abgeholt und verhaftet. Die Regierung Modrow, seit dem 17. November 1989 im Amt, mußte »Schuldige« präsentieren. Alexander Schalck hatte die DDR bereits verlassen. Ich war geschockt, denn ich hatte Manfred Seidel in den vielen Jahren unserer Zusammenarbeit als einen stets zuverlässigen, hilfsbereiten Partner kennengelernt. Jetzt wollte ich alle mir zur Verfügung stehenden Mittel einsetzen, um ihn aus der Haft herauszuholen, und war sicher, daß ich dabei auf die Unterstützung mancher früherer Verhandlungspartner rechnen konnte. Nach knapp vier Monaten Untersuchungshaft wurde Seidel am 30. März 1990 dann auch entlassen, ohne daß Anklage erhoben worden wäre.

Am 13. Dezember 1989 traf ich in Ostberlin Professor Gerstenberger, der von der Modrow-Regierung als kommissarischer Leiter für den Bereich KoKo eingesetzt worden war. Ich kannte ihn von meinen früheren Verhandlungen her, und wir konnten so manches miteinander bereden. Die Meinungen über die Beurteilung des Bereiches »KoKo« und seiner leitenden Mitarbeiter gehen sehr auseinander. Was wird der Bevölkerung heute von einem Teil der Medien besonders in der Bundesrepublik (und nicht ohne Zutun der ehemaligen Regierung Modrow) da alles angeboten! Es gibt reihenweise Falschaussagen und Verdrehungen, teils auch »nur« schieres Nicht-Verstehen infolge fehlender Kenntnisse über die Verhältnisse in der früheren DDR. Ich kann hier auf Einzelheiten nicht eingehen, habe aber in Zusammenarbeit mit seriösen und fachlich qualifizierten Leuten in der Öffentlichkeitsarbeit versucht, Entwicklungen und Arbeits- und Lebensbedingungen im »real existierenden Sozialismus« kritisch, aber so objektiv wie möglich darzustellen. Dabei geht es mir nicht darum, Fehlentscheidungen und -entwicklungen zu beschönigen, sondern nur darum, Menschen, die in einer besonderen Situation und in einem unmenschlichen System leben und arbeiten mußten, vor psychischer und physischer Vernichtung durch sensationshungrige Geschäftemacher zu bewahren. Ich muß so handeln, weil ich nur so das Neue Testament verstehen kann und weil diakonisches Denken verlangt, Menschen zu helfen ohne Unterschied der Rasse, der Religion oder ihrer politischen Einstellung, wenn sie Hilfe nötig haben, und weil ich auch jede Form der Vorverurteilung ablehnen muß; das Urteil über schuldhaftes Verhalten einzelner bleibt unserer Rechtsprechung vorbehalten. Wir müssen auch immer beachten, daß nicht nur der einzelne Mensch in seiner Unvollkommenheit für Fehlleistungen in Politik und Wirtschaft verantwortlich gemacht werden kann; sondern es war das System, geprägt durch den Marxismus in leninistischer Variante, das so viele Völker in Unfreiheit und Unterdrückung geführt hat.

Meinem Tagebuch kann ich entnehmen, daß ich mich in den Jahren 1990 und 1991 häufiger in Berlin und in der ehemaligen DDR aufgehalten habe als in meiner aktiven Zeit im Diakonischen Werk. Entlastet von anderen Aufgaben, die ich vorher noch wahrnahm, versuchte ich, in Wirtschaft und Handel, in Kirche und Diakonie das mir Mögliche zum Neuanfang und Neuaufbau beizutragen. Im Vordergrund dieser Tätigkeit stand eine umfassende Beratung, die Herstellung von Kontakten und die Gründung oder Neugründung von Firmen in der Rechtsform der GmbH (oder auch einer anderen) – ganz gewiß keine leichte Aufgabe, die ich mir da freiwillig aufgebürdet habe, denn es wird noch sehr viel Arbeit kosten, bis die neuen Bundesländer den Anschluß an die alten finden werden. Es ist müßig, darüber nachzudenken, ob sich diese Entwicklung nicht dadurch beschleunigen ließe, daß der Westen seinen sehr hohen Lebensstandard generell etwas senkt. Dies würde allerdings wirklich echte Opfer fordern – aber gibt es hierzulande überhaupt noch so etwas wie »Opferbereitschaft«? Vielleicht wären es einige Alte, die von ihren Renten noch einen »Zehnten« erübrigen würden. Aber die Mehrheit? Selbst die zahlenmäßig scheinbar so guten Ergebnisse der Sammlungen für »Brot für die Welt« und »Misereor« zeigen doch, wenn man sie einmal durch die Zahl der Christen in unserem Land dividiert, daß es sich im Durchschnitt pro Kopf doch nur um ein paar müde Mark handelt.

Bei meinen Bemühungen um Aufbauhilfe oder Neustrukturierungen in den neuen Bundesländern zeigt es sich immer wieder, daß der Umgang miteinander stark verbessert werden muß in den Behörden, im Handel und in der Wirtschaft, aber auch in den Kirchen. Bei allen Sitzungen, an denen ich teilnehme oder die ich leiten muß, weise ich darauf hin, daß für die Zukunft zwar soziale, wirtschaftliche und finanzielle Dinge ihre besondere Bedeutung haben werden, daß es aber entscheidend darauf ankommt, wie wir miteinander umgehen; wir im Westen müssen dabei umdenken und auf richtiges Verhalten achten, wir sind keine »Kolonialherren« oder »Sieger«, wir sind Menschen, die den Ruf der friedlichen Revolution »Wir sind ein Volk« wahrmachen wollen, und dazu brauchen wir Verständnis füreinander.

Stets habe ich an die Wiedervereinigung unseres getrennten Volkes geglaubt und danach gehandelt und dafür gearbeitet; aber nie habe ich geahnt, daß ich diese historische Stunde noch erleben würde. Daß ich in meinem letzten Lebensabschnitt im Rahmen meiner Möglichkeiten noch einen Beitrag für die gemeinsame Zukunft Deutschlands und für ein gemeinsames Europa leisten kann, habe ich dankbar angenommen. Im Evangelium des Lukas steht in Kapitel 6, Vers 46 geschrieben (in der Übersetzung Martin Luthers): »Was heißt ihr mich aber Herr, Herr, und tut nicht, was ich euch sage?«

ANHANG

Auslandsspenden in der Zeit vom 1. Sept.1945-31.3.1957

Länder	Kilogramm
Afrika	1 930 639
Argentinien	54 791
Australien	488 942
Belgien	8 236
Bolivien	2 028
Brasilien	1 663 396
Chile	453 422
Costa Rica	1 050
Dänemark	29 485
England	724 473
Finnland	600 775
Holland	221 101
Honduras	1 522
Irland	1 545
Island	729
Italie n	11 000
Kanada	871 651
Kolumbien	537
Mexiko	2 698
Neuseeland	101 641
Nicaragua	2 049
Norwegen	2 136 564
Oesterreich	225
Palästina	1 840
Peru	90
Portugal	16 008
Schweden	16 454 122
Schweiz	8 193 842
Spanien	103 850
Uruguay	7 173
USA	104 483 953
Sonstige	341 278
	138 910 646

In diesen Zahlen sind die Paketsendungen aus mehreren Ländern und die Care-Pakete nicht enthalten.

Geld- und Sachspenden, verteilt durch
das Evangelische Hilfswerk in den
Jahren 1945 bis 1960

1. 171.037,9 to an Lebensmittel, Bekleidung,
   Medikamente und Rohstoffen im Werte von ca. DM 467 Mio
2. ca. 14,3 Mio Paketsendungen und Care-
   Pakete   ca. DM 213 Mio
3. Geldspenden aus dem Ausland   ca. DM 61,2 "
4. Durch Straßensammlungen, Kollekten
   und Spenden bis 1948   ca. RM 180   "
   in der Bundesrepublik 1949-1960   ca. DM 68,5 "

Damit insgesamt ca.   DM 989,7 Mio
im Kampf gegen Hunger, Not und Elend

Dabei sind nicht erfaßt die Geldspenden und große Mengen
an Sachspenden, die die Hauptbüros der Landeskirchen, die
Bezirksstellen und die Gemeinden erhalten haben, um unmittelbare Hilfe zu leisten.

An den Liebesgaben und Spenden aus dem Ausland waren
32 Länder aus Europa, Nord- und Südamerika, Australien,
Neuseeland und Südafrika beteiligt.

-2-

Beispiele für Herstellung von Fertigwaren aus Rohstofflieferungen ausländischer Spender

Als die Fabriken 1946 bis 1948 noch still standen wurden in den genannten drei Jahren aus der Lieferung ausländischer Rohstoffspenden zugleich auch als Arbeitsbeschaffungsprogramme hergestellt:

aus Zellulose	4 500 000	Bibeln, Gesangsbücher
	8 000 000	kirchl. Publikationen
aus Wolframdraht	75 694	Glühbirnen
aus Magnesit	191 000	Leichtbauplatten
	45 000	kg Fußbodenmagnesit für Siedlunsbauten
aus Pflanzenölen	93 000	kg Hartfett
	80 000	kg Margarine
aus den Fettsäureabfällen	140 000	Stück Seife
aus Weizen	1 000 000	kg Grieß
	3 000 000	kg Brotmehl
	200 000	kg Kleie
aus Leder und Gerbstoffen	25 000	Paar Schuhe
aus Stearinsäure	20 000	Fahrraddecken
	20 000	Fahrradschläuche
aus Baumwolle und Zellwolle	755 000	m Stoffe
	550 000	Kleidungsstücke
aus Rohwolle	21 000	m Stoffe
	30 000	Kleidungsstücke

Und noch 1956 wurden aus ausländischen Baumwollspenden 1 206 000 m Stoffe für Anstaltswäsche mit einem Handelswert von DM 3 400 000.- angefertigt.

Wohnungsbau und Kirchenbauten

Die im Evangelischen Siedlungswerk vereinigten kirchlichen Siedlungsgesellschaften haben in den Jahren
1949 bis Ende 1959

       36.227 Wohnungen für ca. 150.000 Menschen

gebaut darunter über 75 % Eigenheime.

Darüberhinaus wurden mit ausländischer Hilfe

       207 Kirchen, Notkirchen und
       Gemeindezentren, Jugendzentren

errichtet.

Hilfen der Evangelischen Landes- und Freikirchen, der
Diakonie, der Bundesregierung und der Oekumene für
die Aufrechterhaltung der Arbeit von Kirche und Diakonie
und zur Hilfe für die Menschen in der DDR von 1957-1990.

1. Transfer	DM	1.422.015.097,11
2. Valuta Mark	DM	726.663.499,05
3. Sonderverfahren	DM	9.800.000,--
4. Einfuhren	DM	350.359.529,57
5. Partnerschaftshilfen [x)	DM	1.379.663.304,52
6. Genex-Verfahren	DM	139.228.118,71
	DM	4.027.729.548,96

dazu

7. Humanitäre Maßnahmen	DM	3.436.900.755,12

Die Aufwendungen der EKD für die "Ostpfarrerversorgung" sind
in diese Aufstellung nicht mit aufgenommen.

[x)
zentral und dezentral, ohne die unmittelbaren Hilfen
von Gemeinde zu Gemeinde, die nicht erfaßt wurden.

1. Transfer

Jahr	DM
1957	DM 23.525.993,80
1958	DM 31.458.193,56
1959	DM 36.232.514,83
1960	DM 33.221.186,78
1961	DM 34.697.628,50
1962	DM 33.868.159,91
1963	DM 36.342.451,06
1964	DM 36.176.623,59
1965	DM 40.915.656,82
1966	DM 56.017.212,58
1967	DM 43.043.130,17
1968	DM 45.948.632,37
1969	DM 40.061.461,45
1970	DM 44.030.332,89
1971	DM 44.131.673,77
1972	DM 44.146.069,82
1973	DM 44.023.394,54
1974	DM 48.008.911,64
1975	DM 40.032.999,84
1976	DM 44.009.077,63
1977	DM 51.008.088,27
1978	DM 51.008.113,54
1979	DM 44.006.990,17
1980	DM 44.010.807,15
1981	DM 44.005.474,38
1982	DM 44.026.992,52
1983	DM 44.006.137,18
1984	DM 44.001.564,22
1985	DM 44.032.112,24
1986	DM 44.010.220,64
1987	DM 44.004.551,41
1988	DM 44.000.000,--
1989	DM 44.000.000,--
1990	DM 36.002.739,84
	DM 1.422.015.097,11

2. Valuta

Jahr	DM
1966	DM 1.500.000,--
1967	DM 4.483.370,49
1968	DM 6.061.236,98
1969	DM 6.998.920,26
1970	DM 8.998.593,90
1971	DM 11.289.694,03
1972	DM 18.009.476,57
1973	DM 14.025.118,40
1974	DM 17.320.238,49
1975	DM 22.964.353,16
1976	DM 30.140.776,06
1977	DM 30.158.963,84
1978	DM 33.963.625,51
1979	DM 33.898.151,98
1980	DM 33.041.444,81
1981	DM 39.660.728,79
1982	DM 45.600.017,29
1983	DM 51.526.863,22
1984	DM 43.842.052,32
1985	DM 56.329.006,55
1986	DM 54.006.730,38
1087	DM 47.564.726,08
1988	DM 42.546.949,89
1989	DM 42.732.911,95
1990	DM 29.999.548,10
	DM 726.663.499,05

3. Sonderverfahren

Jahr	DM
1964	DM 3.000.000,--
1965	DM 3.800.000,--
1980	DM 3.000.000,--
	DM 9.800.000,--

4. Einfuhren

Jahr	DM
1957 - 1981 x)	DM 212.576.285,27
1982 - 1990	DM 137.783.244,30
	DM 350.359.529,57

5. Partnerschaftshilfen

Jahr	DM
1957 - 1981 x)	DM 982.983.304,52
1982 - 1990	DM 396.680.000,--
	DM 1.379.663.304,52

x) Die Aufwendungen für die seit dem Beschluß des Evangelischen Hilfswerks von Wolfsbrunnen im Jahre 1949 bis zum Jahre 1956 durchgeführten Maßnahmen für die Einfuhren und die Partnerschaftshilfen sind statistisch nicht erfaßt worden.

6. GENEX-Geschäft 1959 - 1990

	Motorisierung Industriewaren	Benzin	Landwirtschaft Düngemittel
1959	DM 252.863,20	–	–
1960	306.537,70	–	–
1961	1.047.982,87	–	–
1962	2.016.897,11	–	–
1963	2.741.921,70	–	–
1964	2.978.904,20	–	–
1965	2.780.677,01	DM 744.163,48	–
1966	2.768.702,14	744.163,48	–
1967	3.522.644,50	744.163,48	–
1968	3.141.932,13	744.163,48	–
1969	3.402.870,91	744.163,48	–
1970	3.353.984,85	928.031,23	–
1971	3.527.794,05	928.031,23	DM 1.041.000,--
1972	3.297.951,10	928.031,23	1.099.900,--
1973	3.675.663,47	918.750,--	1.099.900,--
1974	4.072.702,55	918.750,--	1.099.900,--
1975	3.669.941,45	918.750,--	1.099.900,--
1976	3.935.972,20	875.000,--	977.500,--
1977	4.008.600,35	900.000,--	977.500,--
1978	4.423.193,25	884.000,--	915.000,--
1979	4.089.610,13	884.000,--	860.000,--
1980	4.161.100,05	984.000,--	525.300,--
1981	4.232.147,60	1.134.000,--	149.600,--
1982	4.166.922,30	1.225.000,--	–
1983	3.790.812,75	1.261.000,--	–
1984	3,865.068,50	1.261.000,--	–
1985	3.972.042,80	1.261.000,--	–
1986	3.662.633,10	1.241.000,--	–
1987	4.170.817,10	1.196.000,--	–
1988	4.019.619,60	1.092.000,--	–
1989	4.061.119,05	1.079.000,--	–
1990	1.268.827,90	456.000,--	–
DM	104.388.457,62	DM 24.994.161,09	DM 9.845.500,--

7. Sondervereinbarungen

Jahr	DM
1964	DM 37.918.901,16
1965	DM 67.667.898,52
1966	DM 24.805.316,38
1967	DM 31.482.433,19
1968	DM 28.435.444,15
1969	DM 44.873.875,05
1970	DM 50.589.774,55
1971	DM 84.223.481,52
1972	DM 69.457.704,26
1973	DM 54.028.288,39
1074	DM 88.147.719,74
1975	DM 104.012.504,93
1976	DM 130.003.535,--
1977	DM 143.997.942,27
1978	DM 168.363.141,86
1979	DM 106.986.866,24
1980	DM 130.015.131,77
1981	DM 178.987.210,84
1982	DM 176.999.590,94
1983	DM 102.811.953,50
1984	DM 387.997.305,12
1985	DM 301.995.568,10
1986	DM 195.009.307,73
1987	DM 162.997.921,59
1988	DM 232.096.191,43
1989	DM 267.895.657,76
1990	DM 65.000.089,13
	DM 3.436.900.755,12

Lebensdaten

1916	25. 8. geboren in Alzey/Rheinhessen
1922-1934	Schulzeit
1934-1939	Militärzeit
1939-1945	Kriegsteilnahme und Gefangenschaft
1946-1947	Senat Hamburg, Sozialbehörde
1947	16. 1. Eintritt in das Hilfswerk der Evangelischen Kirche in Deutschland
1949	30. 8. Gründung des Patenschaftswerks West - Ost
1950	Leiter der Außenstelle Hamburg des Hilfswerks
1952	Teilnahme an der Vollversammlung des Lutherischen Weltbundes in Hannover
1953	Beginn der Katastrophenhilfe des Hilfswerks (Holland)
1955	16. 3. Mitglied des Kuratoriums der Stiftung Hilfswerk Berlin
1955	Hauptgeschäftsführer im Zentralbüro Stuttgart des Hilfswerks
1957	Direktor im Diakonischen Werk der Evangelischen Kirche in Deutschland
1958	Bevollmächtigter der westdeutschen Landeskirchen bei der Regierung der DDR
1958	Geschäftsführer des Verteilungsausschusses von »Brot für die Welt«
1962	Vorstandsmitglied der Evangelischen Zentralstelle für Entwicklungshilfe in Bonn
1963	Teilnahme an der Vollversammlung des Lutherischen Weltbundes in Helsinki
1964	Mitglied der Arbeitsgemeinschaft für Weltmission

1964	8. 7. Übernahme der Abwicklung für die »humanitären Maßnahmen« der Bundesregierung (Häftlingshilfe DDR)
1966	9. 12. Verwaltungsrat der Thyssen-Edelstahl, Zürich
1968	Präsidium Joint Church Aid (Biafra)
1970	Mitglied im Geschäftsführenden Ausschuß des Deutschen Nationalkomitees des Lutherischen Weltbundes, Hannover
1970	Mitglied des Finanzausschusses der Abteilung für zwischenkirchliche Hilfe, Flüchtlings- und Weltdienst DICARWS im Ökumenischen Rat der Kirchen, Genf
1970	Vorsitzender von BEERS (Bangladesch)
1970	Teilnahme an der Vollversammlung des Lutherischen Weltbundes in Evian
1970	Mitglied und Stellvertretender Vorsitzender der Kommission für Weltdienst im Lutherischen Weltbund
1970	Aufsichtsrat Gemeinnützige Siedlungsgesellschaft des Evangelischen Hilfswerks (bis 7. 7. 1984)
1971	Aufsichtsrat der Aufbaugemeinschaft Espelkamp
1972	5. 6. Wahl zum Vizepräsidenten des Diakonischen Werks
1974	Vorsitzender des Aufsichtsrats der Hanse-Merkur-Krankenversicherung
1977	Teilnahme an der Vollversammlung des Lutherischen Weltbundes in Daressalam
1977	Vorsitzender des Katastrophenausschusses des Lutherischen Weltbundes
1982	15. 1. Eintritt in den Ruhestand

1982	16. 1. Beginn der Tätigkeit in eigener Firma: Wirtschafts- und Finanzberatung, Betriebsorganisation
1982	Vorsitzender des Verwaltungsrates des Mutterhauses der Olgaschwestern, Stuttgart
1983	Aufsichtsratsvorsitzender des Verlages Ernst Kaufmann, Lahr
1984	Vorsitzender der CDAA (Nothilfe Afrika)
1984	Teilnahme an der Vollversammlung des Lutherischen Weltbundes in Budapest
1984	Vorsitzender des Karl-Olga-Krankenhauses, Stuttgart
1985	10. 4. Gesellschafter der Evangelischen Presseverwaltung GmbH
1985	Verabschiedung aus diversen Gremien des Lutherischen Weltbundes in Genf
1989	Vorsitzender des Kuratoriums MEDIGREIF, Greifswald

Bibliographie

1. »Aktive Deutschlandpolitik« in: Deutschland-Archiv 4/1969 (zusammen mit Bergsdorf, Blühm, Erb, Kielmannsegg, Molt und Papke)
2. »Der Nigeriakonflikt und Joint Church Aid«. Krissteligt Dagblads Forlag, Kopenhagen 1972
3. »Katastrophenhilfe-Strategie der Diakonie« in: Diakonie 6/1978
4. Art. »Katastrophenhilfe« in: Evangelisches Soziallexikon. Kreuz Verlag, Stuttgart 1980

5. (Hg.) »Berliner Dom. Wiederaufbau - Verpflichtung und Chance«. Verlagswerk der Diakonie, Stuttgart o.J. (1980)

6. »Alternativer Lebensstil und soziale Marktwirtschaft« in: Diakonie 5/1980

7. »Nahrungsmittelhilfe - Fessel oder Hilfe?« in: Diakonie 4/1981

8. »Aus den Anfängen des Hilfswerks« in: Th. Schober (Hg.), Gesellschaft als Wirkungsfeld der Diakonie. Verlagswerk der Diakonie, Stuttgart 1981

9. »Dreißig Jahre Katastrophenhilfe« in: Th. Schober/ H. Kunst/H. Thimme (Hg.), Ökumene. Gemeinschaft einer dienenden Kirche. Verlagswerk der Diakonie, Stuttgart 1983

10. »Die Zukunftssicherung diakonischer Einrichtungen« in: Diakonie 2/1983

11. »Finanzierung der Altenhilfe« in: Diakonie 6/1987

12. »Die Zinsen senken - die Rohstoffe aufwerten. Vom Umgang mit dem Überfluß am Beispiel der Verschuldung Afrikas« in: Diakonie 1/1988

Literaturhinweis

Christian Berg, Brot für die Welt. Lettner-Verlag, Stuttgart

Bundesministerium für innerdeutsche Beziehungen (Hg.), DDR-Handbuch

Diakonisches Werk Hauptgeschäftsstelle (Hg.), Jahrbücher des Evangelischen Hilfswerks und des Diakonischen Werks

Hans-Gerhard Koch, Staat und Kirche in der DDR. Quell Verlag, Stuttgart

Hans-Josef Wollasch, Humanitäre Auslandshilfe für Deutschland nach dem Zweiten Weltkrieg. Verlag Deutscher Caritasverband e.V.

Zeitschrift »Das Diakonische Werk« (Schriftleiter: Hans-Dieter Pilgram)